Unternehmensverkauf und asymmetrische Information

Europäische Hochschulschriften

Publications Universitaires Européennes
European University Studies

Reihe V
Volks- und Betriebswirtschaft

Série V Series V
Sciences économiques, gestion d'entreprise
Economics and Management

Bd./Vol. 2992

PETER LANG
Frankfurt am Main · Berlin · Bern · Bruxelles · New York · Oxford · Wien

Serge Ragotzky

Unternehmensverkauf und asymmetrische Information

PETER LANG
Europäischer Verlag der Wissenschaften

Bibliografische Information Der Deutschen Bibliothek
Die Deutsche Bibliothek verzeichnet diese Publikation in der Deutschen Nationalbibliografie; detaillierte bibliografische Daten sind im Internet über <http://dnb.ddb.de> abrufbar.

Zugl.: Leipzig, HHL, Diss., 2002

Gedruckt auf alterungsbeständigem,
säurefreiem Papier.

550
ISSN 0531-7339
ISBN 3-631-51375-5

Printed in Germany 1 2 4 5 6 7

www.peterlang.de

VORWORT

Unternehmensfusionen und –übernahmen sind bereits seit mehr als hundert Jahren ein wichtiger Bestandteil des wirtschaftlichen Anpassungsprozesses. In der jüngeren Vergangenheit haben sie, angeregt durch sogenannte Megadeals wie Vodafone/Mannesmann, Daimler/Chrysler oder Allianz/Dresdner Bank, auch in der breiten Öffentlichkeit große Aufmerksamkeit gefunden. In der öffentlichen Diskussion werden häufig negative Einzelfälle (gescheiterte Übernahmen) und Begleitumstände wie z.B. Arbeitsplatzverluste hervorgehoben. Oft wird vergessen, daß viele dieser Transaktionen z.B. durch Synergien wirtschaftlichen Nutzen stiften und darüber hinaus ein wichtiger Bestandteil des Schumpeterschen Prozesses der schöpferischen Zerstörung sind. Des weiteren bedürfen Unternehmensnachfolgen im Mittelstand und Privatisierungen eines funktionierenden Marktes für Fusionen und Übernahmen. Wenn wirtschaftlich sinnvolle Transaktionen aufgrund einer asymmetrischen Informationsverteilung zwischen dem Verkäufer und dem potentiellen Käufer nicht zustande kommen, entsteht ein gesamtwirtschaftlicher Schaden. Daher ist die Frage, welche Strategien zur Überwindung des Informationsproblems beitragen können, sowohl aus theoretischer als auch aus praktischer Sicht von großem Interesse.

Danken möchte ich an dieser Stelle meinem Doktorvater, Herrn Prof. Dr. Bernhard Schwetzler (Lehrstuhl für Finanzmanagement und Banken an der Handelshochschule Leipzig) für die Anregung zu diesem Thema und für die Betreuung meiner Dissertation. Des weiteren danke ich den Herren Prof. Dr. Hagen Lindstädt (Lehrstuhl für Strategisches Management und Organisation an der Handelshochschule Leipzig) und Prof. Dr. Tim Drygala (Lehrstuhl für Bürgerliches Recht, Handels-, Gesellschafts- und Wirtschaftsrecht an der Universität Leipzig) für die freundliche Übernahme des Zweit- bzw. Drittgutachtens. Dank gebührt ebenfalls den Herren Rechtsanwälten Dr. Albrecht Tintelnot und Hanns-Friedrich Begemann für wertvolle Hinweise zur Mängelhaftung des Verkäufers sowie meinen Freunden Dr. Dr. Joachim Häcker und Dr. Ronald Moeder, die mich während der Erstellung dieser Arbeit mit zahlreichen Anregungen und Ratschlägen unterstützt haben. Frau Natalie Harrat bin ich für die große Hilfe bei der Erstellung des Verlagsmanuskripts sehr verbunden. Der Konrad-Adenauer Stiftung danke ich sehr herzlich für die materielle und ideelle Förderung meiner Promotion. Schließlich schulde ich den größten Dank meiner Frau Kirsten für Ihre unermüdliche praktische Unterstützung und ihre bewundernswerte Geduld während der Erstellung dieser Arbeit. Ihr, unserer kurz nach meinem Rigorosum geborenen Tochter Philippa sowie meinen Eltern ist diese Arbeit gewidmet.

Inhaltsverzeichnis

Abbildungsverzeichnis

Tabellenverzeichnis

Abkürzungsverzeichnis

Abb.	Abbildung
AcP	Archiv für Civilistische Praxis
AER	American Economic Review
AG	Aktiengesellschaft
AktG	Aktiengesetz
AO	Abgabenordnung
APV	Adjusted Present Value
Art.	Artikel
BayOblG	Bayerisches Oberlandesgericht
BB	Betriebsberater
Bd.	Band
BGB	Bürgerliches Gesetzbuch
BGH	Bundesgerichtshof
BGHZ	Entscheidungen des Bundesgerichtshofs in Zivilsachen
BFuP	Betriebswirtschaftliche Forschung und Praxis
BvS	Bundesanstalt für vereinigungsbedingte Sonderaufgaben
bzw.	beziehungsweise
CalPERS	California Public Employees Retirement System
CAPM	Capital Asset Pricing Model
CEO	Chief Executive Officer
c.i.c.	culpa in contrahendo
Cir.	Circuit
Co.	Company
DB	Der Betrieb
DCF	Discounted Cash-flow
DBW	Die Betriebswirtschaft
d.h.	das heißt
Diss.	Dissertation
DStR	Deutsches Steuerrecht
EBIT	Earnings Before Interest and Tax
EK	Eigenkapital
et al.	und andere
EURIBOR	European Interbank Offered Rate
f.	folgende
F&E	Forschung und Entwicklung
ff.	fortfolgende
FIBOR	Frankfurt Interbank Offered Rate
Fn.	Fußnote
GG	Grundgesetz
GmbH	Gesellschaft mit beschränkter Haftung
HFA	Hauptfachausschuß des Instituts der Wirtschaftsprüfer in Deutschland e.V.
HGB	Handelsgesetzbuch
Hrsg.	Herausgeber
IBO	Institutional Buy-out

IdW	Institut der Wirtschaftsprüfer in Deutschland
IPO	Initial Public Offering
i.V.m.	in Verbindung mit
i.w.S.	im weiteren Sinne
Jg.	Jahrgang
JÜ	Jahresüberschuß
JZ	Juristenzeitung
KG	Kommanditgesellschaft
LBO	Leveraged Buy-out
LIBOR	London Inter Bank Offered Rate
LoI	Letter of Intent
M&A	Mergers and Acquisitions
MAR	Mergers & Acquisitions Review
MBI	Management Buy-in
MBO	Management Buy-out
Mio.	Millionen
Mrd.	Milliarden
MünchKomm	Münchener Kommentar
m.w.N.	mit weiteren Nachweisen
NASDAQ	North-American Securities Dealers Automated Quotation
NJW	Neue Juristische Wochenschrift
NJW-RR	NJW Rechtssprechungsreport Zivilrecht
NPV	Net Present Value (Barwert)
ÖAR	Ökonomische Analyse des Rechts
OHG	Offene Handelsgesellschaft
OLG	Oberlandesgericht
o.V.	ohne Verfasserangabe
RG	Reichsgericht
RGZ	Entscheidungen des Reichsgerichts in Zivilsachen
Rdn.	Randnummer
S.	Seite
SA	Securities Act
S.A.	Societé Anonyme
SEA	Securities Exchange Act
SEC	Securities and Exchange Commission
Sp.	Spalte
Tab.	Tabelle
THA	Treuhandanstalt
u.a.	unter anderem
UCC	Uniform Commercial Code
US(A)	Vereinigte Staaten (von Amerika)
Vgl.	Vergleiche
Vorbem.	Vorbemerkung
WiSt	Wirtschaftswissenschaftliches Studium
WISU	Zeitschrift für das Wirtschaftsstudium
WM	Wertpapiermitteilungen
WP	Wirtschaftsprüfer

WpHG	Wertpapier Handelsgesetz
Wpg.	Die Wirtschaftsprüfung
z.B.	zum Beispiel
zfbf	Zeitschrift für betriebswirtschaftliche Forschung
z.B.	zum Beispiel
ZGR	Zeitschrift für Unternehmens- und Gesellschaftsrecht
ZHR	Zeitschrift für das gesamte Handelsrecht und Wirtschaftsrecht
ZIP	Zeitschrift für Wirtschaftsrecht

Verzeichnis häufig benutzter Symbole

ß	Beta
B	Bond bzw. Kreditbetrag
C	Call Option
CF	Cash-flow
cov	Kovarianz
d	down (Abwärtsbewegung)
δ	Anteil „schlechter“ Unternehmen
EK	Eigenkapital (Marktwert)
E(NE)	Erwartungswert der Nettoeinzahlungen
EW	Ertragswert
FK	Fremdkapital (Marktwert)
GK	Gesamtkapital
GP	Grenzpreis
i	Fremdkapitalzinssatz bzw. risikoloser Anlagezinssatz
k	Kapitalkosten
k_{EK}	Eigenkapitalkosten
k_{FK}	Fremdkapitalkosten
k_g	Signalisierungskosten für gute Unternehmen
k_s	Signalisierungskosten für schlechte Unternehmen
M	Marktportfolio
NE	Nettoeinzahlungen
p	Wahrscheinlichkeit
q	Renditeforderung (aus einer Transaktion)
r	Renditeerwartung (im Durchschnitt)
r_f	risikoloser Zinssatz
r_j	Rendite der Alternativinvestition bzw. Kalkulationszinsfuß
r_M	Rendite des Marktportfolios
R	Ertragsüberschuß
RW	Residualwert
s	Steuersatz auf Einkommen bzw. Ertrag
S	Aktienkurs
SÄ	Sicherheitsäquivalent
σ	Volatilität
σ^2	Varianz
t	Periode t
t	Laufzeit (der Option)
T	Planungshorizont (in Jahren)
u	up (Aufwärtsbewegung)
UW	Unternehmenswert
V	Vergleichsgröße
WACC	Weighted Average Cost of Capital
X	Ausübungspreis
z	Risikozuschlag

1. Kapitel: Einleitung

1.1 Problemstellung und Ziel der Arbeit

Transaktionszahlen und -volumina von Unternehmenskäufen und –zusammenschlüssen (Mergers & Acquisitions) sind weltweit in den vergangenen Jahrzehnten rasant angestiegen. Diese Entwicklung hat sich in mehreren Schüben vollzogen. Nachdem eine erste Übernahmewelle in den 60er Jahren von Diversifikationen geprägt war[1], hat sich bei vielen Unternehmen in den 80er Jahren die gegenteilige Strategie einer Konzentration auf das Kerngeschäft durchgesetzt und zu einer zweiten Welle geführt[2], die primär von Restrukturierungen und Desinvestitionen sowie von branchenorientierten Zukäufen[3] bestimmt war. Seit den 90er Jahren ist die Globalisierung ein weiterer Motor des Mergers & Acquisitions, wie eine wachsende Anzahl grenzüberschreitender Transaktionen dokumentiert. Die ersten beiden Wellen beschränkten sich fast ausschließlich auf die USA. In Europa haben sie sich, mit Ausnahme Großbritanniens, kaum bzw. im Falle der Restrukturierungen erst mit großer Verspätung gezeigt. Dem gegenüber handelte es sich bei der Globalisierungwelle von Anfang an um ein weltweites Phänomen.

Seit Mitte der 90er Jahre ist auch in Deutschland ein deutlicher Anstieg von Unternehmenskäufen und –zusammenschlüssen zu beobachten. Die Gesamtzahl der Transaktionen mit deutscher Beteiligung lag 2001 bei 2.173 (2000: 1.973). Das Transaktionsvolumen ist im Vergleich zum Vorjahr deutlich zurückgegangen, von 477,4 Mrd. auf 162,9 Mrd. Euro, wobei allerdings der Vorjahreswert durch die Transaktion Vodafone/Mannesmann verzerrt wurde, deren Wert allein 198,1 Mrd. Euro betrug.[4] Neben dem Einbruch an den Technologiemärkten haben sich eingetrübte globale Wachstumsperspektiven negativ auf die Unternehmensbewertungen ausgewirkt. Trotz eines Aufholprozesses liegt Deutschland im internationalen Vergleich aber nach wie vor hinter anderen Industrieländern, insbesondere den Vereinigten Staaten und Großbritannien, zurück. Aufgrund eines Nachholbedarfs bei Restrukturierungen und wegen der seit 1.1.2002 steuerlichen begünstigten Beteiligungsveräußerungen für Kapitalgesellschaften kann aber für die nächsten Jahre ein weiteres Wachstum in Deutschland erwartet werden. In allen genannten Ländern dominiert der Unternehmenskauf (Akquisition). Der Anteil der als Fusionen von gleichberechtigten Partnern (Merger of Equals) angekündigten Transaktionen ist zwar 1998 zeitweilig aufgrund einiger großer Transaktionen erheblich angestiegen.[5] Dabei ist allerdings zu beachten, daß bei vielen Mergers of Equals am Ende doch ein Partner stärker war als der andere, es sich in Wirklichkeit also um Übernahmen handelte. Das Fusionsverfahren wurde häufig gewählt, weil gemäß

[1] Vgl. etwa Shleifer und Vishny, R. (1991); Matsusaka (1993) sowie Berger und Ofek (1996).

[2] Vgl. Holderness und Sheehan (1985); Jensen, M. (1988); Shleifer und Vishny (1991); Graml (1996) sowie Hodkinson (1996).

[3] Übernahmen von Unternehmen derselben Branche wurden in den USA erst Anfang der 80er Jahre durch eine Liberalisierung des Wettbewerbsrechts erleichtert bzw. überhaupt erst ermöglicht, vgl. Shleifer und Vishny (1991), S. 58.

[4] Vgl. o.V. (2002a). Im Jahr 2002 scheint sich dieser negative Trend zu bestätigen.

[5] Vgl. Diederichs und Pfaffenberger (1999), S. 1.

US GAAP lange Zeit durch ein pooling of interest accounting unerwünschte, gewinnverwässernde Firmenwert-abschreibungen vermieden werden konnten.[6]

Einem Unternehmenskauf gehen zwei Investitionsentscheidungen voraus. Der Verkäufer entschließt sich zur Desinvestition, der Käufer zur Investition. Beide Parteien bestimmen über individuelle Investitionsrechnungen ihren jeweiligen Grenzpreis. Ein Unternehmenskauf kommt nur zustande, wenn ein Kaufinteressent einen höheren Grenzpreis bietet als der Verkäufer mindestens verlangt. Dafür, daß die Parteien bei ihren Kalkulationen zu unterschiedlichen Grenzpreisen gelangen, kann es unterschiedliche Gründe geben.[7] Mögliche Erklärungen sind u.a. Einsparungsmöglichkeiten durch die Zusammenlegung gleicher Tätigkeitsbereiche, Synergiepotentiale eines Käufers, eine unterschiedlichen Besteuerung von Käufer und Verkäufer, größere Verschuldungsmöglichkeiten des Käufers sowie unterschiedliche Grade der Risiko(ab)neigung.

Ein effizienter M&A-Markt trägt zur optimalen Allokation vorhandener Ressourcen bei, weil über ihn Unternehmenseinheiten ihrer effizientesten Verwendung zugeführt werden.[8] Ohne einen funktionsfähigen Markt können sich z.B. Konzerne nicht von unrentablen Randbereichen trennen, während zugleich aufstrebende Unternehmen in ihren Wachstumsmöglichkeiten beeinträchtigt werden. Die Funktionsfähigkeit des Marktes kann durch Marktunvollkommenheiten gestört sein. In diesem Fall kommen Transaktionen, die eigentlich effizient wären, nicht zustande. Eine wichtige Marktunvollkommenheit ist die unvollständige Information von Marktteilnehmern. Unvollständig informierte Käufer nehmen Bewertungsabschläge vor, wenn sie befürchten müssen, das andere Marktteilnehmer besser informiert sind und dieses Wissen ausnutzen. Dadurch kann es im Extremfall zu Marktversagen kommen.[9] Eine große Zahl bereits angekündigter M&A-Transaktionen scheitert noch während der Prüfungs- und Verhandlungsphase.[10] Unterschiedliche Einschätzungen bezüglich der Chancen und Risiken dürften dabei vielfach eine wesentliche Rolle spielen.

Aus der Shareholder Value Perspektive[11] des Kapitalmarktes sind Akquisitionen erfolgreich, wenn diese einen positiven marginalen Wertzuwachs bewirken.[12] Das ist der Fall, wenn der Unternehmenswert eines akquirierenden Unternehmens nach der Übernahme, abzüglich Kaufpreis und Akquisitionskosten, höher ist als dessen fiktiver Unternehmenswert ohne Akquisition.[13] Der Erfolg tatsächlich durchgeführter Akquisitionen und Fusionen wurde in zahlreichen empirischen Studien untersucht.[14] Insgesamt ergibt sich aus den zi-

[6] Vgl. zur Methode und zu den Unterschieden im Vergleich zum Purchase Accounting Rammert (1999), S. 620ff.
[7] Vgl. statt vieler Drukarczyk (2001), S. 115f.
[8] Vgl. Dodd (1992), S. 507ff.
[9] So etwa in bezug auf den Aktienmarkt Heitzer und Sohn (1999), S. 400.
[10] So z.B. die Fusionen von Deutscher und Dresdner Bank (2000) sowie von Dynergy und Enron (2001).
[11] Vgl. zum Shareholder Value-Begriff Rappaport (1996).
[12] Vgl. Waschkun (2000), S. 8
[13] Vgl. Bamberger (1997), S. 372.
[14] Vgl. beispielsweise Möller (1983), Bühner (1990), Kaufmann (1990), Bamberger (1994) sowie spezifisch für Banken Weimer und Wißkirchen (1999); international Jensen und Ruback (1983) m.w.N. sowie Morck, Shleifer und Vishny (1990), S. 31ff

tierten Untersuchungen eine gemischte Erfolgsbilanz.[15] Speziell für diversifikationsmotivierte Übernahmen konnte nachgewiesen werden, daß diese überwiegend Aktionärsvermögen vernichtet haben.[16] Der hohe Anteil nicht erfolgreicher Übernahmen deutet darauf hin, daß von einer Vielzahl von Käufern die wirtschaftlichen Vorteile einer Akquisition überschätzt oder mögliche Risiken unterschätzt werden. Auch ist ein nicht am Shareholder Value orientiertes Verhalten einzelner handelnder Personen beim Unternehmenskauf nicht auszuschließen.[17]

Ziel der vorliegenden Arbeit ist es, die Auswirkung von Informationsasymmetrien auf die Funktionsfähigkeit des deutschen M&A-Marktes aufzuzeigen. Auf Grundlage der gewonnenen Erkenntnisse sollen Strategien für die Kontrahenten untersucht werden, mit deren Hilfe Informationsrisiken reduziert werden können. Dabei wird zum einen analysiert, welche Möglichkeiten bestehen, Informationsasymmetrien abzubauen. Zum anderen soll ermittelt werden, über welche Möglichkeiten Verkäufer und Käufer verfügen, trotz fortbestehender Informationsasymmetrie eine Transaktion herbeizuführen. Durch Ausschöpfung dieser Methoden kann einerseits die Anzahl von Fehlkäufen verringert werden, andererseits einem Marktversagen aufgrund asymmetrischer Informationsverteilung entgegengewirkt werden, wenn ökonomisch sinnvolle Transaktionen nicht mehr aufgrund einer Überbewertung von Risiken unterbleiben.

---

[15] So ist in einer jüngeren Studie von Bain & Co., die sich auf die 50 größten M&A-Transaktionen im Bankbereich bezieht, ein fast gleich hoher Anteil wahrscheinlich erfolgreicher und wahrscheinlich nicht erfolgreicher Transaktionen ermittelt worden, vgl. Weimer und Wißkirchen (1999), S. 761.

[16] Vgl. Servaes (1996), S. 1201ff. m.w.N.

[17] Vgl. Morck, Shleifer und Vishny (1990), S. 31ff

1.2 Aufbau der Arbeit

Läßt man die Einleitung (erstes Kapitel) sowie die Zusammenfassung und Schlußfolgerungen (siebtes Kapitel) außer Acht, gliedert sich die Arbeit in fünf Abschnitte. In den Kapiteln 2 und 3 (Bestandsaufnahme) wird untersucht, wie sich asymmetrische Information innerhalb eines gegebenen rechtlichen Rahmens auf den Unternehmensverkauf auswirken kann. In den Kapiteln 4 bis 6 werden Gestaltungsmöglichkeiten der Vertragsparteien zur Bewältigung des Informationsproblems analysiert.

Abbildung 1: Der Gang der Untersuchung

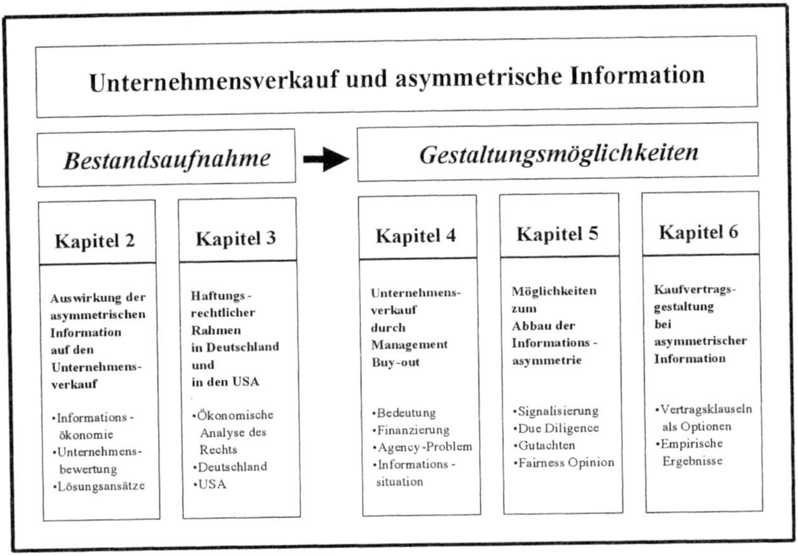

Im **zweiten Kapitel** wird zunächst dargestellt, welche Auswirkungen asymmetrische Information auf das Funktionieren von Märkten haben kann. Im Anschluß wird aufgezeigt, welche Methoden den am Unternehmensverkauf beteiligten Parteien zur Verfügung stehen, bestehende Informationsrisiken bei der Unternehmensbewertung zu erfassen.

Im **dritten Kapitel** wird untersucht, welchen rechtlichen Schutz ein nicht informierter Unternehmenskäufer in Deutschland sowie in den USA hat. Es wird betrachtet, welche Ansprüche ein Käufer hat, wenn er nach dem Unternehmenskauf Mängel entdeckt, die den Wert des Unternehmens verringern und welche Sorgfaltspflichten er hat. Außerdem werden in der Analyse mögliche Ineffizienzen des gültigen gewährleistungsrechtlichen Rahmens in den beiden Ländern herausgearbeitet. Die Betrachtung stützt sich auf die Grundlagen der Ökonomischen Analyse des Rechts.

Im **vierten Kapitel** wird die Möglichkeit untersucht, das Problem der asymmetrischen Information zu umgehen, indem ein oder mehrere Insider auf der Käuferseite einbezogen werden. Als Veräußerungsvariante hat sich auch in Deutschland seit einigen Jahren der Management Buy-out (MBO) etabliert. Im Anschluß an eine allgemeine Darstellung des MBO und seiner Finanzierung werden seine Besonderheiten aus informationsökonomischer Sicht herausgearbeitet. Als theoretischer Bezugsrahmen dient die Agency-Theorie.

Das **fünfte Kapitel** behandelt Strategien, mit deren Hilfe Informationsasymmetrien zwischen den Vertragsparteien abgebaut werden können. Nach einer theoretischen Erörterung des möglichen Beitrags von Signalen wird zunächst die Due Diligence analysiert. Dieses Instrument zur Übermittlung relevanter Informationen hat sich in der Praxis des Unternehmenskaufs herausgebildet. Eine weitere Möglichkeit zur Überbrückung des Informationsproblems liegt in der Einholung externer Sachverständigengutachten. Die beiden Varianten des Wirtschaftsprüfergutachtens und der Fairness Opinion werden dargestellt und im Hinblick auf ihren potentiellen Beitrag zur Lösung des Informationsproblems verglichen.

Das **sechste Kapitel** behandelt Möglichkeiten, Informationsrisiken durch Vertragsgestaltung zu reduzieren. Dabei wird sowohl auf den konventionellen Unternehmensverkauf als auch auf den MBO eingegangen, bei dem eine umgekehrte Informationsasymmetrie vorliegen kann. Für den empirischen Teil dieser Analyse werden insbesondere Ergebnisse herangezogen, die im Rahmen einer Untersuchung zur MBO-Privatisierung durch die Treuhandanstalt gewonnen wurden.

2. Kapitel: Informationsrisiko und Unternehmensbewertung des Käufers

2.1 Informationsökonomische Grundlagen

2.1.1 Bedeutung der Information für die ökonomische Analyse

Bereits 1945 hat Hayek darauf hingewiesen, daß das wesentliche Problem bei der Nutzung der vorhandenen Ressourcen die effiziente Verwertung der Informationen ist, welche nur einzelnen Wirtschaftssubjekten zur Verfügung stehen.[1] Dennoch wurde die Bedeutung der Information in der wirtschaftswissenschaftlichen Analyse noch bis in die 70er Jahre überwiegend in Fußnoten abgehandelt.[2]

Aufgegriffen wurde die Frage, wie sich unvollständige Information auf Allokation und Effizienz auswirkt, erstmals mit Beginn der 60er Jahre. In der Informationsökonomie wird die Beschaffung von Informationen im Hinblick auf individuelle Entscheidungsprobleme sowie auf Gleichgewichtsfragen unter Unsicherheit untersucht.[3] Dabei sind die Auswirkungen asymmetrischer Informationsverteilung zwischen Marktteilnehmern sowie Instrumente zur Vermeidung von Wohlfahrtsverlusten wesentlicher Gegenstand der Betrachtung. Der Informationstand eines Wirtschaftssubjektes hat Auswirkungen auf die Güte seiner Entscheidungen.[4] Der Suchkostenansatz von Stigler (1961) zeigt, daß bei Existenz unterschiedlicher Preise für ein homogenes Gut eine optimale Zahl von Suchschritten ermittelt werden kann, nach der ein Käufer sich für das preisgünstigste Angebot entscheidet.[5] Akerlof (1970) hat gezeigt, daß eine asymmetrische Informationsverteilung zwischen Wirtschaftssubjekten die Funktionsfähigkeit des Marktes beeinträchtigen kann.[6] Wirtschaftssubjekte können ihren Informationsstand durch Informationsaktivitäten verbessern. Durch die Aktivitäten zur Informationsbeschaffung entstehen aber gleichzeitig Informationskosten.[7] Inzwischen wird die Information in der Wirtschaftswissenschaft als „unternehmerische Ressource schlechthin" anerkannt.[8]

2.1.2 Agency-Theorie

Zahlreiche informationsökonomische Erkenntnisse wurden in der Agency-Theorie gewonnen. In der Agency-Theorie werden Kooperationsprobleme zwischen Individuen analysiert, die ihre Ursache in einer asymmetrischen Informationsverteilung haben. Das Verhältnis kooperierender Individuen wird als Agency-Beziehung (Prinzipal-Agent-Beziehung) bezeichnet. Eine Agency-Beziehung entsteht immer dann, wenn eine Person (der Prinzipal) - in der Regel gegen eine Vergütung - eine Handlung an eine andere Person (den Agenten)

[1] Vgl. Hayek (1945), S. 520.
[2] Vgl. Rothschild und Stiglitz (1976), S. 629.
[3] Vgl. Hopf (1983), S. 313.
[4] Information soll im folgenden als „zweckorientiertes Wissen" verstanden werden, Wittmann (1959), S. 14. Vgl. auch zur Kritik an diesem Informationsbegriff Bode (1997), S. 454ff.
[5] Eine entsprechende Gegenüberstellung der Erwartungswerte von Grenzertrag und Grenzkosten der Suche setzt voraus, daß der Nachfrager die Wahrscheinlichkeitsverteilung der Preise kennt, vgl. Stigler (1961), S. 213 ff.
[6] Siehe die ausführliche Darstellung in Abschnitt 2.1.4.
[7] Vgl. Hopf (1983), S. 27ff.
[8] Picot und Franck (1988), S. 544.

delegiert.[9] Die Handlung des Agenten beeinflußt sowohl sein eigenes Nutzenniveau als auch das des auftraggebenden Prinzipals.[10] Er kann wesentliche Auftragshandlungen frei bestimmen, soweit vertragliche Bestimmungen sowie Kontroll- und Sanktionsinstrumentarien des Prinzipals ihm dafür Spielraum geben.[11] Die Delegationsbeziehung wird durch einen Vertrag geregelt.[12] Vielzitierte Beispiele für Agency-Beziehungen sind das Verhältnis zwischen Vorgesetztem und Mitarbeiter, Kreditgeber und Schuldner, Patient und Arzt[13], Unternehmenseigentümer bzw. Aktionär und Manager.[14] Auch das Verhältnis von Verkäufer und Käufer eines Gutes kann als Agency-Beziehung angesehen werden.

Unter **Informationsasymmetrie** in Agency-Beziehungen ist die Unsicherheit des Prinzipals bezüglich der Eigenschaften und des Verhaltens seines Agenten zu verstehen.[15] Von dieser Informationsasymmetrie ist das exogene Risiko abzugrenzen, welches von beiden Vertragspartnern auf gleiche Weise in die Nutzenkalkulation einbezogen wird. Der Informationsvorsprung des Agenten resultiert aus seiner Spezialisierung. Der Prinzipal kennt das Ausmaß seines Informationsdefizits nicht.

Wenn zur Nutzenmaximierung des Agenten und des Prinzipals unterschiedliche Handlungen erforderlich sind, liegt eine **Interessendivergenz** vor. Als homo oeconomicus wird der Agent der Maximierung seines eigenen, individuellen Nutzens Vorrang geben.[16]

In einer Agency-Beziehung kann die asymmetrische Informationsverteilung zwischen Prinzipal und Agent, in Verbindung mit einer Interessendivergenz, zu Fehlallokationen, Wohlfahrtsverlusten und Marktversagen führen. Bei vollständiger Interessenübereinstimmung erhöht das nutzenmaximierende Handeln des Agenten auch den Nutzen des Prinzipals. Im Falle symmetrisch verteilter Information ist der Prinzipal über Eigenschaften, Präferenzen und Handlungen des Agenten stets vollständig in gleicher Weise informiert und kann diesen kontrollieren. In diesen Fällen ist Pareto-Optimalität gegeben.

Ein **Agency-Problem** resultiert aus einer Interessendivergenz in Verbindung mit Informationsasymmetrie. Der Wohlfahrtsverlust, der aus einem Agency-Problem resultiert, wird als **Agency-Kosten** bezeichnet. Vergleichsmaßstab ist die hypothetische First-Best-Situation bei symmetrisch verteilter Information oder Interessenübereinstimmung. Ziel einer optimalen Gestaltung der Agency-Beziehung ist die Minimierung der Agency-Kosten. Diese lassen sich in **Überwachungskosten, Garantiekosten** des Agenten und einen **Residualverlust** unterteilen.[17] Die Optimierung des Agency-Problems kann immer nur zu einer Se-

[9] Vgl. Ross (1973), S. 134.
[10] Vgl. Arrow (1985), S. 37.
[11] Spremann spricht von einem „diskretionären Handlungsspielraum" des Agenten, vgl. Spremann (1988), S. 615. Vgl. auch Jensen und Meckling (1976), S. 308.
[12] Vgl. Besanko, Dranove und Shanley (1996), S. 615ff.
[13] Vgl. Wenger und Terberger (1988), S. 507.
[14] Vgl. Jensen und Meckling (1976), S. 307ff.
[15] Vgl. Spremann (1990), S. 562ff.
[16] Vgl. Franke (1993), Sp. 39.
[17] Die Überwachungskosten sind dabei als Oberbegriff zu verstehen, der neben den Aufwendungen für die Beaufsichtigung des Agenten auch solche Kontrollkosten umfaßt, die z.B. aus der Gestaltung von Dienstanweisungen, Anreizsystemen und Budgetbeschränkungen resultieren, vgl. Jensen und Meckling (1976), S. 309.

cond-Best-Lösung führen, weil die zur Lösung des Agency-Problems eingesetzten Anreiz- und Kontrollmechanismen Kosten verursachen. Die Agency-Kosten lassen sich in der Regel nicht kardinal quantifizieren, weil die First-Best-Lösung mangels Informationseffizienz unbekannt ist.[18]

2.1.3 Typen der Informationsasymmetrie

Als Varianten der Informationsasymmetrie zwischen potentiellen Vertragsparteien lassen sich ungleiche Information in bezug auf bereits zum Zeitpunkt des Vertragsschlusses gegebene Tatsachen (Qualitätsunsicherheit) und Unsicherheit in bezug auf das Verhalten des Vertragspartners nach Vertragsschluß (Verhaltensunsicherheit) differenzieren.[19] Verhaltensunsicherheit kann in Moral Hazard und Hold-up unterschieden werden.[20] Alle Formen der Informationsasymmetrie können Transaktionen behindern, deren Zustandekommen den Nutzen beider Parteien erhöhen würde, und dadurch die Funktionsfähigkeit von Märkten beeinträchtigen.[21]

Unter **Qualitätsunsicherheit**[22] (hidden information) wird die Unsicherheit eines Marktteilnehmers bezüglich der Qualifikation einer zu beauftragenden Person oder eines zu kaufenden Gutes verstanden. Beim Unternehmensverkauf stellt die Unsicherheit des (potentiellen) Käufers über wertbildende Eigenschaften des Unternehmens die größte Gefahr für das Zustandekommen eines effizienten Eigentumsübergangs dar.

Unter **Moral Hazard**[23] (hidden action) wird eine nachvertragliche Informationsasymmetrie verstanden. Ein Vertragspartner kann es nach Vertragsschluß bewußt an Fleiß, Anstrengung und Sorgfalt vermissen lassen. Dieses Verhalten wird in der Property-Rights-Theorie auch als "Shirking" (Drückebergerei) bezeichnet.[24] Das Handeln des Vertragspartners bleibt der anderen Partei auch ex post verborgen. Sie weiß daher nicht, ob ein unbefriedigendes Ergebnis auf die Anstrengung seines Agenten oder auf exogene Einflüsse zurückzuführen ist.

Mit dem Begriff **Hold-up**[25] (hidden intention) wird beschrieben, inwieweit eine Partei vorhandene Vertragslücken bewußt ausnutzt und es an Fairneß, Entgegenkommen und Kulanz im Vergleich zu einem üblichen - vom Vertragspartner ex ante erwarteten Maße - fehlen läßt. Das mit Hold-up bezeichnete Verhalten wird der geschädigten Partei, im Gegensatz zum moral hazard, ex post bekannt. Sie muß sich das Verhalten aber gefallen lassen, weil sie entweder keine rechtliche Grundlage für eine Disziplinierung des Vertragspartners besitzt oder bereits spezifische Investitionen in das Vertragsverhältnis getätigt hat. Diese Investition würde bei einer Auflösung als sogenannte "sunk cost" verloren gehen.

[18] Vgl. Spremann (1990), S. 576.
[19] Vgl. Franke und Hax (1995), S. 410.
[20] Vgl. Spremann (1990), S. 576.
[21] Vgl. Franke und Hax (1995), S. 410.
[22] Vgl. zur Qualitätsunsicherheit u.a. Stigler (1961), S. 213ff.; McCall (1970), S.113ff.; Arrow (1985), S. 37ff. sowie Emons (1997), S. 107ff.
[23] Vgl. Stiglitz (1974), S. 242ff.; Holmström (1979), S 74ff. sowie Grossman und Hart (1983), S. 7ff.
[24] Vgl. Alchian und Demsetz (1972), S. 786.
[25] Vgl. Goldberg (1976), S. 439ff.; Klein, Crawford und Alchian (1978), S. 297ff. sowie Alchian und Woodward (1988), S. 65ff.

2.1.4 Marktversagen bei asymmetrischer Information: Das Akerlof-Modell

2.1.4.1 Adverse Selektion

Durch asymmetrische Information kann ein Prozeß des Marktversagens ausgelöst werden, die sogenannte **adverse Selektion**. Akerlof hat das Marktversagen durch adverse Selektion als erster am Beispiel des Gebrauchtwagenmarktes beschrieben.[26] Der Prozeß der adversen Selektion ist aber nicht auf Gütermärkte beschränkt, sondern kann sowohl durch Qualitätsunsicherheit als auch Verhaltensunsicherheit ausgelöst werden.[27]

Auf dem Markt für Gebrauchtwagen werden Autos mit unterschiedlicher Qualität gehandelt.[28] Dort treten zwei verschiedene Typen von Händlern mit unterschiedlichen Nutzenfunktionen auf. Aufgrund der unterschiedlichen Nutzenfunktionen gäbe es einen Einigungsbereich für den Verkauf verschiedener Autos. Ein Verkauf zu einem Preis innerhalb des Einigungsbereiches würde zu einer Pareto-Verbesserung führen. Da nur der Verkäufer weiß, ob es sich bei dem von ihm angebotenen Auto um ein gut erhaltenes (peach) oder schlecht erhaltenes Exemplar (lemon) handelt, ist der potentielle Käufer einem Qualitätsrisiko ausgesetzt. Aus seiner Sicht ist der Markt „gepoolt". Seine Zahlungsbereitschaft orientiert sich an der Durchschnittsqualität der angebotenen Ware. Ein Anbieter eines überdurchschnittlichen "peaches" ist aber nicht bereit, zu einem durchschnittlichen Preis zu verkaufen. Es verbleiben deshalb nur die Autos auf dem Markt, deren Wert dem Marktpreis genau entspricht oder niedriger ist. Mit dieser Qualitätsverschlechterung sinkt wiederum die Zahlungsbereitschaft der Käufer und im Ergebnis (aggregiert) auch der Marktpreis. Das führt dazu, daß weitere Anbieter, die mit dem neuen Gleichgewichtspreis unzufrieden sind, aus dem Markt austreten.[29]

Aufgrund der Informationsasymmetrie zwischen den beiden Parteien kann es unter bestimmten Annahmen zu Marktversagen kommen. Der Preis verliert seine Informationsfunktion.

Es wird angenommen, daß die Nachfrage nach Gebrauchtwagen (D) vom Preis des Automobils (p) und von der durchschnittlich gehandelten Qualität (μ) abhängt:

$$D = D(p, \mu)$$

Die ersten partiellen Ableitungen sind $D_1 < 0$ und $D_2 > 0$.

Sowohl die durchschnittliche Qualität der gehandelten Autos als auch die Nachfrage hängen vom Preis ab:

$$\mu = \mu(p), \mu' > 0 \qquad S = S(p), S' > 0$$

[26] Mit seinem Modell hat Akerlof ein ganzes Forschungsgebiet der Wirtschaftswissenschaften inspiriert, vgl. Akerlof (1970).
[27] Vgl. Spremann (1990), S. 574.
[28] Vgl. Akerlof (1970), S. 488ff.
[29] Vgl. Akerlof (1970), S. 490.

Im Gleichgewicht müssen Angebot und Nachfrage für die gegebene Durchschnittsqualität gleich sein:

$$S(p) = D(p, \mu(p))$$

Die Nachfragekurve kann zunächst wegen $\mu(p)$ ansteigen und anschließend wegen p fallen. Angebots- und Nachfragekurve haben dann unter Umständen keinen Schnittpunkt. Die Steigung der Nachfragekurve läßt sich durch Ableitung nach p bestimmen:

$$\frac{dD}{dp} = \underset{(-)}{\frac{\partial D}{\partial p}} + \underset{(+)}{\frac{\partial D}{\partial \mu}} \, \underset{(+)}{\frac{d\mu}{dp}}$$

2.1.4.2 Beispiel

Zur Veranschaulichung lassen sich folgende Annahmen treffen[30]:

Die Angebotsfunktion sei:

$$S = bp, b > 0$$

Die Nachfragefunktion sei:

$$D = a + \mu - dp^2; \qquad a, d > 0$$
$$\mu = gp; \qquad g > 0$$

Durch Einsetzen der μ-Gleichung in die Nachfragefunktion ergibt sich:

$$D = a + gp - dp^2$$

Die parabelförmige Nachfragekurve hat bei niedrigem Preis eine positive Steigung, bei einem hohen Preis dagegen eine negative Steigung.

[30] Die folgende (verkürzte) Darstellung orientiert sich an Richter und Furubotn (1996), S. 236ff.

Abbildung 2: Angebots- und Nachfragefunktion im Akerlof-Modell

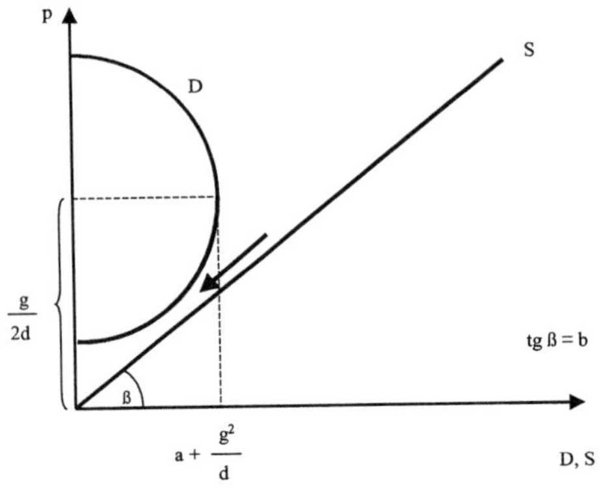

Quelle: Richter und Furubotn (1996), S. 238

Das Akerlof-Modell geht von vollständig informierten Verkäufern aus. Wenn die Verkäufer nicht alle vollständig über die Qualität des Gutes informiert sind, kann es, verglichen mit dem Grundmodell vollständig informierter Verkäufer, sowohl zu Wohlfahrtsgewinnen als auch zu weiteren Wohlfahrtsverlusten kommen.[31] So kann einerseits der uninformierte Verkäufer einen höheren Preis verlangen als derjenige, der genau weiß, daß er ein schlechtes Auto besitzt, und damit die Angebotsmenge bei einem niedrigen Preisniveau weiter reduzieren. Bei hohen Marktpreisen können die (uniformierten) Eigentümer guter Autos den Markt betreten und damit die angebotene Durchschnittsqualität stabilisieren.[32]

[31] Vorausgesetzt, daß es noch nicht zu einem vollständigen Zusammenbruch des Marktes gekommen ist.
[32] Vgl. Keßler (1996), S. 12ff.

2.2 Informationsverteilung beim Unternehmensverkauf

Das Akerlof-Modell zeigt, daß Informationsasymmetrien zwischen Marktteilnehmern zu Wohlfahrtsverlusten und Marktversagen führen können. Akerlof untersucht diesen Prozeß am Beispiel der Qualitätsunsicherheit eines Autokäufers. Ein Unternehmen kann genau wie ein Auto als ein – allerdings komplexeres - „Gut" mit verschiedenen Eigenschaften angesehen werden. Folglich impliziert der Unternehmensverkauf möglicherweise ein Qualitätsunsicherheitsproblem. Die Gesamtheit der Informationen über ein Unternehmen bestimmen dessen Wert. Wie im einzelnen aus Informationen zum Unternehmen ein Unternehmenswert abgeleitet werden kann und wie sich Informationsrisiken auf eine Unternehmensbewertung auswirken können, wird in Abschnitt 2.3 untersucht. Zunächst ist aber zu prüfen, wie im einzelnen beim Unternehmensverkauf die Informationen zwischen den Kontrahenten verteilt sein können.

Während zahlreiche andere Güter regelmäßig in wissenschaftlichen Arbeiten, die sich mit dem Phänomen der adversen Selektion befassen, als Untersuchungsgegenstände oder als Beispiele herangezogen werden[33], wird der Unternehmensverkauf dort kaum behandelt. In den letzten Jahrzehnten wurden zwar zahlreiche Analysen veröffentlicht, die wichtige Konsequenzen einer möglichen Informationsasymmetrie zwischen Management und Aktionären eines Unternehmens untersuchen. Diese befassen sich unter anderem mit Fragen der Finanzierungsstrategie,[34] der Dividendenpolitik[35] sowie der Bilanzierungspolitik[36] von Unternehmen. Die Frage aber, inwieweit eine asymmetrische Informationsverteilung den Unternehmensverkauf prägt, findet nur in der Spezialform des Management Buy-outs regelmäßige Aufmerksamkeit in der Literatur.[37]

Eine mögliche Erklärung für die geringe Aufmerksamkeit bezüglich des Qualitätsproblems beim Unternehmensverkauf könnte in der Komplexität des Gutes Unternehmung selbst sowie in der Vielfältigkeit möglicher Informationsverteilungen zwischen den Kontrahenten liegen, durch die eine abstrakte Analyse erschwert wird. Mit der Vielzahl einzelner Bestandteile steigt die Komplexität eines Gutes. Das führt zu unvollständiger Information der Kontrahenten und damit zu einer erhöhten Gefahr des Marktversagens. Unternehmen, die auf einem M&A-Markt gehandelt werden, stellen – schon wegen ihrer zahlreichen Aktiva und Passiva - besonders komplexe (und auch teure) Kaufgegenstände dar. Viele Kontrahenten betreten den M&A-Markt nur ein einziges Mal und können deswegen auch nicht von Erfahrungen profitieren. Ebenfalls bedeutsam ist, daß die große Gesamtmenge relevanter Informationen sehr ungleichmäßig auf die Kontrahenten verteilt sein kann. Die folgende Beschreibung der Informationssituation der Kontrahenten beim Unternehmensverkauf soll daher zunächst herausarbeiten, welche verschiedenen Konstellationen der Informationsasymmetrie es beim Unternehmensverkauf gibt, und dabei auf die wichtigsten wertbestimmenden Informationen eingehen.

---

[33] Neben dem bereits zitierten Gebrauchtwagenmarkt z.B. die Märkte für (auch bei Akerlof) Versicherungen, aber auch Gebrauchsgüter, Arbeit oder freiberufliche Dienstleistungen, vgl. etwa Nelson (1970), Spence (1973) oder Emons (1997).

[34] Vgl. Jensen und Meckling (1976), Leland und Pyle (1977), Swoboda (1982), Myers und Maljuf (1984), Jensen (1986) und Nippel (1996).

[35] Vgl. z.B. Miller und Scholes (1978), Miller und Rock (1985) und m.w.N. Rozeff (1992).

[36] Vgl. Ballwieser (1985), Ewert (1989), Wagenhofer (1990) und Busse v. Colbe (1993).

[37] Siehe die entsprechenden Literaturhinweise in Kapitel 4.

Im Vergleich zur Qualitätsunsicherheit sind Moral Hazard und Hold-up von wesentlich geringerer Relevanz für den Unternehmenskauf, da in den meisten Fällen mit der Erfüllung des Kaufvertrages die Beziehung zwischen den Kontrahenten beendet ist. Der Käufer erhält das Unternehmen und der Verkäufer bekommt die vertraglich vereinbarte Gegenleistung, in der Regel Geld und (seltener) Aktien. In bestimmten Situationen, kann allerdings eine fortdauernde Vertragsbeziehung von den Parteien gewollt sein. Das betrifft im wesentlichen den Fall eines Unternehmensverkaufs in mehreren Schritten, der im Kapitel 6 analysiert wird.

2.2.1 Informationssituation des Verkäufers

Ein Unternehmensverkäufer, der selbst mit der Führung des Unternehmens befaßt ist (Unternehmereigentümer), besitzt eine Vielzahl von Informationen zu seinem Betrieb. Im Idealfall verfügt er sogar über sämtliche Informationen bezüglich des Vertragsgegenstandes bzw. hat direkten Zugriff, wenn ihm Informationen nicht unmittelbar vorliegen. Informationen, die für den Wert eines Unternehmens relevant sind, können sowohl dessen Vergangenheit als auch dessen Zukunft betreffen. Für wertbildende Vergangenheitsinformationen gibt es zahlreiche Beispiele. Bedeutsam sind häufig die vergangene Bilanzierungs- und Abschreibungspolitik, Umweltrisiken, Prozeß- und sonstige rechtliche Risiken wie auch Instandhaltungs- und Modernisierungsstaus bei Gebäuden sowie Maschinen und Anlagen.

Für die Bestimmung des Wertes noch wichtiger als die Vergangenheit ist die Zukunft des Unternehmens. Auch diese kann aus der Perspektive eines Unternehmereigentümers am besten beurteilt werden. Er kennt das Geschäftssystem des Unternehmens sowie die aktuelle wirtschaftliche Lage und das Wettbewerbsumfeld. Zum Beispiel ist er über die aktuelle Auftragslage, Chancen neuer Produkte und Patente sowie die Kostenentwicklung besser informiert als Externe. In vielen Fällen hat er auch Kenntnis von bewertungsrelevanten Sondersituationen, wie etwa Abwanderungsplänen wichtiger Mitarbeiter. Auf Basis seines umfassenden Wissens kann der Unternehmereigentümer bestehende Chancen und Risiken des Unternehmens, die im Geschäftsplan abgebildet werden, wesentlich besser als Dritte einschätzen.

Anders ist in der Regel die Informationssituation eines Verkäufers, der nicht mit der Unternehmensführung befaßt ist. Ihm sind Informationen nur mittelbar durch das Management zugänglich. Das bedeutet erstens, daß er kein Detailwissen aus eigener Anschauung hat und zweitens, daß sein vorhandenes Wissen u.U. manipuliert werden konnte. Ein Unternehmensverkäufer, der nicht aktiv in die Unternehmensführung eingebunden ist, sondern nur Gesellschafter ist, erhält normalerweise regelmäßig Informationen über die Situation des Unternehmens. Der Umfang der Informationen variiert aber in Abhängigkeit von der Rechtsform und der Satzung, der Höhe seiner Beteiligung, seiner Vertretung in Aufsichtsgremien (Aufsichtsrat oder Beirat), der Informationspolitik des angestellten Managements und anderen Faktoren und kann insgesamt durchaus gering sein. Darüber hinaus sind auch die technischen Möglichkeiten eines Eigentümers zur Überwachung bedeutsam. Eine Konzernmuttergesellschaft wird sich eher ein funktionierendes Beteiligungscontrolling leisten können als ein wirtschaftlich ungebildeter Familienaktionär, der eine Beteiligung geerbt hat.

2.2.2 Informationssituation des Käufers

Die meisten Unternehmen werden an externe Käufer veräußert. Diese Variante wird im folgenden als konventioneller Unternehmensverkauf bezeichnet. Beim konventionellen Unternehmensverkauf verfügt ein potentieller Käufer nicht über detaillierte Unternehmensinformationen. Über das Ausmaß der mit einem Unternehmenskauf verbundenen wirtschaftliche Risiken, z.B. durch schwebende Geschäfte oder Umweltaltlasten, ist ihm wenig bekannt. Auch über die Managementqualität ist er nicht informiert. Der Kaufinteressent wird daher Zweifel haben, ob er Risiken und Chancen eines Kaufes überblicken kann und vom Verkäufer übermittelte Informationen kritisch betrachten.[38] Sein genauer Informationsstand ist maßgeblich vom Umfang glaubwürdiger und aussagekräftiger Daten über das zum Verkauf stehende Unternehmen abhängig.

Das Mindestmaß zugänglicher Daten wird durch die einschlägigen gesetzlichen Vorschriften bestimmt. Gesetzlich standardisierte Vorschriften sorgen für einheitliche Standards, die den einzelnen Empfängern der Information einen Vergleich mit den Daten anderer Unternehmen ermöglichen. Der Spielraum für Manipulationen wird durch präzise Vorgaben gesenkt, wodurch die Information aus Sicht des Empfängers an Glaubwürdigkeit gewinnt.[39] Gesetzliche Rechnungslegungs-, Veröffentlichungs- und Prüfungspflichten sollen einem informationsbedingten Marktversagen auf Kapitalmärkten entgegenwirken.[40] Eine wichtige Aufgabe von Abschlußdaten ist die Hilfe für Investitionsentscheidungen von Kapitalanlegern.[41] Der Umfang der Information variiert je nach Rechtsform. Es gelten für börsennotierte Aktiengesellschaften noch verhältnismäßig strenge Vorschriften, anders als für Gesellschaften mbH und Personengesellschaften. Für rechtlich nicht selbständige Unternehmensteile existieren de facto keine Publizitätsvorschriften.

Doch ist der Informationswert von AG-Jahresabschlüssen für einen Unternehmenskäufer zweifelhaft. Gerade das deutsche Rechnungslegungssystem läßt erhebliche Gestaltungsspielräume zu, unter anderem aufgrund des Vorsichtsprinzips sowie dem damit verbundenen Realisations- und dem Imparitätsprinzip. Diese Prinzipien können zu einer Unterbewertung der Chancen und zu einer Überbewertung der Risiken führen. Aufgrund der Gestaltungsspielräume des Erstellers ist die Transparenz für den Leser gering. Testierte Abschlüsse sind zwar häufig geeignet, Hinweise auf Zahlungsschwierigkeiten eines Unternehmens zu geben. Sie geben dem Kaufinteressenten aber insbesondere keine Hinweise auf die zukünftig zu erwartenden Zahlungsüberschüsse, die für seine Grenzpreisbestimmung relevant sind. Zu größeren börsennotierten Unternehmen werden allerdings regelmäßig Analystenschätzungen von Banken erstellt, die einem Externen bei der Bewertung des Unternehmens helfen können.

Anders stellt sich die Informationssituation eines Käufers dar, der selbst Insider ist. Wenn der Käufer als Manager im Unternehmen tätig ist, sind ihm aufgrund seiner Führungstätigkeit wichtige Informationen zugänglich.[42] Diese können beispielsweise ungenutzte Geschäftschancen des Unternehmens betreffen, stille Reserven oder nicht betriebsnotwendige

[38] Vgl. Schmidt, Reinhard (1981), S. 194f.
[39] Vgl. Schmidt, Reinhard (1982), S. 746.
[40] Vgl. Ballwieser (1985), S. 47ff.
[41] Vgl. Busse v. Colbe (1993), S. 13.
[42] Siehe auch die Ausführungen in Kapitel 4.

Aktiva sowie das Wissen um einen zahlungswilligen dritten Kaufinteressenten für das Unternehmen. Der Informationsstand der Käuferseite hängt wesentlich von der Position des Managers im Unternehmen (Aufgabenbereich und Seniorität) ab. Wenn mehrere Manager gemeinsam an einem Kauf ihres Unternehmens interessiert sind, ist der gemeinsame Informationsstand der Käufergruppe besonders groß, da sich ihre einzelne Wissensgebiete ergänzen.

2.2.3 Informationsasymmetrie

Eine vorliegende Informationsasymmetrie ergibt sich aus Unterschieden des Informationsstandes des Verkäufers zu demjenigen des Käufers. Wie aus den jeweiligen Einzelbetrachtungen für die Kontrahenten deutlich wurde, können beide Kontrahenten gut oder weniger gut über das Unternehmen informiert sein. Folglich gibt es für die Informationsverteilung vier unterschiedliche Konstellationen, die in der nachfolgenden Tabelle zusammengefaßt werden:

Abbildung 3: Umfang der Informationsasymmetrie in Abhängigkeit von der Aktivität des Käufers und des Verkäufers in der Unternehmensführung

		Verkäufer	
		Aktiv	*Nicht aktiv*
Käufer	*Nicht aktiv*	**(1)**	**(2)**
	Aktiv	**(3)**	**(4)**

Erläuterungen:

1 = starke Informationsasymmetrie zugunsten des Verkäufers
2 = geringe Informationsasymmetrie zugunsten des Verkäufers
3 = beide Parteien sind gut informiert;
geringe (für beliebige Partei), wechselseitige oder gar keine Informationssymmetrie
4 = (umgekehrte) Informationsasymmetrie zugunsten des Käufers

Im Regelfall des konventionellen Unternehmensverkaufs liegt eine asymmetrische Informationsverteilung zugunsten des Verkäufers vor (Felder (1) und (2) in der Abbildung). Der Verkäufer verfügt über einen Informationsvorsprung oder kann die relevanten Informationen mit einem geringeren Aufwand beschaffen als ein Kaufinteressent. Wenn der Verkäufer selbst das Unternehmen führt, ist sein Informationsvorsprung besonders groß (1). Wenn der Verkäufer nicht selbst im Unternehmen ist (2), hängt der Umfang der Informationsasymmetrie gegenüber einem externen Kaufinteressenten von seinen Informations- und Kontrollrechten ab. Zu Fall (2) zählen z.B. auch Verkäufe von Tochtergesellschaften durch eine Konzernmuttergesellschaft an einen externen Interessenten. Anders ist die Informationsverteilung beim Unternehmensverkauf an einen Insider. Dieser Sonderfall (Felder (3) und (4)), bei dem Manager des Unternehmens Kaufinteressenten sind, wird in Kapitel 4 ausführlich behandelt. In diesem Spezialfall liegt, abhängig vom Engagement des Verkäufers in der Unternehmensführung, eine geringe bzw. gar keine (3) oder eine umgekehrte Informationsasymmetrie (4) vor.

Die Manager können insbesondere im Fall (4) sogar wesentlich besser informiert sein als die Eigentümer, weil ihnen aufgrund ihrer Führungstätigkeit Umstände bekannt sind, die dem Eigentümer verborgen bleiben. Im Fall (3) kann die Informationssituation ungefähr ausgeglichen sein, wenn es sich beim Verkäufer um einen Unternehmereigentümer handelt.[43] Dabei ist zudem eine wechselseitige Informationsasymmetrie möglich. Einzelne Umstände, etwa zu ihrem unmittelbaren eigenen Tätigkeitsbereich, können die Manager besser einschätzen als der Verkäufer. Gleichzeitig verfügt der Verkäufer möglicherweise über Informationen, etwa aus der Vergangenheit des Unternehmens, die den Managern nicht bekannt sind. Diese Konstellation ist insbesondere denkbar, wenn nur ein kleinerer Teil des Managements zum Käuferkreis gehört.

Die beschriebenen vier Szenarien sind dabei nur als Grundvarianten möglicher Informationsverteilungen aufzufassen. Genau genommen gibt es aufgrund der unendlichen Zahl wertbestimmender Informationen, die jeweils keiner, einer oder beiden Parteien bekannt oder zugänglich sein können, eine unendliche Zahl von Konstellationen mit unterschiedlichen Graden der Informationsasymmetrie. Dennoch dürfte der Akerlofsche Fall des schlechter informierten externen Käufers in der Praxis am häufigsten auftreten. Aus Vereinfachungsgründen konzentriert sich diese Arbeit auf den „extremen" Fall (1) des informierten Käufers und des nicht informierten, externen Käufers.

Im nachfolgenden Kapitel wird zunächst analysiert, wie der uninformierte Käufer mögliche Risiken über Bewertungsabschläge bei seiner Grenzpreisbestimmung berücksichtigen kann. Im Anschluß werden Möglichkeiten untersucht, wie die Kontrahenten ein informationsbedingtes Marktversagen verhindern können. Der im Kapitel 4 untersuchte Management Buyout ist dabei ein denkbarer Lösungsansatz. Eine Besonderheit dieser Variante ist die oben beschriebene mögliche Umkehrung der Informationssituation (Fall 4).

[43] Vgl. Rhein (1996), S. 16.

2.3 Grenzpreisbestimmung durch den Käufer

2.3.1 Funktionen der Unternehmensbewertung

Unternehmensverkäufe bilden, neben Sanierungen, steuerlichen Bewertungsanlässen und Kreditwürdigkeitsprüfungen den Hauptanlaß für Unternehmensbewertungen.[44] Wenn keine der am Unternehmensverkauf beteiligten Parteien ohne Zustimmung und Mitwirkung der anderen Partei eine Veränderung der Eigentumsverhältnisse durchsetzen kann, liegt eine nicht dominierte Verhandlungssituation vor. Von einer nicht dominierten Verhandlungssituationen wird im folgenden ausgegangen.[45]

In der Betriebswirtschaftslehre ist seit langem anerkannt, daß es einen schlechthin richtigen Unternehmenswert nicht gibt.[46] Der Wert des Unternehmens ist abhängig vom Zweck der Bewertung.[47] Eine Systematisierung der Unternehmenswerte nach dem Zweck für ihre Ermittlung wurde in der Kölner Funktionenlehre vorgenommen.[48] Im Zusammenhang mit Unternehmensverkäufen werden drei Hauptfunktionen unterschieden[49]:

- **Beratungsfunktion:** Zweck der Beratungsfunktion ist es, für eine an der Änderung der Eigentumsverhältnisse interessierte Partei den sogenannten Grenzpreis oder Entscheidungswert zu ermitteln.[50] Der Unternehmenswert gibt dann die Preisgrenze an, bei der ein Kauf oder Verkauf gerade noch vorteilhaft ist.[51]

- **Vermittlungsfunktion:** Im Rahmen der Vermittlungsfunktion werden Schiedspreise (auch Arbitriumpreise oder faire Einigungspreise) ermittelt.[52] Schiedspreise dienen der Vermittlung zwischen zwei Verhandlungsparteien mit gegensätzlichen Interessen und sollen den Unternehmensverkauf erleichtern.[53] Bei nicht dominierten Bewertungsanlässen kann die Vermittlungsfunktion nur dann zu einem „fairen Einigungspreis" führen, wenn ein positiver Einigungsbereich existiert. Dafür darf der Grenzpreis des Käufers nicht niedriger sein als der Grenzpreis des Verkäufers.[54]

---

[44] Vgl. Ballwieser und Leuthier (1986), S. 547 und Drukarczyk (2001), S. 119.

[45] Dominierte Verhandlungssituationen können etwa beim Ausscheiden eines Gesellschafters aus einer Personengesellschaft, der Abfindung von Minderheitsgesellschaftern, Enteignungen, Erbauseinandersetzungen und familienrechtlichen Abfindungen vorliegen, vgl. Drukarczyk (2001), S. 118ff.

[46] Vgl. Moxter (1983), S. 6.

[47] Vgl. Ballwieser und Leuthier (1986), S. 546.

[48] Vgl. Coenenberg und Sieben (1976), Sp. 4063.

[49] Außer den drei nachstehenden Funktionen werden häufig noch die Kommunikationsfunktion, die Steuerbemessungsfunktion und die Vertragsgestaltungsfunktion genannt, vgl. Coenenberg und Sieben (1976), Sp. 4063; Sieben und Schildbach (1979), S. 457f.; Sieben (1983), S. 539 sowie Wagenhofer (1988b), S. 341.

[50] Vgl. Ballwieser und Leuthier (1986), S. 546

[51] Vgl. Ballwieser und Leuthier (1986), S. 546f., Hafner (1988), S. 487, Leuthier (1988), S. 505.

[52] Zur Ermittlung von Schiedspreisen werden Gutachter berufen, in der Regel Wirtschaftsprüfer, aber auch Investment Banken. S. zur Funktion und Bedeutung von Gutachten im Detail Kapitel 5.3.

[53] Vgl. Ballwieser und Leuthier (1986), S. 547.

[54] Vgl. Ballwieser und Leuthier (1986), S. 549.

- **Argumentationsfunktion:** Mit Argumentationspreisen soll die Verhandlungsposition einer Partei unterstützt werden.[55] Bei der Bestimmung des Argumentationspreises geht es für die jeweilige Partei, die ihren eigenen Grenzpreis kennt, um den optimalen Preis, den sie in die Verhandlungen einbringt.[56]

2.3.2 Behandlung von Risiken in verschiedenen Bewertungsverfahren

2.3.2.1 Überblick

Die Ermittlung von Grenzpreisen ist der wichtigste Zweck von Unternehmensbewertungen.[57] Falls keine dominierte Verhandlungssituation vorliegt, kommt ein Unternehmenskauf nur zustande, wenn ein Kaufinteressent einen höheren Preis bietet als der Verkäufer mindestens verlangt. Mögliche Erklärungen für eine höhere Bewertung durch den Käufer sind u.a. Einsparungsmöglichkeiten durch die Zusammenlegung gleicher Tätigkeitsbereiche, Synergiepotentiale eines Käufers, eine unterschiedlichen Besteuerung von Käufer und Verkäufer, größere Verschuldungsmöglichkeiten des Käufers sowie unterschiedliche Grade der Risiko(ab)neigung.[58] Da die genannten Parameter für die beiden Kontrahenten zumindest partiell differieren, werden die Kontrahenten in den meisten Fällen unterschiedliche Grenzpreise ermitteln.[59] Beiden Parteien kann ihr jeweiliger Grenzpreis als Begrenzung einer möglichen Konzessionsbereitschaft jeweils als Orientierungshilfe in den Verhandlungen dienen. Nur wenn, wie in der Abbildung 4 der Grenzpreis des Käufers höher ist als derjenige des Verkäufers, existiert ein positiver Einigungsbereich. Dann werden beide Parteien versuchen, einen Einigungspreis auszuhandeln, der ihrem Grenzpreis möglichst nahe kommt.[60]

Abbildung 4: Unterschiedliche Grenzpreise und Einigungsbereich

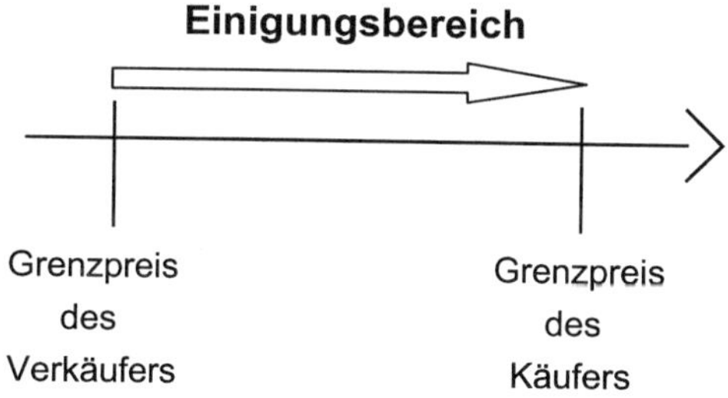

---

[55] Vgl. Hafner (1993), S. 80.
[56] Vgl. Wagenhofer (1988b), S. 532.
[57] Die übrigen Bewertungsfunktionen werden aber noch im Zusammenhang mit Gutachten in Abschnitt 5.3 untersucht, wobei sich aber im Zusammenhang mit der nachfolgend dargestellten Bewertungsmethodik keine wesentlichen Unterschiede ergeben.
[58] Vgl. u.a. Brealey und Myers (1996), S. 916ff., Drukarczyk (2001), S. 115f., speziell zu Synergien auch Coenenberg und Sautter (1988), S. 699ff. sowie Weber (1991), S. 97ff.
[59] Vgl. Drukarczyk (2001), S. 115.
[60] Vgl. Sieben (1992), S. 2042.

Für die Bestimmung ihres Grenzpreises stehen den Beteiligten unterschiedliche Verfahren zur Verfügung. Die meisten Ansätze lassen sich unter den Oberbegriffen Substanz-, Vergleichs-, und Ertragswertverfahren sowie Discounted-Cash-flow-Verfahren (DCF-Methode) zusammenfassen. Eine weitere, neuere Methode ist die Bewertung von Unternehmen mit Hilfe des Optionspreisansatzes. Auf sogenannte Mittelwert- und Übergewinnverfahren, die inzwischen in Theorie und Praxis als veraltet gelten, wird im folgenden nicht weiter eingegangen.

Sowohl bei der Ertragswert- als auch bei der DCF-Methode werden Kapitalwertkalküle verwandt.[61] Aufgrund ihrer methodischen Nähe werden beide Methoden in der deutschen Literatur gelegentlich auch unter dem einheitlichen Begriff Ertragswertverfahren (i.w.S.) zusammengefaßt.[62] Beide Verfahren bewerten das Unternehmen auf Grundlage diskontierter zukünftiger finanzieller Überschüsse. Diese Vorgehensweise hat sich inzwischen in der Theorie[63] und Praxis[64] als bestimmendes Unternehmensbewertungsverfahren durchgesetzt. Für die Definition, Ermittlung und Kapitalisierung der zukünftigen finanziellen Überschüsse haben sich allerdings verschiedene Ansätze herausgebildet. Teilweise werden (ausschüttungsfähige) Zahlungsüberschüsse, teilweise aber auch Ertragsüberschüsse diskontiert. Bei der Ertragswertmethode wird zur Herleitung des Grenzpreises auf die individuelle Risikoeinstellung des Investors zurückgegriffen, wobei dessen Risikonutzenfunktion zugrunde gelegt werden kann. Zur Berücksichtigung des Risikos wird entweder ein (Sicherheits)-Abschlag von den künftigen Nettoüberschüssen oder ein (individuell zu bestimmender) Aufschlag beim Kapitalisierungszinssatz vorgenommen.[65] Die DCF-Methode erfaßt das Risiko stets im Kapitalisierungszins und verwendet dabei objektivierte Zinssätze. Der Zuschlag auf den risikolosen Zins wird dafür aus Marktdaten (Marktrisikoprämien) abgeleitet.[66]

In einer empirische Erhebung von Peemöller et al. (1994), für die (Investment)-Banken, M&A-Berater, Wirtschaftsprüfer, Steuerberater, Beteiligungsgesellschaften und Industrieunternehmen befragt wurden, wurde eine Bevorzugung der Ertragswertmethode in Deutschland ermittelt. Der ebenfalls hohe Anteil von DCF-Verfahren ist primär auf die Beteiligung von deutschen Vertretern internationaler Investmentbanken an der Befragung zurückzuführen.[67]

---

[61] Unter bestimmten Annahmen führen beide Varianten zu identischen Resultaten, vgl. Kaden et al. (1997), S. 499ff.

[62] Vgl. Börsig (1993); Baetge und Krause (1994); Peemöller et al. (1996).

[63] Vgl. im deutschen Schrifttum Moxter (1983), S. 75ff., Ballwieser (1990), S. 167; international Ross, Westerfield und Jaffe (1993) Copeland et al. (1994), Brealey und Myers (1994).

[64] Peemöller et al. (1994), S. 743ff. und Geddes (1998), S. 6.

[65] Vgl. Siepe (1998), S. 326.

[66] Vgl. Drukarczyk (2001), S. 350ff.

[67] Peemöller et al. (1994), S. 743ff., vgl. zur Verbreitung von Bewertungsverfahren in Deutschland auch Beck (1995), S. 537ff.

Tabelle 1: Verbreitung von Unternehmensbewertungsverfahren in Deutschland

	Häufigkeit
Ertragswertmethode	39%
DCF-Methode[68]	34%
Vergleichspreise	8%
Substanzwertverfahren[69]	7%
Börsenwert	6%
Vergleichszahlen	5%
Kombinationsverfahren	1%

Quelle: Peemöller et al. (1994)

Als Variante der Ertragwertmethode hat sich in Deutschland die Vorgehensweise des Instituts der Wirtschaftsprüfer durchgesetzt.

In Großbritannien dominiert dagegen das DCF-Verfahren, wie eine Befragung von Corporate Finance Professionals von (Investment-)Banken, Wertpapierhandelshäusern, Venture Capital-Gesellschaften und Wirtschaftsprüfungsgesellschaften durch Geddes (1998) ermittelt hat.[70] Gleichzeitig ist aber auch eine hohe Bedeutung von Vergleichswertverfahren erkennbar (trading multiples und price/EBIT).

Tabelle 2: Verbreitung von Unternehmensbewertungsverfahren in Großbritannien

	First Choice	**Second Choice**	**Third Choice**	**Total Top Three Picks**
Discounted Cash Flow	29,1	23,5	25,0	27,2
Trading Multiples	25,6	26,5	18,8	25,0
Price/EBIT	17,4	2,9	-	11,8
Capitalisation of forecast Earnings	14,0	14,7	18,8	14,7
Capitalisation of historic earnings	8,1	11,8	6,3	8,8

Quelle: Geddes (1998)

Als wesentliche Bewertungsmethoden werden im folgenden das Substanzwertverfahren, die Vergleichswertverfahren, das Ertragswertverfahren, das Discounted-Cash-flow-Verfahren und der Optionspreisansatz dargestellt. Dabei wird der Erfassung von Qualitätsrisiken bei der Grenzpreisbestimmung des Käufers in den einzelnen Verfahren besondere Beachtung geschenkt.

[68] Einschließlich 1% APV-Ansatz.

[69] Zusammengerechnet aus Substanzwertverfahren (nicht näher spezifiziert) 4%, Liquidationswert 2% und Reproduktionswert 1%.

[70] Geddes (1998), S. 5.

2.3.2.2 Substanzwertverfahren

Substanzwertverfahren ermitteln den Unternehmenswert durch eine stichtagsbezogene Bewertung der Vermögensgegenstände abzüglich des Gegenwertes der Schulden.[71] Die Bewertung kann auf Basis von **Reproduktionswerten** vorgenommen werden, wobei unterstellt wird, daß der Käufer ein identisches Unternehmen durch Kauf der dafür erforderlichen einzelnen Wirtschaftsgüter aufbauen könnte.[72] Der Substanzwert besteht in der Summe der mit ihren Wiederbeschaffungskosten angesetzten einzelnen Vermögensgegenstände abzüglich des Gegenwertes der Schulden.[73] Alternativ kann die Bewertung auf der Grundlage von **Liquidationswerten** vorgenommen werden. In diesem Fall wird eine Auflösung des Unternehmens bei getrennter Veräußerung der einzelnen Vermögensgegenstände unterstellt.[74]

Substanzwertverfahren haben bei der Unternehmensbewertung nur noch eine geringe Bedeutung.[75] Ihre Mängel liegen u.a. in der fehlenden Zukunftsbezogenheit und in der Vernachlässigung wesentlicher wertbildenden Faktoren wie etwa des originären Firmenwertes (goodwill), der u.a. in Marktimage, Know-how und Kundenbeziehungen begründet sein kann. Im Ergebnis führen Substanzbewertungen zu unrealistisch niedrigen Werten, die nur in Ausnahmefällen als eine Preisuntergrenze für den Verkäufer relevant sind und dem Käufer keine wesentliche Erkenntnis liefern, sofern er beabsichtigt, das Unternehmen nach dem Erwerb fortzuführen.

2.3.2.3 Vergleichswertverfahren

Vergleichswertverfahren (auch Market approach oder Marktwertverfahren) orientieren sich an Marktpreisen für andere Unternehmen, wobei es sich um tatsächlich bezahlte oder um voraussichtlich zu zahlende Preise handeln kann. Der Vergleich wird anhand von Kennziffern vorgenommen.[76] Als Kennziffern dienen Verhältniszahlen wie etwas Kaufpreis bzw. Börsenwert zu Umsatz, Cash-flow oder Gewinngrößen. Die Relationen Kaufpreis/EBIT und Kaufpreis/Cash-flow weisen dabei die geringsten Streuungen auf.[77] Die Kennziffern werden für die Bewertung in Matrixform nach verschiedenen Vergleichsunternehmen aufbereitet und der Unternehmenswert als Durchschnittswert oder Wertbandbreite der ermittelten Verhältniszahlen ausgedrückt.[78]

---

[71] Vgl. Mandl und Rabel (1997), S. 46.
[72] Vgl. Born (1995), S. 158ff.
[73] Vgl. Moxter (1983), S. 41.
[74] Vgl. Piltz (1994), S. 31ff.
[75] Etwa im Steuerrecht oder bei der Bewertung ertragsschwacher Unternehmen, vgl. Baetge und Krause (1994), S. 433.
[76] Vergleichswertverfahren sind daher auch als Multiplikatormethoden bekannt, vgl. Seppelfricke (1999), S. 300.
[77] Vgl. Börsig (1993).
[78] Ein Beispiel für eine solche Bewertungsmatrix gibt Hafner (1993), S. 89.

Bei vereinfachter Betrachtung eines zu bewertenden Unternehmens und eines einzigen Vergleichsunternehmens läßt sich das Vergleichswertverfahren folgendermaßen darstellen:

$$UW_U = V_U * \frac{UW_C}{V_C}$$

UW_U = *Unternehmenswert des zu bewertenden Unternehmens*

V_U = *Vergleichsgröße des zu bewertenden Unternehmens*

UW_C = *Unternehmenswert des Comparable (Börsenwert oder Transaktionspreis)*

V_C = *Vergleichsgröße des Comparable*

Vergleichswertverfahren lassen sich in den Comparable-Company-Ansatz und in den Comparable-Transactions-Ansatz unterteilen:

Der **Comparable-Company-Ansatz** vergleicht das zu bewertende Unternehmen anhand von Kennziffern mit dem Börsenwert anderer Unternehmen der selben Branche.[79] Weitere wichtige Faktoren einer Vergleichbarkeit sind u.a. die Unternehmensgröße, Wachstumsraten, Marktanteile, Kapitalstruktur und der Diversifikationsgrad.[80] Der Comparable Company Ansatz hat in der US-amerikanischen Bewertungspraxis eine große Bedeutung.[81] Voraussetzung für eine Anwendung ist die Verfügbarkeit einer ausreichenden Zahl börsennotierter Vergleichsunternehmen.

Beim **Comparable-Transactions-Ansatz** werden der Bewertung vergleichbare M&A-Transaktionen der Vergangenheit zugrunde gelegt. Dabei ist nicht nur die Vergleichbarkeit der Unternehmen, sondern auch die zeitliche Nähe der Transaktion von Bedeutung.[82] Mit Hilfe des Comparable-Transaction-Ansatzes können durch einen Vergleich mit dem letzten Börsenkurs vor Bekanntwerden der Transaktion Hinweise auf vom Markt bewilligte strategische Prämien gewonnen werden.
Vergleichswertverfahren haben in den USA eine große Bedeutung, weil eine große Zahl von Unternehmen börsennotiert ist[83] und Kaufpreise bei M&A-Transaktionen dort in der Regel publiziert und systematisch von spezialisierten Informationsdiensten in verschiedenen Datenbanken erfaßt werden.[84] Vergleichswerte eignen sich besonders als Argumentationswerte in Verhandlungen. Wesentliche Vorteile von Vergleichswerten gegenüber anderen Bewertungsmethoden liegen in ihrer schnellen Ermittelbarkeit und ihrer Verständlichkeit.

In der Literatur stoßen Vergleichswertverfahren allerdings auch auf Vorbehalte. Als problematisch werden insbesondere die Vergangenheitsorientierung der Verfahren, eine in der Regel große Streuung der Multiplikatoren und eine mangelnde Vergleichbarkeit der ausge-

---

79 Vgl. Böcking und Nowack (1999), S.171.
80 Vgl. im einzelnen Barthel (1996), S. 150.
81 Vgl. Sanfleber-Decher (1992), S. 597ff.
82 Vgl. Barthel (1996), S. 150.
83 So waren in den USA per 31.12.1998 insgesamt 3.844 inländische Unternehmen börsennotiert (ohne NASDAQ), verglichen mit 883 in Deutschland, vgl. Deutsche Börse AG (1998), S. 12, 80.
84 Vgl. Sanfleber-Decher (1992), S. 598 sowie Böcking und Nowak (1999), S. 169.

wählten Unternehmen bzw. Transaktionen angesehen.[85] Für eine subjektive Grenzpreisbestimmung des einzelnen Investors sind sie nur eingeschränkt geeignet[86], da sie nicht die Vorteilhaftigkeit oder Nachteiligkeit gegenüber einer Alternativinvestition ausdrücken.[87] Vergleichswertverfahren ignorieren das individuelle Informationsproblem eines Bewerters, indem sie durchschnittliche reale Vergleichspreise für die Bewertung heranziehen. Vergleichstransaktionsbewertungen sind zur Bestimmung von Grenzpreisen nur bedingt aussagekräftig, da sie auf durchschnittlichen *Einigungspreisen* basieren. Dennoch sind Vergleichswerte in der Praxis weit verbreitet und können in vielen Fällen zumindest als erste grobe Schätzung des Unternehmenswertes dienen.

2.3.2.4 Ertragswertverfahren

2.3.2.4.1 Vorgehensweise

Die Ertragswertmethode leitet Bewertungsüberlegungen aus der Investitionsrechnung ab und versteht den theoretisch richtigen Wert eines Unternehmens als Barwert der künftigen (Netto-)Einnahmenüberschüsse (Zahlungsüberschüsse).[88] Die Ertragswertmethode eignet sich zur Ermittlung subjektiver Grenzpreise, indem die mit der Fortführung des Unternehmens erzielbare Rendite mit der Alternativrendite anderer Investitionsmöglichkeiten verglichen wird. Die Höhe des Unternehmenswertes hängt auch von der Person des Investors ab, weil dessen Information über das Unternehmen, seine Risikoneigung, Konsumpräferenzen in die Bewertung eingehen. Außerdem sind individuell vorhandene Synergiepotentiale, finanzielle Ressourcen und steuerliche Belastungen wichtige Aspekte einer Bewertung mit der Ertragswertmethode. Die künftigen Zahlungsüberschüsse sind zu prognostizieren. Käufer und Verkäufer werden, abhängig von ihren jeweiligen Annahmen und ihrem Informationsstand, unterschiedliche Bandbreiten von möglichen künftigen Zahlungsüberschüssen ermitteln.[89]

[85] Vgl. Ballwieser (1990), S. 199.
[86] Vgl. Ruhnke (1995), S. 13.
[87] Vergleichswertverfahren können aber ergänzend eingesetzt werden, um die Plausibilität von Bewertungsergebnissen anderer Verfahren zu überprüfen, vgl. in diesem Sinne etwa Seppelfricke (1999), S. 307.
[88] Vgl. IdW (1983), S. 468ff.
[89] Vgl. Drukarczyk (2001), S. 140ff.

Abbildung 5: Grenzpreisbestimmung mit der Ertragswert-Methode

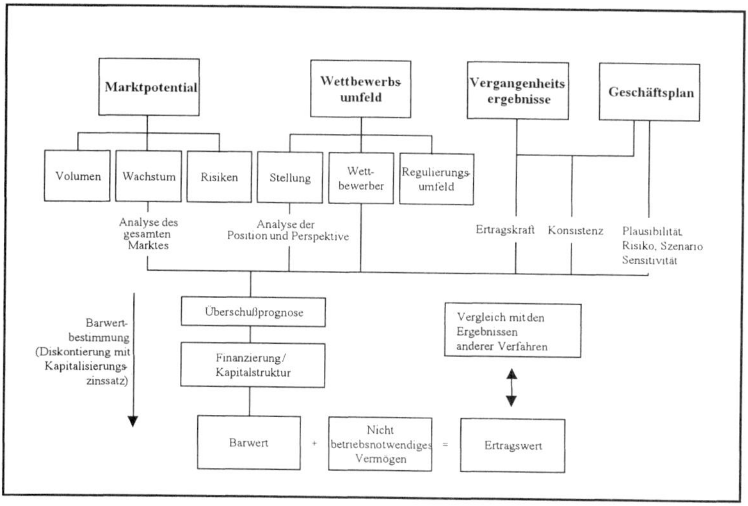

2.3.2.4.2 Berücksichtigung des Risikos

Die zukünftigen Zahlungsüberschüsse sind risikobehaftet. Der bewertende Investor kann Risiken durch die Bildung unterschiedlicher Szenarien berücksichtigen. Die einzelnen Szenarien können etwa auf unterschiedlich optimistischen Annahmen für die Nachfrage auf verschiedenen Absatzmärkten oder für die Entwicklung der Personalkosten basieren. Für eine Prognose der zukünftigen Zahlungsüberschüsse ist eine Beschaffung der Informationen erforderlich, die eine Bewertung und Gewichtung der Chancen und Risiken ermöglicht und deren wichtigster Bestandteil Daten zum Unternehmen sind. Basis einer Schätzung ist eine detaillierte Analyse der Vergangenheit des zu bewertenden Unternehmens.[90] Die aus der Vergangenheitsanalyse gewonnenen Erkenntnisse über relevante Märkte sowie über Stärken und Schwächen des Unternehmens werden anschließend der Prognose künftiger entziehbarer Überschüsse zugrunde gelegt. Die möglichen positiven und negativen Abweichungen der künftigen finanziellen Überschüsse vom Erwartungswert werden auch als Unternehmerrisiko bezeichnet.[91]

Bei der Ermittlung eines Grenzpreises (GP) sind die geplanten künftige Maßnahmen, wie etwa Kostensenkungen oder neue Marketingstrategien, zu berücksichtigen. Durch Bildung verschiedener Szenarien erhält der Bewerter eine Bandbreite künftiger Überschüsse. Aus den Bandbreiten können Erwartungswerte der Nettoeinzahlungen [E(NE)] errechnet wer-

[90] Vgl. Moxter (1983), S. 97ff.
[91] Vgl. Siepe (1998), S. 326.

den, die anschließend zu diskontieren sind.[92] Basis für den **Diskontierungszinsfuß** ist der langfristige Zins für risikolose Anleihen des betreffenden Landes.[93]

Berechnungsformel für den Ertragswert (EW):

$$GP = EW = \sum_{t=1}^{T} \frac{E(NE)_t}{(1+i)^t} + \frac{RW_T}{(1+i)^T}$$

Ein risikoaverser Investor bevorzugt sichere gegenüber unsicheren Zahlungsüberschüssen. Zur Berücksichtigung des Risikos bei der Bewertung kann der Investor Sicherheitsäquivalente berechnen oder Zuschläge beim Diskontierungszinssatz vornehmen.[94] Das **Sicherheitsäquivalent** (SÄ) ist der sichere Betrag, den der Investor einer Verteilung von Nettoeinzahlungen gleichsetzt.[95] Das Sicherheitsäquivalent beinhaltet, abhängig vom Grade der Risikoneigung des Investors (Risikonutzenfunktion), einen Abschlag vom Erwartungswert der Nettoeinzahlung (E[NE]), der ein gewogener Durchschnitt aus den einzelnen Szenarien ist. Ein **Risikozuschlag** (z) beim Diskontierungsfaktor muß ebenfalls auf der Risikoneigung des Investors basieren. Bestimmte Abschläge vom Erwartungswert der Zahlungsüberschüsse entsprechen bestimmten Risikozuschlägen:

$$\sum_{t=1}^{n} S\ddot{A}_t (1+i)^{-t} = \sum_{t=1}^{n} E\left[\widetilde{NE}_t\right] * (1+i+z_t)^{-t}$$

Die Angemessenheit eines für die Bewertung gewählten Risikozuschlages kann durch eine Umrechnung in das Sicherheitsäquivalent überprüft werden.[96]

2.3.2.5 Discounted Cash-flow-Methode

2.3.2.5.1 Vorgehensweise

Die Discounted-Cash-Flow-Methode (DCF-Methode) ist das international dominierende Verfahren der Unternehmensbewertung.[97] Die DCF-Methode stellt einen investitions- und kapitalmarkttheoretisch fundierten Ansatz dar, bei dem der Unternehmenswert als Summe der auf den Bewertungszeitpunkt abgezinsten zukünftigen freien Cash-flows für einen begrenzten Planungszeitraum zuzüglich des abdiskontierten Restwertes (Terminal Value) und des Veräußerungswertes des nicht betriebsnotwendigen Vermögens ermittelt wird.

Innerhalb der DCF-Methode sind drei Ansätze zu unterscheiden, die als Entity[98]-, Equity[99]- und APV[100]-Methode bezeichnet werden.[101] Bei konsistenter Handhabung führen die drei

[92] Vgl. Ballwieser (1981), S. 99ff.
[93] Vgl. Ballwieser und Leuthier (1986), S. 607.
[94] Vgl. Ballwieser (1981), S. 102.
[95] Vgl. Drukarczyk (2001), S. 134.
[96] Vgl. Ballwieser (1981), S. 102f.
[97] So u.a. in den Standardlehrbüchern von Rappaport (1986); Stewart (1991); Ross et al. (1993); Copeland et al.(1994) sowie Brealey und Myers (1996).
[98] Bei der Entity-(Brutto-)Methode werden die Zahlungsüberschüsse diskontiert, die für die Befriedigung der Ansprüche von Eigen- und Fremdkapitalgebern zur Verfügung stehen.

Varianten aber zu übereinstimmenden Ergebnissen.[102] Die folgende Darstellung konzentriert sich auf die Entity-Methode, die international am häufigsten verwendet wird,[103] auch wenn die APV-Methode gewisse Vorzüge aufweist, weil mit ihr wertbeeinflussende Unternehmensmerkmale getrennt bewertet werden können, so daß präzisere Ergebnisse erzielt werden.[104] Der Unternehmenswert (UW) entspricht der Summe der mit ihren Kapitalkosten (k) diskontierten zukünftigen Cash-flows (CF) abzüglich dem Marktwert des Fremdkapitals (FK):

$$GP = UW = EK = \sum_{t=1}^{T} \frac{CF_t}{(1+k)^t} - FK = GK - FK$$

Wenn eine eigenständige Cash-flow-Planung nicht vorliegt, kann der freie Cash-flow auch retrograd aus Buchhaltungsgrößen ermittelt werden, wie das folgende grobe Schema zeigt[105]:

	Operatives Ergebnis (vor Zinsen und Steuern)
+	Abschreibungen
+	Nettozuführung zu den langfristigen Rückstellungen
=	**Brutto-Cash-flow (vor Zinsen und Steuern)**
-	Steuern
-	Investitionen in das Anlagevermögen
-	Erhöhung des langfristigen Umlaufvermögens
=	**Freier Cash-flow (vor Zinsen, Dividenden und Tilgungszahlungen)**

Als Diskontierungsfaktor dienen die gewichteten Kapitalkosten k (Weighted Average Cost of Capital, WACC), die sich aus Eigenkapitalkosten (k_{EK}) und Fremdkapitalkosten (k_{FK}) zusammensetzen. Eigenkapital (EK) und Fremdkapital (FK) gehen zu Marktwerten in die Berechnung ein:

$$k = k_{EK} * \frac{EK}{GK} + (1-s) * k_{FK} * \frac{FK}{GK}$$

Die **Eigenkapitalkosten** entsprechen den (risikoangepaßten) Renditeforderungen der Eigenkapitalgeber. Die Fremdkapitalkosten entsprechen den Renditeforderungen der Fremdkapitalgeber zum Zeitpunkt der Bewertung.[106]

99 Bei der Equity-(Netto-)Methode werden nur die Zahlungsüberschüsse diskontiert, die für die Befriedigung der Eigenkapitalgeber zur Verfügung stehen.

100 APV ist der Adjusted Present Value (angepaßter Barwert).

101 Vgl. Ballwieser (1998), S. 81.

102 Vgl. Drukarczyk (2001), S. 204.

103 Siehe Abschnitt 2.3.2.1.

104 In diesem Sinne z.B. Drukarczyk (2001), S. 274ff., der darauf hinweist, daß die Ungenauigkeit der Entity-Methode mit steigender Komplexität des Steuersystems und der Kapitalstruktur eines Unter nehmens zunimmt.

105 Vgl. zur Ermittlung der Cash-flows Bieg und Hossfeld (1996), S. 1429ff. sowie Steiner und Wallmeier (1999), S. 2ff.

106 Vgl. speziell zur Berücksichtigung der Besteuerung bei der DCF-Bewertung Moser (1999), S. 117ff.

Da für die Ermittlung des WACC der Marktwert des Eigenkapitals bekannt sein muß, der gleichzeitig am Ende der DCF-Bewertung erst errechnet werden soll, besteht ein sogenanntes Zirkularitätsproblem[107], das durch Iterationsverfahren gelöst werden kann. Zur Vereinfachung wird häufig zunächst eine Zielkapitalstruktur bestimmt.[108] Alternativ kann das Zirkularitätsproblem durch die Ermittlung periodenbezogene WACC-Sätze gelöst werden, wodurch die praktische Handhabung aber arbeitsaufwendiger wird.[109]

Auch die **Fremdkapitalkosten** des Unternehmens sind auf der Grundlage von Marktwerten zu berechnen. Für börsennotierte Unternehmensanleihen sind die Kapitalkosten relativ einfach auf Basis der aktuellen Notierungen zu ermitteln. Bei Bankkrediten ist die Ermittlung eines aktuellen Zinssatzes schwieriger. Deutsche Unternehmen finanzieren sich zudem häufig zu einem hohen Anteil aus Rückstellungen, deren Kapitalkosten nicht leicht zu ermitteln sind.[110]

2.3.2.5.2 Berücksichtigung des Risikos

Zur Ermittlung der Eigenkapitalkosten greift die DCF-Methode auf das Capital Asset Pricing Modell (CAPM) zurück.[111] Das CAPM sagt aus, daß sich die vom Markt geforderte Rendite einer Aktie j (Opportunitätskosten des Eigenkapitals) aus der erwarteten Rendite des Marktportfolios M und der Kovarianz der individuellen Aktienrendite und der Rendite des Marktportfolios errechnen läßt.

Das CAPM[112] beruht auf mehreren, teilweise sehr restriktiven Prämissen[113]:

- risikoscheue Investoren, die ihren erwarteten Nutzen maximieren wollen;
- homogene Erwartungen der Investoren bezüglich der Wertpapierrenditen;
- kein Einfluß einzelner Investoren auf Marktpreise;
- Kapital kann in beliebiger Menge zum risikolosen Zinssatz aufgenommen oder angelegt werden;
- vorgegebene, auf dem Kapitalmarkt handelbare Wertpapiermenge bei beliebiger Teilbarkeit;
- Informationseffizienz des Marktes;
- keine Transaktionskosten, Steuern oder sonstige Beschränkungen.

[107] Vgl. zum Zirkularitätsproblem Schwetzler und Darijtschuk (1999)

[108] Vgl. Siepe (1998), S. 331.

[109] Vgl. Drukarczyk (2001), S. 276ff.

[110] Vgl. zu den Kapitalkosten von Rückstellungen und deren Berücksichtigung bei der Unternehmensbewertung Schwetzler (1998), S. 678ff.

[111] Das CAPM geht auf unabhängig von einander entwickelte Beiträge von Sharpe (1964) und Lintner (1965) und Mossin (1966) zurück.

[112] Vgl. Drukarczyk (1993b), S. 234ff., Uhlir und Steiner (1994), S 194f sowie Franke und Hax (1995), S. 345ff.

[113] Die Kritik am CAPM setzt hauptsächlich an diesen Prämissen an. Vgl. Baetge und Krause (1994), S. 438, Schneider (1998), S. 1475ff. Empirische Test der Gültigkeit des CAPM haben widersprüchliche Ergebnisse hervorgebracht, vgl. Black, Jensen und Scholes (1972), Roll (1977) und Fama und French (1992).

Im Rahmen dieses Modells werden die Renditeforderungen des Investors als Summe des risikolosen langfristigen Zinssatzes i und der mit dem unternehmensspezifischen Risiko β multiplizierten Marktrisikoprämie ermittelt:

$$r_j = i + (\bar{r}_M - i) * \beta_j$$

Der β-Faktor beschreibt die Renditeschwankungen der Aktie des zu bewertenden Unternehmens im Vergleich zur Renditeschwankung des Marktportfolios M. Bewertungsrelevant ist dabei nicht das isolierte Risiko einer Aktie j, sondern deren Risikobeitrag zum Marktportfolio M.

$$\beta_j = \frac{\operatorname{cov}(\tilde{r}_j;\tilde{r}_M)}{\sigma_M^2}$$

Für fast alle börsennotierte Unternehmen werden Beta-Faktoren veröffentlicht. Für nicht börsennotierte Unternehmen können hilfsweise Branchen-Betas oder Beta-Faktoren vergleichbarer Unternehmen herangezogen werden.[114] Das systematische Risiko eines Unternehmens (Equity-β) läßt sich wiederum in das Investitionsrisiko, das durch das Asset-β ausgedrückt wird, und das Finanzierungsrisiko, das durch die Unternehmensverschuldung entsteht und durch das Financial ß abgebildet wird, zerlegen. Veränderungen in der Kapitalstruktur wirken sich auf die Höhe der freien Cash-flows[115] und des Beta-Faktors[116] aus.

Schwierigkeiten einer Anwendung des CAPM-Modells auf die Unternehmensbewertung liegen u.a. in der Vergangenheitsbezogenheit der Beta-Werte (bei gleichzeitiger Diskontierung *künftiger* Cash-flows) sowie in der Verfügbarkeit und Stabilität der für eine Bewertung erforderlichen notwendigen Marktdaten.[117] Für eine Unternehmensbewertung im Zusammenhang mit einer Akquisition ist auch zu beachten, daß beim Rückgriff auf das CAPM nur das systematische, nicht diversifizierbare Investitionsrisiko berücksichtigt wird.[118] Es ist aber fraglich, ob der Unternehmenskäufer das unsystematische Risiko tatsächlich diversifizieren kann.[119]

2.3.2.6 Unternehmensbewertung nach Grundsätzen des IDW

In der deutschen Bewertungspraxis wird die Unternehmensbewertung häufig nach den Vorgaben (Fachgutachten) des Hauptfachausschusses (HFA) des Instituts der Wirtschaftsprüfer (IDW) vorgenommen. Die in den Fachgutachten aufgestellten Grundsätze sind maßgebliche Vorschriften für den Berufsstand der Wirtschaftsprüfer. Die Bewertung nach HFA wird daher auch als Wirtschaftsprüfermethode bezeichnet. Die Grundlagen der IDW Be-

---

114 Coenenberg und Sautter (1988), S. 706, Hafner (1993), S. 85 sowie Peemöller et al. (1994), S. 745f.
115 Vgl. Volkart (1990), S. 545.
116 Vgl. Coenenberg und Sautter (1988), S. 710.
117 Vgl. Ballwieser (1998), S. 83.
118 Vgl. Dirrigl (1994), S. 419.
119 Über diese umfassende Diversifikationsmöglichkeit verfügen in der Realität allenfalls sehr große Fonds.

wertungsmethodik wurden erstmals 1983 im Gutachten HFA 2/83 dargelegt[120] und im jetzt gültigen Standard IDW S1 im Jahr 2000 gründlich überarbeitet.[121]

Das IDW orientiert sich an den oben bereits beschriebenen Kapitalwertmethoden[122] und erkennt Ertragswert- und DCF-Methode als gleichwertige Bewertungsverfahren an.[123] Ertragswert und DCF-Methoden werden als verwandte Bewertungsmethoden angesehen, deren Ergebnisse grundsätzlich in einander überführbar seien.[124] Durch die Anerkennung der DCF-Methode wird auch die theoretische Fundierung der Bestimmung des Diskontierungsfaktors und insbesondere das CAPM-Modell akzeptiert.[125] Im Rahmen der Ermittlung von angemessenen Abfindungen für Minderheitsaktionäre sowie von Umtauschverhältnissen bei Verschmelzungen (Prüfung des Verschmelzungsberichts) werden regelmäßig Wirtschaftsprüfer mit der Wertermittlung beauftragt.[126] Auch in der deutschen Rechtsprechung hat sich das Bewertungsverfahren nach den Grundsätzen des IDW weitgehend als Standard durchgesetzt.[127]

Typischerweise werden die an die Eigenkapitalgeber ausschüttbaren zukünftigen finanziellen Überschüsse, ausgehend von den bereinigten[128] Vergangenheitsergebnissen prognostiziert.[129] Der Planungszeitraum wird in mehrere Planungsphasen unterteilt, um der zunehmenden Planungsunsicherheit zu begegnen. Auf diese Weise können z.B. in einer ersten Phase Detailplanungen vorgenommen, in einer zweiten Phase Trenderwartungen ermittelt und in einer dritten Phase eine konstante Entwicklung angenommen werden.[130]

$$GP = EW = \sum_{t=1}^{m} \frac{R_t}{(1+i)^t} + \sum_{t=m+1}^{m+n} \frac{R_t}{(1+i)^t} + \frac{R}{i*(1+i)^{m+n}}$$

In den meisten Fällen hält das IdW eine Beschränkung auf nur zwei Phasen für sinnvoll.[131] Der Unternehmenswert ergibt sich aus dem Barwert der zukünftigen Erfolge (in allen Phasen) sowie gegebenenfalls dem Barwert der Nettoveräußerungserlöse des nicht betriebsnotwendigen Vermögens unter Berücksichtigung seiner bestmöglichen Verwertung.[132] Wenn die Lebensdauer des Unternehmens begrenzt ist, ist außerdem der Barwert des Liquiditätsüberschusses nach Betriebsaufgabe zu addieren.[133]

---

[120] Vgl. IdW (1983).
[121] IdW (2000), S. 825ff.
[122] Vgl. Feldhoff (2000), S. 1237ff.
[123] IdW (2000), S. 835, vgl. auch zustimmend Hommel et al. (2001), S. 347.
[124] IdW (2000), S. 835.
[125] IdW (2000), S. 838.
[126] IdW (2000), S. 827.
[127] Vgl. Piltz (1994) und Aha (1997), S. 27.
[128] Bei den Bereinigungen geht es primär um die Eliminierung aller außerordentlichen und bilanzpolitischen Einflüsse, vgl. dazu im einzelnen etwa Peemöller und Hüttche (1993), S. 1309f.
[129] Vgl. zur Prognose künftiger Erfolge Ballwieser und Leuthier (1986), S. 604ff.
[130] Vgl. Korth (1992), S. 13, und Maul (1992), S. 1253f.
[131] Vgl. IdW (2000), S. 832f.
[132] Vgl. Maul (1992), S. 1254.
[133] Vgl. Helbling (1983), S. 88.

Hinsichtlich der Bestimmung des Diskontierungsfaktors verweist der neue Standard ausdrücklich auf das CAPM-Modell, läßt aber auch andere Methoden zur Ermittlung des Risikozuschlags offen. Als Basiszinssatz zu verwenden ist in der Regel der laufzeitäquivalente Zinssatz am Stichtag der Bewertung.[134] Gelegentlich wurde in der Literatur auch die Verwendung eines prognostizierten künftigen Zinssatzes postuliert, der Schwankungen des Zinsniveaus berücksichtigen soll.[135] Eine Verwendung von Durchschnittszinssätzen über verschiedene Laufzeiten führt aber zu systematischen Abweichungen vom korrekten Grenzpreis für das Unternehmen.[136]

Problematisch ist das IDW-Konzept des „objektivierten", das heißt vom Eigentümer unabhängigen, Unternehmenswertes. Dessen Ermittlung bei Schiedsgutachten kann zu einer systematischen Benachteiligung des Verkäufers führen, weil Grenzpreise der Kontrahenten und mögliche Synergien des Unternehmens mit dem Käufer teilweise ignoriert werden.[137]

2.3.2.7 Optionspreisansatz

DCF- und Ertragswertmethode nehmen Barwertberechnungen auf Grundlage der zum Bewertungszeitpunkt prognostizierten Szenarien für die künftige Unternehmensentwicklung vor. Die Flexibilität des Managements, die Unternehmensstrategie zu einem späteren Zeitpunkt auf Basis besserer Informationen zu verändern, erfassen die kapitalwertorientierten Bewertungsverfahren nicht bzw. nur unzureichend.[138] Die Möglichkeit, wirtschaftlich wichtige (Investitions-)Entscheidungen erst zu einem späteren Zeitpunkt, auf Basis neu gewonnener Informationen zu treffen, verkörpert einen zusätzlichen Wert.[139] Aus diesem Grund wurden die Kapitalwertverfahren gelegentlich als unzureichend für eine Investitionsbewertung kritisiert.[140] Ein weiterer wichtiger Kritikpunkt an DCF-Verfahren liegt in der Instabilität der Risikomesssung des CAPM, da für viele Unternehmen insbesondere in Wachstumsbranchen die Betas nur wenig zuverlässig geschätzt werden können.[141] Aus der Kritik an der Kapitalwertmethode wurden in der Investitionstheorie ein neuer Ansatz für eine Bewertung derartiger Freiheitsgrade des Managements entwickelt.[142] Grundlage dieses Ansatzes ist die Optionspreistheorie, deren Modelle in der Finanzmarkttheorie für die Bewertung von Finanzoptionen verwendet werden.[143]

2.3.2.7.1 Finanzoptionen

Unter einer Option wird in der Finanzierungstheorie ein Titel verstanden, der dem Inhaber das Recht gibt, zu einem bestimmten Zeitpunkt (europäische Option) oder jederzeit vor einem bestimmten Zeitpunkt (amerikanische Option) einen Basiswert zu einem im voraus

[134] Vgl. IdW (2000), S. 833ff.
[135] So etwa Piltz (1994), S. 173.
[136] Vgl. Schwetzler (1996), S. 1081ff.
[137] Vgl. Hommel et al. (2001), S. 347 sowie ausführlich im Zusammenhang mit Bewertungsgutachten in Abschnitt 5.3.
[138] Vgl. Copeland und Weiner (1990), S. 133.
[139] Vgl. Luehrman (1998a), S. 53ff.
[140] Vgl. Trigeorgis (1988), S. 146ff.
[141] Vgl. Schäfer und Schässburger (2001), S. 85.
[142] Erst Ideen und Ansätze finden sich bereits bei Kester (1984) und Myers (1984)
[143] Vgl. zu den Grundlagen der Optionspreistheorie Merton (1973), S. 141ff., Cox und Rubinstein (1985) sowie Hull (1993).

festgelegten Preis (Basispreis) zu kaufen (Call Option) oder zu verkaufen (Put Option).[144] Für dieses Recht zahlt der Inhaber (Käufer) eine Prämie. Der Inhaber kann auf die Wahrnehmung dieses Rechtes (Ausübung) verzichten, weshalb seine Verlustmöglichkeit auf die Prämie begrenzt ist.[145] Die Option selbst hat daher einen Wert ≥ 0. Optionen können sich auf Kapitalmarkttitel (z.B. Aktien und Anleihen), Währungen oder Rohstoffe beziehen und werden an Terminbörsen gehandelt.[146] Im folgenden werden die beiden am weitesten verbreiteten Bewertungsverfahren für Finanzoptionen dargestellt, die von Cox, Ross und Rubinstein bzw. von Black und Scholes entwickelt wurden. Basierend auf diesen Modellen wurde eine Vielzahl weiterer verfeinerter Modelle entwickelt. Die beiden ausgewählten Modelle sind aber zur Bewertung von Realoptionen am besten geeignet und dominieren die einschlägige Literatur, weshalb auf eine Darstellung weiterer Bewertungsmethoden in dieser Arbeit verzichtet wird.[147]

2.3.2.7.1.1 Das Modell von Cox, Ross und Rubinstein

Das Modell von Cox, Ross und Rubinstein (1979) ist ein Binomialansatz zur Optionsbewertung. Grundidee des Ansatzes ist, daß der Auszahlungsstrom einer Finanzoption durch ein Portfolio aus Δ Aktienanteilen und einem Kreditbetrag B nachgebildet werden kann. Der Optionspreis wird aus dem Marktpreis des Duplikationsportfolios ermittelt. Dem Modell, das im folgenden am Beispiel eines europäischen Calls hergeleitet wird, liegen folgende Annahmen zugrunde[148]:

- Vollkommener Kapitalmarkt ohne Steuern und Transaktionskosten
- Beliebige Kapitalanlage und –aufnahme zum konstanten Zinssatz r
- Beliebige Teilbarkeit der Wertpapiere
- Keine Leerverkaufsbeschränkungen
- Diskreter Aktienhandel
- Keine Dividendenzahlungen während der Optionslaufzeit

[144] Vgl. Franke und Hax (1995), S. 367f.
[145] Vgl. Kruschwitz und Schöbel (1984), S. 68.
[146] Vgl. Loistl (1994), S. 54ff.
[147] An dieser Stelle sein daher auf die Aufstellung weiterer Bewertungsansätze bei Tomaszewski (2000), S. 137ff. verwiesen.
[148] Diese Darstellung orientiert sich an Cox, Ross und Rubinstein (1979), S. 229ff. sowie Cox und Rubinstein (1985).

Die Optionslaufzeit wird in eine große Anzahl von Zeitintervallen Δ t eingeteilt. Der Aktienkurs beträgt S in t_0. Bei einer Betrachtung von zwei Zeitpunkten t_0 und t_1 ist der Aktienkurs in t_1 mit der Wahrscheinlichkeit von p auf uS angestiegen und mit (1-p) auf dS gefallen.

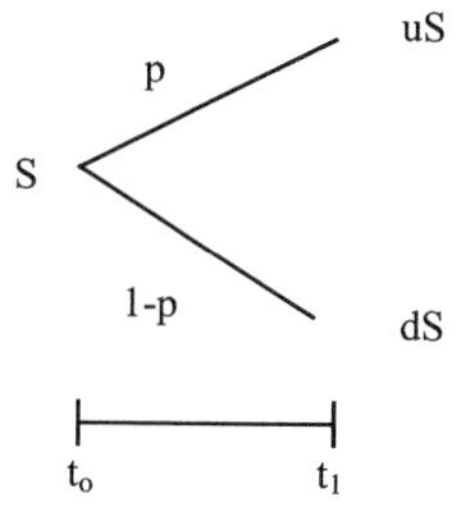

Es muß u > $(1+r_f)$ > d gelten, damit keine Arbitrage möglich ist. Sonst wäre die Anlage zum risikolosen Zins bei u < $(1+r_f)$ und die Anlage in Aktien bei d > $(1+r_f)$ eine dominante Strategie.

Die Entwicklung des Calls beträgt C in t_o und steigt mit der Wahrscheinlichkeit p auf C_u und fällt mit (1-p) auf C_d. Der europäische Call berechtigt zum Kauf einer Aktie S zum Fälligkeitszeitpunkt t_1 zum Preis von X. Der Optionsinhaber übt seine Option in t_1 nur aus, wenn der Wert der Aktie zum Ausübungszeitpunkt mindestens beim Bezugspreis X liegt, da er sonst einen Verlust erleidet. Der Wert des Calls ist daher in t_1 entweder die Differenz zwischen dem aktuellen Aktienkurs und dem Bezugspreis oder 0:

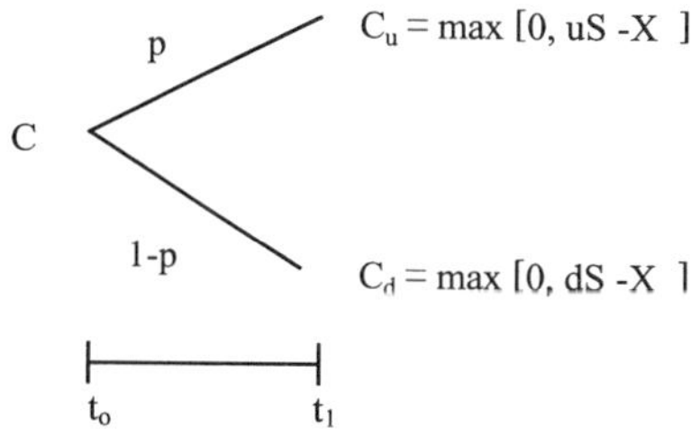

Ein Duplikationsportfolio (Hedgingportfolio) aus Δ Aktienanteilen und einem Kreditbetrag (B) wird so gewählt, daß es den Zahlungsstrom des Calls dupliziert. Daraus folgt im Zeitpunkt t_1 folgendes Gleichungssystem:

Δ uS + $(1+r_f)B = C_u$

Δ dS + $(1+r_f)B = C_d$

Aufgelöst nach den Unbekannten Δ und B ergibt sich:

$$\Delta = \frac{C_u - C_d}{S(u-d)}$$ als Hedgeverhältnis von t_0 zu t_1

$$B = \frac{uC_d - dC_u}{(1+r_f)(u-d)}$$ als Kreditbetrag von t_0 zu t_1

Da die Auszahlungen aus Option und Portfolio in t_1 gleich sind, sind sie es bei Arbitragefreiheit auch in t_0.

Daher gilt auch in t_0:

$$C = \Delta S + B$$

Bei Einsetzen der oben angegebenen Werte für Δ und B ergibt sich die Preisformel für einen europäischen Call im Ein-Perioden-Fall:

$$C = \frac{1}{1+r_f}\left[\frac{(1+r_f)-d}{(u-d)}C_u + \frac{u-(1+r_f)}{(u-d)}C_d\right]$$

Die Bewertungsformel ist präferenzfrei. Sie kommt ohne subjektive Wahrscheinlichkeiten für p bzw. 1-p aus, weil nur entscheidend ist, daß sich die Marktteilnehmer über das Verhältnis von C zu S, u, d und r_f einig sind. Der Call-Wert hängt außerdem nicht von der Risikoeinstellung des Investors ab.

$\frac{(1+r_f)-d}{(u-d)}$ *und* $\frac{u-(1+r_f)}{(u-d)}$ sind aufgrund der Relation $d < (1+r_f) < u$ immer größer 0 und kleiner 1.

Die Summe dieser beiden Faktoren ist 1. Sie stellen sog. subjektive Wahrscheinlichkeiten dar, mit denen in einer risikoneutralen Welt ein Investor die möglichen Auszahlungsströme der Kaufoption gewichten würde. Der aktuelle Wert des Calls kann als diskontierter Erwartungswert seines zukünftigen Wertes in einer risikoneutralen Welt aufgefaßt werden. Die erwartete Ertragsrate aller Wertpapiere entspricht dem risikolosen Zins.

Bei einsetzen von $q = \frac{(1+r_f)-d}{(u-d)}$ ist $C = \frac{qC_u + (1-q)C_d}{1+r_f}$

Das Modell kann auf beliebig viele Perioden ausgedehnt werden.

Bei zwei Perioden vor Fälligkeit des Calls ergeben sich am Ende drei mögliche Werte für den Call:

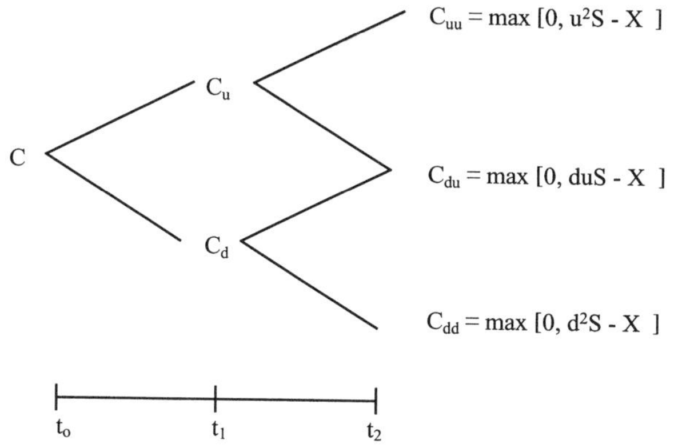

Die Entwicklung der zugrunde liegenden Aktie (S) und des Hedging-Portfolios Δ S + B lassen sich analog darstellen.

Der Optionswert in t_0 läßt sich retrograd ermitteln. Dafür werden zunächst, ausgehend vom Zeitpunkt t_2, für den der Wert des Calls bekannt ist, analog zum oben dargestellten Ein-Perioden-Fall die Werte C_u und C_d berechnet. In t_1 gilt

$$C_u = \frac{qC_{uu} + (1-q)C_{ud}}{(1+r_f)} \quad \text{und} \quad C_d = \frac{qC_{ud} + (1-q)C_{dd}}{(1+r_f)}$$

Zur Bestimmung von C müssen die beiden Werte für C_u und C_d in die Gleichung für den Ein-Perioden-Fall eingesetzt werden. Dieses Verfahren kann für beliebig viele Perioden angewandt werden. Bei einer Verallgemeinerung auf n Perioden erhält man folgende Formel für den Call:

$$C = \frac{1}{(1+r_f)^n}\left[\sum\left[\frac{n!}{j!(n-j)!}\right]p^j(1-p)^{n-j}\max\left[0, u^j d^{n-j} S - X\right]\right]$$

Die Bewertung im Mehr-Perioden–Modell kann als rekursives Verfahren beschrieben werden, bei dem der Optionswert im jeweils vorgelagerten Zeitpunkt durch Anwendung der Bewertungsmethode für den Ein-Perioden-Fall ermittelt wird. Bei amerikanischen Verkaufsoptionen ist außerdem bei jedem Schritt zu prüfen, ob eine sofortige Ausübung der Option vorteilhaft ist.

2.3.2.7.1.2 Das Modell von Black und Scholes

Auf einem etwas komplexeren Modell zur Bewertung von Finanzoptionen basiert die Black/Scholes-Formel.[149] Der Wert einer Option ist abhängig vom Kurs des zugrunde liegenden Wertes (S), dem Ausübungspreis (X), der Laufzeit der Option (t), der Volatilität des Aktienkurses(σ) und dem risikolosen Zinssatz (r_f).[150]

Unter Vernachlässigung von Dividendenzahlungen sieht die Black/Scholes-Formel für eine (europäische) Call-Option (C) auf eine Aktie folgendermaßen aus.[151]

$$C = S * N(d_1) - X * e_f^{-r*t} * N(d_2)$$

wobei

$$d_1 = \frac{\ln\frac{S}{X} + r_f * t + \sigma^2 * \frac{t}{2}}{\sigma * \sqrt{t}}$$

und

$$d_2 = \frac{\ln\frac{S}{X} + r_f * t - \sigma^2 * \frac{t}{2}}{\sigma * \sqrt{t}}$$

$$= d_1 - \sigma\sqrt{t}$$

Das oben beschriebene Binomialmodell von Cox, Ross und Rubinstein kann für $n \rightarrow \infty$ in die Black/Scholes-Formel übergeleitet werden.[152]

2.3.2.7.2 Realoptionen

2.3.2.7.2.1 Anwendungsbereich

Grundgedanken und Modelle der Optionstheorie lassen sich auch auf realwirtschaftliche Investitionsentscheidungen übertragen.[153] Eine Investition hat Optionscharakter, wenn sie zukünftige Handlungsalternativen ermöglicht, die ohne die Option nicht vorhanden wären.[154] Unternehmerische Wahl- und Handlungsmöglichkeiten werden aufgrund ihres opti-

---

[149] Vgl. zur Herleitung Black und Scholes (1973), S. 637ff.

[150] Das Black/Scholes-Modell basiert auf folgenden Annahmen:

- Vollkommener Markt: vollständig informierte Teilnehmer, keine Transaktionskosten u. Steuern
- Aktienkursverlauf als kontinuierlichen und stationären Zufallsprozeß
- Logarithmisch normalverteilte Aktienrendite am Ende der Laufzeit
- Unbegrenzte Anlage- und Verschuldungsmöglichkeit zum risikolosen Zins
- Keine Leerverkaufsbeschränkungen
- Keine Dividenden während der Optionslaufzeit

[151] Vgl. Kruschwitz und Schöbel (1984), S. 172.

[152] Vgl. Cox, Ross und Rubinstein (1979)1ff.

[153] Vgl. Leslie und Michaels (1997), S. 8.

[154] Vgl. Eble und Völker (1993), S. 408.

onsähnlichen Charakters als **Realoptionen** bezeichnet.[155] Realwirtschaftliche Handlungsmöglichkeiten sind Werttreiber eines Investitionsobjektes. Die Wertsteigerung kann durch Lern-, Versicherungs- und Wachstumseffekte erfolgen.[156] Die Bewertung von Investitionsmöglichkeiten auf der Grundlage der Optionspreistheorie ist inzwischen in der Investitionstheorie weit verbreitet.[157]

(Real-)Optionspreisverfahren werden vorrangig bei der Bewertung einzelner Investitionsprojekte des Unternehmens angewandt. Ein Anwendungsbeispiel ist die Rohstofförderung:[158] Ein Investor erwirbt eine Bohrlizenz, die als eine Option auf Ausbeutung des Erdölfördergebietes angesehen werden kann. Die unter Umständen wesentlich höheren Folgeinvestitionen für Bohrtürme und Personal kann der Investor vom Ergebnis seiner noch vorzunehmenden Probebohrungen und der Entwicklung des Ölpreises abhängig machen. Er wird die Option nur ausüben, wenn der Kapitalwert der Folgeinvestition zum Ausübungszeitpunkt positiv ist. Die Wertbestimmungsfaktoren einer Realoption lassen sich analog zu den Faktoren einer Finanzoption beschreiben.

Anders als der Unternehmenswert auf DCF-Basis steigt der Wert einer Realoption mit zunehmender Volatilität, weil sich durch die Schwankung die Chance erhöht, daß die Option ins Geld kommt. Auch korreliert der Wert der Realoption positiv mit dem risikolosen Zins und der Optionslaufzeit, weil der Optionsinhaber den Folgeinvestitionsbetrag bis zur Ausübung anlegen kann.

Tabelle3: Werttreiber einer Calloption[159]

Symbol	Amerikanischer Aktien-Call	Entsprechende Realoption
S	• Aktueller Aktienkurs	• Bruttobarwert der erwarteten Cash-flows aus dem künftigen (Folge-)Investitionsprojekt
X	• Ausübungspreis	• Investitionssumme
t	• Laufzeit der Option	• Zeitspanne bis zum Verfall der Investitionsmöglichkeit
σ	• Volatilität des Aktienkurses	• Projektvolatilität
r_f	• Risikoloser Zinssatz	• Risikoloser Zinssatz

Realoptionen lassen sich in Optionen mit Call-Charakter (Lern- und Wachstumsflexibilität) und Put-Charakter (Versicherungsflexibilität) differenzieren. Beispiele für Optionen mit Call-Charakter sind Ausweitungs-, Warte-(Verzögerungs-), Wiedereröffnungs- Umstel-

155 Vgl. Myers (1977), S. 147.
156 Vgl. Leslie und Michaels (1997), S. 10 und Hommel (1999), S. 23.
157 Vgl. etwa Dixit und Pindyck (1994), Kilka (1995) sowie Trigeorgis (1999).
158 Vgl. Paddock, Siegel und Smith (1988), S. 479ff. Ein ähnliches Beispiel findet sich auch bei Trigeorgis (1990), S. 153ff.
159 Vgl. Leslie und Michael (1997), S. 9, Luehrman (1998a), S. 52, Trigeorgis (1999), S. 125.

lungs- und Wachstumsoptionen. Optionen mit Put-Charakter sind Abbruch-, Einschränkungs-, Schließungs- und (ebenfalls) Umstellungsoptionen.[160]

- **Ausweitungsoptionen:** Eine Ausweitungsoption gibt dem Inhaber die Möglichkeit, ein Investitionsprojekt auszudehnen, wenn ein gewünschter Umweltzustand eintritt.
- **Warteoptionen:** Mit einer Warteoption kann der Inhaber eine Investition erst zu einem späteren Zeitpunkt tätigen, wenn er besser über die entscheidenden Rahmenbedingungen informiert ist. Er verfügt über eine Call-Option auf die Durchführung des betreffenden Projektes.
- **Wiedereröffnungsoptionen:** Mit einer Wiedereröffnungsoption kann der Inhaber ein stillgelegtes Investitionsprojekt reaktivieren.
- **Umstellungsoptionen:** Mit einer Umstellungsoption kann der Inhaber zwischen verschiedenen Input- oder Outputfaktoren wählen. Ein Beispiel ist die Produktionsverlagerung an einen anderen Standort. Umstellungsoptionen haben gleichzeitig Put- und Call-Charakter, da eine Desinvestition (bspw. Standortschließung) mit einer Investition (bspw. Standorteröffnung oder –ausbau) verbunden wird.
- **Wachstumsoptionen:** Eine Wachstumsoption liegt vor, wenn die Vornahme einer Investition Optionen auf nachfolgende Projekte eröffnet (Optionen auf Optionen). So eröffnen z.B. erfolgreiche F&E-Investitionen zu einem späteren Zeitpunkt weitere Investitionschancen, die wiederum als Optionen aufgefaßt werden können.
- **Abbruchoptionen:** Eine Abbruchoption ermöglicht dem Inhaber, ein Investitionsprojekt einzustellen. Ein Beispiel ist die Option, ein akquiriertes Unternehmen zu einem späteren Zeitpunkt wieder zu veräußern, wenn etwa die Integration nicht erfolgreich verläuft.
- **Einschränkungsoptionen:** Mit Einschränkungsoptionen können Investitionen in ihrem Umfang beschränkt oder partiell rückgängig gemacht werden. Ein Beispiel ist die Option auf die Reduktion einer Unternehmensbeteiligung zu einem späteren Zeitpunkt zu einem vorab definierten Preis.
- **Schließungsoptionen:** Eine Schließungsoption ermöglicht dem Inhaber die vorläufige Stillegung eines Investitionsprojektes.

Bei der Übertragung der Bewertungsmodelle auf Finanzoptionen sind allerdings einige Besonderheiten zu beachten. Ein wichtiger Unterschied zu Aktienoptionen ist, daß die mit Realoptionen bewerteten Investitionsprojekte meistens keinen Marktpreis haben. Auch sind Realoptionen meistens nicht ohne weiteres an Dritte weiterveräußerbar. Des weiteren kann für die Ausübung einer Realoption auch das Verhalten von Wettbewerbern relevant sein.[161] Im Falle des kontinuierlichen Black/Scholes Modells ist zudem die Erfassung von zwischenzeitlichen Auszahlungen sowie die Bewertung amerikanischer Optionen schwierig.[162]

---

[160] Vgl. zu der Unterteilung und den nachfolgenden Erläuterungen Copeland, Koller und Murrin (1995), S. 474ff. sowie Trigeorgis (1999), S. 9ff.

[161] Eine ausführliche Darstellung der Unterschiede findet sich bei Tomaszewski (2000), S. 95ff.

[162] Rausch (1999), S. 101.

Realoptionsmodelle können dadurch in der Praxis numerisch schnell sehr komplex werden. Insgesamt besteht ein Trade-off zwischen der Bewertungsgenauigkeit eines Realoptionsmodells und der Realitätsnähe der zugrunde liegenden Annahmen.[163] Auch in einer agencytheoretischen Betrachtung ergibt sich eine wichtige Besonderheit: Der Wert einer Realoption hängt auch von der Finanzierungsstruktur eines Unternehmens ab, weil von dieser Verhaltensanreize ausgehen, die sowohl zu Über- als auch zur Unterinvestition führen können.[164] Ein seinen eigenen Nutzen maximierender Manager kann aufgrund der Anreizwirkung einer Finanzierungsstruktur in der Zukunft eine unvorteilhafte Investitionsentscheidungen treffen, was sich auf den heutigen Optionswert dieser künftigen Investitionsmöglichkeit negativ auswirkt. Ein quasi als First best Wert ermittelter Realoptionswert kann daher als eine Obergrenze des tatsächlichen Wertes angesehen werden, welcher erst auf Basis der tatsächlichen Finanzierung zu ermitteln ist. Im Modell kann die Finanzierung allerdings so ausgestaltet werden, daß sich die Anreize für Über- und Unterinvestition ausgleichen.

Trotz dieser Besonderheiten sind Realoptionsverfahren aber bei sachgemäßer Anwendung geeignet, einen wertvollen Beitrag zur Bewertung von Investitionsprojekten und von Unternehmen zu leisten. Insgesamt sind Binomialmodelle (Cox, Ross und Rubinstein) für Realoptionsbewertungen besser als andere Optionspreisverfahren geeignet, weil sie flexibler sind, größere Anwendungsvielfalt haben und potentiellen Entscheidern in der Praxis leichter zu kommunizieren sind.[165]

2.3.2.7.2.2 Bewertung bei Akquisitionen

Auch der Unternehmenskauf ist eine Investitionsentscheidung. Daher ist es naheliegend, daß die Anwendung des Optionspreisansatz auch im Zusammenhang mit der Bewertung ganzer Unternehmen diskutiert wird.[166] In Großbritannien wird der Optionspreisansatzes auch schon in der Bewertungspraxis verwandt.[167] Von den beiden vorgestellten Modellen zur Bewertung von Finanzoptionen ist der Ansatz von Cox, Ross und Rubinstein besser geeignet, weil er überschaubarer ist und die einzelnen Handlungsalternativen besser abbildet.[168] Für den Einsatz des Optionspreisansatz im Zusammenhang mit Akquisitionen sind drei Anwendungsmöglichkeiten denkbar: (1) Die Ermittlung von Wertzuschlägen auf den Kapitalwert aufgrund strategischer Handlungsspielräume, (2) die Bewertung von kaufvertraglichen Vereinbarungen und (3) die Bewertung ganzer Unternehmen:

Realoptionen können als **strategischer Zuschlag** auf den passiven Unternehmenswert (Kapitalwert) verstanden werden.[169] Die Möglichkeit, künftige Investitionen aufzugeben, zu verschieben oder zu verändern, wirkt sich wie bei einzelnen Investitionsvorhaben werterhöhend aus. Während die Kapitalwertverfahren von starren Umweltbedingungen und im

163 Rausch (1999), S. 106.
164 Vgl. Nippel (1996).
165 Vgl. Tomaszewski (2000), S. 142
166 So Dirrigl (1994), S. 423ff, Rams (1998), S. 416ff. und Hommel (1999), S. 22ff.
167 Der Anteil derjenigen Bewerter, die „häufig oder fast immer" auf Realoptionen zurückgreifen, ist mit insgesamt 3% allerdings noch recht gering, vgl. Geddes (1998), S. 4.
168 Vgl. Hommel und Müller (1999), S. 180.
169 Vgl. Dirrigl (1994), S. 423.

voraus festgelegten Handlungen des Managements ausgehen, können Realoptionen auch die zukünftig vorhanden Handlungsspielräume erfassen. Die Addition des passiven Unternehmenswertes und des Wertes der Realoptionen ergibt den (strategischen) Gesamtwert.[170] In der Vernachlässigung der Handlungsflexibilität des Managements bei Anwendung von Kapitalwertmethoden wurde eine Quelle systematischer Unterbewertung von Unternehmen entdeckt.[171] Die Funktionsfähigkeit des M&A-Marktes kann von diesem Defizit allerdings unbeeinträchtigt bleiben, sofern sowohl der Verkäufer als auch der Kaufinteressent das Unternehmen auf Basis der Kapitalwertmethode (zu niedrig) bewertet. In diesem Fall ändert sich nur der Einigungspreis.

Abbildung 6: Erhöhung einer erwarteten Kapitalwertes durch Realoptionen

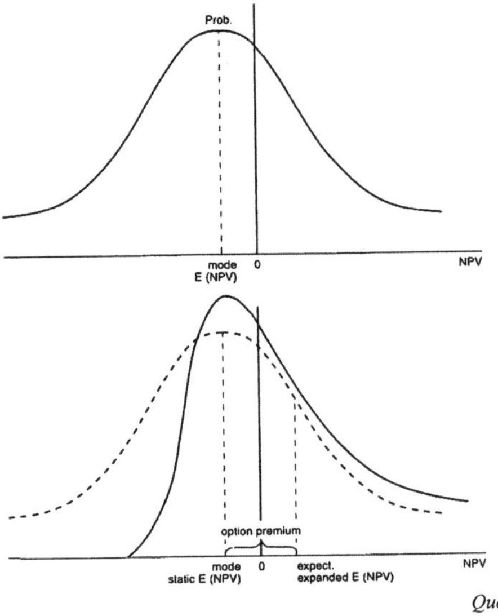

Quelle: Trigeorgis (1999), S. 123

In der oberen Graphik (ohne Realoption), liegt eine symmetrische Verteilung der zu erwartenden Einzahlungsüberschüsse vor. Das Vorhandensein von Realoptionen führt zu einer Asymmetrie der Wahrscheinlichkeitsverteilung der zu erwartenden Barwerte (untere Graphik). Der erweiterte Barwert (Expanded Net Present Value, NPV) setzt sich aus dem statischen Barwert und dem Wert der Realoption zusammen.[172]

[170] Vgl. Tomaszewski (2000), S. 44f.
[171] Vgl. Hommel (1999), S. 23.
[172] Vgl. Trigeorgis (1999), S. 122ff.

Auch der **Unternehmenskauf als ganzes** kann als Option angesehen werden. Eine Bewertung des gesamten Unternehmens als Option ist sinnvoll, wenn der Kaufpreis des Unternehmens im Verhältnis zu den etwaigen Folgeinvestitionen gering ist. Ein Beispiel sind Start-up Unternehmen mit großem Wachstumspotential[173], deren Erwerb oder Errichtung als Kauf eines Calls auf die Ausweitung und spätere Vermarktung eines Forschungsvorhabens angesehen werden kann. Eine Bewertung mit Kapitalwertmethoden kann bei Start-ups schwierig sein, da auf lange Zeit nur negative Cash-flows anfallen und Vergleichsunternehmen nicht existieren, weil das Produkt neuartig ist. Erfolg oder Mißerfolg des Forschungsprojektes haben Entweder-oder-Charakter für die Folgeinvestition in die Weiterentwicklung zur Marktreife und die anschließende Vermarktung, wodurch die Modellierung als Option erleichtert wird. Ein anderes Beispiel ist die Akquisition eines ausländischen Unternehmens, das als Vertriebsbasis für eine später geplante Einführung der eigenen Produkte auf dem betreffenden Auslandsmarkt gedacht ist. In den meisten Gesamtbewertungsfällen sind allerdings Schwierigkeiten bei der rechnerischen Umsetzung zu erwarten.[174]

Mit einer ersten Investition können Optionen geschaffen werden, mit deren Hilfe sich Cash-flows erschließen, deren Höhe zum Bewertungszeitpunkt noch ungewiß sind.[175] Diesen Gedanken können die Kontrahenten beim Unternehmenskauf aufgreifen, indem sie **vertragliche Optionen** („Transaktionsoptionen") schaffen, die für eine Partei einen zusätzlichen Wert verkörpern, ohne daß sie gleichzeitig für die andere Partei Kosten in gleicher Höhe verursachen. Aus Sicht des Käufers kann eine geeignete Vertragsklausel z.B. als Hedge (Put-Option als Versicherung) auf ein bewertungsrelevantes Qualitätsrisiko fungieren. Er kann sein Kaufpreisgebot durch die Klausel (maximal) bis zum Wert der Put-Option erhöhen. Der Einigungsbereich vergrößert sich um den Wert der Put-Option abzüglich der Kosten, die dem Verkäufer dafür entstehen (etwa abgedeckte Risiken, die er nicht beherrschen kann). Ein Beispiel sind Besserungsoptionen, mit denen eine nachträgliche Kaufpreiskorrektur vereinbart werden kann, wenn sich die Ertragslage des erworbenen Unternehmens nach dem Closing schlechter entwickelt als im Vertrag angenommen.[176] Da die Anwendung von Finanzoptionsmodellen streng genommen ein handelbares Basisgut voraussetzt, wird allerdings bei Transaktionsoptionen insbesondere im Zusammenhang mit nicht börsennotierten auch eine (vereinfachte) Bewertung mit Entscheidungsbäumen empfohlen.[177] Allein durch die Identifikation einer Realoption und die Kenntnis der Wirkung einzelner Parameter können aber in jedem Fall qualitative Aussagen getroffen werden.[178]

[173] Vgl. Hommel (1999), S. 29. Typischerweise handelt es sich um Unternehmen in den Branchen Biotechnologie oder Informationstechnologie.

[174] Vgl. Sautter (1989), S. 352.

[175] Vgl. Rams (1998), S. 418. und Rausch (1999), S. 138ff.

[176] Vgl. Delcker (1992), S. 2453.

[177] Vgl. Rausch (1999), S. 239.

[178] Vgl. Rausch (1999), S. 249.

Realoptionsmethoden haben also beim Unternehmensverkauf zwei wichtige Anwendungsbereiche:

- Erstens können Realoptionen flexible Handlungsspielräume auf Ebene des Unternehmens explizit in der Bewertung berücksichtigen[179] und damit eine Alternative oder Ergänzung zu traditionellen Unternehmensbewertungsmethoden bilden. Da die mit Realoptionen erfaßten Handlungsspielräume häufig in zusätzlichem Wertpotential resultieren, können Realoptionsbewertungen zu höheren Grenzpreisen sowohl des Verkäufers als auch des Käufers führen. Bei identischer Berücksichtigung in der Bewertung durch beide Kontrahenten käme es so zu einer parallelen Verschiebung des Einigungsbereichs (nach oben).

- Zweitens können Realoptionen von den Vertragsparteien als Transaktionsoptionen[180] gezielt eingesetzt werden, um bei asymmetrischer Information den Einigungsbereich zu vergrößern oder überhaupt erst zu schaffen. Die genaue Wirkungsweise von durch Vertragsgestaltung geschaffenen Realoptionen wird in Kapitel 6 untersucht.

[179] Vgl. Rausch (1999), S. 131ff.
[180] Vgl. Rausch (1999), S. 135

2.4 Zwischenergebnis

2.4.1 Folgen der asymmetrischen Information

Ein Unternehmen ist ein besonders komplexes Gut, dessen Wert für einen uninformierten Betrachter besonders schwer zu ermitteln ist. Selbst der im Akerlof-Modell betrachtete Gebrauchtwagen kann zumindest gründlich angesehen und Probe gefahren werden. Beim Unternehmenskauf kommt die Wahrheit dagegen oft erst Jahre nach der Akquisition zum Vorschein. Ein Unternehmenskäufer muß bei seiner Grenzpreisbestimmung zwei wesentliche Risiken beachten. Zum einen ist er einem allgemeinen, mit der Investition in ein Unternehmen verbundenen, Risiko ausgesetzt, etwa aufgrund von Marktveränderungen etc., das einen informierten Bewerter aber genauso trifft. Zum anderen ist er einem speziellen Informationsrisiko ausgesetzt, das daraus resultiert, daß er wesentliche wertbildende Eigenschaften des Unternehmens als Externer nicht einschätzen kann. Dabei besteht ein Anreiz für den Verkäufer, durch falsche oder selektive Information den Käufer zu einer zu optimistischen Einschätzung künftiger Chancen und Risiken zu bewegen.[181] Die verschiedenen Unternehmensbewertungsverfahren bieten dem Anwender unterschiedlich gut geeignete Ansätze, diese Risiken zu berücksichtigen.

Substanz- und Vergleichswertverfahren machen keine konkreten Vorschläge zur Berücksichtigung des Risikos. **Substanzbewertungen** sind für eine Grenzpreisbestimmung beim Unternehmenskauf in der Regel überhaupt nicht geeignet, weil sie nicht vom Fortbestand des Unternehmens ausgehen und zu unrealistisch niedrigen Ergebnissen führen. **Vergleichswertverfahren** können gute Indikationen für Marktpreise ohne strategische Prämie (comparable companies) und mit strategischer Prämie (comparable transactions) geben. Für eine fundierte und präzise subjektive Grenzpreisbestimmung sind sie nur eingeschränkt geeignet. Vergleichswertverfahren ignorieren das individuelle Informationsproblem eines Bewerters, indem sie durchschnittliche reale Vergleichspreise für die Bewertung heranziehen, die ihrerseits auf Grundlage einer anderen individuellen Informationssituation gebildet wurden. Vergleichstransaktionsbewertungen sind zur Bestimmung von Grenzpreisen zudem wenig aussagekräftig, weil sie auf durchschnittlichen *Einigungspreisen* basieren. Substanz- und Vergleichswertverfahren können beide das Risiko des potentiellen Erwerbers allenfalls durch pauschale Bewertungsabschläge ausdrücken. Die Bestimmung eines derartigen pauschalen Abschlags wäre aber willkürlich.

In der Praxis der Unternehmensbewertung dominieren daher die **Kapitalwertmethoden**. Diese liefern plausible Ansätze zur Erfassung von allgemeinen Investitionsrisiken bei der Grenzpreisbestimmung. Die DCF-Methode geht von objektivierten Diskontierungszinsätzen auf Grundlage des CAPM aus, weshalb die Diskontierungsfaktoren bei DCF-Bewertungen allerdings nur das systematische Risiko erfassen.[182] Außergewöhnliche Ereignisse, die nur das individuelle Unternehmen betreffen, werden nicht beachtet, weil unterstellt wird, daß der Investor über Diversifikationsmöglichkeiten verfügt.[183] Beim Er-

---

[181] Vgl. Peemöller et al. (1996), S. 79.

[182] Vgl. J. Schmidt (1995), S. 1106ff.

[183] Dazu kann aber kritisch angemerkt werden, daß der Kauf eines Aktienportfolios am Kapitalmarkt in der Regel nicht die Anlagealternative des Unternehmenskäufers ist, vgl. Peemöller u.a. (1996), S. 76.

tragswertverfahren kann auch das unsystematische Risiko beim Risikozuschlag berücksichtigt werden.[184]

Besonders schwierig ist die Erfassung des spezifischen Risikos, das sich aus der unvollständigen Information des Käufers über das Unternehmen (Qualiätsunsicherheit) ergibt. Bei der (theoretischen) Ertragswertmethode kann der Käufer seine Qualitätsrisiko durch die Wahl eines individuellen, risikoangepaßten Zinssatzes berücksichtigen, der seinen Wissenstand und seine Risikonutzenfunktion berücksichtigt. Diese Vorgehensweise wird aber in der Praxis selten angewandt. Bei der häufiger verwandten Wirtschaftsprüfervariante des Ertragswertverfahrens kann der Risikozuschlag frei bestimmt werden. Dieses Vorgehen erscheint aber willkürlich und stößt daher in der Literatur auf Kritik.[185]

Alternativ oder ergänzend zur Integration des Risikos in den Zinsfuß kann der Kaufinteressent vorhandene Zweifel an der künftigen Entwicklung des Unternehmens bei DCF- und Ertragswertmethode in seine Cash-flow-Prognose bzw. Szenariobildung einfließen lassen. Diese Vorgehen verschafft dem Bewerter eine größere Flexibilität. Er kann konkrete, meistens vorsichtigere Prognosen in bezug auf die zukünftigen Zahlungsüberschüsse abgeben als vom Verkäufer im Business Plan vorgegeben wurden. Auch kann er in einer Sensitivitätsanalyse unmittelbar die Auswirkung wichtiger Ereignisse, wie etwa die Akquisition eines wichtigen Auftrages, auf den Unternehmenswert errechnen. Allerdings muß der Kaufinteressent für eine entsprechende Modellierung der Risiken eine Vorstellung haben, an welcher Stelle nach dem Kauf Probleme resultieren können und welche Eintrittswahrscheinlichkeiten für das jeweilige Szenario bestehen. Die Kapitalwertmethoden bilden ein erprobtes Werkzeug zur Unternehmensbewertung. Die Qualität des Bewertungsergebnisses hängt aber auch entscheidend von den zugrunde liegenden Informationen über das Unternehmen ab. Wenn der Informationsstand des Käufers lückenhaft ist, kann er bei der Anpassung des Business Plans nach unten übertreiben. Dadurch wird der Unternehmenswert heruntergerechnet und gegebenenfalls ein Grenzpreis ermittelt, der, trotz vorhandener Synergiepotentiale etc., unter dem Grenzpreis des Verkäufers liegt, so daß - wie im Akerlof-Modell - keine Transaktion zustande kommt.

[184] Vgl. Baetge und Krause (1994), S. 454.
[185] Vgl. Zimmerer (1988), S. 418.

Tabelle 4: Gegenüberstellung von Ertragswert und Bruttoansatz des Discounted Cash-flow

	Ertragswert (Theorie)	**Ertragswert (Wirtschaftsprüfer)**	**Discounted Cash Flow (Bruttoansatz)**
Diskontierte Zahlung	Nettoausschüttungen an Eigentümer	U.U. Einnahmenüberschuß des Unternehmens	Nettozahlungen an alle Kapitalgeber
Diskontierungssatz	Alternativrendite der Eigentümer	Alternativrendite der Eigentümer	Gewogener Kapitalkostensatz
Risikoerfassung	Bevorzugt Sicherheitsäquivalentmethode	Risikozuschlags-Methode	Risikozuschlags-Methode
Bestimmung des Risikozuschlages	Überprüfung mit impliziten Sicherheitsäquivalent	Verfahren nicht weiter bestimmt	Gemäß CAPM
Erfassung von Unternehmenssteuern	Im Zähler	Im Zähler	Im Zähler, aber „tax shield" durch Fremdfinanzierung üblicherweise im Nenner
Erfassung von persönlichen Steuern	Ja	Nur bei subjektivem Unternehmenswert und in bestimmten anderen Fällen empfohlen	Üblicherweise nicht ausgeführt

Quelle: Ballwieser (1995), S. 124

Realoptionen stellen primär eine Ergänzung der Kapitalwertmethoden dar. Der Käufer kann durch die Identifikation oder Schaffung von Handlungsspielräumen nach dem Unternehmenskauf unter Umständen zu einer höheren Bewertung gelangen. Die Chance auf eine Einigung wird dadurch erhöht. Ob darüber hinaus die Kapitalwertmethode zukünftig zu einem „Sonderfall des Optionspreisansatzes" degenerieren[186] wird oder ob letzterer doch nur eine „Modifizierung an der Bewertungsperipherie" darstellt[187], wird sich noch erweisen müssen. Gegen eine alleinige Anwendung des Optionspreisansatzes bei der Unternehmensbewertung spricht die Vielzahl von Investitionsentscheidungen bzw. –projekten, die in den meisten Unternehmen gebündelt sind: Sie können mit dem Optionspreisansatz oft nicht oder nur unzureichend erfaßt werden. Einen Ansatz für eine geschlossene subjektive Bewertung, die auch die individuelle Informationssituation und Risikoeinstellung berücksichtigt, liefert die Optionspreistheorie (bisher) nicht. In jedem Fall aber kann sie die traditionellen, kapitalwertorientierten Bewertungsmethoden sinnvoll ergänzen.

Im Ergebnis kann sich eine unzureichende Information des Käufers, zumindest bei Anwendung der in der Bewertungspraxis vorherrschenden Kapitalwertmethoden, in einer Unterbewertung des Unternehmens niederschlagen. Eine mögliche Folge ist, daß die Parteien über keinen Einigungsbereich verfügen, obwohl ein Unternehmensverkauf – bei vollständiger Information - den Nutzen der Parteien erhöhen könnte. Im Interesse beider Parteien ist daher eine möglichst umfassende Information des Käufers über sämtliche wertbildenden Eigenschaften des Unternehmens.

[186] Hommel (1999), S. 23.
[187] Dirrigl (1994), S. 427.

2.4.2 Typisierte Lösungsansätze

2.4.2.1 Staatliche Eingriffe

Wenn der Grenzertrag des „Gutes" Information den Grenzkosten entspricht, liegt eine optimale Informationsversorgung vor.[188] Die freiwillige Informationserzeugung kann, entsprechende Kosten-/Nutzenkalüle des Informationsinhabers vorausgesetzt, geringer sein als die private Informationsnachfrage.[189] Eingriffe des Staates können als Maßnahme zur Verhinderung eines Versagens des Informationsmarktes verstanden werden. Durch die Festlegung von standardisierten Informationspflichten durch den Staat können gegenüber individuellen Marktlösungen Effizienzvorteile erzielt werden, wenn sie zu geringeren Kosten das bewirken, was Kontrahenten in einer Vielzahl von Vertragsbeziehungen ohnehin vereinbaren würden.

Wie in Abschnitt 2.2.2 erläutert, sind Jahresabschlüsse als Grundlage für die Kaufentscheidung eines Unternehmenskäufers nicht ausreichend. Sie enthalten nur einen geringen Teil der Informationen, die für einen potentiellen Käufer bewertungsrelevant sind. Die Informationen, die im Rahmen der gesetzlich vorgeschriebenen Rechnungslegung veröffentlicht werden, beziehen sich zudem auf ein bereits vergangenes Geschäftsjahr, selbst der Lagebericht ist allenfalls am Tage der Veröffentlichung aktuell. Auch wenn die vermittelten Informationen über vergangene Geschäftsjahre Ausgangspunkt einer Bewertung des Unternehmens sein können, orientieren sich gängige Unternehmensbewertungsverfahren an zukünftigen Erfolgschancen, über die in der Rechnungslegung keine ausreichende Auskunft vermittelt wird. Nicht zuletzt ist es auch weder im Interesse des Verkäufers noch des Käufers, wenn die Öffentlichkeit, und damit u.a. auch die Konkurrenzunternehmen, in der gleichen Vollständigkeit über das Unternehmen informiert ist wie die Kontrahenten.

Der Gesetzgeber legt aber auch den vertrags- und haftungsrechtlichen Rahmen für den Unternehmensverkauf fest. Durch ein Verbot von Fehlinformation und eine Zuweisung von spezifischen Informationspflichten im Rahmen von Verkaufsverhandlungen sowie durch die Festlegung der Sanktionen bei Mißachtung der Vorschriften greift der Gesetzgeber steuernd in den M&A-Markt ein. Die Allokationswirkung, die vom rechtlichen Rahmen ausgeht, wird ausführlich im dritten Kapitel untersucht.

2.4.2.2 Maßnahmen der Vertragsparteien

Sofern gesetzliche Standards das Problem der asymmetrischen Information nicht beseitigen, müssen die Vertragsparteien eigene Lösungsinstrumente entwickeln. Um bei vorhandener Informationsasymmetrie ein Zustandekommen von Transaktionen zu gewährleisten, kann entweder der Informationsstand des schlechter informierten Vertragspartners verbessert oder vertraglich eine Aufteilung des Ergebnisses der Transaktion vereinbart werden, die der besser informierten Partei keinen Anreiz bietet, gegen die Interessen der anderen Partei zu handeln. Der zweite Ansatz ist insbesondere für die Behandlung des Agency-Problems nach Vertragsschluß von Bedeutung.[190]

[188] Vgl. Reinhard Schmidt (1982), S. 739.
[189] Vgl. Reinhard Schmidt (1982), S. 743.
[190] Vgl. Franke und Hax (1995), S. 413.

An einer Informationsübermittlung vor Vertragsschluß sind beide Parteien interessiert. Nachfrager sowie Anbieter überdurchschnittlicher Qualitäten haben einen Anreiz, den gepoolten Markt aufzubrechen und Teilmärkte zu schaffen. Auf diesen Teilmärkten werden unterschiedliche Qualitäten zu unterschiedlichen Preisen gehandelt.[191] Für die Schaffung von Teilmärkten sind Prozesse des Informationstransfers über die nicht direkt beobachtbaren Qualitätsmerkmale von Bedeutung.

Dafür wurden verschiedene Ansätze entwickelt, die jeweils in einem engen Verhältnis zum Typ der Informationsasymmetrie stehen. Die Informationsasymmetrie bei Qualitätsunsicherheit kann durch unterschiedliche Modellösungen reduziert werden. Es handelt sich um Signalling (Signalisierung), Screening (Prüfung) und Vertragsgestaltung/Self-Selection:

Beim **Signalling** stellt der besser informierte Markteilnehmer (Verkäufer bzw. Agent) dem schlechter informierten (Käufer bzw. Prinzipal) vor Vertragsschluß zusätzliche Informationen zur Verfügung.[192] Dabei geht die Initiative vom besser informierten Marktteilnehmer aus.[193] Ein bekanntes Beispiel ist die Vorlage von Zeugnissen durch einen Bewerber.[194] Auch Werbung kann als Information des uninformierten Verbrauchers durch den besser informierten Produzenten aufgefaßt werden.[195] Eine alternative Lösung ist das **Screening**, bei dem die Initiative vom schlechter informierten Marktteilnehmer (Käufer bzw. Prinzipal) ausgeht. Dieser verschafft sich vor Vertragsschluß Informationen über die Fähigkeiten eines Agenten bzw. über die Eigenschaften eines Gutes.[196] Durch ein Screening sollen die verschiedenen Qualitäten von Individuen oder gleichartig erscheinenden Gütern erkannt werden.[197]

Sowohl durch Signalling als auch durch Screening sollen Informationsasymmetrien abgebaut werden. Unterschiedlich ist nur die Sichtweise. Vom Standpunkt des Verkäufers steht das Signal im Vordergrund, vom Standpunkt des Käufers die gezielte Prüfung oder Untersuchung. Spence hält die beiden Ansätze daher im Ergebnis für zwei Seiten derselben Medaille.[198] Dieser Auffassung wird in dieser Arbeit gefolgt.

Eine weitere Möglichkeit zur Eliminierung des Informationsrisikos bietet die Vertragsgestaltung. Eine Instrument zur Umsetzung vertraglicher Gestaltungsmöglichkeiten ist die **Self-Selection**. Dabei bietet die unvollständig informierte Partei dem Vertragspartner verschiedene Verträge an. Durch die Auswahl eines bestimmten Vertrages offenbart dieser seine Eigenschaften und verringert die vorhandene Informationsasymmetrie.[199]

191 Vgl. Spremann (1990), S. 579.
192 Vgl. Ross (1977), S. 23ff. und Hartmann-Wendels (1986).
193 Vgl. Hopf (1983), S. 31.
194 Vgl. Spence (1973), S. 355ff. und (1974).
195 Vgl. Nelson (1974), S. 729ff.
196 Vgl. Salop und Salop (1976), S. 619ff.
197 Vgl. Stiglitz (1975), S. 283ff.
198 Vgl. Spence (1976), S. 592.
199 Der Begriff Self-Selection geht zurück auf Salop und Salop (1976), S. 619ff. Vgl. außerdem Rothschild und Stiglitz (1976), S. 632ff. sowie Stiglitz und Weiss (1981), S. 393ff.

3. Kapitel: Mängelhaftung des Verkäufers beim Unternehmensverkauf

3.1 Effizienz von Rechtsordnungen

3.1.1 Ziele der Untersuchung

Beim Unternehmenskauf haben rechtliche Fragen, wie z.B. Steuer-, Arbeits- und Wettbewerbsrecht einen erheblichen Einfluß auf den Wert des Unternehmens und sind daher vor und nach Vertragsabschluß für beide Seiten zu beachten.[1] Gegenstand dieser Betrachtung ist die Haftung des Verkäufers beim Unternehmenskauf in Deutschland und in den Vereinigten Staaten, die in beiden Staaten teilweise vertrags- und teilweise deliktrechtliche Grundlagen hat. Zunächst wird der rechtliche Rahmen in beiden Ländern getrennt dargestellt. Im Anschluß wird jeweils die Auswirkung des nationalen rechtlichen Rahmens auf das Informationsrisiko (potentieller) Unternehmenskäufer und auf die Allokationseffizienz der Märkte analysiert. Die Ergebnisse werden einander anschließend gegenübergestellt.[2]

Auf Grundlage der ökonomischen Analyse des Rechts soll die nachstehende Analyse der haftungsrechtlichen Verhältnisse beim Unternehmenskauf in den beiden Ländern u.a. herausarbeiten,

- welche Gesetze und Urteile beim Unternehmenskauf zu beachten sind;
- inwieweit die Rechtsprechung im Lauf der Zeit zu mehr Effizienz geführt hat;
- ob die jeweilige Rechtslage überschaubar ist, Käufer und Verkäufer Rechtssicherheit gibt und somit eine berechenbare Entscheidungsgrundlage beim Unternehmenskauf darstellt;
- welche Allokations- und Verteilungsfolgen resultieren;
- welche Ansätze es für eine (weitere) Optimierung des bestehenden rechtlichen Rahmens gibt;
- ob und in welchem Umfang die Vertragsparteien durch eigene Initiative (Signalisierung, Screening, vertragliche Vereinbarungen etc.) das gewünschte Ergebnis des Unternehmenskaufs sichern müssen.

3.1.2 Ökonomische Analyse des Rechts

3.1.2.1 Einordnung

Seit den frühen 60er Jahren widmen sich Ökonomen und Juristen verstärkt der Erforschung der Effizienz- und Allokationswirkung rechtlicher Normen, vom Haftungs-, Vertrags- und

[1] Vgl. zur Betrachtung des Unternehmenskaufs im Kontext verschiedener juristischer Teilgebiete die ausführlichen Darstellungen von Kantenwein (1988), Holzapfel und Pöllath (1994), Kaligin (1995), Picot, G. (1995), Beisel und Klumpp (1996) sowie Hölters (1996).

[2] Vgl. zu dieser Methodik Zweigert und Kötz (1996), S. 31ff.

Strafrecht bis zum Verfassungsrecht.[3] Bedeutende Anstöße gingen von Aufsätzen von Coase (1960) und Calabresi (1961) aus. Aus zahlreichen Einzelbeiträgen hat sich die ökonomische Analyse des Rechts (ÖAR) entwickelt. Ziel der ökonomischen Analyse des Rechts ist es, die Folgen von (juristischen) Entscheidungen empirisch überprüfbar zu analysieren und normative Kriterien zur Bewertung von Handlungsfolgen bereitzustellen. Diese Kriterien sollen ein rationales Urteil ermöglichen, welche von unterschiedlichen möglichen Entscheidungen gesamtgesellschaftlich die beste ist.[4] Die ökonomische Analyse des Rechts behandelt das Recht nicht nur als invariablen Datenkranz, sondern versteht rechtliche Institutionen und Regeln als Arrangements, die nach ökonomischen Kriterien beurteilbar und veränderbar sind.[5]

In der ÖAR werden verschiedene soziale Zustände als wissenschaftlich vergleichbar angesehen und die Folgen neuer oder veränderter rechtlicher Regeln für abschätzbar gehalten. Neue rechtliche Regeln sollen sich am Effizienzziel orientieren.[6] Der Gerechtigkeitsgehalt einer bestehenden rechtlichen Regel wird in der ökonomischen Analyse am Effizienzprinzip gemessen.[7] Als Effizienzmaßstäbe dienen das Pareto- und das Kaldor-Hicks-Kriterium.[8]

In den Vereinigten Staaten hat die ökonomische Analyse des Rechts maßgeblich zur Verankerung des Effizienzgedankens im Rechtssystem beitragen.[9] Sie hat dort nicht nur auf die wirtschafts- und rechtswissenschaftliche Diskussion einen erheblichen Einfluß gewonnen[10], sondern auch auf die Gesetzgebung und Rechtsprechung[11], auch wenn ihre anfangs rapide Verbreitung inzwischen in einen Konsolidierungsprozeß gemündet ist.[12]

---

[3] Ein besonders gut geeignetes Feld für eine interdisziplinäre Forschung auf den Gebieten Recht und Ökonomie ist auch die Finanzierungstheorie, weil Finanzierung immer mittels rechtlicher Formen ge staltet wird und sowohl die Finanztheorie als auch die ÖAR Effizienzaspekte und die Rolle von Märk ten betonen, vgl. Reinhard Schmidt (1993), S. 171.

[4] Vgl. Ott (1989), S. 30.

[5] Vgl. Ott und Schäfer (1988), S. 214.

[6] Vgl. Schäfer (1989).

[7] Vgl. Ott (1989), S. 27.

[8] Vgl. Schäfer (1989), S. 2f.

[9] Vgl. Reimann (1997), S. 247ff.

[10] Seit vielen Jahren gibt es an allen maßgeblichen US-Law Schools Lehrstühle für "Law and Economics". Spezialisierte Zeitschriften wie das Journal of Law and Economics, das Journal of Legal Studies, die International Review of Law and Economics und das Journal of Law, Economics and Organization. Aber auch zahlreiche andere rechts- und wirtschaftswissenschaftliche Zeitschriften veröffentlichen Aufsätze zur ökonomischen Analyse des Rechts, vgl. Schanze (1993), S. 4ff. Wichtige angelsächsische Standardwerke sind die von Goetz (1984), Cooter und Ulen (1988), Hirsch (1988), Stephen (1988), Polinsky (1989), Veljanovski (1990) und Posner (1992).

[11] So wurden Vertreter der Ökonomischen Analyse des Rechts, wie z.B. Richard Posner, der zuletzt auch als Schlichter im US-Wettbewerbsverfahren gegen Microsoft fungierte, hohe Richterämter berufen.

[12] Vgl. Schmidtchen (1990), S. 316.

Die ökonomische Analyse des Rechts widmet sich verschiedenen Aspekten der Wechselbeziehung von Recht und Ökonomie. Sie fragt[13]

(1) nach dem Zustandekommen einer bestehenden Rechtsstruktur, nach Art und Verteilung von rechtlichen Handlungsbefugnissen,
(2) nach den Auswirkungen, die die Rechtsstruktur auf das Ziel der Allokationseffizienz hat,
(3) nach den tatsächlichen Voraussetzungen für die Herausbildung einer effizienten Rechtsstruktur,
(4) wie die Rechtsstruktur in bezug auf das Ziel der Allokationseffizienz beschaffen sein sollte.

Unter deutschen Juristen hat die Betonung der Allokationseffizienz als Maßstab für die Güte rechtlicher Normen und Entscheidungen teilweise Zustimmung gefunden, teilweise aber auch vehemente Kritik hervorgerufen, weil darin ein Widerspruch zur "kardinalen Aufgabe des Rechts, eine Ordnung ausgleichender Gerechtigkeit zu sein" gesehen wird[14] Außerdem stößt die in der ökonomischen Analyse übliche Komplexitätsreduktion mit Hilfe von vereinfachenden Modellannahmen auf Widerstände.[15] Deutsche Gerichte orientieren sich in ihren Entscheidungen zunächst subjektiv am Parteieninteresse. Ihre Legitimation und Kompetenz, zu einer umfassenden Rechtsfortbildung im Sinne der ökonomischen Analyse des Rechts beizutragen, ist umstritten.[16] Diese Einwände stehen einer ökonomischen Betrachtung aber nicht im Wege.

3.1.2.2 Vertragsrecht als Gegenstand einer ökonomischen Analyse

3.1.2.2.1 Der vollständige Kaufvertrag als Fiktion

Der Kaufvertrag kann in einer freiheitlichen Rechtsordnung grundsätzlich nach dem Belieben der Vertragsparteien gestaltet werden.[17] Ein Kontrahierungszwang besteht nur in Ausnahmefällen.[18] Ökonomisch betrachtet ist die Vertragsfreiheit Voraussetzung dafür, daß Ressourcen effizient genutzt werden. Sie ermöglicht es dem Inhaber einer Sache (bzw. eines Rechts oder einer Sachgesamtheit), diese dorthin zu übertragen, wo sie am höchsten bewertet wird. Durch die Übertragung wird der Nutzen beider Vertragsparteien erhöht, sofern der Vertrag auf eine faire Weise, also ohne Täuschung, Drohung oder Ausnutzung eines Machtungleichgewichts zustande kommt.

[13] Schäfer und Ott (1995), S. 10.
[14] So Fezer (1986), S. 822.
[15] Vgl. etwa Fezer (1986) und (1988).
[16] Vgl. Eidenmüller (1995), S. 486.
[17] Die im deutschen Rechtssystem gewährleistete Vertragsfreiheit beinhaltet die Abschlußfreiheit als Freiheit des Einzelnen, Verträge zu schließen oder nicht zu schließen und die Inhaltsfreiheit als Freiheit, den Inhalt der Verträge selbst zu bestimmen, deren Rechtliche Grundlage der Vertragsfreiheit ist das im Artikel 2 I GG verankerte Recht auf freie Entfaltung der Persönlichkeit. Vgl. zu Begriff und Inhalt der Vertragsfreiheit Raiser (1958) und Flume (1983).
[18] Vgl. zu den Grenzen der Vertragsfreiheit im deutschen Recht Larenz (1982), S. 39ff.

In einer Welt ohne Friktionen können die Vertragsparteien einen **vollständigen Vertrag** (Kontingenzvertrag) schließen. "Vollständige Verträge sind explizit vereinbarte Verträge mit symmetrischer Information. Sie sind in einem im vorhinein eindeutig definierten Sinn verbindlich, gleichgültig ob es sich dabei um formale (schriftlich abgefaßte) oder informelle (mündliche) Vereinbarungen handelt. Sie können langfristig oder kurzfristig sein, Standardform haben oder komplex sein. Sie werden mit Hilfe Dritter durchgesetzt, das heißt, ihre relevante Information ist durch die Gerichte überprüfbar."[19]

Von freiwillig abgeschlossenen Verträgen ist grundsätzlich anzunehmen, daß sie zu einer Steuerung der Ressourcen an den Ort ihrer effizientesten Verwendung beitragen. Voraussetzung ist, daß die Verträge fair zustande kommen - d.h. ohne Täuschung, Drohung, Preisdiktat oder Monopolmacht - und die wesentlichen Informationen zum Zeitpunkt des Vertragsabschlusses für beide Parteien verfügbar sind.[20] Je genauer die Vertragsparteien über die für ihre Entscheidung relevanten Umstände informiert sind, desto präziser können sie alle mit der Durchführung des Vertrags verbundenen Risiken - wie z.B. Mängel, Verzug oder Unmöglichkeit zuordnen und den Umfang der resultierenden Leistungen definieren (Minderung, Schadenersatz u.s.w.).

Ein System freiwillig abgeschlossener Kontingenzverträge ist pareto-optimal. Die Annahme der Verfügbarkeit aller wesentlichen Informationen zum Zeitpunkt des Vertragsschlusses entspricht aber auf vielen Märkten nicht der Realität. Oft können sich die Kontrahenten nicht vollständig und kostenlos über alle mit dem Kauf verbundenen Chancen und Risiken und deren jeweiligen Eintrittswahrscheinlichkeiten informieren. Unvollständige Information kann folgende Konsequenzen haben:

Aufgrund unvollständiger oder falscher Information einer Partei können **ineffiziente vertragliche Vereinbarungen** zustande kommen, die für die schlechter informierte Partei nachteilig sind. In diesem Fall kann die Rechtsordnung eine wichtige Funktion ausüben, indem sie die schlechter informierte Partei vor einer Benachteiligung schützt.[21]

Außerdem können im Vertrag **Regelungslücken** verbleiben. Diese müssen durch die Rechtsordnung geschlossen werden. "Der Inhalt eines vertraglichen Schuldverhältnisses bestimmt sich nach den getroffenen Vereinbarungen und dem ergänzenden Gesetzesrecht."[22] In der deutschen Rechtsprechung wird dabei der vollständige Vertrag als Referenzmodell im Sinne einer Ergänzung vertraglicher Regelungen entsprechend dem hypothetischen Parteiwillen anerkannt.[23] Ähnlich in den Vereingten Staaten: "The reason contract rules are desirable is, of course, that it is costly to negotiate and draft a contract that provides for every conceivable contingency. (...). Contract law can be viewed as filling in these "gaps" in the contract - attempting to reproduce what the parties would have agreed to if they could have costlessly planned for the event initially."[24]

[19] Richter und Furubotn (1996), S. 160.
[20] Vgl. Schäfer und Ott (1995), S. 322.
[21] Vgl. Schäfer und Ott (1995), S. 344.
[22] Larenz (1982), S. 116.
[23] Vgl. Palandt-Heinrichs (1998) , § 157 Rdn. 7.
[24] Polinsky (1989), S. 27.

3.1.2.2.2 Bedeutung der Information

In einer Rechtsordnung können vertragliche Lücken nur dann effizient geschlossen werden, wenn auf die Frage der Informationsverteilung zwischen den Kontrahenten eingegangen wird. Posner verweist auf die Bedeutung der Qualitätsunsicherheit für eine Kaufentscheidung. Käufer und Verkäufer eines Gutes müssen den Austausch Zug um Zug durchführen und Kosten und Nutzen eines Austauschs kennen, damit eine Ressource sich von einer geringwertigen zu einer höherwertigen Verwendung bewegt. Um möglichen Mißbrauch zu vermeiden, muß eine rechtliche Sanktionsmöglichkeit vorhanden sein. "Nehmen wir nun an, daß A ein Hemd für 5 Dollar anbietet und B eines für 6 Dollar, von dem er (wahrheitsgemäß) behauptet, daß es dreimal so lang hält wie das Hemd von A und deshalb der bessere Kauf sei. Aber der Qualitätsunterschied der Hemden zeigt sich nicht beim flüchtigen Blick auf dem Ladentisch. Selbst wenn B bereit ist, die überlegene Qualität des Hemds zu garantieren, können Verbraucher an der Richtigkeit der Behauptung zweifeln und das Hemd des A kaufen, sofern dieses Versprechen nicht von Rechts wegen erzwingbar ist - also wiederum ein suboptimales Ergebnis."[25]

Aufgrund dieses Informationsproblems muß es für den Abschluß von Kaufverträgen einen verbindlichen (vertrags-)rechtlichen Rahmen geben, um eine größtmögliche Effizienz zu gewährleisten. Aus ökonomischer Sicht kommen dem Vertragsrecht drei wesentliche Funktionen zu:

(1) Den Vertragsparteien ist mit der Auferlegung von Haftungen ein Anreiz zu nutzenmaximierenden Verhalten zu geben. Dafür ist die Informationspflicht demjenigen zuzuweisen, der die Information kostengünstiger beschaffen kann.
(2) Mit der rechtlichen Festsetzung von Standardbedingungen soll die Komplexität der Vertragsverhandlungen reduziert und damit Transaktionskosten gesenkt werden.
(3) Mögliche zukünftige Transaktionspartner sollen über die potentiellen Risiken des Austauschprozesses informiert werden.[26]

In diesem Sinne ist das Vertragsrecht als ein "Schmiermittel der Wirtschaft" zu verstehen, das zur Erhöhung von Zahl und Umfang der auf dem Markt durchgeführten Transaktionen beiträgt und Arbeitsteiligkeit und Effizienz der Wirtschaft fördert.[27]

Das Vertragsrecht muß für zwei konkrete informationsbezogene Konflikte effiziente Haftungsregeln bereitstellen. Das ist einerseits die Haftung für **positive Irreführung** und andererseits die Haftung für **Nichtoffenbarung** wahrheitsgemäßer Information.

Durch das Inverkehrbringen falscher Informationen und deren Aufklärung entsteht ein sozialer Schaden (deadweight social loss), dem kein sozialer Nutzen gegenübersteht. Ein

[25] Posner (1993), S. 186.
[26] Vgl. Posner (1993), S. 188f.
[27] Vgl. Schäfer und Ott (1995), S. 324.

rechtliches Eingreifen ist gerechtfertigt, wenn die Kosten der Abschreckung durch Rechtsbehelfe geringer sind als dieser deadweight social loss.[28]

Schwieriger ist die Regelung der Haftung wegen Nichtoffenbarung wahrheitsgemäßer Information. Ein Aufklärungszwang verursacht beim Verkäufer Kosten der Informationsproduktion, beim Käufer Kosten der Informationsabsorbtion. Weil die Summe dieser Kosten die Kosten der Nichtoffenbarung übersteigen kann, soll das Rechtssystem keine überhöhten Anforderungen zur Bereitstellung von Produktinformation aufstellen. Maßgebliches Kriterium für eine Regelung der Haftung für Nichtoffenbarung ist demnach, welche Transaktionspartei - Käufer oder Verkäufer - zu geringeren Kosten Informationen produzieren kann.[29] Bei nicht teuren, häufig gekauften Gütern können zumeist geringe(re) Informationsbeschaffungskosten des Käufers angenommen werden. Bei selten gekauften oder teuren Gütern und wenn Eigenschaften trotz wiederholten Gebrauchs nicht aufklärbar sind, liegt in der Regel eine Haftung des Verkäufers nahe.[30]

3.1.2.2.3 Schutz des Vertrauens

Eine besondere Bedeutung hat die Rechtsordnung für den Schutz des Vertrauens. Ökonomisch kann (geschütztes) Vertrauen als ein Äquivalent für die Aufwendung von Informationskosten aufgefaßt werden. Wer auf die Angaben des Vertragspartners vertrauen kann, kann auf die Überprüfung einer Angabe verzichten. Durch den Schutz von Vertrauen in einer Rechtsordnung werden Transaktionskosten reduziert. Der Vertrauensschutz trägt damit, ebenso wie die zentralen Prinzipien der Rechtssicherheit und der Rechtsklarheit, zur Allokationseffizienz bei.[31]

Die Festlegung von Aufklärungs- und Informationspflichten ist ein bedeutender Anwendungsbereich der Vertrauenshaftung. Ökonomisch betrachtet geht es dabei um eine effiziente Zuweisung von Informationskosten.[32] Der rechtliche Schutz von Vertrauen trägt unter besonderen Voraussetzungen zur Effizienz bei.[33] Aus ökonomischer Sicht ist Vertrauensschutz sinnvoll, wenn die Informationskosten asymmetrisch verteilt sind, es sich um produktive Informationen handelt, eine Vertrauensprämie besteht und die Gefahr des Opportunismus besteht.

Erste Voraussetzung ist die **Asymmetrie der Informationskosten**. Die Partei (in der Regel der Käufer), für die eine Informationsbeschaffung teurer wäre, soll vertrauen können. Wenn die Informationskosten für beide Parteien gleich hoch sind, spielt es nur aus Verteilungs-, nicht aber aus Effizienzerwägungen eine Rolle, wem die Informationskosten zugewiesen werden.

---

[28] So Posner anhand des (verallgemeinerungsfähigen) Beispiels des Konsumentenkaufs. Vgl. Posner (1993), S. 202ff.

[29] Vgl. Posner (1993), S, 204.

[30] Vgl. Posner (1993), S, 204f.

[31] Vgl. Ott (1989), S. 28.

[32] Vgl. Ott (1989), S. 35.

[33] Vgl. Schäfer und Ott (1995), S. 423ff.

Vertrauen sollte bei vorhandener **Produktivität der Information** geschützt werden. Gemäß dem Learned-Hand-Kriterium[34] ist ein zusätzlicher Kostenaufwand für die Beschaffung von Informationen nur sinnvoll, so lange er zur Erzielung eines mindestens genau so hohen sozialen Ertrags führt. Der Aufwand zur Beschaffung einer Information darf nicht größer sein als der durch die Information bewirkte Nutzen bzw. der durch die fehlende Information verursachte Schaden.
Durch den Schutz des Vertrauens der schlechter informierten Partei werden der anderen Partei Informationskosten zugewiesen. Sie muß in der Lage sein, über einen entsprechend höheren Preis für das Gut einen Informationskostenersatz zu erzielen. Wenn sie diese **Vertrauensprämie** nicht erhält, wird sie sich der Kostenzuweisung widersetzen.

Schließlich ist Vertrauensschutz durch die Rechtsordnung nur dann sinnvoll, wenn der Markt Qualitätsverschlechterungen einzelner Teilnehmer nicht unmittelbar bestraft (Akerlof-Markt). Nur wenn die Prämie für opportunistisches Verhalten größer ist als eine vom Markt bewilligte Vertrauensprämie, muß der Vertrauensschutz über die Rechtsordnung gewährleistet werden. Wenn der Markt bereits Qualitätsverschlechterungen sanktioniert, ist ein Ausgleich über die Rechtsordnung nicht mehr erforderlich.

Einen Sonderfall bilden werterhöhende Informationen. Wenn der Käufer über werterhöhende Informationen verfügt, die produktiv sind, sollte ihm gerade keine Aufklärungspflicht zugewiesen werden, weil sonst der Anreiz zur Beschaffung derartiger Informationen verlorenginge. Ein Verkäufer hat von sich aus ein Interesse, sämtliche werterhöhende Informationen mitzuteilen.

Die Rechtsprechung übt einerseits eine Verteilungsfunktion aus, indem sie über Rechtsstreitigkeiten nach Maßgabe der Rechtsordnung entscheidet. Andererseits kann sie mit ihren Entscheidungen zur Rechtsfortbildung beitragen. Die Entscheidungen beeinflussen zukünftige Verhalten aller Marktteilnehmer und tragen damit zur Ressourcenallokation bei.[35]

3.1.2.2.4 Steuerungsfunktion des rechtlichen Rahmens

Bei der Abwicklung von Verträgen kann es zu Störungen kommen, die zur Folge haben, daß die Erwartungen einer der Vertragsparteien enttäuscht werden und ihr dadurch ein Schaden entsteht. Jede Rechtsordnung sieht Regeln vor, nach denen zu beurteilen ist, unter welchen Voraussetzungen in einem solchen Fall der Geschädigte von der anderen Partei Ersatz des Schadens verlangen kann.[36]

Das Leistungsstörungsrecht soll den von den Vertragsparteien gewünschten Interessenausgleich zwischen Leistung und Gegenleistung herstellen.[37] Vertragshaftungsregeln wirken verhaltenssteuernd. Zum einen motivieren sie den Schuldner, den Vertrag zu erfüllen und sinnvolle Aufwendungen zur Vermeidung von Vertragsverletzungen zu betreiben. Dem

[34] Benannt nach dem US-amerikanischen Supreme-Court-Richter Learned Hand.
[35] Vgl. Schäfer und Ott (1995).
[36] Vgl. Kötz (1989), S. 189.
[37] Vgl. Berens, Schmitting und Strauch (1998), S. 94.

Gläubiger geben sie Erwartungssicherheit, die ihm auch zusätzliche Investitionen im Vertrauen auf das Leistungsversprechen ermöglichen.[38]

Wenn Informationsasymmetrien von den Vertragsparteien nicht bzw. nicht ohne Transaktionskosten neutralisiert werden können, kann die Rechtsordnung durch eine effiziente Risikozuweisung einem Marktversagen entgegenwirken. Sie kann insbesondere den Anreiz reduzieren, einen Informationsvorsprung zu mißbrauchen und einen wesentlichen Beitrag zur Sicherung einer vereinbarten Qualität leisten.

Schon vor Vertragsschluß werden beide Parteien den rechtlichen Rahmen des Unternehmenskaufs in ihre Entscheidungsfindung einbeziehen. Die (erwartete) Zuweisung des Risikos im Falle einer (vermeintlichen) Leistungsstörung beeinflußt ex ante die Grenzpreisbestimmung der Kontrahenten. Sind die rechtlichen Anforderungen an eine Haftung besonders hoch, lohnt es sich für den Käufer, ex ante Vorkehrungen zu treffen. So wird er die Angaben des Verkäufers genauer überprüfen, zusätzliche vertragliche Garantien verlangen und bei verbleibender Unsicherheit seine Zahlungsbereitschaft entsprechend seiner Risikoaversion verringern. Genau umgekehrt werden die Überlegungen des Verkäufers sein. Wenn das Rechtssystem dem Verkäufer in großem Umfang Gewährleistungsrisiken zuweist, trägt dieser das Risiko, nach dem Unternehmensverkauf für Mängel einstehen zu müssen. Sein Anreiz, wahrheitsgemäß zu informieren, erhöht sich dadurch. Außerdem wird er seine Kaufpreisforderung erhöhen[39], bzw. sein Risiko durch Haftungsausschluß begrenzen wollen, wenn ihm eine Haftung für Risiken zugewiesen wird, die er nicht kontrollieren kann.

3.1.2.2.5 Effiziente Risikozuordnung

Aus einer ökonomischen Perspektive ist im Ergebnis meist der Käuferschutz entscheidend, allerdings nicht um des Käufers selbst willen, sondern zur Sicherung funktionsfähiger, effizienter Märkte, die ihrerseits dem Gemeinwohl dienen.[40]

Sofern Käufer und Verkäufer gleich gut informiert sind, sorgt der Markt automatisch für eine effiziente Ressourcenallokation und Güterverteilung, so daß Gewährleistungsrechte überflüssig sind.[41] Eine ineffiziente Risikozuordnung im Rahmen bestehender gesetzlicher Gewährleistungsvorschriften wird nach dem Coase-Theorem vom Markt korrigiert. Wenn aber Informationsasymmetrien wie auf dem Akerlof-Markt vorliegen und sich keine fairen Vertragsbedingungen über einen Goodwill-Mechanismus entwickeln, entfaltet das gesetzliche Gewährleistungsrecht eine unmittelbar steuernde und die Rechtsstellung des Käufers wesentlich bestimmende Wirkung.[42] Das gesetzliche Gewährleistungsregime kann die Transaktionskosten reduzieren, die ansonsten durch die Verhandlung individueller Haftungsregeln entstünden.

---

[38] Vgl. Köndgen und v. Randow (1989), S. 124.
[39] Vgl. Köndgen und v. Randow (1989), S. 125.
[40] Vgl. Wehrt (1991), S. 235.
[41] Vgl. Wehrt (1991).
[42] Vgl. Schäfer/Ott (1995), S. 399.

An eine effiziente Risikozuordung können genaue Anforderungen gestellt werden. Prölss[43] unterscheidet zunächst zwischen dem Anlaß der Haftung[44] und dem der Haftung zugrunde liegenden Zurechnungsprinzip. Grundlage der Haftungszuordnung bei der Gewährleistung soll das Risikoprinzip sein. Entscheidendes Vertragshaftungskriterium ist die abstrakte Beherrschbarkeit des Risikos. Demjenigen, der mit dem geringsten Aufwand etwaige Gefahrenquellen aufspüren und daraus resultierende Störungen vermeiden kann, soll das Risiko zugewiesen werden. Die US-amerikanische Law and Economics-Literatur spricht vom „cheapest cost avoider".[45] Ist keine Partei cheapest cost avoider, soll die besser informierte Partei das Risiko tragen. Das ist die Partei, die am besten abschätzen kann, ob es günstiger ist, Verhinderungsaufwand zu betreiben oder das Risiko des Schadenseintritts in Kauf zu nehmen. Wenn diese Partei dann versucht, das Haftungsrisiko vertraglich abzuwälzen, ist der schlechter informiertere Vertragspartner zumindest gewarnt.[46]

Das Gewährleistungsrecht sorgt auf diese Weise für eine Versicherung des Käufers durch den Verkäufer in bezug auf das Qualitätsrisiko. Wenn der Verkäufer das Mangelrisiko durch Aufwand entsprechender Kosten reduzieren kann, kommt es außerdem zu einer Verbesserung der Produktqualität.[47] Den Umfang der Verbesserung bestimmt der Verkäufer anhand seines Kosten-Nutzen-Kalküls.

---

[43] Prölss bezieht sich in seiner juristischen Analyse explizit auf die ÖAR, vgl. Prölss (1981), S. 339 ff.
[44] Siehe zu den Haftungsanlässen im deutschen Recht die nachfolgenden Abschnitte zu den einzelnen Instituten.
[45] Vgl. Posner (1992).
[46] Vgl. Prölss (1981), S. 339ff.
[47] Vgl. Schäfer und Ott (1995), S. 388 ff.

3.2 Haftung des Unternehmensverkäufers in Deutschland

3.2.1 Grundlagen

Das Verständnis der deutschen Rechtslage setzt die Kenntnis des juristischen Unternehmensbegriffs voraus. In der juristischen Terminologie ist das Unternehmen zunächst von seinem **Rechtsträger** abzugrenzen. Rechtsträger (oder Unternehmensträger) wird das Rechtssubjekt bezeichnet, das Eigentümer der dem Unternehmen zugeordneten Sachen, Inhaber der Rechte und Pflichten ist und das Unternehmen betreibt. Nur der Rechtsträger ist rechtsfähig und kann im Rechtsverkehr auftreten.[48] Für das **Unternehmen** selbst gibt es keinen einheitlichen juristischen Begriff.[49] In der Literatur und Rechtsprechung wurde das Unternehmen unter anderem definiert als

- *Gebilde*, das sich institutionell und funktionell als Unternehmen im hergebrachten Sinne darstellt;[50]
- *Gesamtheit von Menschen sowie von materiellen und immateriellen Rechtsgütern* und Geschäftswerten, die in einer Organisation zusammengefaßt und einem einheitlichen wirtschaftlichen Zweck dienstbar gemacht werden;[51]
- eine *ökonomische Einheit der Gesamtwirtschaft*, die von einem Unternehmer auf eigene Rechnung und Gefahr zum Zwecke des Erwerbs betrieben wird;[52]
- *Gesamtheit von Sachen und Rechten*, tatsächlichen Beziehungen und Erfahrungen sowie unternehmerischen Handlungen.[53]

Das deutsche Zivilrecht verfügt über keine besonderen Regelungen zum Kauf von Sachgesamtheiten oder speziell von Unternehmen, sondern nur über allgemeine Vorschriften zum Kauf einzelner Sachen und Rechte.[54] Diesen Vorschriften unterliegt aber auch der Unternehmenskauf, obwohl sich Unternehmenskaufverträge nicht ohne weiteres den einfachen Kategorien des Sach- und Rechtskaufs zuordnen lassen, weil sie neben der Übertragung von Sachen und Rechten in der Regel eine Vielzahl zusätzlicher Verpflichtungen beinhalten. Das Unternehmen wird in der Rechtsprechung als Gegenstand des Kaufrechts anerkannt.[55] Es ist mit seinem Bestehen kauf- und verkaufsfähig.[56]

Zur Durchführung eines Unternehmenskaufs stehen den Kontrahenten grundsätzlich zwei Gestaltungsmöglichkeiten zur Verfügung. Unterschieden wird zwischen einem Erwerb durch Einzelrechtsnachfolge (Asset Deal) und einem Kauf der Beteiligungsrechte am

---

[48] Vgl. Semler (1996), Rdn. 2 und Beisel und Klumpp (1996), Rdn. 18.

[49] So bereits Ballerstedt (1970), S. 260.

[50] BGHZ 74, S. 365.

[51] Semler (1996), Rdn. 1, als spezielle Begriffsdefinition für das Unternehmenskaufrecht.

[52] So Beisel und Klumpp (1996), Rdn. 12, unter Bezugnahme auf eine betriebswirtschaftliche Definition.

[53] Diese Definition ist von den genannten in der juristischen Literatur am weitesten verbreitet, vgl. u.a. Hiddemann (1982), S. 438; Picot (1995), Rdn. 3; Beisel und Klumpp (1996), Rdn. 13.

[54] Vgl. Staudinger-Honsell (1995), § 459. Der Gesetzgeber wollte aber mit der Schuldrechtsreform durch den § 453n.F. explizit einen Anknüpfungspunkt schaffen, wie auch aus den Erläuterungen zum Regierungsentwurf (BT-Drs. 14/6040) hervorgeht, vgl. dazu auch Seibt und Reiche (2002), S. 1135.

[55] Vgl. etwa MünchKomm Westermann (1995), § 459, Rdn. 9; Picot (1995), S. 9 f.

[56] Beisel und Klumpp (1996), Rdn. 16b.

Rechtsträger (Share Deal).[57] Der Asset Deal ist ein Sachkauf im Sinne des § 433 I Satz 1 BGB, der Share Deal ist ein Rechtskauf im Sinne des § 433 I Satz 2 BGB.[58]

Beim auch als „echtem Unternehmenskauf"[59] bezeichneten **Asset Deal** werden die Wirtschaftsgüter vom bisherigen Rechtsträger abgetrennt und auf den Unternehmenskäufer übertragen.[60] Der Käufer übernimmt die einzelnen Sachen, Rechte und sonstigen Vermögenswerte, aus denen sich das Unternehmen zusammensetzt.[61] Ein Asset Deal ist nur dann Unternehmenskauf, wenn zumindest annähernd die Gesamtheit der wesentlichen Vermögensbestandteile erworben werden. Der Kauf von Teilsachgesamtheiten, etwa nur des Umlauf- oder Anlagevermögens oder aller Patente und Rechte reicht dafür nicht aus.[62]

Zum anderen kann der Erwerber auch die Beteiligungsrechte am Rechtsträger erwerben. Ein solcher Erwerb der Anteilsrechte - d.h. zumeist von Aktien oder GmbH-Anteilen[63] - an diesem Unternehmen wird auch als **Share Deal** bezeichnet. Beim Share Deal bleibt die Identität des Unternehmens unberührt. Die Kapitalgesellschaft ist als eine juristische Person gegenüber den sie tragenden Gesellschaftern grundsätzlich personen- und vermögensrechtlich verselbständigt.[64] Im Gegensatz zu einer ökonomischen Betrachtungsweise ist es daher von einem rechtlichen Standpunkt nicht selbstverständlich, daß ein Kauf der Anteilsrechte gleichzeitig ein Kauf des Unternehmens ist, selbst dann nicht, wenn sämtliche Anteilsrechte erworben werden. Der Anteilskauf wird zunächst lediglich als ein Rechtskauf im Sinne des § 433 Abs.1 Satz 2 BGB eingestuft.[65] Der Verkäufer des Rechtes (der Anteile) haftet grundsätzlich nicht für die Mängel der Sache (das Unternehmen), auf welche sich das Recht bezieht. Ein typischer Rechtskauf ist bspw. auch der Kauf von Aktien über die Börse.

Unter einer Leistungsstörung ist im deutschen Zivilrecht die Verletzung der Pflichten aus einem Schuldverhältnis zu verstehen. Arten von Leistungsstörungen sind Nichterfüllung (Unmöglichkeit), Späterfüllung (Verzug), Schlechterfüllung und Wegfall der Geschäftsgrundlage.[66] Eine Schlechterfüllung liegt in der sorgfaltswidrigen Ausführung der Leistungshandlung, ohne daß dadurch der Leistungserfolg unmöglich oder verzögert wird. Sonstige Pflichtverletzungen können zudem in einem vertragswidrigen Verhalten, etwa mangelnder Rücksichtnahme und Loyalität liegen.[67] Zu den Nebenpflichten kann, auch ohne vertragliche Fixierung, die Pflicht zur Aufklärung über Umstände zählen, die für die Entscheidung der anderen Partei, den Vertrag abzuschließen, entscheidend sind.[68]

---

[57] Vgl. Hommelhoff (1982), S. 366ff. Dem Einzelkaufmann steht allerdings nur der Asset deal offen, es sei denn, er wandelt vorher in eine Handelsgesellschaft um.
[58] Vgl. Hiddemann (1982), S. 438.
[59] Beisel und Klumpp (1996), Rdn. 926.
[60] Vgl. Picot (1995), Rdn. 13.
[61] Vgl. Semler (1996), Rdn. 5.
[62] Vgl. Beisel und Klumpp (1996), Rdn. 20.
[63] Es können grundsätzlich auch OHG oder KG-Anteile erworben werden, vgl. Prölss (1981), S. 337.
[64] Vgl. Hiddemann (1982), S. 439.
[65] Vgl. Hiddemann (1982), S. 438; Palandt/Putzo (1999), $ 433, Rdn. 2; Staudinger/Honsell (1995), § 459, Rdn. 15.
[66] Vgl. Staudinger-Löwisch, Vorbem. zu §§ 275ff., Rdn. 2.
[67] Vgl. Larenz (1982), S. 335ff.
[68] Vgl. Schünemann (1987), S. 2242.

Zwei Anspruchsgrundlagen im deutschen Recht sind für den Ausgleich von Leistungsstörungen beim Unternehmensverkauf besonders relevant.[69] Das sind einerseits die (abschließenden) **gesetzlichen Gewährleistungsbestimmungen**, unterteilt in **Rechtsmängelhaftung** (§§ 434 ff. BGB) und in **Sachmängelhaftung** (§§ 459 ff. BGB). Bei diesen Bestimmungen handelt es sich um Garantiehaftungen. Eine Haftung tritt auch ohne Verschulden ein. Juristisch bedeutsam ist andererseits das Institut der **culpa in contrahendo**, das in der Rechtsprechung zum Unternehmenskauf eine erhebliche Bedeutung gewonnen hat. Die Haftung aus culpa in contrahendo ist verschuldensabhängig.

3.2.1.1 Gesetzliche Gewährleistungshaftung

Die gesetzliche Gewährleistungshaftung ist eine Haftung des Verkäufers für den Zustand der verkauften Sache. Sie kann vertraglich eingeschränkt[70], abbedungen oder durch besondere Garantieversprechen erweitert werden. Ziel ist es, die Erwartungen des Käufers rechtlich zu schützen, der keine schlechte Ware für sein gutes Geld erhalten soll.

3.2.1.1.1 Rechtsmängelhaftung nach §§ 434ff. BGB

Die Rechtsmängelhaftung bezieht sich sowohl auf den Sach- als auch auf den Rechtskauf. Zum einen verpflichtet sie den Verkäufer gemäß §§ 434ff., dem Käufer einen verkauften Gegenstand frei von Rechten zu verschaffen, die von Dritten gegen den Käufer geltend gemacht werden können. Wenn ein Verkäufer dem Käufer zwar die Sache an sich verschafft, nicht aber die nach dem Kaufvertrag vorgesehene Rechtsstellung, liegt ein Rechtsmangel vor.[71] Der Verkäufer hat gemäß § 439 Abs. 1 BGB für einen Rechtsmangel nicht einzustehen, wenn der Käufer diesen bei Abschluß des Kaufs kennt, wobei die Beweislast über die Kenntnis vom Mangel den Verkäufer trifft, oder wenn die Parteien die Rechtsmängelhaftung ausdrücklich ausgeschlossen haben.[72]

Beim Verkauf eines Rechtes haftet der Verkäufer außerdem gemäß § 437 Abs. 1 BGB für dessen Bestand (Verität). Die Verität beinhaltet die Existenz des Rechtes, seine Übertragbarkeit auf den Käufer und seine Freiheit von Einreden, Bedingungen oder Beschlagnahmungen.[73] Die Haftung des Verkäufers für die Beschaffenheit einzelner Gegenstände - oder einer Gesamtheit von Gegenständen - auf die sich dieses Recht bezieht, wird davon aber grundsätzlich nicht erfaßt.

Die Ansprüche des Käufers und Verkäufers bestimmen sich nach §§ 434, 440 Abs. I und §§ 320-327 BGB. Der Käufer kann, wenn der Verkäufer seine vertraglich vereinbarte Leistung

---

[69] Die Darstellung in dieser Arbeit orientiert sich im wesentlichen noch an der alten Rechtslage vor der Schuldrechtsreform zum 01.01.2002, da sich die geänderten Vorschriften noch nicht auf die Rechtsprechung auswirken konnten. In Kapitel 3.2.2 werden allerdings die wichtigsten Änderungen und mögliche Auswirkungen auf den Unternehmensverkauf beschrieben.

[70] Eine vertragliche Beschränkung der Gewährleistung ist allerdings gemäß § 476 BGB unzulässig, wenn der Verkäufer einen Mangel arglistig verschweigt.

[71] Vgl. Jauernig/Vollkommer (1990), S. 461.

[72] Bei arglistigem Verschweigen eines Rechtsmangels haftet der Verkäufer gemäß § 443 BGB aber auf jeden Fall.

[73] Vgl. Jauernig/Vollkommer (1990), S. 464.

nicht erbringt, mit der Einrede des nicht erfüllten Vertrages nach § 320 BGB die Zahlung des Kaufpreises verweigern. Wenn die Erbringung der Leistung nachträglich unmöglich wird, erlischt gemäß § 323 BGB die Zahlungspflicht des Käufers. Ein gezahlter Kaufpreis ist zurückzuerstatten. Der Käufer kann vom Vertrag zurücktreten oder Schadensersatz wegen Nichterfüllung verlangen. Die Schadensersatzhaftung erstreckt sich auf das volle positiven Interesse nach § 252 BGB, also auch auf den entgangenen Gewinn, und ist nicht etwa auf die Höhe des gezahlten Kaufpreises beschränkt.[74] Ein Verschulden des Verkäufers für die Nichterfüllung seiner Verpflichtung ist nicht erforderlich.[75] Die Rechtsmängelhaftung kann vertraglich ausgeschlossen beschränkt oder vollständig abbedungen werden. Der Haftungsausschluß ist aber nicht gültig, wenn der Verkäufer den Rechtsmangel arglistig verschweigt. Die Verjährungsfrist beträgt gemäß § 195 BGB regelmäßig 30 Jahre, kann im Einzelfall aber Verkürzungen unterliegen.

3.2.1.1.2 Sachmängelhaftung nach §§ 459ff. BGB

Unter dem Begriff des Sachmangels faßt das Gesetz Fehler und Fehlen einer zugesicherten Eigenschaft zusammen.[76] Die Sachmängelhaftung bezieht sich grundsätzlich nur auf den Sachkauf. „Der Grundgedanke der §§ 459ff. ist in einer Garantiehaftung des Verkäufers für Mangelfreiheit der verkauften Sache zu sehen. Der Käufer, der den Preis für eine mangelfreie Sache gezahlt hat, wird in seinem Vertrauen geschützt. Der Verkäufer, in dessen Einflußbereich sich die Sache befindet und der die Beschaffenheit der Kaufsache regelmäßig, wenn auch nicht notwendig kennt, ist näher daran, dieses Risiko zu tragen."[77] Die Haftungszuweisung der Sachmängelhaftung nach §§ 459ff. BGB stimmt grundsätzlich mit dem Zurechnungsprinzip der abstrakten Beherrschbarkeit überein.[78]

Der Verkäufer einer Sache haftet gemäß § 459 Abs. 1 BGB dem Käufer dafür, daß sie zur Zeit des Gefahrübergangs auf den Käufer **nicht mit Fehlern behaftet** ist, die den Wert mindern. Der Verkäufer haftet gemäß § 459 Abs. 2 BGB auch dafür, daß die Sache zum Zeitpunkt des Gefahrübergangs die **zugesicherten Eigenschaften** hat. Ein **Fehler** ist jede dem Käufer nachteilige, nicht nur unerhebliche Abweichung der tatsächlichen Beschaffenheit (Istzustand) von der vertraglich vorausgesetzten oder gewöhnlichen Beschaffenheit (Sollzustand) einer Sache, die ihren Wert oder ihre Gebrauchstauglichkeit aufhebt oder mindert.[79] Eine unerhebliche Minderung des Wertes oder der Tauglichkeit kommt gemäß § 459 Abs. 1 Satz 2 BGB nicht in Betracht. Eine **Eigenschaft** ist jedes der Kaufsache auf eine gewisse Dauer anhaftende Merkmal. **Zugesichert** ist sie, wenn der Verkäufer durch eine ausdrückliche oder stillschweigende Willenserklärung, die Vertragsinhalt geworden ist, dem Käufer zu erkennen gibt, daß er für den Bestand der betreffenden Eigenschaft und alle Folgen ihres Fehlens einstehen will. Die Abgrenzung zur unverbindlichen Beschreibung, Bewertung oder Anpreisung der Kaufsache ist im Einzelfall zu treffen.[80]

[74] Vgl. Staudinger-Köhler (1995), § 437, Rdn. 31.
[75] Vgl. Prölss (1981), S. 337.
[76] Staudinger-Honsell (1995), § 459, Rdn. 18.
[77] Staudinger-Honsell (1995), Vorbem zu §§ 459 ff., Rdn. 3.
[78] Siehe Prölss (1981), S. 339ff.
[79] Vgl. Jauernig/Vollkommer § 459, S. 485.
[80] Vgl. Palandt/Putzo (1999), § 459, Rdn. 15.

Wegen eines Sachmangels kann ein Käufer gemäß § 462 BGB regelmäßig **Wandlung** (Rückgängigmachung des Kaufs) oder **Minderung** (Herabsetzung des Kaufpreises) verlangen. Bei Fehlen einer zugesicherten Eigenschaft kann der Käufer außerdem gemäß § 463 BGB, statt der Wandlung oder der Minderung, **Schadensersatz** wegen Nichterfüllung verlangen. Die genannten Ansprüche setzen kein Verschulden des Verkäufers voraus. Ein Schadensersatzanspruch besteht außerdem, wenn der Verkäufer einen Fehler arglistig verschwiegen hat. Der Käufer hat das Recht, die Sache zurückzugeben und vollen Schadensersatz zu verlangen oder sie zu behalten und ordnungsgemäße zusätzliche Erfüllung zu verlangen.

Der Käufer kann zwischen den verschiedenen gesetzlichen Ansprüchen frei wählen. Die Wandlung ist gemäß § 467 i.V.m. § 351 BGB ausgeschlossen, wenn der Käufer eine wesentliche Verschlechterung der Kaufsache verschuldet hat. Wenn sich der Mangel erst bei der Umgestaltung der Sache gezeigt hat, ist die Wandlung allerdings nicht ausgeschlossen. Falls von mehreren gekauften Sachen nur einzelne mangelhaft sind, bezieht sich der Anspruch auf Wandlung - wenn kein untrennbarer Zusammenhang besteht - grundsätzlich nur auf die mangelhaften Gegenstände (3 469 BGB). Der Käufer hat gemäß § 460 Satz 1 BGB keine Gewährleistungsansprüche, wenn er den Sachmangel bei Kaufabschluß kannte. Auch wenn er den Mangel grob fahrlässig nicht kannte, haftet der Verkäufer gemäß § 460 Satz 2 BGB nicht, es sei denn, er hat den Fehler arglistig verschwiegen.

Die Vertragsparteien können die Gewährleistungsansprüche durch Vereinbarungen beschränken oder vollständig ausschließen. Eine solche Vereinbarung ist aber gemäß § 476 BGB nichtig, wenn der Verkäufer einen ihm bekannten Mangel arglistig verschweigt. Die Gewährleistungsansprüche wegen Sachmängeln verjähren bei beweglichen Sachen gemäß § 477 Abs.1 BGB in sechs Monaten von der Ablieferung und bei Grundstücken in einem Jahr von der Übergabe an. Die Verjährungsfrist kann vertraglich verlängert, aber nicht verkürzt werden.

Wenn die speziellen gesetzlichen Vorschriften der Sachmängelhaftung angewandt werden können, so sind andere Ansprüche des Käufers weitgehend ausgeschlossen. Das betrifft das nachstehend geschilderte Verschulden beim Vertragsschluß (culpa in contrahendo), den Wegfall der Geschäftsgrundlage, soweit sie sich auf Sachmängel bezieht, und die Anfechtung wegen Irrtums über wesentliche Eigenschaften der Kaufsache. Der Käufer kann weiterhin wegen arglistiger Täuschung anfechten und einen Anspruch aus positiver Vertragsverletzung ableiten.

3.2.1.1.3 Anwendbarkeit der Sachmängelhaftung auf den Rechtskauf

Aktien und GmbH-Anteile sind Anteilsrechte. Nur bei Erfüllung gewisser Voraussetzungen hat die Rechtsprechung dem Erwerber von Anteilsrechten den Zugriff auf die - in der Regel weiterreichende - Sachmängelhaftung eröffnet. Dabei steht die Höhe der Anteilsquote im Mittelpunkt.[81] Das Reichsgericht (RG) hat ursprünglich sogar den Verkauf sämtlicher Beteiligungsrechte an einen Unternehmensträger als bloßen Rechtskauf eingestuft. Im ersten behandelten Fall war nach Auffassung des RG der Mangel eines Bergwerkunternehmens,

[81] Vgl. Picot (1995), S. 11.

dessen Grubenfelder nicht die angepriesenen Erze enthielten, offensichtlich. Auch erkannte das Gericht die erhebliche Auswirkung auf den Wert der Aktien, bestritt aber dennoch einen Sachmangel des Papiers.[82] In einem weiteren, ähnlichen Fall urteilte das RG, daß "ein Verkauf sämtlicher Geschäftsanteile einer Gesellschaft mbH, dessen wirtschaftlicher Zweck für den Erwerber nicht der Erwerb von Geschäftsanteilen, sondern der Erwerb des Vermögens ist", rechtlich als ein Verkauf der Anteilsrechte und nicht als ein Verkauf des Vermögens der Gesellschaft zu behandeln sei.[83] Es führte aus, daß der Beklagte (Verkäufer einer Erdölgesellschaft mbH) sich durch den Verkauf nicht verpflichtet hätte, das Bohrrecht zu verschaffen, sondern nur, sämtliche Geschäftsanteile zu verschaffen. Da der rechtliche Bestand dieser verkauften Geschäftsanteile einwandfrei war, wurde eine Haftung verneint.[84]

In einem dritten Fall vereinbarten die Vertragsparteien die Übernahme der Anteile einer Zigarettenfabrik und damit die Übernahme des Geschäftsbetriebs durch den Erwerber. Der Käufer klagte auf Schadenersatz, weil Tabaklager und Inventarkonto, von deren Vollständigkeit das Funktionieren des Betriebs abhinge, nicht den vertraglich vereinbarten Wert aufwiesen. Wegen der besonderen Vereinbarung, das Unternehmen als Ganzes zum Gegenstand eines Übertragungsvertrages zu machen, hat das RG einen Unternehmenskauf angenommen.[85]

Das - noch immer strenge - Erfordernis einer besonderen Vereinbarung hat das RG später beim Verkauf einer Grundstücksgesellschaft aufgegeben und für den Fall eines 100%-igen Erwerbs der Anteile automatisch auch einen Unternehmenskauf angenommen. "Denn nach der Auffassung des Verkehrs wird regelmäßig ein Verkauf sämtlicher Anteilsrechte einer Gesellschaft m.b.H. als eine Veräußerung des Unternehmens selbst angesehen; dem Erwerber soll tatsächlich die gleiche Stellung eingeräumt werden, wie wenn er das Unternehmen selbst gekauft hätte. Dann kann aber der Verkäufer auch in der Haftung für Rechts- und Sachmängel nicht anders gestellt werden als beim Verkauf des Unternehmens selbst".[86] In diesem Sinne wird vom RG ein Unternehmenserwerb angenommen und damit dem Käufer der Zugang zur Sachmängelhaftung gegeben, wenn „sich bei der gebotenen wirtschaftlichen Betrachtungsweise Gesellschaft und der sie tragende Gesellschafter decken".[87] Wurden die Unternehmensanteile von mehreren Käufern gemeinsam erworben, hat das RG allerdings nach wie vor grundsätzlich keinen Unternehmenskauf angenommen.[88]

Auch der BGH sieht den Verkauf aller Geschäftsanteile an einer GmbH als einen Verkauf des von der GmbH betriebenen Unternehmens an.[89] Das gilt auch für den Fall, daß "der Käufer nicht alle Geschäftsanteile vollständig erwirbt, aber durch den Kauf die beherr-

[82] Vgl. RGZ 59, 70, S. 240 ff.
[83] Vgl. RGZ 86, 36, S. 146.
[84] Vgl. RGZ 86, 36, S. 146 ff.
[85] Vgl. RGZ 98, 85, S. 289 ff. Das Erfordernis einer ausdrücklichen Vereinbarung, daß mit dem Verkauf sämtlicher Anteile auch ein Verkauf des Geschäftsbetriebes stattfindet, bestätigt das RG wenig später, vgl. RGZ 100, 60, S. 200 ff.
[86] RGZ 120, 64, S. 287.
[87] Hiddemann (1982), S. 439.
[88] Vgl. RGZ 122, 80, S. 378 ff.
[89] Vgl. BGH in NJW (1969), S. 184.

schende Stellung in dem Unternehmen erlangt und der Wille der Beteiligten auf den Verkauf des Unternehmens gerichtet ist."[90] Im konkreten Fall verblieben Anteile in Höhe von 0,25% beim Veräußerer. Diese Auffassung hat der BGH bei nachfolgenden Entscheidungen in ständiger Rechtsprechung bestätigt.[91]

Offen bleibt aber bis heute, ab welcher Anteilsquote von einer beherrschenden Stellung des Anteilskäufers gesprochen werden kann. Der BGH stufte den Erwerb von 49% der GmbH-Anteile (und 50 % der Stimmrechte) als Rechtskauf ein.[92] Auch der Erwerb von 60% der GmbH-Anteile wurde nur als Rechtskauf und nicht als Sachkauf (Unternehmenskauf) angesehen.[93] Ohne sich explizit auf eine Mindestquote festzulegen, nennt der BGH verschiedene Anhaltspunkte, die gegen eine beherrschende Stellung des Käufers sprechen. Das sind bei der GmbH gemäß § 53 Abs. 2 GmbHG die Sperrminorität von 25%, gemäß § 50 Abs. 1 GmbHG die gesetzlich geschützten Minderheitenrechte ab einer Beteiligung von 10% der Geschäftsanteile und etwaige Bestimmungen im Gesellschaftsvertrag.[94] Das Aktiengesetz setzt die Schwelle für Minderheitenrechte mit 5% - oder einem Anteil am Grundkapital von DM 1 Million (Nennwert) - noch niedriger an als das GmbH-Gesetz.[95] Hiddemann verneint einen Unternehmenskauf immer dann, "wo durch Gesellschaftsvertrag oder durch Gesetz begründete Minderheitenrechte geeignet sind, die Unternehmensführung - wenn auch nur zwischenzeitlich - zu beeinträchtigen".[96] Da für das Eintreten der Sachmängelhaftung der Kauf von 75, 90, 95 oder 99% der Anteile erforderlich sein kann, besteht in dieser Frage nach wie vor eine Rechtsunsicherheit. Unklar ist ferner, ob beim Kauf aller Anteile in mehreren Erwerbschritten ein Unternehmenskauf vorliegt, wie es in einem Fall vom BGH bejaht wurde. [97] Nach Hiddemann ist dafür die Existenz eines Rahmenvertrages erforderlich, welcher die verbindliche Übernahme aller Anteile vorsieht.[98]

3.2.1.2 Culpa in contrahendo

Vertrauensschutz wird durch unterschiedliche gesetzliche und richterrechtliche Institute und Institutionen gewährleistet.[99] Für den Unternehmenskauf ist insbesondere das richterrechtlich entwickelte und zwischenzeitlich gewohnheitsrechtlich anerkannte Rechtsinstitut der **culpa in contrahendo** (Verschulden bei Vertragsverhandlungen) von Bedeutung.

Die Haftung wegen culpa in contrahendo (c.i.c.) war bis zur Schuldrechsreform 2002 nicht gesetzlich geregelt, aber gewohnheitsrechtlich anerkannt[100] und beispielsweise in § 11 Nr. 7 AGBG als selbstverständlich vorausgesetzt. Es handelt sich um eine der Vertragshaftung

[90] Vgl. BGH in WM (1970), S. 819.
[91] Vgl. BGHZ 65, 41, S. 251; BGH in WM (1975), S. 230; BGHZ 85, 45, S. 370.
[92] Vgl. BGHZ 65, S. 250.
[93] Vgl. BGH in NJW (1980), S. 2409.
[94] Vgl. BGHZ 65, S. 252.
[95] Die entsprechenden Regelungen sind in den §§ 122 Abs. 2, 258 Abs. 2 und 265 Abs. 3 AktG enthalten.
[96] Hiddemann (1982), S. 441.
[97] Vgl. BGH in WM (1980), S. 284 ff.
[98] Vgl. Hiddemann (1982), S. 441.
[99] Einen Überblick geben Schäfer und Ott (1995), S. 432ff.
[100] Palandt-Heinrichs (1997), § 276, Rdn. 65.

nachgebildete Haftung wegen der schuldhaften Verletzung einer Verhaltenspflicht.[101] Durch die Aufnahme von Vertragsverhandlungen oder aber einen diesen gleichgestellten geschäftlichen Kontakt entsteht ein vertragsähnliches Vertrauensverhältnis, das den Partnern Sorgfaltspflichten auferlegt. Durch die Aufnahme von Vertragsverhandlungen entsteht ein gesetzliches Schuldverhältnis, welches die Vertragsparteien zur Rücksicht, Fürsorge und Loyalität verpflichtet. Der Grund für die Verpflichtung ist nach Ballerstedt in „der Gewährung von in Anspruch genommenen Vertrauen" zu erblicken.[102] Wer dieses schuldhaft verletzt, haftet auf Schadenersatz, und zwar bereits vor Abgabe eines bindenden Vertragsangebotes und unabhängig davon, ob ein Vertragsschluß zwischen den Beteiligten zustande kommt.[103]

Mit der culpa in contrahendo werden verschiedene Fallgruppen abgedeckt. Sie greift ein, wenn ein Beteiligter im Rahmen eines geschäftlichen Kontakts an einem absoluten Recht - Körper und Eigentum - geschädigt wird.[104] Außerdem schützt die culpa in contrahendo die Parteien vor einem willkürlichen Abbruch der Verhandlungen durch die andere Seite. Ein Abbruch ist willkürlich, wenn die abbrechende Partei den Eindruck eines sicheren Abschlusses erweckt und damit beim Gegner Aufwendungen verursacht hat.[105]

Für den Unternehmenskauf besonders relevant ist eine dritte Fallgruppe. Bei wirksamen, aber inhaltlich nachteiligen Verträgen können Ansprüche aus culpa in contrahendo bestehen, wenn ein Vertrag nur durch das pflichtwidrige Einwirken einer Partei auf die Willensbildung des Geschädigten zustande gekommen ist.[106] Der Geschädigte muß als an den Vertragsverhandlungen Beteiligter "in seinem Vermögen verletzt" worden sein.[107] Aus dem Vertrauensverhältnis ergibt sich eine Aufklärungspflicht, aufgrund derer die verhandelnden Parteien Umstände offenbaren müssen, die für den Vertragsabschluß entscheidend und für den Gegner von Bedeutung sind. Bestand und Umfang der Aufklärungspflichten bei Vetragsverhandlungen hängen entscheidend vom Informationsbedarf und von den Informationsmöglichkeiten des anderen Teils sowie von den Informationsmöglichkeiten des Verpflichteten sowie dessen Funktion und Rolle ab.[108] Wenn der Auskunftspflichtige die Informationen bereits besitzt, besteht in der Regel eine weitergehende Aufklärungspflicht als wenn er sie sich selbst erst verschaffen muß.[109]

Aufklärungspflichten bestehen unstreitig vor dem Abschluß von Kaufverträgen.[110] Die Aufklärungspflicht eines Verkäufers kann sowohl durch ein Tun (falsche Angaben) als auch

[101] Vgl. Larenz (1975), S. 397.
[102] Ballerstedt (1951), S. 507.
[103] Vgl. etwa Stoll (1978), S. 435ff.
[104] Das typische Beispiel ist der Unfall in den Geschäftsräumen des Geschäftspartners. Körper, Gesundheit und Eigentum sind zwar bereits gemäß § 823 BGB gegen fahrlässige Verletzungen geschützt. Dieser Schutz hat aber in der Praxis Schwächen, die durch die c.i.c. überwunden werden können, s. Medicus (1988), S. 53f.
[105] Vgl. Palandt-Heinrichs, § 276, Rdn. 72ff.
[106] Vgl. Palandt-Heinrichs, § 276, Rdn. 78.
[107] Medicus (1988), S. 54f.
[108] Vgl. MünchKomm Emmerich (1994), Vor § 275, Rdn. 79ff.
[109] Vgl. MünchKomm Emmerich (1994), Vor § 275, Rdn. 82.
[110] Vgl. Staudinger-Löwisch (1995), Vorbem. zu §§ 275ff., Rdn 81.

durch ein Unterlassen (unterlassene Information) verletzt werden, wobei der Übergang oft fließend ist.[111] Wenn ein Beteiligter im Vertrauen auf die Angaben des Vertragspartners einen ungünstigen Vertrag abschließt, haftet dieser für den Schaden.[112] Ein Verkäufer braucht allerdings nicht auf Umstände hinzuweisen, von denen er annehmen kann, daß der Käufer nach ihnen fragen werde, falls er auf sie Wert legt.[113]

Ein geschädigter Käufer kann entweder am Vertrag festhalten und geltend machen, daß er bei richtiger Information nur zu einem geringeren Kaufpreis abgeschlossen hätte.[114] Sein Schadenersatzanspruch erstreckt sich auf den Ersatz des Vertrauensschadens (des negativen Interesses). Das ist der Betrag, um den er den Kaufgegenstand zu teuer erworben hat. (Nur) wenn der Käufer bei Kenntnis des wahren Sachverhalts den Vertrag nicht abgeschlossen hätte, kann er auch eine Rückzahlung des Kaufpreises Zug um Zug gegen Rückübertragung der Kaufsache verlangen.[115] Das positive Interesse ist nicht durchsetzungsfähig. Die c.i.c. verjährt grundsätzlich nach der Regelfrist von 30 Jahren gemäß § 195 BGB.[116]

Wenn ein Vertrag zustande kommt und ein Sachmangel vorliegt, kommt der Unterscheidung von Fahrlässigkeit und Vorsatz besondere Bedeutung zu. Eine Haftung aus c.i.c. ist ausgeschlossen, wenn der Verkäufer **fahrlässig** (falsche) Angaben zu den Eigenschaften der Kaufsache macht oder Mängel fahrlässig verschweigt, weil dann die Spezialregelungen der Sachmängelhaftung nach §§ 459 BGB Vorrang haben.[117] Bei **Vorsatz** gelten die Ansprüche der gesetzlichen Mängelhaftung und der Haftung aus culpa in contrahendo nebeneinander.[118]

3.2.1.3 Sonstige

Neben den beschriebenen Normen werden in der Literatur noch verschiedene andere Ansatzpunkte für eine Haftung des Unternehmensverkäufers diskutiert. Ein viel beachteter Vorschlag sieht vor, neben der Verschuldenshaftung eine verschuldensunabhängige Einstandspflicht des Verkäufers über die **Lehre vom Wegfall der Geschäftsgrundlage** anzuwenden, die es auch erlaubt, auf die Unterscheidung zwischen Anteils- und Unternehmenskauf zu verzichten.[119] Theoretisch kommen auch noch weitere gesetzliche Anknüpfungspunkte in Betracht, zu denken ist insbesondere an die **positive Vertragsverletzung** sowie die **arglistige Täuschung** gemäß § 123 BGB. Diese haben aber in der deutschen Rechtsprechung zum Unternehmenskauf keine entscheidende Anwendung gefunden und sollen deshalb im folgenden außer Acht gelassen werden.

[111] Vgl. Stengel und Scholderer (1994), S. 160.
[112] Medicus (1988), S. 55.
[113] Vgl. Stengel und Scholderer (1994), S. 163.
[114] Vgl. BGH in NJW (1989), S. 1793-1795.
[115] Vgl. Zimmer (1997), S. 2351.
[116] Siehe auch Jauernig/Vollkommer, S. 265.
[117] Vgl. BGHZ 88, 17, S. 134 und Paulusch (1995), S. 49 m.w.N.
[118] Vgl. BGH in NJW (1992), S. 2564ff. und Semler (1996), Rdn. 132 sowie Beisel und Klumpp (1996), Rdn. 938 m.w.N.
[119] Vgl. Canaris (1982), S. 402ff.

3.2.2 Schuldrechtsreform

3.2.2.1 Hintergrund

Der Bundestag hat am 11. Oktober 2001 dem Gesetz zur Modernisierung des Schuldrechts zugestimmt, das am 1. Januar 2002 in Kraft getreten ist. Zugleich werden mit dem Gesetz auch drei EU-Richtlinien, nämlich die Verbrauchsgüterkaufrichtlinie[120], die Zahlungsverzugsrichtlinie[121] und die E-Commerce Richtlinie[122] in das deutsche Recht umgesetzt. Mit dem neuen Schuldrecht werden zudem die Regelungen wichtiger zivilrechtlicher Gesetze[123] in das Bürgerliche Gesetzbuch (BGB) integriert und so ein übersichtlicheres und kohärenteres Normensystem geschaffen. Damit soll der zunehmenden Auslagerung wichtiger Rechtsmaterien aus dem BGB entgegengewirkt werden.[124] Relevant für den Unternehmenskauf sind damit vor allem die legislativen Änderungen im Bereich des Rechts der Leistungsstörungen. Im folgenden werden die Änderungen des BGB durch die Schuldrechtsreform in bezug auf die oben dargestellten möglichen Anspruchsgrundlagen behandelt. Auf die bisherige Rechtsprechung zum Unternehmenskauf haben sich die neuen Bestimmungen noch nicht auswirken können, da sie erst seit zu kurzer Zeit in Kraft sind.

3.2.2.2 Relevante Änderungen für den Unternehmensverkauf

3.2.2.2.1 Aufhebung der Unterscheidung zwischen Rechts- und Sachmängelhaftung

Nach alter Rechtslage (vor dem 1.1.2002) mußte streng nach der Art des Unternehmenserwerbs unterschieden werden. Erfolgte die Übertragung des Unternehmens in Form eines Asset Deals, wurde dieser als Kaufvertrag i.S.d. § 433 BGB behandelt und unterlag damit - wie jeder andere Kaufvertrag – der verschuldensunabhängigen Sachmängelhaftung, wenn das Unternehmen mit Mängeln oder dem Fehlen zugesicherter Eigenschaften behaftet ist. Beim Share Deal sind nicht die einzelnen Vermögensgegenstände Teil des Kaufvertrages, sondern zunächst die Beteiligungsrechte, womit der Share Deal zunächst als Rechtskauf und dessen Mängel als Rechtsmängel zu betrachten waren. Die Rechtssprechung hob aber diesen Unterschied zwischen Share und Asset Deal insoweit auf, als für den Fall, daß der Erwerber durch den Erwerb eine beherrschende Stellung in dem Unternehmen erwarb, der Durchgriff der Sachmängelhaftung erfolgte.[125]

---

[120] RL 1999/44/EG des Europäischen Parlaments und des Rates vom 25. Mai 1999 zu den bestimmten Aspekten des Verbrauchsgüterkaufs und der Garantien für Verbrauchsgüter, Abl. EG Nr. L 171 S. 12.

[121] RL 2000/35/EG des Europäischen Parlaments und des Rates vom 29. Juni 2000 zur Bekämpfung von Zahlungsverzug im Geschäftsverkehr, Abl. EG Nr. L 200 S. 35.

[122] RL 2000/31/EG des Europäischen Parlaments und des Rates vom 8. Juni 2000 über bestimmte rechtliche Aspekte der Dienste der Infomationsgesellschaft, insbesondere des elektronischen Geschäftsverkehrs, im Binnenmarkt, Abl. EG Nr. L 178 S.1.

[123] Haustürwiderrufsgesetz, Verbraucherkreditgesetz, Fernabsatzgesetz, Teilzeit-Wohnrechtegesetz, Diskontsatz-Überleitungs-Gesetz, FIBOR-Überleitungs-Verordnung, Lombardsatz-Überleitungs-Verordnung, Basiszinsatz-Bezugsgrößen-Verordnung, sowie ein Teil des AGB-Gesetzes.

[124] Vgl. zu den Zielen der Reform Däubler-Gmelin (2001), S. 2281.

[125] Siehe dazu Abschnitt 3.2.1.1.3.

Gemäß § 453 BGB n.F. sollen die Vorschriften über den Verkauf von Sachen entsprechend auf den Verkauf von Rechten und sonstigen Gegenständen[126] Anwendung finden. Damit werden die Rechtsfolgen für Sach- und Rechtsmängel künftig vereinheitlicht, womit die Problematik in bezug auf die Rechtsfolgen weitgehend obsolet wird. Die Beschränkung der Verkäuferhaftung beim Share Deal auf den rechtlichen Bestand und die rechtlichen Eigenschaften des Beteiligungsrechts, genauso wie unterschiedliche Verjährungsfristen zwischen Sach- und Rechtsmängeln (§ 438 BGB n.F.) bleiben grundsätzlich weiterhin bestehen. Inwieweit das neue Schuldrecht auch einem Beteiligungskäufer (insbesondere bei Minderheitsanteilen) die Sachmängelhaftung eröffnet, ist in der Literatur noch umstritten.[127]

3.2.2.2.2 Ansprüche und Rechte des Käufers bei Mängeln

Hat der Kaufgegenstand einen Mangel, kann der Käufer vorrangig die Nacherfüllung bzw. Nachbesserung verlangen. Anstelle der Begriffe des Fehlers bzw. des Fehlens einer zugesicherten Eigenschaft tritt im Gesetz nach § 434 BGB n.F. der Begriff der Beschaffenheit, der aber ebenfalls der Auslegung bedarf.[128] In § 437 BGB n.F. werden die Möglichkeiten der Nacherfüllung, der Minderung, des Rücktritts und des Schadenersatzes gleichberechtigt aufgezählt, wodurch sich die Frage nach der Hierarchie dieser Rechtsbehelfe stellt. Aus der Systematik des Gesetzes kann geschlossen werden, daß außer dem Anspruch auf Nachlieferung alle weiteren Rechtsbehelfe des Käufers bei grundsätzlicher Möglichkeit der Nacherfüllung an den erfolglosen Ablauf einer angemessenen Nachfrist gebunden sind. Das bedeutet eine de facto Subsidiarität aller anderen Rechtsbehelfe gegenüber der Nachbesserung. Nach § 437 BGB n.F. hat der Käufer nunmehr folgende Möglichkeiten:

- *Nacherfüllung:* Der Käufer kann zunächst „Nacherfüllung" verlangen. Die Nacherfüllung kann entweder darin bestehen, daß vom Verkäufer die Beseitigung des Mangels oder die Lieferung einer einwandfreien Ware verlangt werden kann. Der Käufer erhält damit das Recht der zweiten Andienung. Nur wenn es nicht zur zweiten Andienung kommt, weil der Verkäufer sie verweigert oder weil sie unverhältnismäßig wäre, stehen dem Käufer die Möglichkeiten eines Rücktritts vom Kaufvertrag, einer Minderung des Kaufpreises oder der Geltendmachung von Schadenersatz offen.
- *Rücktritt:* Ist die Frist, die der Käufer dem Verkäufer zur Nacherfüllung gesetzt hat, ergebnislos verstrichen, kann der Käufer vom Kaufvertrag zurücktreten und den Kaufpreis zurückverlangen. Das Rücktrittsrecht richtet sich nach den allgemeinen Rücktrittsregeln, die in den §§ 323, 326 Absatz 1 Satz 3 BGB geregelt sind und nunmehr durch §440 BGB n.F. (Wegfall der Nachfristsetzung) modifiziert werden. Gegenüber dem bisherigen Recht des Käufers auf Wandelung bringt die Neuregelung des Rücktrittsrechts eine dogmatische Änderung: Rücktritt (und Minderung) sind Gestaltungsrechte. Mit der Erklärung des Rücktritts (oder der Minderung) ist damit (die Minderung oder) der Rücktritt bewirkt. Zu ihrer Wirksamkeit ist das bislang in § 465 BGB vorausgesetzte Einverständnis des Verkäufers nicht mehr erforderlich.[129] Im Gegenzug dazu muß

[126] Im Regierungsentwurf wird ausdrücklich auch auf Unternehmen verwiesen, vgl. auch Seibt und Reiche (2002), S. 1135.
[127] Vgl. Seibt und Reiche (2002), S. 1137 m.w.N.
[128] Vgl. Seibt und Reiche (2002), S. 1137.
[129] Vgl. Reichhold, S. 38.

der Käufer bei Rücktritt den Kaufgegenstand – ähnlich wie es bislang die Wandlung vorsah – dem Verkäufer zurückgeben. Er kann aber auch die mangelhafte Sache behalten und den Kaufpreis mindern. Da der Rücktritt beim Unternehmensverkauf fast nie interessengerecht ist, wird er unter dem neuen Recht - wie unter dem alten Recht – in der Regel von den Parteien vertraglich ausgeschlossen werden.

- *Minderung:* Das ebenfalls in § 437 Abs. 1 Ziffer 2 BGB n.F. angesprochene Recht auf Minderung besteht mit einer Ausnahme unter denselben Voraussetzungen wie das Rücktrittsrecht. Diese Ausnahme besteht darin, daß der Käufer nach § 441 Abs. 1 S. 2 BGB n.F. auch bei unerheblichen Mängeln mindern kann (§ 323 Abs. 5 S. 2 n.F.).
- *Schadenersatz:* Zusätzlich kann der Käufer nunmehr nach der neuen Regelung schon bei einfacher Fahrlässigkeit des Verkäufers – wenn die Frist zur Nacherfüllung abgelaufen ist – Schadenersatz für den Schaden verlangen, der daraus entsteht, daß die Ware einen Mangel aufweist. Der § 440 BGB n.F. gilt auch für den Schadensersatz.

3.2.2.2.3 Culpa in contrahendo

Die c.i.c. soll durch die Reform erstmals im BGB eine ausdrückliche gesetzliche Grundlage finden. § 311 BGB n.F. stellt nunmehr klar, daß ein Schuldverhältnis auch durch die Aufnahme von Vertragsverhandlungen entsteht. Der neue § 311 baut auf der gefestigten Rechtsprechung auf, ohne Aussagen über Inhalt und Reichweite der gesetzlich niedergelegten Pflichten zu treffen.[130] Direkte Veränderungen des Haftungsumfangs bzw. der mit der erfolgreichen Geltendmachung der c.i.c. verbundenen Rechtsfolgen ergeben sich nicht. Allerdings entfällt jetzt die Beschränkung der Ansprüche auf das negative Interesse. Gemäß § 280 Abs. 1 und 2 BGB und § 282 kann der Gläubiger auch den Ersatz seines positiven Interesses verlangen. Auch nach der Kodifizierung der c.i..c. hat das kaufrechtliche Mängelgewährleistungsrecht Vorrang. Da im BGB jetzt ein erweiterter Beschaffenheitsbegriff definiert ist, anstatt der alten Begriffe des Fehlers und des Fehlens einer zugesicherten Eigenschaft, ist eine erhebliche Einschränkung des Anwendungsbereichs der c.i.c bei der Rechtsprechung zum Unternehmensverkauf zu erwarten.[131]

3.2.2.2.4 Wegfall der Geschäftsgrundlage

In der juristischen Literatur zum Unternehmensverkauf wird teilweise auch auf die Grundsätze des Wegfalls der Geschäftsgrundlage verwiesen.[132] Bisher war das Rechtsinstitut des Wegfalles der Geschäftsgrundlage nicht positiv rechtlich normiert, sondern entstammte der Lehre und Rechtsprechung. Dies wird nunmehr durch die Einfügung des § 313 BGB n.F. geändert. Danach kann der Käufer den Vertrag anpassen, oder, falls die Anpassung nicht zumutbar ist, vom Vertrag zurücktreten, wenn sich die Umstände, die zur Grundlage des Vertrages geworden sind, nach Vertragsabschluß schwerwiegend verändert haben und der Vertrag bei Kenntnis dieser Umstände nicht oder anders abgeschlossen worden wäre.

---

[130] So z.B. Seibt und Reiche (2002), S. 1185ff.
[131] So z.B. Seibt und Reiche (2002), S. 1185ff.
[132] Siehe auch Abschnitt 3.2.1.3

3.2.2.2.5 Verjährung

Die Verjährungsfrist für kaufrechtliche Mängelgewährleistungsanprüche beträgt jetzt einheitlich zwei Jahre nach Ablieferung, statt wie vorher entweder sechs Monaten oder dreißig Jahre. Abweichend davon verjähren Ansprüche erst nach 30 Jahren, wenn der Mangel in einem dinglichen Recht eines Dritten oder in einem sonstigen Recht, das im Grundbuch eingetragenen ist, besteht. Nach fünf Jahren verjährt der Anspruch dann, wenn der Mangel bei einem Bauwerk oder bei einer für ein Bauwerk verwendeten Sache auftritt. Die Frist beginnt bei Grundstücken mit der Übergabe und ansonsten mit Ablieferung der Sache. Der Gesetzgeber hat bei der Verjährungsfrage dahingehend keine vollständige Klarheit erzielt, daß aufgrund der subjektiven Anknüpfung des Beginns der Regelverjährung gemäß §199 Abs.1 BGB weiterhin Fristdifferenzen zu positiver Forderungsverletzung und Verschulden bei Vertragsschluß von bis zu acht Jahren möglich sind.[133] Beim Beteiligungserwerb ist nicht eindeutig geklärt, welche Verjährungsfristen gelten.[134]

3.2.2.2.6 Garantien

Es wurde bislang beim Unternehmenskauf von der Literatur[135] und Rechtsprechung[136] empfohlen, eigene Garantieverträge in Umgehung der allgemeinen gesetzlichen Bestimmungen festzulegen, um damit selbst in vertraglicher Vereinbarung Gewährleistungsregeln zu schaffen. Der Gesetzgeber hat nunmehr durch die Schuldrechtsreform eine Form der Garantie gesetzlich ausgestaltet. Mit § 443 BGB wird eine Beschaffenheits- und Haltbarkeitsgarantie gesetzlich geregelt. Der Verkäufer übernimmt die verschuldensunabhängige Haftung für die Beschaffenheit einer bestimmten Sache, oder dafür, daß eine Sache für eine bestimmte Dauer eine bestimmte Beschaffenheit behält. Absatz 2 normiert, daß bei Eintritt eines Mangels innerhalb der Garantiefrist vermutet wird, daß Rechte aus der Garantie begründet werden. Durch diese gesetzliche Vermutung kommt es im Streitfall zu einer Beweislastumkehr zugunsten des Käufers. Noch nicht abschließend geklärt ist in der Literatur, ob der § 444 BGB n.F. eine Beschränkung des Haftungsumfanges ausschließt.[137] Daher sollte gegebenenfalls vertraglich klargestellt werden, daß vertragliche Haftungsübernahmen keine Garantien darstellen, sondern lediglich „Beschaffenheits*vereinbarungen*" mit gleichzeitiger Haftungsbeschränkung.

3.2.2.3 Zwischenergebnis

Das Ziel der Reform lag in der Umsetzung von EU-Richtlinien, der Überarbeitung unzeitgemäßer Zivilrechtsbestimmungen und der Einarbeitung ausgelagerter zivilrechtlicher Gesetze sowie gewohnheitsrechtlich anerkannter, gesetzlich bisher nicht normierter Rechtsinstitute ins BGB. Die Schuldrechtsreform sollte ausdrücklich auch beim Unternehmensverkauf für eine Verbesserung des rechtlichen Rahmens sorgen. In einigen Punkten – z.B. beim Fehlerbegriff und der Verjährungsfrage - ist dies auch gelungen, dennoch verbleiben aber einige Unklarheiten, die möglicherweise noch von der Rechtsprechung beseitigt werden

---

133 Auch dies wird erst die Rechtsprechung abschließend klären, vgl. Seibt und Reiche (2002), S. 1182ff.

134 Auch dies wird erst die Rechtsprechung abschließend klären, vgl. Seibt und Reiche (2002), S. 1183..

135 So etwa Merkt (1995), S. 1046 und Gellert (1990), S. 136f. Siehe zur Vertragsgestaltung ausführlich Kapitel 6.

136 BGH, in NJW (1977), S. 1538.

137 Vgl. zur Diskussion auch Seibt und Reiche (2002), S. 1181 m.w.N.

können. Mit der Reform erfolgte eine Vereinheitlichung der Rechtsfolgen von Sach- und Rechtsmängelhaftung und damit weitere Annäherung zwischen Asset und Share Deal. Die Nachbesserung der Kaufsache ist jetzt vorrangiges Rechtsinstrument des Käufers im Falle der Mängelhaftung. Der Verkäufer erhält damit Recht der zweiten Andienung. Der Schadenersatz kann nunmehr bereits bei einfacher Fahrlässigkeit des Verkäufers geltend gemacht werden. Die Rechtsinstitute der c.i.c., des Wegfalls der Geschäftsgrundlage und der Beschaffenheitsgarantie werden in das BGB eingefügt und erhalten damit eine ausdrückliche rechtliche Grundlage. Die Frist zur Geltendmachung von Gewährleistungsansprüchen wird auf 2 Jahre ausgedehnt, wobei die Verjährungsfrist bei Grundstücken mit der Übergabe, ansonsten mit Ablieferung der Sache beginnt.

3.2.3 Rechtsprechung zum Unternehmensverkauf

3.2.3.1 Rechtsmängelhaftung

Die Rechtsmängelhaftung hat beim Unternehmenskauf zwei Anwendungsbereiche. Sie bezieht sich zum einen auf die verkauften Anteile beim Share Deal.[138] Die Rechtsmängelhaftung greift in diesem Fall nur ein, wenn die Anteilsrechte mängelbehaftet sind. Die Haftung des Verkäufers beinhaltet gem. § 437 Abs. 1 BGB den rechtlichen Bestand und die rechtlichen Eigenschaften des Beteiligungsrechtes. Der Verkäufer haftet dafür, daß das Unternehmen besteht.[139] Als rechtliche Eigenschaften werden außerdem die Gewinnbeteiligung und das Stimmrecht angesehen.[140] Wenn der Käufer wider Erwarten zur Zahlung von Einlagerückständen herangezogen wird, haftet der Verkäufer ebenfalls.[141] Auch wenn sich die Gesellschaft in Insolvenz oder Liquidation befindet, liegt ein Mangel des Beteiligungsrechts vor.[142] Eine unerwartete wirtschaftliche Schieflage, die in einem Mißverhältnis zu vergangenen Erträgen steht, begründet keinen Rechtsmangel.[143] Auch eine Überschuldung der Gesellschaft begründet noch keinen Rechtsmangel der GmbH-Anteile.[144]

Andererseits kann die Rechtsmängelhaftung bezüglich einzelner, zum Unternehmen gehörender Rechte eingreifen, unabhängig davon, ob ein Asset Deal oder ein Share Deal vorliegt.[145] Der Kaufgegenstand (das Unternehmen) ist frei von Sicherungsrechten Dritter an den Geschäftsanteilen oder an den Wirtschaftsrechten des Unternehmens zu verschaffen.[146] Ein Rechtsmangel kann vorliegen, wenn im Rahmen des Verkaufs eines Erwerbsunternehmens die Mietrechte an den Geschäftsräumen nicht verschafft wurden.[147]

[138] Vgl. Holzapfel und Pöllath (1994), Rdn. 305.
[139] Vgl. RGZ 73, 54, S. 210 f; LG Ravensburg in NJW (1964), S. 597.
[140] Vgl. Huber (1972), S. 396.
[141] Vgl. RGZ 96, 62, S. 227ff.
[142] Vgl. RGZ 92, 18, S. 73ff.; RGZ 99, 65, S. 217ff.; MünchKomm Westermann (1995), § 437, Rdn. 17.
[143] Vgl. MünchKomm Westermann (1995), § 437 mit Rechsprechungsnachweisen.
[144] Vgl. BGH in DB (1980), S. 1786ff.
[145] Vgl. Holzapfel und Pöllath (1994), Rdn. 305.
[146] Vgl. Hadding (1982), S. 476 ff.
[147] Vgl. BGH in NJW (1970), S. 556f.

3.2.3.2 Sachmängelhaftung

3.2.3.2.1 Haftung des Unternehmensverkäufers

Der Verkäufer eines Unternehmens haftet dafür, daß der Kaufgegenstand nicht mit Fehlern behaftet ist und daß er die zugesicherten Eigenschaften hat. Die Voraussetzung für eine Haftung ist nicht eindeutig durch materielles Recht abgedeckt, sondern ergibt sich aus der Rechtsprechung zu Einzelfällen. In der Vergangenheit hat der BGH den Fehler- und Eigenschaftsbegriff in § 459 Abs. 1 und 2 BGB für den Unternehmenskauf besonders restriktiv ausgelegt. Ebenfalls knüpft die Rechtsprechung besonders strenge Anforderungen an das Vorliegen einer sogenannten stillschweigenden Zusicherung nach § 459 Abs. 2 BGB. Damit werden die Voraussetzungen für die gesetzlichen Gewährleistungsansprüche eingeengt, um insbesondere die Wandelungsbefugnis des Käufers in Grenzen zu halten.[148] Ferner soll der Verkäufer von einer übermäßigen Belastung durch die verschuldensunabhängige Schadenersatzhaftung beim Fehlen zugesicherter Eigenschaften geschützt werden.[149] Der BGH sieht in diesem Vorgehen eine Möglichkeit, zu einem sachgerechten Interessenausgleich zwischen Verkäufer und Käufer zu gelangen.[150]

3.2.3.2.1.1 Fehler des Unternehmens

Das Reichsgericht hat den Fehlerbegriff beim Unternehmenskauf noch relativ weit ausgelegt. Es hat in dem bereits zitierten Urteil zum Kauf einer Zigarettenfabrik bereits Fehlbestände im Inventar und Warenlager als Fehler im Sinne vom § 459 BGB angesehen, weil von deren Vollständigkeit *das gute Funktionieren des Geschäftsbetriebs* abhinge.[151] Erst der BGH ist später dazu übergegangen, den Anwendungsbereich des Gewährleistungsrechts zugunsten anderer Rechtsbehelfe einzuengen.[152]

Der BGH verlangt, restriktiver als das RG, daß durch den Mangel eines Bestandteils des Unternehmens dessen *wirtschaftliche Grundlage erschüttert* sein müsse.[153] Die nach dem Kauf zutage getretene technische Unbrauchbarkeit und wirtschaftliche Unverwertbarkeit eines Abgasentwicklungsgerätes, welches das wesentliche Produkt des Unternehmens ist, ist ein Fehler an der Kaufsache.[154] Wenn der Verkäufer ein in Mieträumen betriebenes Unternehmen verkauft, dem Käufer das mitverkaufte Mietrecht aber nicht verschaffen kann, liegt ebenfalls ein Fehler vor (und außerdem ein Rechtsmangel).[155] Ein Fehler kann nach wie vor - wenn auch bei restriktiverer Auslegung - in Quantitätsmängeln liegen, etwa wenn nach dem Kauf eines Getränkegroßhandelsunternehmens das mitverkaufte Leergut nicht zu

[148] Vgl. Hiddemann (1982), S. 443.
[149] Vgl. Semler (1996), S. 539.
[150] Vgl. Hiddemann (1982), S. 443.
[151] Vgl. RGZ 98, 85, S. 292.
[152] Das ist im wesentlichen die culpa in contrahendo.
[153] BGH in WM (1970), S. 821, vgl. auch Hiddemann (1982), S. 444; Staudinger-Honsell (1995), § 459 Rdn. 86; MünchKomm Westermann (1995), § 459, Rdn. 50.
[154] Vgl. BGH in WM (1978), S. 60.
[155] Vgl. BGH in NJW (1970), S. 556f.

finden ist[156] oder bei einem Gerüstbauunternehmen ein nicht unerheblicher Fehlbestand an Gerüsten auftritt[157].

Deutlicher wird die restriktive Handhabung des Fehlerbegriffs durch den BGH anhand einiger Urteile, bei denen kein Fehler des Unternehmens festgestellt wurde. Dies soll beispielsweise nicht der Fall sein, wenn ein wichtiger Mitarbeiter einer Steuerberaterpraxis einen schweren charakterlicher Mangel aufweist.[158] Der BGH stuft auch unrichtige Angaben des Verkäufers über Umsätze, Ertrag und Verlust nicht als Fehler im Sinne des § 459 Abs. 1 ein.[159] Bleiben Umsätze und Erträge hinter den Erwartungen des Käufers zurück, beeinträchtigen sie die Gebrauchstauglichkeit eines Unternehmens - auch wenn sie in Bilanzen und Statusangaben niedergelegt sind - nicht unmittelbar.[160] Unrichtige Angaben des Verkäufers zur Höhe der Verbindlichkeiten des Unternehmens lösen ebenfalls keine Haftung aus § 459 Abs. 1 aus, weil sie nach Ansicht der Rechtsprechung den Wert des Unternehmens nicht unmittelbar beeinflussen.[161] Auch im Falle einer unrichtigen Bewertung von Sachen die zum Unternehmen gehören, z.B. von Halbfabrikaten, wird eine Haftung aus § 459 Abs. 1 verneint.[162] Zu der Frage, wie falsche Angaben im Business Plan des Unternehmens behandelt werden, existiert bislang kein Urteil. Bernuth hält grundsätzlich sowohl bei gemeinschaftlich wie auch bei allein vom Verkäufer erstellten Business Plänen eine Haftung aus § 459 Abs. 1 für möglich, wenn der Käufer die darin enthaltenen Angaben als verbindliche Zustandsbeschreibung verstehen durfte.[163] Das sei allerdings insbesondere dann nicht der Fall, wenn der Business Plan auch an Dritte adressiert war, etwa Kreditgeber, für die ein Business Plan regelmäßig besonders positiv dargestellt wird.[164]

3.2.3.2.1.2 Zugesicherte Eigenschaft

Als Unternehmenseigenschaft nach § 459 Abs. 2 BGB ist nur ein auf eine gewisse Dauer angelegtes Merkmal anzusehen.[165] Das Merkmal muß in einem Zusammenhang mit dem Unternehmen stehen und wertbildend oder für den Käufer zum Gebrauch oder aus sonstigen Gründen von erheblicher Bedeutung sein. Beim Unternehmenskauf sind lediglich Eigenschaften des Unternehmens zusicherungsfähig. Einzelumstände sind nur bedingt zusicherungsfähig.[166] Eine Zusicherung liegt vor, wenn der Verkäufer zu erkennen gibt, daß er für die Eigenschaft uneingeschränkt einstehen will.[167] Diese Begriffsbestimmung läßt für die

---

[156] Vgl. BGH in WM (1974), S. 313.
[157] Vgl. BGH in WM (1979), S. 102.
[158] Vgl. BGH in NJW (1991), S. 1223ff.
[159] Vgl. für Umsätze BGH in NJW (1970), S. 653ff. , BGH in WM (1974), S. 51 und BGH in WM (1988), S. 1700f. ; für Erträge BGH in DB (1977), S. 1042f.; für Umsätze, Ertrag und Verlust OLG Düsseldorf in: NJW RR (1993), S. 378.
[160] Beisel und Klumpp (1996), Rdn. 937.
[161] Vgl. Hiddemann (1982), S. 446.
[162] Vgl. BGH in: WM (1979), S. 944ff. und allgemein zu unrichtigen Bilanzangaben auch BGH in DB (1974), S. 231.
[163] Vgl. v. Bernuth (1999), S. 1691f.
[164] Vgl. v. Bernuth (1999), S. 1691f.
[165] Vgl. Beisel und Klumpp (1996), Rdn. 938.
[166] Vgl. BGH in DB (1977), S. 1042f.
[167] Siehe auch Abschnitt 2.3.3.

Beurteilung, ob in einem konkreten Fall eine Zusicherung vorliegt, einen erheblichen Spielraum.[168]

So stellt z.B. eine Charaktereigenschaft eines wichtigen Mitarbeiters keine Unternehmenseigenschaft dar.[169] Angaben über die Ertragskraft im Sinne voraussichtlicher Erträge können hingegen Gegenstand einer Zusicherung sein.[170] Im entschiedenen Fall hatte der Verkäufer Angaben über voraussichtliche Erträge gemacht, die mit den vorhandenen Maschinen überhaupt nicht erzielbar waren. Die Höhe der Verbindlichkeiten ist eine zusicherungsfähige Eigenschaft.[171] In der bloßen Aufführung vorhandener Verbindlichkeiten liegt allerdings noch keine stillschweigende Zusicherung des Verkäufers, daß die tatsächlichen Verbindlichkeiten nicht noch höher sind.[172] Das RG sah Umsätze grundsätzlich als zusicherungsfähige Eigenschaft an, selbst wenn sich die diesbezüglichen Angaben nur auf ein Jahr bezogen.[173] Nach ständiger Rechtsprechung des BGH sind Umsätze, ebenso wie Erträge der Vergangenheit nur noch zusicherungsfähig, wenn sie sich über einen längeren, mehrjährigen Zeitraum erstrecken.[174] Angaben des Verkäufers über Umsätze und Erträge eines Unternehmens gelten grundsätzlich noch nicht als Zusicherung einer Eigenschaft.[175] Es bedarf einer vertraglichen Zusicherung. Die Ertragsfähigkeit eines Unternehmens kann Gegenstand einer Zusicherung sein.[176] Die Zusicherung muß allerdings vertraglich gemacht werden, damit der Ertrag die Bedeutung einer Unternehmenseigenschaft erlangt. [177] In der Literatur wird auch ein Business Plan als zusicherungsfähige Eigenschaft angesehen. Eine Haftung des Verkäufers aus § 459 Abs. 2 dürfte aber in der Regel dennoch ausscheiden, weil ein Wille des Verkäufers, für die Eigenschaft einzustehen, in den meisten Fällen nicht angenommen werden kann.[178]

3.2.3.2.2 Kenntnis und Sorgfaltspflicht des Käufers

Nimmt der Verkäufer eine mangelhafte Sache an, obwohl er den Mangel bei der Übergabe erkennt, verliert er gemäß § 464 BGB seine Gewährleistungsansprüche, wenn er sich diese nicht bei der Annahme der Kaufsache vorbehält.

Ein Käufer ist nicht zur Prüfung einer Kaufsache verpflichtet.[179] Das gilt grundsätzlich auch für den Unternehmenskäufer. Wenn er aufgrund falscher oder unterlassener Information des

[168] Vgl. Semler (1996); Rdn. 115.
[169] Vgl. BGH in NJW (1991), S. 1224.
[170] Vgl. BGH in BB (1995), S. 1258ff.
[171] Vgl. RGZ 146, 19, S. 120 ff. und BGH in WM (1979), S. 944ff.
[172] Vgl. Hiddemann (1982), S. 447.
[173] Vgl. RGZ 52, 1, S. 1ff.
[174] BGH in NJW RR (1989), S. 506, in NJW (1990), S. 1658f. sowie in NJW (1995), S. 1547. Zunächst lehnte der BGH die Umsatzhöhe als Eigenschaft sogar gänzlich ab, da sie allenfalls Schlüsse auf die Ertragsfähigkeit ermögliche, vgl. BGH in NJW (1970), S. 653ff.
[175] Vgl. BGH in WM (1988), S. 1700 ff.; BGH in NJW RR (1996), S. 429.
[176] Vgl. BGH in NJW (1995), S. 1547ff.
[177] Vgl. BGH in NJW (1977), S. 1538.
[178] Vgl. Bernuth (1999), S. 1692.
[179] Vgl. Palandt/Putzo (1994), § 460, Rdn. 2, vgl. aber auch die strengeren Vorschriften für Kaufleute in § 377 HGB.

Verkäufers Ansprüche hat, werden diese nicht durch das Unterlassen einer Prüfung eingeschränkt.[180] Im Einzelfall können aber besondere Umstände nach Treu und Glauben eine Untersuchungspflicht begründen, deren Verletzung als grobe Fahrlässigkeit des Käufers gemäß § 460 Satz 2 BGB anzusehen ist,[181] so daß eine Haftung des Verkäufers aus §§ 459 ff. BGB entfällt. Wenn der Käufer das Unternehmen prüft, einen Mangel während seiner Prüfung aufgrund grober Fahrlässigkeit aber nicht erkennt, verliert er seine Ansprüche, außer bei arglistigem Verschweigen (§ 460 S. 2 BGB) oder Zusicherung einer Eigenschaft durch den Verkäufer.

In besonderen Fällen kann auch der (potentielle) Zugang des (enttäuschten) Unternehmenskäufers zu den relevanten Unternehmensinformationen dazu führen, daß er keine Ansprüche aus §§ 459ff. hat, etwa wenn er bereits vorher am Unternehmen beteiligt und im Aufsichtsrat vertreten war.[182]

3.2.3.3 Culpa in contrahendo

3.2.3.3.1 Haftung des Unternehmensverkäufers

Beim Scheitern von Verhandlungen über einen Unternehmenskauf kann ein Schadensanspruch aus culpa in contrahendo entstehen, wenn eine Vertragspartei bei der anderen Partei die berechtigte Annahme hervorgerufen hat, daß ein Vertragsschluß zustande kommen würde. Ansprüche des Käufers aus c.i.c kommen aber auch in Betracht, wenn der Unternehmenskaufvertrag zustande gekommen ist.

Die Haftung aus c.i.c. hat beim Unternehmenskauf die gesetzliche Gewährleistungshaftung weitgehend verdrängt.[183] Zwar sieht die Rechtsprechung in den Vorschriften der Sachmängelhaftung eine abschließende Sonderregelung, die alle Nachteile abdeckt, die dem Käufer aus der Mangelhaftigkeit der Sache entstehen können.[184] Diese Priorität gilt auch für den Unternehmenskauf. Die Anwendung der c.i.c. kommt aber in Frage, wenn der Verkäufer seine Aufklärungspflicht verletzt hat, die Voraussetzungen der §§ 459ff. BGB für eine Anwendung der Sachmängelhaftung aber nicht erfüllt sind.[185] Bei vorsätzlicher Vernachlässigung von Aufklärungspflichten ist die Haftung aus c.i.c. auch neben den §§ 459ff. BGB anwendbar.[186]

Die Darstellung der Urteile in Abschnitt 2.2.2 hat gezeigt, daß die Rechtsprechung den Fehler- und Eigenschaftsbegriff restriktiv auslegt. Sinn dieser restriktiven Auslegung ist es nicht, Ansprüche des Käufers generell einzuengen, sondern vielmehr, den Weg für die vermeintlich flexiblere Haftung aus Verschulden bei Vertragsverhandlungen zu eröffnen.[187] Entsprechend groß ist der Anwendungsbereich der c.i.c. beim Unternehmenskauf.

---

[180] Vgl. Holzapfel und Pöllath (1994), S. 11.
[181] Vgl. Merkt (1995), S. 1047 m.w.N.
[182] Vgl. BGH in WM (1980), S. 284ff.
[183] Vgl. Stengel und Scholderer (1994).
[184] Vgl. Staudinger/Honsell (1995), Vorbem. zu § 459ff., Rdn. 56.
[185] Vgl. Stengel und Scholderer (1994), S. 158ff.
[186] Vgl. BGH in: NJW-RR (1988), S. 10 und BGH in NJW-RR (1990), S. 970.
[187] Vgl. Hiddemann (1982), S. 447.

Eine Haftung des Veräußerers aus c.i.c. kommt in Betracht, wenn er seine Aufklärungs- und Informationspflicht gegenüber dem Erwerber während der Vertragsverhandlungen nicht erfüllt hat. Eine Pflichtverletzung kann insbesondere in unvollständigen oder unrichtigen Angaben über Unternehmensaspekte liegen, die für den Käufer wichtig sind. Allgemein besteht eine Offenbarungspflicht, wenn das Verschweigen von Tatsachen gegen den Grundsatz von Treu und Glauben verstoßen würde und der Käufer die Mitteilung der verschwiegenen Tatsache nach der Verkehrsauffassung erwarten durfte.[188] Das gilt vor allem für Umstände, die den Vertragszweck gefährden und für die Entscheidung der anderen Partei von wesentlicher Bedeutung sein können.[189]

Eine Haftung aus c.i.c kommt ferner in Betracht, wenn der Verkäufer unrichtige Angaben zu Umsätzen und Erträgen - auch über einen kürzeren Zeitraum - macht[190], den Käufer nicht auf rückläufige Umsätze hinweist, deren Höhe nunmehr für diesen als Existenzgrundlage zu gering ist und nicht wesentlich steigerbar erscheint[191], oder eine erhebliche Steuerschuld verschweigt.[192] Ferner muß ein Verkäufer dem Käufer mitteilen, wenn er die Kaufpreisberechnung gegenüber der übereinstimmenden Annahme der Parteien bei den Verhandlungen geändert hat.[193] Unter Umständen kann im Verschweigen charakterlicher Mängel eines wichtigen Mitarbeiters eine Verletzung der Aufklärungspflicht liegen.[194] Des weiteren können fehlerhafte Angaben des Verkäufers zu Stand und Entwicklung von Cashflow- und Bilanzzahlen[195], Angaben zu Marktsituation und -chancen und zu Beteiligungen eine Haftung aus c.i.c. auslösen. Der Veräußerer eines Unternehmens verletzt seine Aufklärungspflicht nicht, wenn er die Absicht seines Ehegatten verschweigt, ein Konkurrenzunternehmen zu eröffnen, auch wenn er sich selbst vertraglich für zehn Jahre einem Wettbewerbsverbot unterworfen hat.[196]

Der Käufer kann Schadensersatz verlangen - der im Ergebnis wie eine Kaufpreisminderung außerhalb des Gewährleistungrechts wirkt[197] - wenn er am Kauf festhalten will. Dann ermittelt das Gericht den geschätzten Betrag, um den der Käufer im Vertrauen auf die falschen Angaben das Unternehmen zu teuer erworben hat. Der geleistete Kaufpreis bildet dabei die oberste Grenze. Aufwendungen des Käufers nach Unternehmenserwerb können nicht geltend gemacht werden.[198] Der Käufer braucht nicht nachzuweisen, daß sich der Verkäufer überhaupt auf einen geminderten Kaufpreis eingelassen hätte.[199] Wenn der Käufer eine Rückzahlung des Kaufpreises gegen Rückübertragung des Unternehmens verlangt, muß er darlegen, daß er bei Kenntnis der falschen Angaben den Kaufvertrag nicht abge-

[188] Holzapfel und Pöllath (1994), Rdn. 328.
[189] Vgl. Semler (1996), Rdn. 14.
[190] NJW-RR (1989), S. 306f.
[191] Vgl. BGH in NJW (1970), S. 653f.
[192] Vgl. BGH in NJW-RR (1995), S. 799ff.
[193] Im konkreten Fall geht es allerdings um ein Flugzeug, vgl. BGH in DB (1981), S. 1816.
[194] Im konkreten Fall allerdings verneint, vgl. BGH in NJW (1991), S. 1223f.
[195] Zu Bilanzen und Geschäftsberichten als Gegenstand der Aufklärungspflicht vgl. auch Stengel und Scholderer (1994), S. 161.
[196] Vgl. BGH in NJW (1987), S. 909f.
[197] Vgl. Westermann (1982), S. 59.
[198] Vgl. Hiddemann (1982), S. 448.
[199] Vgl. u.a. BGH in NJW (1977), S. 1536 ff.; in NJW (1980), 2408 ff.; in NJW (1989), S. 1793.

schlossen hätte. Diese Angaben sind aber vom Verkäufer zu widerlegen, so daß dieser im Ergebnis die Beweislast trägt.[200] Insgesamt wird durch diese Regelung die Wandelungsbefugnis des Käufers im Vergleich zur freien Wahl zwischen den unterschiedlichen Ansprüchen bei der Sachmängelhaftung eingeschränkt.[201]

In folgendem aktuellen Fall[202] wurde ein Anspruch aus c.i.c. anerkannt:

Die Verkäuferin (Klägerin) vertreibt über örtliche Niederlassungen Computersoftware und erbringt Serviceleistungen. Sie veräußert für DM 1,3 Mio. einen Stützpunkt. Eine der Grundlagen für die Kaufpreisbestimmung durch die Parteien waren Wartungsverträge mit Umsätzen von DM 580.000 und einem Rohertrag von 43%. Zwischen den Preisverhandlungen und dem Abschluß des Kaufvertrages wurden 40% dieses Volumens von Kunden gekündigt. Mit Hinweis auf eine Aufklärungspflicht der Verkäuferin hat die Käuferin die Kaufpreiszahlung um den anteiligen Betrag gekürzt. Daraufhin klagte die Verkäuferin - nur in den ersten beiden Instanzen erfolgreich - auf Zahlung des Restbetrages.

Im konkreten Fall sind die Voraussetzungen für eine Sachmängelhaftung (Fehler/ Fehlen zugesicherter Eigenschaft) nicht erfüllt. Der BGH erkannte aber eine Verletzung der Aufklärungspflicht aus c.i.c. an, weil der 40%-ige Rückgang des Bestandes von Wartungsverträgen für die Käuferin von wesentlicher Bedeutung war. Die Klage wurde vom BGH an die Vorinstanz zurückverwiesen.

Das Urteil führt zu einem effizienten Ergebnis, weil eine asymmetrische Informationsverteilung über einen wertsenkenden Tatbestand vorlag. Eine Informationsbeschaffung wäre für die Käuferin, wenn sie überhaupt möglich gewesen wäre, mit hohen Kosten verbunden gewesen. Die Verkäuferin hat sich, offenbar im Glauben, daß kein rechtlicher Schutz des Käufervertrauens bestand, opportunistisch verhalten. Durch eine eindeutige Aufklärungspflicht eines besser informierten Verkäufer über einen kaufentscheidenden Umstand verringert sich das Qualitätsrisiko potentieller künftiger Unternehmenskäufer. Ihr Vertrauen in die Angaben des Verkäufers wird durch die Entscheidung gestärkt. Auf eine schwierige und kostspielige Überprüfung der einzelnen Wartungsverträge könnte in einem zukünftigen Fall verzichtet werden.

Falsche Angaben im Business Plan lösen nach Ansicht von Bernuth eine Haftung des Verkäufers aus c.i.c. aus.[203] Schwerer zu beurteilen sei aber, in welchem Umfang der Verkäufer für fehlende Angaben haftet.[204] Ein Präzedenzfall existiert zu dieser Frage nicht.

3.2.3.3.2 Kenntnis und Sorgfaltspflicht des Käufers

Die Pflichtverletzung durch den Verkäufer des Unternehmens muß schuldhaft erfolgt sein.[205] Ein Mitverschulden des Käufers kann gemäß § 254 BGB mitberücksichtigt werden.

[200] Vgl. Beisel und Klumpp (1996), Rdn. 944.
[201] Vgl. Zimmer (1997).
[202] Vgl. BGH in MAR (1996), S. 211f.
[203] Vgl. v. Bernuth (1999), S. 1691f.
[204] Vgl. v. Bernuth (1999), S. 1691f.

Die Rechtsprechung zieht dabei die wirtschaftliche Bedeutung und Akquisitionserfahrung des Käufers und etwaige fachliche Beratung in Betracht.[206]

Die Durchführung einer Due Diligence-Prüfung[207] kann sich auf mögliche Ansprüche aus c.i.c auswirken. Insbesondere könnten sich durch die Durchführung einer Due Diligence die Aufklärungspflichten des Verkäufers verringern und damit das Risiko auf den Käufer verlagern.[208]

Mangelnde Sorgfalt bei der Durchführung und Auswertung der Due Diligence kann als Mitverschulden des Käufers gemäß § 254 BGB gewertet werden.[209] Allerdings verhält sich ein Käufer nicht per se grob fahrlässig, wenn er - z.B. aus Kostengründen - auf die Prüfung bestimmter, sich nachträglich als wesentlich herausstellender Aspekte verzichtet oder bestimmte Aspekte zu prüfen vergißt.[210]

Präzise Aussagen, unter welchen Voraussetzungen ein Mitverschulden des Käufers gemäß § 254 BGB oder ein Ausschluß der Aufklärungspflicht des Verkäufers vorliegen, wurden in Rechtsprechung und Literatur bisher nicht getroffen. Eine zunehmende Verbreitung der Due Diligence könnte in Zukunft zu einer Verringerung von Haftungsansprüchen in der Rechtsprechung führen.

3.2.4 Zwischenergebnis

3.2.4.1 Sukzessive Ausweitung der Gewährleistungshaftung durch die Rechtsprechung und die Schuldrechtsreform

Die elementaren zivilrechtlichen Kodifikationen in BGB und HGB wurden Ende des 19. Jahrhunderts geschaffen und orientieren sich an den Erfordernissen des damaligen Wirtschaftslebens und der im Rechtsverkehr ausgetauschten Produkte.[211] So ist auch die Rechts- und Sachmängelhaftung der §§ 434 ff., §§ 459ff. BGB nicht auf den Unternehmenskauf zugeschnitten, sondern orientiert sich am einfachen Sachkauf standardisierter Güter.[212] Zum Ausgleich von Leistungsstörungen beim Unternehmenskauf ist sie nicht uneingeschränkt geeignet.[213] Insbesondere bieten die Bestimmungen dem Käufer keinen hinreichenden Schutz vor Qualitätsrisiken. Diesem Mangel hat die Rechtsprechung vor allem durch zwei signifikante Veränderungen teilweise Rechnung getragen.

Zunächst wurde die Beschränkung der Sachmängelhaftung auf den Asset Deal als problematisch erkannt. Sie hatte zur Folge, daß der Käufer beim Share Deal fast gar nicht geschützt war. Mit der sukzessiv erfolgten Ausweitung der Sachmängelhaftung auf mehrheit-

[205] Holzapfel und Pöllath (1994), Rdn. 331ff.
[206] Vgl. Picot (1996), Rdn. 77.
[207] Siehe zum Begriff der Due Diligence ausführlich Kapitel 5.2.
[208] Vgl. Loges (1997), S. 967.
[209] Vgl. Loges (1997), S. 967.
[210] Vgl. Loges (1997), S. 968.
[211] Vgl. Schünemann (1987), S. 2243.
[212] Vgl. Merkt (1995).
[213] Vgl. Hiddemann (1982), Beisel und Klumpp (1996) sowie Semler (1996), Rdn. 116ff.

liche Beteiligungskäufe wurde der rechtliche Schutz des Käufers verbessert. Aus ökonomischer Sicht ist diese richterliche Rechtsfortbildung effizient: Einerseits ist auch beim Share Deal der Verkäufer meistens besser über Mängel des Unternehmens informiert bzw. kann relevante Informationen kostengünstiger beschaffen. Andererseits ist der Käufer in den meisten Fällen in bezug auf die Kaufsache risikoaverser eingestellt als der Verkäufer. Daher ist eine weitgehende gesetzliche Gewährleistungshaftung ein geeigneter Ausgangspunkt für etwaige vertragliche Vereinbarungen zwischen den Kontrahenten.

Die zweite, noch wichtigere Veränderung war die Anwendung der c.i.c. auf den Unternehmenskauf, bei gleichzeitiger Zurückdrängung des Anwendungsbereichs der Sachmängelhaftung. Sachmängelhaftung nach §§459 ff. BGB und culpa in contrahendo erfüllen zwar grundsätzlich ökonomisch den gleichen Zweck, sind aber rechtssystematisch unterschiedlich einzuordnen. Vor allem aber wird durch die Ausweitung der c.i.c. die Rechtsstellung des Unternehmenskäufers gestärkt. Diese Entwicklung steht im Einklang mit einen allgemeinen Trend in der Rechtsprechung zum Kaufrecht, von einer "caveat emptor" zu einer "caveat venditor" Rechtsprechung, der mit der zunehmenden Verbreitung langlebiger Güter und neuer Käuferrisiken begründet wird.[214] Zusammengefaßt ergeben sich aus der Rechtsprechung folgende wichtige Veränderungen:

- Die Voraussetzungen für eine Haftung aus c.i.c. sind weniger restriktiv. Statt der Erfüllung der engen Voraussetzungen des § 463 BGB - oder des Vorliegens einer positiven Vertragsverletzung - reichen bereits fahrlässige Falschangaben des Verkäufers für einen Anspruch aus.[215] So werden auch die fehlerhaften Angaben, die im Rahmen der Sachmängelhaftung aus formalen Gründen nicht berücksichtigt werden können, einer Haftung unterworfen. Dadurch wird eine größere Einzelfallgerechtigkeit geschaffen.[216]
- Die culpa in contrahendo erfaßt alle auf den Unternehmenserwerb abzielenden Rechtsgeschäfte. Eine mögliche Haftung hängt daher beim Share Deal nicht davon ab, ob das Gericht im Einzelfall die erworbene Beteiligungsquote für ausreichend hält, um einen Unternehmenskauf im Sinne des Sachgewährleistungsrechts anzunehmen.[217]
- Die sechsmonatige Verjährungsfrist für Sachmängel (ab Übertragung) wird verlängert.[218]
- Im Rahmen der gesetzlichen Sachmängelhaftung kann der Käufer zwischen verschiedenen Ansprüchen wählen. Wenn eine zugesicherte Eigenschaft fehlt, sind das Wandelung, Minderung oder Schadensersatz. Weist die Sache einen Fehler auf, kann er nur zwischen den beiden erstgenannten Ansprüchen wählen. Die Wahrscheinlichkeit, daß der Käufer eine Wandelung verlangt, um einen Schadensausgleich zu erreichen, hält die Rechtsprechung für hoch. Sie sieht die Wandelung aber als unzweckmäßig an, weil eine Rückabwicklung des Kaufs in der Regel mit unverhältnismäßig hohen (Transaktions-)Kosten

[214] Vgl. Schäfer (1989), S. 22.
[215] Vgl. Beisel und Klumpp (1996), Rdn. 943.
[216] Holzapfel und Pöllath (1994), Rdn. 356ff.
[217] Vgl. BGH in NJW (1980), S. 2408 und Hiddemann (1982), S. 448.
[218] Vgl. Hiddemann (1982), S. 449.

belastet ist.[219] Die Anwendung der culpa in contrahendo eröffnet dem Käufer stets einen Schadenersatzanspruch, aber nur eine eingeschränkte Wandelungsbefugnis.

- Die c.i.c. erlaubt eine Berücksichtigung des Mitverschuldens des Käufers. In diesem Zusammenhang kann vor allem auch eine mangelnde oder unsorgfältige Überprüfung des Unternehmens durch den Käufer von Bedeutung sein.[220] Dadurch kann die Rechtsprechung statt starrer Entweder-oder-Entscheidungen am Einzelfall orientierte Urteile fällen, die auch den Fortbestand des Unternehmens sicherstellen.[221] Die c.i.c kann auch den selteneren, aber in der Realität beim MBO relevanten Fall berücksichtigen, daß der Käufer besser über den Zustand des Unternehmens informiert ist als der Verkäufer.

Tabelle 5: Überblick über Ansätze zum Ausgleich von Leistungsstörungen beim Unternehmenskauf im deutschen Recht (vor der Schuldrechtsreform)

	Rechtsmängelhaftung	**Sachmängelhaftung**	**Culpa in contrahendo**
Rechtliche Verankerung	Gesetzlich (§§ 434ff. BGB)	Gesetzlich (§§ 459ff. BGB)	Gewohnheitsrechtlich
Anwendungsbereich	Share Deal, Asset Deal	Asset Deal, Share Deal nur bei (variabler) Mindestquote	Asset Deal und Share Deal
Voraussetzungen	• Nichtbestehen des Beteiligungsrechtes • Mängel des Beteiligungsrechtes in bezug auf rechtliche Eigenschaften *Verschuldensunabhängig*	• Fehler der Sache • Fehlen einer zugesicherten Eigenschaft *Verschuldensunabhängig*	• Fahrlässige od. vorsätzliche Falschangaben • Fahrlässig od. vorsätzlich unterlassene Aufklärung *Verschuldensabhängig*
Anspruch	*Positives Interesse* §§ 320 bis 327 BGB	*Positives Interesse* (§ 463BGB), bzw. Wandlung, Minderung (§ 462)	*Negatives Interesse* Schadenersatz
Flexibilität	Gering	Gering	Groß
Verjährung	Gesetzliche Frist (30 J.) § 195 BGB	Verkürzte Frist (6 Monate) § 477 BGB	Gesetzliche Frist (30 J.) § 195 BGB
Praktische Relevanz	Eher gering	Bedeutsam	(Sehr) Bedeutsam

Die Schuldrechtsreform wird sich erst in der Zukunft auf die Rechtsprechung auswirken. Dennoch lassen sich bereits heute Folgerungen ziehen. Insbesondere wird mit der Vereinheitlichung der Rechtsfolgen für Rechts- und Sachmängelhaftung der rechtliche Rahmen übersichtlicher werden. Mit der Aufnahme der culpa in contrahendo wird ein Jahrzehnte langen Rechtsprechungspraxis nachvollzogen. Zukünftig dürfte die c.i.c in der Rechtsprechung zum Unternehmensverkauf aber an Bedeutung verlieren. Die zweijährige Verjährungsfrist im reformierten Schuldrecht erscheint für den Unternehmensverkauf sachgerecht.

---

[219] Vgl. Hiddemann (1982), S. 448f.
[220] Vgl. Picot (1995), Rdn. 81.
[221] Vgl. Hiddemann (1982), S. 447, Beisel und Klumpp (1996), Rdn. 942.

3.2.4.2 Höheres Maß an Effizienz durch verringertes Informationsrisiko des Unternehmenskäufers

Die wirtschaftlichen Faktoren, die den Vertragszweck bei einem Unternehmen als Kaufgegenstand entscheidend beeinträchtigen können, sind für den Käufer kaum zuverlässig zu überblicken.[222] Durch Zuweisung einer Haftung an den Verkäufer wird das Qualitätsrisiko des Käufers als schlechter informierte Partei vermindert. Dieser kann, so weit er von der Rechtsordnung geschützt wird, auf die Angaben der anderen Partei vertrauen und entsprechend auf Informationsaufwand verzichten. Wenn ein Käufer sich die relevanten Informationen selbst nicht beschaffen kann - wie bei Erfahrungsgütern - oder wenn eine Informationsbeschaffung nicht effizient wäre, muß er keinen Risikoabschlag kalkulieren. Die Rechtsordnung kann deshalb durch den Käuferschutz zum Verhindern von Marktversagen beitragen.

Die richterliche Rechtsfortbildung hat in der Bundesrepublik Deutschland zu einer größeren Effizienz des haftungsrechtlichen Rahmens beim Unternehmenskauf geführt. Der an der höchstrichterlichen Rechtsprechung zum Unternehmenskauf maßgeblich beteiligte ehemalige BGH-Richter Hiddemann begründet die richterlichen Rechtsfortbildung u.a. auch mit wirtschaftlichen Argumenten: "Wenn er einen von dem Anteilserwerb nicht erfaßten Rest von 0,2 bzw. 0,25% für unschädlich gehalten hat, so bedeutete dies keine Abweichung von der vorgenannten Rechtsprechung; vielmehr trug der Bundesgerichtshof damit lediglich dem Bedürfnis nach einer wirtschaftlichen Betrachtungsweise Rechnung".[223] Ökonomisch macht es keinen Unterschied, ob der Unternehmenskauf als Share Deal oder als Asset Deal durchgeführt wird. Daher ist es auch zu befürworten, daß die Rechtsprechung schrittweise die Gewährleistungshaftung für beide Erwerbsformen angeglichen hat.

In der Rechtsprechung wurden Schwierigkeiten erkannt, die sich aus einer Anwendung der Sachmängelhaftung auf den Unternehmenskauf ergeben. "Liegt ein Unternehmenskauf vor oder wird der Erwerb von Anteilsrechten ihm gleichgestellt, so finden nach gefestigter Rechtsprechung die Bestimmungen über die Sachmängelhaftung *uneingeschränkt* Anwendung. (...) Das ist vor allem hinsichtlich der *Wandelungs*befugnis (...) in seiner wirtschaftlichen Auswirkung nicht unproblematisch."[224] Eine Zurückdrängung der Sachmängelhaftung zugunsten der culpa in contrahendo soll dem Ziel höherer Allokationseffizienz dienen. "Die Rechtsprechung ist vielmehr, um insbesondere die Wandelungsbefugnis des Käufers in Grenzen zu halten, beim Unternehmenskauf den Weg gegangen, durch besonders restriktive Auslegung des Fehler- und Eigenschaftsbegriffs (§ 459 Abs. 1 und 2 BGB) sowie durch besonders strenge Anforderungen an das Vorliegen einer stillschweigenden Zusicherung (§ 459 Abs. 2 BGB) die Voraussetzungen für das Geltendmachen von Gewährleistungsansprüchen einzuengen. (...). In dem gleichen Maße, in dem die Rechtsprechung, wie vorstehend dargelegt, den Anwendungsbereich der Sachmängelhaftung beim Unternehmenskauf eingeschränkt hat, schafft sie zugleich Raum für eine Haftung unter dem Gesichtspunkt des Verschuldens bei Vertragsschluß."[225]

[222] Stengel und Scholderer (1994), S. 164.
[223] Hiddemann (1982), S. 439f.
[224] Hiddemann (1982), S. 442.
[225] Hiddemann (1982), S. 447.

3.2.4.3 Sonstige Ergebnisse

Gewisse Schwachstellen des rechtlichen Rahmenbedingungen wurden durch die richterliche Rechtsfortbildung ausgebessert. Die große Flexibilität der in der Rechtsprechung dominanten c.i.c. ist aber nur so lange von Vorteil, wie die Richter ihren größeren Spielraum für eine effizienzorientierte Rechtsprechung nutzen. Eine Entwicklung zu einem „deep pocket approach" in der Rechtsprechung, der sich primär an Verteilungserwägungen orientiert, wäre nicht effizient.[226] Für einen derartigen Trend gibt es allerdings bisher keine Anzeichen.

Die Übersichtlichkeit des Haftungsrechts wird durch die Konkurrenz verschiedener Haftungsinstitute[227] und durch den Umstand beeinträchtigt, daß der Umfang der Aufklärungspflichten des Verkäufers und die jeweiligen Rechtsfolgen bei einer Vernachlässigung jeweils nur anhand von Einzelfällen definiert werden. Trotz der Vielzahl der bisher entschiedenen Streitfälle sind noch unzählige neue Konstellationen denkbar, bei denen nicht klar ist, ob eine Haftung vorliegt und falls der Verkäufer haftet, ob die gesetzliche Gewährleistung oder die culpa in contrahendo eingreift. Emmerich hält eine Unterscheidung von Eigenschaften, die unter § 459 BGB fallen und solchen, auf die das nicht zutrifft, für sachlich gar nicht möglich.[228] Für wichtige Fallkonstellationen gibt es bisher keinen Präzendenzfall. Noch vollkommen ungeklärt ist z.B. die wichtige Frage, ob und auf welcher Grundlage der Verkäufer für Angaben im Business Plan haftet.[229] Der Business Plan ist aber in vielen Fällen die wichtigste Grundlage des Käufers bei seiner Grenzpreisbestimmung.

Die Schuldrechtsreform wird insgesamt weitere Verbesserungen und mehr Rechtssicherheit für den Unternehmensverkauf bringen. Allerdings muß die Rechtsprechung noch in einigen Punkten für Klarheit sorgen.

---

[226] Vgl. Schäfer und Ott (1995).
[227] Siehe zur Übersichtlichkeit der Rechtslage auch die Abbildung 7.
[228] Vgl. Münch-Komm Emmerich (1994), Vor § 275, Rdn. 119.
[229] Vgl. v. Bernuth (1999), S. 1689ff.

Abbildung 7: Grobübersicht über die Haftungsproblematik*

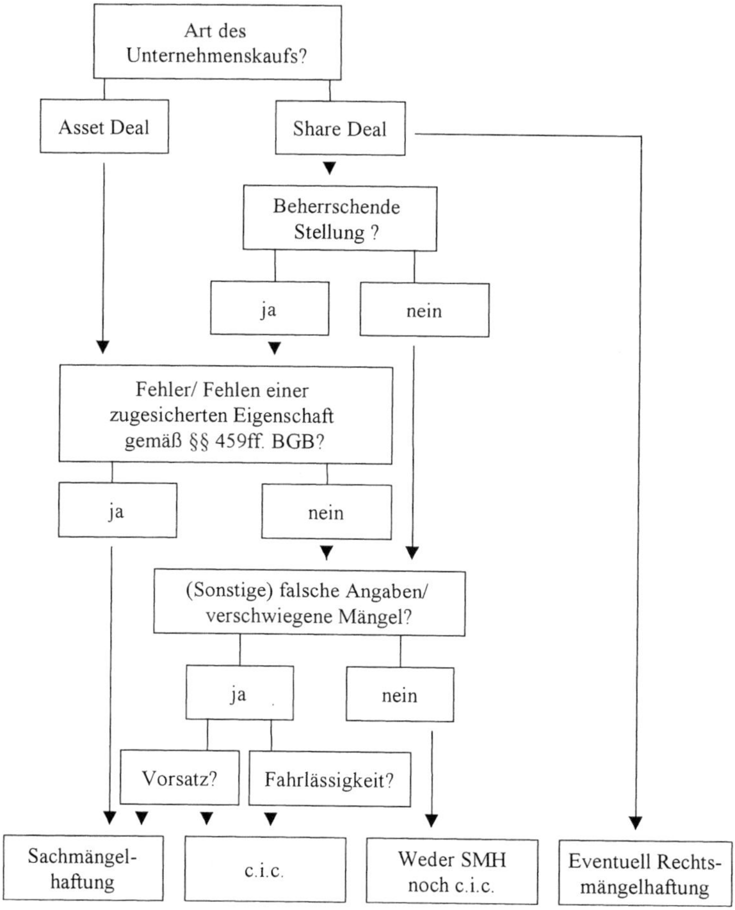

* alte Rechtslage

3.3 Haftung des Unternehmensverkäufers in den Vereinigten Staaten

3.3.1 Grundlagen

Die Vereinigten Staaten sind Teil des anglo-amerikanischen Rechtskreises.[230] Das angelsächsische common law[231] (gemeines Recht) ist ein auf früheren Gerichtsentscheiden basierendes Fallrecht (case law), das im wesentlichen durch neue Gerichtsentscheide fortgebildet wird[232] und sich darin vom stärker kodifizierten kontinentaleuropäischen Rechtskreis erheblich unterscheidet.[233] Die Prinzipien des common law können durch die Gesetzgebung festgeschrieben, abgeändert oder ergänzt werden.[234] Gesetze und Fallentscheidungen beeinflussen sich im US-amerikanischen Recht wechselseitig. Die Gesetze, die anders als kontinentaleuropäische Kodifikationen kaum eine logische Gesamtstruktur besitzen, sind den Fällen nicht übergeordnet.[235]

Bei einer Untersuchung ist stets im Auge zu behalten, daß das amerikanische Vertragsrecht "kein systematisches Regelsystem, sondern eher ein Sammelsurium aus mehr oder minder lose zusammengefügten Prinzipien und Überlegungen" ist.[236] Auch ist zu beachten, daß genau genommen jeder Einzelstaat sein eigenes Recht hat.[237] Die im folgenden zu untersuchende Gewährleistungshaftung des Verkäufers beim Unternehmenskauf ist allerdings in den verschiedenen Einzelstaaten recht einheitlich und weitgehend von höchstrichterlichen Entscheidungen und von Bundesgesetzen geprägt. Für die Gewährleistungshaftung des Verkäufers beim Unternehmenskauf sind vorrangig die allgemeinen Grundsätze des common law, das Warenkaufrecht (Uniform Commercial Code, UCC) und das (Bundes-) Kapitalmarktrecht (securities regulation) zu beachten.

3.3.1.1 Grundsätze des common law

Das amerikanische Vertragsrecht ist bis heute überwiegend common law, auch wenn der Gesetzgeber vielfach aktiv geworden ist.[238] Entsprechend sind die allgemeinen Grundsätze des common law auch für den Unternehmensverkauf von großer Bedeutung. Historisch war das common law äußerst verkäuferfreundlich. Es galt der Grundsatz, daß der Käufer stets auf der Hut sein möge („caveat emptor"). Rechtsprechung und Gesetzgeber haben in den letzten drei Jahrzehnten aber allgemein die Pflichten des Verkäufers erheblich ausgeweitet.[239] In der nachfolgenden Analyse wird überprüft, inwieweit dies auch in bezug auf den Unternehmensverkauf zutrifft.

---

230 Amerikanische Literatur und Quellen werden im folgenden auf die in den USA übliche Weise zitiert, vgl. Blumenwitz (1994).

231 Das (angelsächsische) common law wird hier als Gegensatz zum kodifizierten (kontinentaleuropäischen) civil law verstanden, vgl. Blumenwitz (1994), S. 7.

232 Vgl. Zweigert und Kötz (1996), S. 177ff.

233 Vgl. Blumenwitz (1994), S. 3ff.

234 Vgl. Reimann (1997), S. 9.

235 Vgl. Koch, Magnus und v. Mohrenfels (1996), S. 264f.

236 Reimann (1997), S. 24.

237 Vgl. Blumenwitz (19949, S. 1, S. 28ff.

238 Vgl. Reimann (1997), S. 23.

239 Vgl. Reimann (1997), S. 59.

3.3.1.2 Warenkaufrecht

Der Warenkauf wird im Uniform Commercial Code (UCC) Art. 2 geregelt. Dieses von fast allen amerikanischen Bundesstaaten[240] mit allenfalls geringen Modifikationen angenommene Modellgesetzbuch gilt, anders als etwa die kontinentaleuropäischen Handelsgesetzbücher, sowohl für Kaufleute als auch für Nichtkaufleute. Der UCC setzt das allgemeine Vertragsrecht voraus und ergänzt bzw. modifiziert es.[241] Der UCC hat das amerikanische Vertragsrecht über den Warenkauf hinaus wesentlich beeinflußt[242] und wurde von den Gerichten auch auf den Unternehmensverkauf angewandt.

Eine Anwendung des UCC Art. 2 auf den Unternehmensverkauf kommt zunächst beim Asset Deal in Betracht. Dabei wird das Warenkaufrecht von den amerikanischen Gerichten teilweise auf den gesamten Unternehmensverkauf, teilweise auch nur auf den Vertragsteil angewandt, der die Übertragung beweglicher Sachen betrifft.[243] Der Share Deal unterliegt dagegen zunächst ausschließlich UCC Art. 8, der erheblich geringere Rechtsbehelfe für den Käufer vorsieht.[244] Die Rechtsprechung in den Einzelstaaten ist hierzu allerdings uneinheitlich, insbesondere haben die New Yorker Gerichte UCC Art. 2 (Warenkaufrecht) auch auf den Share Deal angewandt.[245]

3.3.1.3 Bundeskapitalmarktrecht

Das Bundeskapitalmarktrecht (federal securities regulation) dient dem Anlegerschutz, insbesondere von Kleinanlegern, und der Marktüberwachung. Die wichtigsten bundesrechtlichen Einzelgesetze, der Securities Act (SA) von 1933 und der Securities Exchange Act (SEA) von 1934 wurden als Reaktion auf den Börsencrash von 1929 erlassen.[246] Ergänzt werden die Gesetze durch umfassende Verordnungen der Securities and Exchange Commission (SEC). So untersagt die Generalklausel Rule 10b-5 falsche Angaben sowie Irreführung beim Handel mit securities.[247]

3.3.1.4 Sonstige

Zusätzlich zum Bundekapitalmarktrecht verfügen die meisten Bundesstaaten über eigene **einzelstaatliche Wertpapiergesetze** (sog. "blue sky laws"), deren praktische Relevanz für den Unternehmenskauf jedoch gering ist.[248]

[240] Eine Ausnahme bildet der Bundesstaat Louisiana.
[241] Vgl. Reimann (1997), S. 58.
[242] Vgl. Calamari und Perillo (1998), S. 17ff.
[243] UCC partiell, nur für die beweglichen Sachen z.B. Foster v. Colorado Radio Corporation, 381 F.2d 222 (10th Cir. 1967); einheitlich UCC z.B. Field v. Golden Triangle Broadcasting, 305 A. 2d 689 (Pa. 1973).
[244] Im wesentlichen steht der Verkäufer nur für die Rechtmäßigkeit der Übertragung, die Echtheit der Urkunde und für die Gültigkeit der Anteilsrechte ein, vgl. Merkt (1995), S. 1041f.
[245] Thompson v. Wendell J. Miller, 457 F. Supp. 996, 998 (S.D.N.Y. 1978); Gross v. Vogel, 437 N.Y.S.2d (A.D. 2nd Dept. 1981).
[246] Vgl. Reimann (1997), S. 247.
[247] Rules and Regulations under the SEA, 17 CFR Section 240.10b-5.
[248] Siehe unten, Abschnitt 3.3.2.

Eine der **culpa in contrahendo** vergleichbare Haftung sieht das US-amerikanische Recht nicht vor. Zwar besteht auch im amerikanischen Vertragsrecht ein schutzwürdiges Vertrauen des Vertragspartners, doch ist der Schutz des Käufers nicht annähernd so weitgehend.[249] Bei Gerichtsentscheidungen zum Unternehmensverkauf ist eine Bedeutung von culpa in contrahendo bisher nicht erkennbar.

3.3.2 Rechtsprechung zum Unternehmensverkauf

3.3.2.1 Schadensersatzhaftung nach common law fraud

3.3.2.1.1 Haftung des Unternehmensverkäufers

Das common law sieht eine deliktische Angabenhaftung des Verkäufers vor, deren Grundlage das common law of misrepresentation ist. Eine misrepresentation ist eine falsche Tatsachenangabe, "auf die sich ein anderer erwartungsgemäß verläßt, so daß er einen wirtschaftlichen Nachteil erleidet.[250] Zu unterscheiden sind arglistige bzw. vorsätzliche (fraudulent), fahrlässige (negligent) und unverschuldete (innocent) Falschangaben. Representations können im Kaufvertrag, aber auch in anderen Dokumenten wie z.B. Geschäftsberichten enthalten sein. Mündliche und konkludente representations sind ebenfalls möglich.[251]

Eine Haftung des Verkäufers für vorsätzliche Falschangaben ist an mehrere Bedingungen geknüpft:

(1) false representation,
(2) declarant must know falsity of his statement or make it with such reckless disregard of the truth that law will supply scienter,
(3) declarant must make false representation with intent to deceive, or with intent that it be acted on,
(4) that which is represented must be relied on and in fact deceive, and
(5) the person to whom the representation is made must be injured.[252]

Im **Fall Moore v. Midgette**[253] hatte die hochbetagte Verkäuferin den Klägern zum Preis von US-$ 60.000,- ein Hotel verkauft, in dem diese bereits seit vielen Jahren Gäste waren. In einem umfangreichen Brief hatte die Verkäuferin irrtümlich die Erträge mit ca. US-$ 40.000,- und die Aufwendungen mit ca. US-$ 21.000,- angegeben, so daß sich ein Gewinn vor Steuern von ca. US-$ 19.000,- ergeben hätte. Die tatsächlichen Beträge lagen bei US-$ 28.235,- und 24.627,-, so daß das Vorsteuerergebnis nur US-$ 3.608,- betrug. Das Gericht nahm keine Täuschungsabsicht (intent to deceive) an, weil der Verkäuferin die tatsächlichen Umstände nicht bekannt waren und ihr aufgrund ihrer mangelnden Ausbildung, ihrem

[249] Vgl. Reimann (1997), S. 30ff.
[250] Reimann (1997), S. 116.
[251] Ali v. Saponaro, 520 N.Y.S.2d 245,246 (A.D. 3rd Department 1987).
[252] So für North Carolina, Moore v. Midgette, 375 F.2d 608 (4th Cir. 1967); Die Definitionen in anderen Bundesstaaten unterscheiden sich nicht wesentlich, vgl. etwa für Missouri Charles Woods v. Capital Cities/ABC, 869F.2d 1155, 1159 (8th Cir, 1989) oder für Idaho Faw v. Greenwood, 613 P.2d 1338 (Idaho 1980).
[253] Moore v. Midgette, 375 F.2d 608, 612-614 (4th Cir. 1967).

sehr geringem Finanzverständnis und ihrer Abhängigkeit von den Kenntnissen eines Aushilfsbuchhalters auch nicht bekannt sein mußten. Umgekehrt kannten die geschäftsgewandten Käufer das Hotel und hatten Zugang zu allen relevanten, aussagekräftigen Unterlagen, so daß sie den Fehler leicht hätten entdecken können..

Der Verkäufer haftet für misrepresentation in der Regel auf das positive Interesse.[254] Das gilt auch für den Unternehmenskauf.[255] Zusätzlich kommt im US-amerikanischen Deliktrecht noch eine Haftung des Verkäufers aus sog. **punitive damage** in Betracht, deren Summe weit über den entstandenen Schaden hinausgehen kann.[256] Zahlungen aus punitive damages, die in der Regel ebenfalls dem Geschädigten zukommen, sollen primär Abschreckungszwecken dienen und werden in der Praxis nur selten angewandt.[257] Die Verjährung ist einzelstaatlich geregelt.

Wenn der Verkäufer nicht wissentlich, sondern fahrlässig falsche Angaben gemacht hat, ergeben sich für den Unternehmenskäufer in der Regel keine Haftungsansprüche aus deliktischer Schadensersatzhaftung.[258] Eine Haftung für schuldlose Falschangaben haben die US-amerikanischen Gerichte bisher in der Rechtsprechung zum Unternehmenskauf nicht anerkannt.

3.3.2.1.2 Kenntnis und Sorgfaltspflicht des Käufers

Das Vertrauen des Käufers (reliance) auf die Angabe des Verkäufers ist eine wichtige Haftungsvoraussetzung im common law fraud. Wenn dem Käufer die Unwahrheit der Tatsachenangabe des Verkäufers bekannt ist, ist ein berechtigtes Vertrauen und damit auch ein Haftungsanspruch ausgeschlossen.[259]

Eine tatsächlich vorgenommene Überprüfung des Unternehmens durch den Käufer vor dem Kauf kann von den Gerichten als Indiz gewertet werden, daß der Käufer nicht auf die Angaben des Verkäufers vertraut hat und folglich auch kein Haftungsanspruch aus misrepresentation besteht. Entscheidend sind die näheren Umstände der Überprüfung, wie etwa die Fachkenntnis des Käufers oder seiner Berater und die Dauer der Untersuchung.[260]

Auch wenn dem Käufer die Unwahrheit der Tatsachenangabe nicht bekannt war, hat er nicht unbedingt einen Haftungsanspruch. Ursprünglich wurde im common law durch das

[254] Vgl. Harper, James und Gray (1986), S. 478.
[255] Coleco Industries Inc. v. Berman 567 F.2d, 569 (3rd Cir. 1977) und Farley v. Henson, 11 F.3d 827 (8th Cir. 1993).
[256] Vereinzelte, astronomisch hohe Schadenersatzsummen aufgrund von punitive damages, etwa für Unfallopfer oder aus Produkthaftungen, haben in der deutschen Öffentlichkeit großes Erstaunen hervorgerufen, vgl. Koch, Magnus und v. Mohrenfels (1996), S.267ff. Allerdings muß dabei beachtet werden, daß es sich bei den zitierten spektakulären Fällen meistens um erstinstanzliche Urteile handelt, die Schadensersatzsummen in den Folgeinstanzen aber deutlich reduziert werden.
[257] Vgl. Reimann (1997), S. 97ff.
[258] Mertens Chevrolet v. Seney, 439 A.2d 534 (Md. 1982).
[259] Vgl. Ainger v. Michigan General Corp., 632 F.2d 1025 (3rd Cir. 1980).
[260] Harris v. Dunham, 127 S.E.2d 65, 70 (Virginia, 1962).

Prinzip des "caveat emptor"[261] die Sorgfaltspflicht des Käufers besonders betont.[262] Wenn der Kaufgegenstand nicht oder nur mangelhaft untersucht wurde, wurde schnell ein mitwirkendes Verschulden angenommen und Haftungsansprüche abgelehnt.
In der Rechtsprechung zum Unternehmenskauf wurde das Prinzip des caveat emptor aber kontinuierlich abgeschwächt[263] und insbesondere die Untersuchungspflicht eingeschränkt, wobei ausdrücklich auch ökonomische Begründungen herangezogen wurden, wie die Entscheidung **Teamster v. Angelos** verdeutlicht:

> "The buyer's investigation of things already known to the seller is a duplication of effort. If the securities laws worked perfectly there would be little need for investigation; sellers would disclose to buyers and the market the information necessary for informed trading. Because some frauds will not be caught, and people cannot interpret information flawlessly, this mechanism cannot work perfectly. This failure makes investigations by investors necessary and creates incentives for sellers to hire certifiers (such as auditors and investment bankers) But such investigations and other devices are distinctly second-best solutions to legal and practical problems, and we will not establish a legal rule under which investors must resort to the costly self-help approach of investigation on pain of losing the protection of the principal legal safeguard, the rule against fraud." [264]

Eine Mindestsorgfaltspflicht des Käufers besteht aber nach wie vor. Wenn der Käufer starke Zweifel an der Richtigkeit der Angaben des Verkäufers hat, aber dennoch auf eine nähere Untersuchung verzichtet, kann er sich nicht auf die Arglist des Verkäufers berufen.[265] Wenn der Käufer eines Unternehmens auf die Angaben des Verkäufers bei vernünftiger Betrachtung nicht vertrauen kann (reasonable reliance), muß er sie überprüfen. Wenn er aufgrund leichtfertigen (reckless) Verhaltens darauf verzichtet, ist ein Haftungsanspruch ausgeschlossen.[266] Allgemeine Zweifel an den Angaben des Verkäufers reichen aber nicht aus. Wann sich ein Käufer leichtfertig verhält, können die Gerichte letztlich nur anhand von Einzelfällen bestimmen.

Im **Fall Dexter v. Whittaker**[267] hatte der Verkäufer einen Unternehmensteilbereich veräußert, der chemische Substanzen zur Versiegelung von Dosen für Lebensmittel produzierte. Der Käufer hatte mehrere Hinweise von Dritten erhalten, daß das neueste Produkt zu schnell oxidierte und die damit behandelten Dosen deshalb undicht würden. Er hat dennoch auf die Aussagen des arglistigen Verkäufers vertraut, daß die bekannten Problemfälle nur Altbestände beträfen und im wesentlichen auf Transportprobleme zurückzuführen seien und den Unternehmensbereich ohne hinreichend genaue Prüfung des Problems erworben. Das Gericht hat das Verhalten des Käufers zwar als fahrlässig, aber noch nicht als leichtfertig (reckless) eingestuft.

Wenn der Verkäufer eine Überprüfung anregt und dem Käufer oder dessen Beratern die relevanten Unterlagen offenlegt, gelten strengere Haftungsvoraussetzungen für misrepre-

---

[261] Vgl. Reimann (1997), S. 59.
[262] Siehe dazu Corpus Juris Secundum, Band 77, 1952, "Sales" § 315.
[263] Das gilt auch allgemein für den Warenkauf, vgl. Reimann (1997), S. 59f.
[264] Teamster Local v. Angelos, 762 F.2d 522, 529 (7th Cir., 1985).
[265] Dexter Corporation v. Whittaker Corporation, 926 F.2d 617, 621 (7th Cir., 1991).
[266] Grumman Allied Industries v. Rohr Industries, 748 F.2d 729, 738 (2nd. Cir, 1984).
[267] Dexter Corporation v. Whittaker Corporation, 926 F.2d 617, 620-622 (7th Cir., 1991).

sentation. Der Käufer darf sich dann nicht einfach auf die Aussagen des Verkäufers verlassen, sondern muß die zur Verfügung gestellten Unterlagen auch auswerten.[268]

3.3.2.2 Schadensersatzhaftung nach Bundeskapitalmarktrecht

3.3.2.2.1 Haftung des Unternehmensverkäufers

Der US Supreme Court hat in der Entscheidung **Landreth Timber Co. v. Landreth** entschieden, daß die Bestimmungen des Kapitalmarktrechts auch beim Unternehmenskauf angewandt werden können, sofern ein Share Deal vorliegt.[269] Die sog. "sale of business-doctrine", wonach ein mehrheitlicher Aktienerwerb aufgrund der Höhe der Beteiligung - wirtschaftlich gesehen nur noch einen Kauf des Unternehmens, aber nicht mehr einen dem Kapitalmarktrecht unterworfenen Wertpapierkauf darstellt, wurde ausdrücklich verworfen.[270] Maßgeblich ist fast immer das Bundeskapitalmarktrecht (federal securities law), wobei die "blue sky laws" der einzelnen Bundesstaaten ohnehin keine erheblichen Unterschiede zum Bundesrecht aufweisen.[271]

Entscheidende Norm ist § 10(b) SEA von 1934, nach der ein Verstoß eines Wertpapierkäufers oder Verkäufers gegen Verordnungen der SEC arglistig (fraudulent) ist. Die SEC darf als Bundesaufsichtsbehörde Vorschriften erlassen, die der Konkretisierung und Durchsetzung des Securities Act 1933 und des Securities Exchange Act 1934 dienen. Eine wesentliche Vorschrift ist die Rule 10b-5 der SEC, die auch für den Unternehmenskauf relevant ist. Gemäß 17 C.F.R. § 240.10b-5 (1982) ist es untersagt, im Zusammenhang mit dem Kauf oder Verkauf eines Wertpapiers in bezug auf eine wesentliche Tatsache falsche Angaben zu machen oder eine wesentliche Angabe auszulassen:

"It shall be unlawful for any person, directly or indirectly, by the use of any means or instrumentality of interstate commerce, or the mails or any facility of any national securities exchange,

a) to employ any device, scheme or artifice to defraud,
b) to make any untrue statement of a material fact or to omit to state a material fact necessary in order to make the statements made, in the light of the circumstances under which they were made, not misleading or
c) to engage in any act, practice or course of business which operates or would operate as a fraud or deceit upon any person, in the connection with the purchase or sale of any security."

Eine Verletzung dieser Vorschrift dient primär als Grundlage für Maßnahmen der SEC, kann aber darüber hinaus auch als rechtliche Basis für Haftungsklagen der Kontrahenten

[268] So zum Unternehmenskauf Grummann Allied Industries v. Rohr Industries, 748 F.2d 729, 737 (2nd Cir. 1984), unter Berufung auf die Supreme Court Entscheidung Shappiro v. Goldberg, 192 U.S. 232, 241-242, 24 S.Ct. 259,261, 48 L.Ed. 419 (1904) .
[269] Für den Asset Deal ist das Kapitalmarktrecht irrelevant.
[270] Landreth Timber Co. v. Landreth, 471 U.S. 681, 105 S.Ct. 2297 (1985).
[271] Vgl. Merkt (1995), S. 1042.

dienen.[272] In der Rechtsprechung wurden die Voraussetzungen für eine Haftung nach SEC Rule 10b-5 weitgehend analog zu den Haftungsvoraussetzungen für misrepresentation nach common law fraud definiert:[273]

- Der Verkäufer haftet für **falsche oder unterlassene Tatsachenangaben**, entsprechend der "misrepresentation" im common law fraud.
- Die betreffenden Angaben müssen für den Geschädigten **wesentlich** (material) gewesen sein.[274]
- Der Verkäufer muß **vorsätzlich** (scienter) gehandelt haben.[275] Auch **leichtfertiges** (reckless) Verhalten des Verkäufers kann als vorsätzlich gewertet werden.[276]
- Der Käufer muß auf die Angaben des Verkäufers **vernünftigerweise vertraut** haben (reasonable reliance)[277]

Im Fall **Coleco v. Berman**[278] haben die Beklagten ein Unternehmen veräußert, das Aluminium-Schwimmbäder produziert. Einer der Beklagten hat die Produktionskosten gutgläubig um insgesamt bis zu ca. US-$ 130.000,- zu niedrig angegeben, bei einem vermeintlichen Rohertrag des Unternehmens von ca. US-$ 200.000,- ($ 500,- pro Swimming Pool). Da die Verkäufer ihre Angaben im guten Glauben abgegeben haben, sah das Gesetz keine Verletzung der SEC Rule 10b-5. Mit derselben Begründung wurde gleichzeitig ein Anspruch aus common law fraud abgelehnt. Der offenkundige Rechenfehler ihres Buchhalters wurde den Beklagten nicht angelastet.

Der Schadensersatzanspruch eines geschädigten Käufers erstreckt sich in der Regel (nur) auf das negative Interesse. Der Schaden bestimmt sich als Differenzbetrag von gezahltem Kaufpreis und tatsächlichem Wert der Anteile beim Kauf. Der tatsächliche Wert kann sowohl durch Gutachten eines Sachverständigen[279] als auch durch Anwendung der Bewertungsformel ermittelt werden, auf deren Grundlage die Kontrahenten zuvor den Kaufpreis ermittelt haben.[280] In Einzelfällen wurde aber auch das Erfüllungsinteresse (benefit of the bargain) zuerkannt.[281] Punitive damages werden grundsätzlich nicht zuerkannt.[282]

Die Ansprüche des Käufers verjähren, wenn er sie nicht innerhalb eines Jahres nach Entdeckung und maximal drei Jahre nach dem Kauf der Anteile geltend macht.[283]

---

[272] Bundesweit anerkannt seit der Supreme Court Entscheidung Kardon v. National Gypson Co., 69F. Supp, 512 (E.D. Pa. 1946).
[273] McLean v. Alexander, 599 F.2d 1190 (7th Cir. 1979).
[274] List v. Fashion Park, 340 F.2d 457, 462 (2nd. Cir. 1965).
[275] Ernst & Ernst v. Hochfelder, 425 U.S. 185, 96 S.Ct. 1375.
[276] Zobrist v. Coal, 708 F2d 1511, 1516 (10th Cir. 1983).
[277] Hamilton v. Harrington, 807 F.2d 102, 107 (7th Cir. 1986).
[278] Coleco v. Berman, 567 F.2d 569, 572 (3rd Cir., 1970).
[279] Occidental Life Insurance v. Pat Ryan & Associates, 496 F.2d 1255, 1264 (4th Cir. 1974).
[280] Alna Capital Associates v. Wagner, 532 F.Supp. 591, 602 (S.D.Fla. 1982).
[281] John R. Lewis Inc. v. Newman 446 F.2d 800 (5th Cir. 1971), Osofsky v. Zipf, 645 F.2d 107,114 (2nd Cir. 1981).
[282] Osofsky v. Zipf, 645 F.2d 107,114 (2nd Cir. 1981).
[283] Endgültig geklärt durch Supreme Court Entscheidung: Lampf, Pleva, Lipkind, Prupis & Petigrow v. Gilbertson 501 U.S. 350, 364 (1991).

3.3.2.2.2 Kenntnis und Sorgfaltspflicht des Käufers

Wenn der Geschädigte die Wahrheit zum Kaufzeitpunkt kannte, hat er keinen Haftungsanspruch aus Rule 10b-5, weil er nicht auf die Angaben des Verkäufers vertraut haben kann.[284]

Der Käufer ist außerdem verpflichtet, die beim Kauf erforderliche Sorgfalt (due diligence oder due care) anzuwenden.[285] Eine mangelnde Sorgfalt wurde in früheren Urteilen bereits bei Fahrlässigkeit des Geschädigten angenommen, d.h. wenn diesem die Täuschung bei durchschnittlicher Sorgfalt hätte auffallen müssen.[286] Nach neueren Urteilen wurde eine verringerte Due Diligence Pflicht des Geschädigten angenommen, indem statt bei Fahrlässigkeit nur bei Leichtfertigkeit (recklessness) eine Verletzung der Sorgfaltspflicht erkannt wurde.[287]

Die Gerichte beurteilen die Sorgfaltspflicht des Käufers anhand des konkreten Einzelfalls. Für eine Entscheidung, ob der Geschädigte auf die Angaben des Verkäufers vertrauen durfte oder eigene Nachforschungen anstellen mußte, müssen verschiedene Aspekte berücksichtigt und gegeneinander abgewogen werden:

(1) the sophistication and expertise of the plaintiff in financial and securities matters;
(2) the existence of long standing business or personal relationships;
(3) access to the relevant information;
(4) the existence of a fiduciary relationship;
(5) concealment of the fraud;
(6) the opportunity to detect the fraud;
(7) whether the plaintiff the stock transaction or sought to expedite the transaction and
(8) the generality or specificity of the misrepresentations[288]

Im Fall **Zobrist v. Coal** hätte der Kläger einem ihm vor dem Kauf überlassenen Privatplazierungsmemorandum Information entnehmen können, die bei ihm als fachlich versierten Investor Zweifel an den schriftlichen Angeben des Verkäufers hätten hervorrufen müssen, die ihn angeblich zum Kauf verleitet haben. Da der Käufer aber nicht reagiert bzw. das Memorandum nicht einmal gelesen hat, war sein Verhalten leichtfertig und ein Anspruch aus Rule 10b-5 nicht gegeben.[289]

---

[284] Hamilton v. Harrington, 807 F.2d 102, 107 (7th Cir. 1986).

[285] Mallis v. Bankers Trust, 615 F.2d 68, 79 (2nd Cir. 1980); White v. Sanders, 689 F.2d 1366, 1369 (11th Cir. 1982).

[286] Clement A. Evans & Co. v. McAlpine, 434 F.2d 100, 103 (5th Cir. 1970).

[287] So in Dupuy v. Dupuy, 551 F.2d 1005 (5th Cir.1977). In diesem Fall war der Verkäufer Geschädigter. Sein Bruder, mit dem er ein Unternehmen zuvor gemeinsam betrieben hat, hat ihn über die verbesserte wirtschaftliche Lage getäuscht und dadurch die Anteile zu günstig erworben.

[288] Zobrist v. Coal, 708 F.2d 1511, 1517 (10th Cir. 1983).

[289] Zobrist v. Coal, 708 F.2d 1511, 1518-1519 (10th Cir. 1983).

3.3.2.3 Schadensersatzhaftung aus breach of warranty

3.3.2.3.1 Haftung des Unternehmensverkäufers

3.3.2.3.1.1 Express warranties

Unter express warranties sind vertragliche Zusicherungen des Verkäufers zu verstehen, die eine Garantiehaftung auslösen. Gemäß § 2-313 UCC handelt es sich bei allen ausdrücklichen Zusagen in bezug auf die Kaufsache, die zur Vertragsgrundlage werden, um express warranties. Sie sind von anderen expliziten Angaben des Verkäufers zu unterscheiden. Zu erwähnen sind covenants (Versprechen)[290], conditions (vertraglich vereinbarte Bedingungen)[291] und indemnity clauses (Freistellungsvereinbarungen im Innenverhältnis der Kontrahenten). Üblicherweise werden in amerikanischen Kaufverträgen Art und Umfang der warranties genau festgelegt, um spätere Konflikte zu vermeiden.

Grundsätzlich können express warranties sowohl mündlich als auch schriftlich abgegeben werden. Nach der sogenannten **parol evidence rule** gilt ein schriftlicher Vertrag im Zweifelsfall als vollständige Verabredung zwischen den Parteien.[292] Außerhalb des finalen schriftlichen Vertrags getroffene Vereinbarungen werden von den Gerichten in der Regel nicht zur Ergänzung des Vertragsinhaltes herangezogen, insbesondere wenn die Parteien die schriftliche Niederlegung abschließend gemeint haben, d.h. ein sog. "completely integrated agreement" geschlossen haben.[293]

Der Verkäufer haftet in der Regel auf das Erfüllungsinteresse (positives Interesse). Die Verjährungsdauer beträgt für Warenkaufverträge gemäß UCC § 2-725(1) vier Jahre. Express warranties können sich beim Asset Deal auf das Betriebsvermögen, bzw. auf einzelne gegenständliche oder nichtgegenständliche Teile desselben, beim Share Deal sowohl auf die Anteilsrechte als auch auf das zugrunde liegende Unternehmen oder Teile davon beziehen.

3.3.2.3.1.2 Implied warranties

Implied warranties sind gemäß § 2-314 UCC stillschweigende, gesetzlich angeordnete Zusagen, welche die normalerweise zu erwartenden Eigenschaften gewährleisten, insbesondere die Tauglichkeit zum gewöhnlichen Gebrauch.

Das UCC sieht gemäß § 2-314 UCC zum einen die "implied warranty of merchantability", die eine Gewähr für die durchschnittliche Qualität der Kaufsache und für ihre Eignung zum gewöhnlichen Gebrauch darstellt. Zum anderen gibt es gemäß § 2-315 UCC eine "warranty of fitness for particular purpose", mit der ein Verkäufer die Gewährleistung übernimmt, daß die Kaufsache für einen bestimmten Gebrauch geeignet ist. Diese beiden für den Warenver-

[290] Im Zusammenhang mit Unternehmensverkäufen beziehen sich covenants nicht auf das Unternehmen selbst, sondern auf andere Umstände, etwa das zukünftige Verhalten des Verkäufers, z.B. als potentielle Wettbewerber.
[291] Zumeist Bedingungen, an deren Eintreten die Pflicht des Käufers zur Kaufpreiszahlung gebunden ist.
[292] Vgl. Calamari und Perillo (1998), S. 120.
[293] Vgl. Reimann (1997), S. 40f.

kauf entwickelten konkludenten Gewährleistungen sind nach bisheriger Rechtsprechung für den Unternehmensverkauf nicht relevant.[294]

3.3.2.3.2 Kenntnis und Sorgfaltspflicht des Käufers

Nach common law setzt ein Anspruch des Käufers aus breach of warranty dessen Vertrauen (reliance) auf die Richtigkeit der Angaben des Verkäufers voraus. Diese Voraussetzung wurde durch UCC §2-313 abgeschwächt, nach dem die Angabe des Verkäufers nur noch Vertragsgrundlage ("basis of the bargain") sein muß.

Wenn der Käufer von der Unrichtigkeit einer express warranty weiß, schließt die Rechtsprechung einen Schadensersatzanspruch aus.[295] Bei positiver Kenntnis der Unrichtigkeit kann der Käufer weder auf die express warranty vertraut haben noch kann diese für ihn Grundlage des Geschäfts gewesen sein. Die Rechtsprechung zu Fällen, in denen der Käufer bzw. sein Berater zwar Zugang zu den relevanten Unterlagen, gleichzeitig aber keine positive Kenntnis von der Unrichtigkeit der Angaben des Verkäufers hatte, ist uneinheitlich:

In der Entscheidung **Land v. Roper** wurde das Vertrauen des Käufers (reliance) auf die Richtigkeit der Zusicherungen des Verkäufers nach Kansas common law als Voraussetzung für eine Inanspruchnahme aus breach of express warranty erkannt. Trotz ausdrücklicher, wahrheitswidriger vertraglicher Garantie des Verkäufers, daß sich die finanzielle Situation des Unternehmens zwischen letztem Bilanzstichtag und Closing nicht verschlechtert habe, wurde ein Haftungsanspruch verneint. Dem Käufer wurden für dessen eigene Unternehmensbewertung alle erforderlichen - und hinreichend aussagekräftigen - Unterlagen zur Verfügung gestellt, so daß er auf die vertraglichen Angaben des Verkäufers nicht mehr hätte vertrauen müssen.[296]

In späteren Entscheidungen wurde die aus der deliktischen Haftung stammenden reliance nicht mehr als Haftungsvoraussetzung bei vertraglichen Zusagen betrachtet.[297] Daher ist anzunehmen, daß ein Käufer durch eine Prüfung des Unternehmens mögliche Ansprüche aus breach of express warranty in der Regel nicht riskiert.

3.3.3 Zwischenergebnis

3.3.3.1 Abschwächung des Caveat-Emptor-Prinzips

Das US-amerikanische Rechtssystem basiert vor allem auf Richterrecht, wobei das nicht kodifizierte common law traditionell besonders verkäuferfreundlich (caveat emptor) ist. Kodifiziertes Recht bildet dagegen die Ausnahme. Die Tatsache, daß das Gewährleistungsrecht beim Unternehmensverkauf auch durch Gesetze, i.e. der UCC und das Kapital-

[294] Vgl. Merkt (1995), S. 1042f.

[295] So entschieden in Royal Business Machines v. Lorraine Corp., 633 F.2d 34 (7th Cir. 1980) und in Overstreet v. Norden Laboratories, Inc., 669 F.2d 1286 (6th Cir. 1982).

[296] Land v. Roper, 531 F.2d 445, 449 (10th Cir.1976).

[297] So im Ergebnis Wikoff v. Vanderveld, 897F.2d, 232, 235 (7th Cir., 1990), wie auch Ainger v. Michigan General Corp. 632 F.2d 1025 (2nd Cir., 1980); Shambaugh v. Lindsay, 445 N.E. 2d, S. 124ff. (Ind. App. 1983).

marktrecht (SA und SEA), maßgeblich geprägt wird, ist ungewöhnlich. Auch die weitgehende bundesweite Einheitlichkeit der Rechtslage stellt eine Ausnahme dar. Der Gesetzgeber hat durch die Einführung von SEA, SA und UCC eine außergewöhnlich aktive Rolle gespielt. Er wurde insbesondere durch die Erfahrung des großen Börsencrashs von 1929 zu einem größeren Schutz des Aktienkäufers gedrängt und hat damit automatisch in vielen Fällen auch den Schutz des Unternehmenskäufers vergrößert.

In noch größerem Maße hat aber die Rechtsprechung den Schutz des Unternehmenskäufers kontinuierlich verbessert. Ein Verkäufer, der einen arglosen Käufer über wesentliche Vertragsumstände täuscht, indem er falsch oder unzureichend informiert, haftet nunmehr grundsätzlich auf Schadensersatz, wie z.B. in den Fällen Teamster v. Angelos und Dexter v. Whittaker entschieden wurde. Selbst wenn der Käufer Hinweise hat, daß die Angaben des Verkäufers nicht zutreffen, verliert er seinen Anspruch nicht, sofern er sich nicht leichtfertig verhält.

Dennoch bestehen nach wie vor bestimmte Anforderungen an eine Haftung des Unternehmensverkäufers. Sowohl das common law of fraud als auch das Bundeskapitalmarktrecht sehen Vorsatz (scienter) oder zumindest Leichtfertigkeit (recklessness) des Verkäufers als Haftungsvoraussetzung, wenn er falsche Angaben macht. In Coleco v. Berman wurde entschieden, daß grundsätzlich kein Haftungsanspruch besteht, wenn der Verkäufer Angaben im guten Glauben macht. Für den Käufer beinhalten die verbliebenen Haftungsvoraussetzungen ein Restrisiko, da er den „guten Glauben“, also den tatsächlichen Informationsstand des Verkäufers zum Kaufzeitpunkt oft nicht einschätzen und zudem später vor Gericht in Beweisnöte geraten kann.

3.3.3.2 Betonung der Sorgfaltspflicht des Käufers

Eine hohe Bedeutung mißt das amerikanischen Recht traditionell, sowohl im common law als auch im Kapitalmarktrecht, der Kenntnis und Sorgfaltspflicht des Käufers bei, d.h. seinem tatsächlichen sowie seinem potentiellen Informationsstand. Weiß der Käufer um die Wahrheitswidrigkeit der Verkäuferangabe, ist ein deliktischer Haftungsanspruch ausgeschlossen. Ein Haftungsausschluß kann, wie in Land v. Roper entschieden wurde, sogar dann gelten, wenn der Verkäufer eine vertragliche Garantie abgegeben hat.

Insbesondere Urteile, die auf Bundeskapitalmarktrecht beruhen, verweisen auf die due care des Käufers. Die Untersuchungspflicht des Unternehmenskäufers wurde aber in der Rechtsprechung reduziert. In Teamster v. Angelos wird in diesem Zusammenhang auf die Vermeidung sinnlosen doppelten Untersuchungsaufwandes verwiesen. Der Käufer darf aber nicht leichtfertig auf eine Untersuchung verzichten, etwa wenn er Hinweise hat, daß der Käufer ihm gegenüber falsche Angaben macht.

In der US-Rechtsprechung wird regelmäßig der Wissensstand und das Urteilsvermögen beider Parteien, und damit im Ergebnis die Informationsasymmetrie zwischen den Kontrahenten, berücksichtigt, wie der Fall Moore v. Midgette belegt. Von großer Bedeutung für eine Haftung ist der Zugang des Käufers zur relevanten Information vor Vertragsschluß, wie etwa in der Entscheidung Zobrist v. Coal betont wird. Diese Entscheidungen zur Bemessung der Sorgfaltspflicht des Käufers ist bei einer ökonomischen Betrachtung zweckmäßig. Zwar ist ein besserer Informationsstand und günstigerer Informationszugang des Verkäufers beim Unternehmensverkauf die Regel. Liegt aber ein Ausnahmefall vor, so sollte das Informationsrisiko dem Käufer zugewiesen werden.

3.3.3.3 Sonstige Ergebnisse

Durch die hohe Bedeutung der vielen verschiedenen Einzelfallentscheidungen erscheint die Rechtslage in den USA insgesamt unübersichtlich. Zudem bestehen auch in den USA verschiedene, für den Unternehmensverkauf wesentliche Rechtsinstitute nebeneinander. Die Rechtsfolgen des common law und der Kapitalmarktgesetztgebung unterscheiden sich aber kaum. Die Bestimmungen des Warenkaufrecht sind nur in wenigen Fällen für den Unternehmenskauf relevant. Dabei ist noch am meisten der § 2-313 UCC zu beachten, der den Bruch von express warranties behandelt. Da es sich bei express warranties um vertragliche Zusicherungen handelt, sind anschließende Meinungsverschiedenheiten der Kontrahenten bezüglich der getroffenen Vereinbarung aber wenig wahrscheinlich.

Positiv sind im US-amerikanische Recht die Verjährungsfristen zu bewerten. Sie liegen zwischen drei und vier Jahren, die für einen Unternehmenskäufer zumeist ausreichend sein sollten, um den Mangel zu entdecken, und gleichzeitig für den Verkäufer in der Regel keine unzumutbare Belastung darstellen dürften. Anders als etwa bei Unfallklagen spielen bei Urteilen zur Haftung beim Unternehmensverkauf punitive damages keine Rolle.

Insgesamt wird sich ein rationaler Käufer, trotz seiner substantiell verbesserten rechtlichen Stellung, nach wie vor lieber auf eine eigene Prüfung des Unternehmens sowie auf vertragliche Garantien des Verkäufers verlassen als auf den Schutz durch die Rechtsordnung zu vertrauen. Umgekehrt hat der Verkäufer ein Interesse, dem Käufer umfassenden Zugang zu Informationen zu gewähren, um sein (deliktisches) Haftungsrisiko zu reduzieren und den Umfang vertraglicher Gewährleistungen einschränken zu können. Die Analyse der rechtlichen Lage bietet einen möglichen Erklärungsansatz für die Neigung US-amerikanischer Kontrahenten zu umfangreichen Vertragswerken sowie zu sorgfältigen Prüfungen des Unternehmens durch den Käufer und seine Berater vor Vertragsschluß.[298]

[298] Vgl. zu den in den USA längeren Unternehmenskaufverträgen auch Triebel (1998).

3.4 Allokationseffizienz des rechtlichen Rahmens im Vergleich

3.4.1 Informationsrisiko des Kaufinteressenten

Die Betrachtung des rechtlichen Rahmens des Unternehmenskaufs in Deutschland und in den Vereinigten Staaten hat ergeben, daß in beiden Ländern eine Vielzahl von Gesetzen und gerichtlichen Einzelfallentscheidungen zu beachten ist. Sowohl in Deutschland[299] wie in den Vereinigten Staaten wurde durch richterliche Rechtsfortbildung die Haftung des Verkäufers sukzessive ausgeweitet und dadurch das Informationsrisiko des Käufers gesenkt.

Das Recht kann beim Unternehmenskauf durch knappe, allgemein gültige und nachvollziehbare Normen sowie durch eine konstant an ökonomischen Erwägungen orientierte Rechtsprechung zur Allokationseffizienz beitragen. Die erfolgten Veränderung tragen in beiden Ländern der hohen Komplexität des Kaufgegenstandes Unternehmen und den in den meisten Fällen höheren Informationskosten des Käufers Rechnung. Die in der "Evolutionstheorie des Zivilrechts" vertretene These, nach der sich viele rechtliche Regeln und mehr noch die richterliche Rechtsfortbildung weitgehend automatisch am Effizienzgedanken orientieren, kann für den Unternehmenkauf grundsätzlich bestätigt werden[300]: "Eine im Sinne der Allokationseffizienz fehlspezifizierte zivilrechtliche Regel wird nach dieser Theorie vom Rechtsverkehr wegen der Verluste, die sie verursacht, nicht angenommen. Sie wird entweder - bei niedrigen Transaktionskosten - durch privatautonome Verträge aus der Welt geschafft oder bei hohen Transaktionskosten durch sich häufende Klagen, die irgendwann zum Erfolg führen, zu Fall gebracht."[301] In beiden Ländern nehmen die Richter in ihren Entscheidungen explizit auf ökonomische Erwägungen Bezug. Für die Vereinigten Staaten, in denen die ökonomische Analyse des Rechts seit langem einen hohen Stellenwert hat überrascht das weniger als für Deutschland. In der US-amerikanischen Rechtsprechung wird auch bei der Bestimmung der Sorgfaltspflicht des Käufers ökonomischen Erwägungen Rechnung getragen. In verschiedenen Fällen (z.B. Käufer verfügt über relevante Unterlagen; Verkäufer versteht nichts vom Geschäft) kann die Zuweisung einer Sorgfaltspflicht zu einem effizienten Ergebnis beitragen.

Das deutsche Recht ist insgesamt nach wie vor etwas käuferfreundlicher als das US-amerikanische Recht. Die gesetzliche Gewährleistungshaftung ist eine verschuldensunabhängige Garantiehaftung. Dagegen ist im US-amerikanischen Recht grundsätzlich immer Vorsatz (scienter) bzw. Leichfertigkeit (recklessness) des Verkäufers Voraussetzung für eine Haftung. Wenn der Verkäufer im guten Glauben falsch informiert hat, kann der Käufer ungeschützt bleiben, obwohl der Verkäufer leichteren Zugang zu der relevanten Information hatte. Auch ist in den Vereinigten Staaten eine Verkäuferhaftung noch häufig an das Bestehen einer expliziten vertraglichen Garantie (express warranty) gebunden. In Deutschland betont dagegen insbesondere die c.i.c. die selbständigen Aufklärungspflichten des Verkäufers.

---

[299] Die vorgenommene Rechtsfortbildung erscheint, ungeachtet der etwa von Eidenmüller geäußerten Vorbehalte hinsichtlich der Legitimation und Kompetenz deutscher Gerichte, zu einer umfassenden Rechtsfortbildung im Sinne der ökonomischen Analyse des Rechts beizutragen, als durchaus substanziell und wirtschaftlich, vgl. Eidenmüller (1995), S. 486.

[300] Diese Theorie ist allerdings allgemein nicht unumstritten, vgl. Assmann (1989).

[301] Schäfer (1989), S.21.

Anders als in Deutschland hat die wenig effiziente Wandlungsmöglichkeit des Käufers in den Vereinigten Staaten keine Bedeutung. Aus ökonomischer Sicht ist eine Wandlung bei komplexen Kaufgegenständen in der Regel wenig effizient, weil durch die Rückabwicklung des Kaufvorganges zusätzliche Kosten entstehen. Außerdem kann ein Käufer, dessen Kaufmotiv nach Abschluß des Kaufvertrages entfallen ist, unter Umständen einen Sachmangel zum Vorwand nehmen, um sich vom Vertrag zu lösen. Der Verkäufer wird aufgrund der Gefahr einer Verlagerung der Kosten eines Motivirrtums unter Umständen einem höheren Kaufpreis verlangen.[302] Zwar bestehen auch im US-amerikanischen Recht unterschiedliche Haftungsgrundlagen, doch führen diese zu ähnlicheren Ergebnissen. Das US-amerikanische Recht verfügt über einheitliche und sachgerechte Verjährungsfristen (3-4 Jahre), wogegen die extrem langen (sechs Monate bei c.i.c.) bzw. extrem kurzen (30 Jahre bei Sachmängelhaftung) deutschen Fristen Probleme verursachen.

Insgesamt verbleiben in beiden Ländern für die Kontrahenten bis heute einige Unsicherheiten, vor allem, weil eine effiziente Lösung stets von der Entscheidung des jeweiligen Richters abhängig. Eine Haftungszuweisung wird immer anhand von Einzelfallentscheidungen vorgenommen werden, da ein speziell auf den Unternehmensverkauf zugeschnittenes Gesetz fehlt. Da im übrigen aber die Umstände jeder Transaktion verschieden sind, muß jeder Fall aufs Neue mit den allgemeinen Normen und den zahlreichen Präzedenzfällen abgeglichen werden. Dadurch verbleibt bei jeder Transaktion für beide Parteien eine erhebliche Unwägbarkeit.

3.4.2 Folgerungen für die Kontrahenten

In beiden Ländern verbleiben Schwachstellen und eine nicht unerhebliche (Rechts-)Unsicherheit für die Kontrahenten, insbesondere für den Käufer. Auf Grundlage des geltenden Rechts wird ein schlecht informierter Käufer seiner Grenzpreisbestimmung nach wie vor erhebliche Risikoabschläge vornehmen. Das gilt, trotz der durch diese erzielten Fortschritte, auch nach der Schuldrechtsreform.[303] Die Gefahr eines Marktversagens wird durch den rechtlichen Rahmen in beiden Ländern verringert, aber nicht gebannt.

Die Kontrahenten sind darauf angewiesen, durch eigene Aktivitäten die Funktionsfähigkeit des Marktes für Unternehmenskäufe zu gewährleisten. In den Vereinigten Staaten haben eigenständige Schutzmaßnahmen der Kontrahenten traditionell eine hohe Bedeutung, wozu die lange Zeit verkäuferfreundliche und damit gleichzeitig käuferfeindliche Rechtslage beigetragen haben mag. Die Eignung möglicher Maßnahmen wie Due Diligence, gezielte Vertragsgestaltung und der Unternehmensverkauf an einen informierten Käuferkreis (Management Buy-out) werden in den folgenden Kapiteln untersucht.

[302] Vgl. Schäfer und Ott (1995), S. 394.
[303] So im Ergebnis auch Seibt und Reiche (2002), S. 1181ff.

4. Kapitel: Unternehmensverkauf durch Management Buy-out

4.1 Begriff und Bedeutung von Management Buy-outs

4.1.1 Begriff des Management Buy-out

Der Management Buy-out (MBO)[1] ist der Kauf eines Unternehmens oder wesentlichen Unternehmensteiles durch einen Käuferkreis, zu dem auch leitende Angestellte des Unternehmens zählen.[2] Ziel des MBO ist eine weitgehende Fortführung des Unternehmens.[3]

Viele MBOs werden unter Einsatz eines hohen Fremdkapitalanteils finanziert.[4] An der Finanzierung des MBO beteiligen sich zudem regelmäßig institutionelle Eigenkapitalgeber.[5] Das Management muß beim MBO nicht unbedingt die Mehrheit der Anteile übernehmen.[6] Aus Sicht des Managements sollte der Kaufpreis für ihre Beteiligung aber einen wesentlichen Teil ihres Vermögens darstellen.[7] Häufig werden MBOs nicht vom Management selbst, sondern von Finanzinvestoren initiiert. Diese Investoren können durch die Einbindung des Managements nicht nur dessen Motivation sicherstellen, sondern auch auf sein unternehmensspezifisches Wissen zurückgreifen. Wenn mehrere Parteien an dem MBO beteiligt sind, gründen die Beteiligten für den Kauf des Unternehmens üblicherweise als Akquisitionsvehikel eine Übernahmegesellschaft, die mit Eigenkapital und Fremdkapital ausgestattet wird.[8]

Als Teilbereich des Mergers & Acquisitions[9] weisen MBOs nicht nur in bezug auf die Finanzierung des Kaufpreises, sondern auch hinsichtlich der Motive und Informationssituation der Beteiligten sowie rechtlicher Rahmenbedingungen einige Besonderheiten auf, die in diesem Kapitel untersucht werden. Im Mittelpunkt steht die Frage, ob MBOs eine geeignete Veräußerungsvariante darstellen, mit denen das Informationsproblem beim konventionellen Unternehmensverkauf umgangen werden kann.

---

[1] Ausführliche Darstellungen des Management-Buy-out-Konzeptes geben u.a. v. Boxberg (1989), Leimbach (1989), Kessel (1991), Luippold (1991), Hoffmann und Rahmke (1992), Gräper (1993), Menke (1993), Honert (1995) sowie Schwien (1995).

[2] Vgl. Wright u.a. (1990a), S. 62 und Drukarczyk (1993), S. 20.

[3] Vgl. Hoffmann und Rahmke (1992), S. 20.

[4] Vgl. Gräper (1993), S.7.

[5] Vgl. Neukirchen (1995), S. 41ff. Siehe auch Abschnitt 4.2.

[6] Vgl. etwa v. Boxberg (1989), S. 10 und Graml (1996), S. 12f. Anderer Auffassung ist Honert (1995), S. 8. Neukirchen sieht die Untergrenze der Managementbeteiligung beim MBO bei 25%, vgl. Neukirchen (1995), S. 4.

[7] Vgl. Kropp (1992), S. 11.

[8] Die Übernahmengesellschaft firmiert in den meisten Fällen als GmbH, vgl. Arbeitskreis Finanzierung (1990), S. 834f. und Luippold (1992), S. 242ff.

[9] Vgl. Graml (1996), S. 25ff.

4.1.2 Abgrenzung

4.1.2.1 Management Buy-in

Der Management Buy-in ist der Kauf eines Unternehmens unter Beteiligung externer Manager, die anschließend die Unternehmensführung übernehmen.[10] Wie beim MBO sind in der Regel institutionelle Eigen- und Fremdkapitalgeber beteiligt. Der Fremdfinanzierungsanteil ist hoch. Im übrigen gleicht der MBI einem konventionellen Unternehmenskauf.[11]

Beim MBI geht der Käufer im Vergleich zum MBO-Manager ein größeres Risiko ein, da er die innerbetrieblichen Strukturen nicht kennt, zumeist über weniger genaue Produkt- und Marktkenntnisse verfügt und seine Akzeptanz bei den Mitarbeitern nicht gewährleistet ist.[12] Häufig gibt der externe Manager zudem eine gesicherte Position in einem anderen Unternehmen auf. MBIs werden oft anstelle eines MBOs durchgeführt, wenn im zu verkaufenden Unternehmen keine Führungskräfte vorhanden sind, die eine Unternehmerfunktion übernehmen können oder wollen.[13] Das ist häufig bei mittelständischen, stark eigentümerdominierten Unternehmen der Fall. Da auch Buy-outs unter gleichzeitiger Beteiligung interner und externer Manager üblich sind, kann die Grenze zwischen MBO und MBI fließend sein.[14]

4.1.2.2 Mitarbeiterbeteiligung und Employee Buy-out

Unter Mitarbeiterbeteiligung ist die Beteiligung einer breiten Gruppe von Arbeitnehmern, vom Arbeiter bis zum leitenden Angestellten, am Unternehmen zu verstehen.[15] Insbesondere größere Unternehmen machen von Mitarbeiterbeteiligungsmodellen, oft in Form von Belegschaftsaktien oder Genußrechten, zur Unternehmensfinanzierung und zur Mitarbeitermotivation Gebrauch. Mit dem Eingang einer Mitarbeiterbeteiligung ist keine Übernahme einer unternehmerischen Führungsfunktion verbunden.

Beim Employee Buy-out (Belegschafts-Buy-out) wird das Unternehmen bzw. die Mehrheit der Anteile im Rahmen einer einzigen Transaktion von seinen Mitarbeitern übernommen. Im Vergleich zum MBO und MBI ist der Kreis der beteiligten Personen größer und, ebenso wie bei Mitarbeiterbeteiligungen, nicht auf leitende Angestellte beschränkt.[16] In der Praxis sind Employee Buy-outs fast ausschließlich bei Sanierungsfällen von Bedeutung.[17]

4.1.2.3 Institutional Buy-out

Der Institutional Buy-out (IBO) wird von Beteiligungsgesellschaften initiiert und umgesetzt. Das Management wird entweder überhaupt nicht oder erst nach erfolgter Unternehmensübernahme in die Transaktion einbezogen. Aufgrund seiner dominierenden Rolle bei

---

[10] Vgl. Honert (1995), S. 15.
[11] Vgl. Harbers (1992), S. 3.
[12] Vgl. Coenenberg, Jakoby und Maas (1996), S. 529.
[13] Vgl. Graml (1996), S. 16.
[14] Vgl. Kropp (1992), S. 16.
[15] Vgl. Wagner (1993), S. 19. Vgl. zur Mitarbeiterbeteiligung auch Lüthjen (1992) und Berger (1993).
[16] Vgl. Ballwieser und Schmidt (1990), S. 300.
[17] Vgl. Schwien (1995), S. 20.

der Akquisition übt der Finanzinvestor bei IBOs eine aktive Eigentümerfunktion aus. Das kann bedeuten, daß Mitarbeiter der Beteiligungsgesellschaft temporär Managementfunktionen in der Zielgesellschaft übernehmen.[18]

4.1.2.4 Leveraged Buy-out

Der Begriff Leveraged Buy-out (LBO) stellt nicht auf den Käufer, sondern auf die Finanzierung ab.[19] Aus einem hohen Fremdfinanzierungsanteil bei der Übernahme ergibt sich ein Hebeleffekt (leverage), durch den die Eigenkapitalrendite des Käufers steigt.[20] Die Verbindlichkeiten werden aus dem Cash-flow des Unternehmens zurückgeführt. Dieser muß hoch genug sein, um Fremd-, Mezzanine- und Eigenkapital bedienen zu können.[21] Häufig werden nach der Übernahme die nicht betriebsnotwendigen Vermögensgegenstände und Randaktivitäten veräußert, um Teile des Kaufpreises zu refinanzieren.

Treibende Kraft bei LBOs sind oft Finanzinvestoren, auch wenn das Management meistens in die Transaktion einbezogen wird.[22] Ein LBO kann gleichzeitig ein MBO oder ein MBI sein. Die Verbindung von LBO und MBO wird auch als Leveraged Management Buy-out (LMBO)[23] oder Management Leveraged Buy-out (MLBO) bezeichnet.[24]

LBOs haben in den USA, insbesondere in den 80er Jahren, eine Vielzahl von - auch feindlichen - Übernahmen großer, börsennotierter Unternehmen ermöglicht. Ein bis heute sehr prominentes Beispiel ist die Übernahme von RJR Nabisco durch Kohlberg, Kravis & Roberts für ca. 25 Milliarden US-$ im Jahr 1988.[25]

4.1.3 Bedeutung von Management Buy-outs in Deutschland

Anders als in angelsächsischen Ländern, wo Management Buy-outs schon seit Jahrzehnten durchgeführt werden[26], hat diese Form der Unternehmensübernahme in Deutschland, wie auch in den meisten anderen kontinentaleuropäischen Ländern, erst mit erheblicher Verzögerung Aufmerksamkeit gefunden.[27] Öffentliches Interesse haben MBOs erstmals durch die Privatisierungstätigkeit der Treuhandanstalt nach der Wiedervereinigung gefunden. Allein bis Ende 1994 wurden 2.667 Treuhand-MBOs in den neuen Bundesländern durchgeführt.[28] Für die verspätete Entwicklung des deutschen Buy-out Marktes werden unterschiedliche Gründe genannt: Geringerer Unternehmergeist bei deutschen Managern, konservative Ein-

[18] Vgl. Marson-Smith (1998), S. 100-102.
[19] Vgl. allgemein zum Leveraged Buy-out Braun (1989).
[20] Vgl. Ballwieser und Schmid (1990), S. 299, allgemein zum Leverage-Effekt Süchting (1991), S. 381ff.
[21] Vgl. McNeill Stancill (1988), S. 18.
[22] Vgl. Kropp (1992), S. 14.
[23] Vgl. Hoffmann und Rahmke (1992), S. 24.
[24] Vgl. v. Boxberg (1989), S.10.
[25] Die Geschichte dieser Übernahme beschreiben Burrogh und Helyar (1990).
[26] Der US-Buy-Out-Markt gilt inzwischen sogar als überkapitalisiert, vgl. Kellett (1998), S. 67.
[27] Eine Analyse der Verbreitung von Management Buy-outs in Deutschland bis 1990 gibt Gräper (1993).
[28] Das entspricht 18,7% aller Treuhandanstalt-Privatisierungen, vgl. Kokalj (1994).

stellung mittelständischer Unternehmer, geringere Bekanntheit der Buy-Out-Option sowie der niedrigere Entwicklungsstand des Kapitalmarktes.[29]

Von der Sonderbewegung der Treuhand-MBOs abgesehen, ist die Anzahl und das Transaktionsvolumen deutscher MBOs im internationalen Vergleich nach wie vor niedrig. Im Jahr 1997 wurden in Deutschland 84 MBOs mit einem Transaktionsvolumen von £ 2.300 Mio. durchgeführt, im Vergleich zu 423 Transaktionen in Großbritannien mit einem Volumen von £ 6.800 Mio.[30]

Inzwischen zeichnet sich ein lang erwarteter Wachstumstrend ab. Deregulierungsmaßnahmen, eine Professionalisierung des M&A- und Buy-out-Marktes, ein gesteigertes öffentliches Interesse an den Kapitalmärkten und nicht zuletzt ein zunehmender internationaler Wettbewerbsdruck haben den Markt beflügelt.[31] Hinzu kommt ein stärkeres Engagement internationaler Beteiligungsgesellschaften, die auf der Suche nach attraktiven Anlagemöglichkeiten auch Deutschland entdeckt haben. Für die nähere Zukunft wird daher eine deutlich ansteigende Zahl von Buy-outs und Transaktionsvolumina erwartet.[32]

4.2 Finanzierung

4.2.1 Erwerbsfinanzierung

Der Finanzierung kommt beim MBO eine zentrale Funktion zu. Das Management arbeitet beim Erwerb der Unternehmensanteile eng mit institutionellen Eigenkapital- und Fremdkapitalgebern zusammen. Eigenkapital wird in den meisten Fällen von spezialisierten Beteiligungsgesellschaften (im folgenden auch Buy-out Fonds bzw. Finanzinvestoren), Fremdkapital von Banken zur Verfügung gestellt. Der Fremdfinanzierungsanteil ist bei MBOs meistens hoch.[33] Eine Tilgung der Verbindlichkeiten erfolgt in den ersten Jahren nach dem Buy-out aus dem freien Cash-flow.[34]

4.2.1.1 Vorrangiges Fremdkapital

Vorrangiges Fremdkapital wird zumeist von Geschäftsbanken in Darlehensform bereitgestellt.[35] Der Fremdkapitalgeber ist in der Regel nicht mit dem Eigenkapitalinvestor identisch.[36] Der Kredit wird zumeist besichert, kann aber auch unbesichert zur Verfügung gestellt werden. Als Sicherheit dienen die Vermögensgegenstände des übernommenen Unternehmens, beim Share Deal können auch die Anteile der Zielgesellschaft beliehen werden.[37]

Da das vorrangige Fremdkapital zuerst zurückgezahlt wird, beinhaltet es für den Gläubiger das geringste Risiko, weshalb die Verzinsung in der Regel relativ niedrig ist. Die Rendite

[29] Vgl. Peter und Schmidt (1998), S. 124.
[30] Zahlen nach Angaben von Acquisitions Monthly und Centre for Management Buy-out Research.
[31] Vgl. Peter und Schmidt (1998), S. 124.
[32] Vgl. Barrow (2002), S. 10.
[33] Vgl. Luippold (1991), S. 147.
[34] Vgl. Peltzer (1987), S. 973.
[35] Vgl. Luippold (1991), S. 204.
[36] Vgl. Honert (1995), S. 32.
[37] Vgl. Hoffmann und Rahmke (1992), S. 86.

ist in der Regel an marktübliche Benchmarkzinssätze wie den LIBOR oder die prime rate gekoppelt, bei Aufschlägen von ca. 1-3% zuzüglich Abschlußgebühr.[38]

Die Laufzeit beträgt zumeist 7-8 Jahre[39], bei grundpfandrechtlich gesicherten Krediten auch länger. Häufig enthalten die Kreditverträge Verpflichtungen oder Bedingungen, deren Mißachtung dem Gläubiger einen Eingriff in die Unternehmensführung ermöglichen.

4.2.1.2 Mezzanine-Kapital

Mezzanine-Kapital (Zwischenstock) ist eine Mischform aus Eigen- und (vorrangigem) Fremdkapital.[40] Es dient der Schließung einer Finanzierungslücke, wenn das von den Käufern zur Verfügung gestellte Eigenkapital und das von den Banken auf Basis des haftenden Eigenkapitals bewilligte Fremdkapital nicht ausreichen, um den Kaufpreis zu finanzieren.[41] Durch die Aufnahme von Mezzanine-Kapital kann die Aufnahme weiterer Eigenkapitalgeber begrenzt und eine resultierende Verwässerung der (Gewinn-)Anteile vermieden werden.[42] Mezzanine-Kapital wird unbesichert bereitgestellt. Die Laufzeit kann zwischen 5 und 15 Jahren liegen. Im Konkursfall werden Forderungen aus Mezzanine Kapital erst nach den vorrangigen Mitteln befriedigt.

Aus der Nachrangigkeit resultiert für den Gläubiger ein höheres Ausfallrisiko, das er sich durch einen höheren Zinssatz bezahlen läßt. Üblich sind Aufschläge von 3,5 - 6 % auf Interbankensätze und eine Abschlußgebühr von 2%.[43] Je nach Ausgestaltung der Vertragsbedingungen und des Leverage können die Aufschläge auch noch deutlich höher sein, so daß eine Mezzanine-Finanzierung für das MBO-Unternehmen eine hohe finanzielle Belastung darstellt. Außerdem wird Mezzanine-Kapital häufig mit sogenannten Equitykickern, i.e. Wandel- oder Optionsrechte, ausgestattet.[44] Die effektive Gesamtrendite der Mezzanine-Finanzierung liegt, auf Basis einer EURIBOR-Benchmark von ca. 4%, bei etwa 14-18% p.a.

Mezzanine-Kapital kann sowohl privat plaziert[45] als auch über den Kapitalmarkt aufgebracht werden. Zum Mezzanine-Kapital zählen u.a. Gesellschafterdarlehen, partiarische Darlehen[46], Genußrechte[47], stille Beteiligungen[48] und seller's notes.[49]

---

[38] Vgl. De Ridder (1990), S. 60f.
[39] Vgl. Garland (1998), S. 103.
[40] Vgl. ausführlich zur Mezzanine-Finanzierung Gereth und Schulte (1992).
[41] Vgl. Kessel (1991), S. 49f.
[42] Vgl. Fanselow und Stedler (1992), S. 396.
[43] Vgl. De Ridder (1990), S. 62.
[44] Vgl. Arbeitskreis Finanzierung (1990), S. 842.
[45] So sind häufig sowohl die an der vorrangigen Fremdfinanzierung beteiligten Geschäftsbanken als auch die Beteiligungsgesellschaften bereit, auch Mezzanine-Kapital zur Verfügung zu stellen, vgl. Luippold (1991), S. 207. Außerdem engagieren sich spezialisierte Mezzanine-Fonds, die in der Regel von großen Versicherungen oder Pensionsfonds getragen werden.
[46] Partiarische Darlehen sind zumeist vom Finanzinvestor bereitgestellte Gesellschafterdarlehen, die mit einer gewinnabhängigen Vergütung ausgestattet sind.
[47] Genußrechte sind Wertpapiere, die zumeist Vermögensrechte, wie Gewinnbeteiligung und Liquidationserlös, aber keine Stimmrechte beinhalten und unterschiedliche ausgestaltete werden können, vgl. Ballwieser und Schmid (1990), S. 304.

Auch high-yield debt[50] sowie Wandel- und Optionsanleihen[51] können Bestandteil einer Mezzanine-Finanzierung sein.[52] High-yield debt wurde in den USA seit den 80er Jahren zur Finanzierung zahlreicher LBOs emittiert[53] und hat in den 90er Jahren auch in der europäischen Buy-Out-Finanzierung an Bedeutung gewonnen. Das Gesamtvolumen europäischer hochverzinslicher Risikoanleihen ist zwischen Ende 1994 und Ende 1999 von 1,69 Mrd. Euro auf 44,87 Mrd. Euro angestiegen. Per 31.05.2000 betrug es 53,52 Mrd. Euro.[54]

4.2.1.3 Eigenkapital

Ein wesentlicher Teil des für den MBO erforderlichen Eigenkapitals wird vom Management zur Verfügung gestellt. Vielfach kann das Management aber das erforderliche Eigenkapital nicht allein aufbringen und ist daher auf die Zusammenarbeit mit Finanzinvestoren angewiesen, um einen MBO zu verwirklichen.[55] Finanzinvestoren ermöglichen durch ihr Kapital und Strukturierungsknow-how die Kaufpreisfinanzierung und Umsetzung der Transaktion. Die Renditeerwartung der meisten Finanzinvestoren liegt bei mindestens 30% auf das eingesetzte Eigenkapital.[56] Da laufende Ausschüttungen aufgrund der hohen Zinsbelastung in den ersten Jahren nach dem MBO nicht zu erwarten sind, resultiert die Rendite überwiegend aus dem Wertzuwachs der Beteiligung.

Neben spezialisierten Beteiligungsgesellschaften (Buy-out Fonds) treten auch Banken und Versicherungen, Industrieunternehmen und vermögende Privatpersonen als Finanzinvestoren auf.[57] Die Kapitalbeteiligung des Managements muß aus Sicht dieser Kapitalgeber zumindest ausreichen, um einen hohen unternehmerischen Einsatz zu gewährleisten. Die Management-Anteile variieren zwischen deutlich weniger als 20 und 100%. Gerade bei einem hohen Transaktionsvolumen kann die Managementbeteiligung, aufgrund begrenzter privater Mittel, prozentual gering ausfallen. Eine Kompensation und Anreizsteigerung ist über Mehrfachstimmrechte oder Optionen auf zusätzliche Anteile möglich.

---

[48] Vgl. Gereth und Schulte (1992), S. 74ff.

[49] Seller`s notes sind Forderungen eines Alteigentümers, der für einen Teilbetrag einen Schuldschein statt einer Barzahlung akzeptiert.

[50] Bei high-yield debt handelt es sich um hochverzinsliche Risikoanleihen, vgl. Taggert und Perry (1992), S. 279ff.

[51] Vgl. Gereth und Schulte (1992), S.84ff.

[52] Vgl. Hodgkinson (1996), S. 347.

[53] High-yield debt hat auch bei der Finanzierung europäischer Buy-outs an Bedeutung gewonnen. Vom gesamten europäischen high-yield Emissionsvolumen, das 1998 einen Betrag von ca. 11 Mrd. US-Dollar erreicht hat, sind 21% Buy-out-bezogen vgl. Twining (1998), S. 118. Vgl. zu den Möglichkeiten der High-Yield-Finanzierung auch Leach und Gibbons (1998), S. 109ff.; zur Verbereitung in Deutschland Achleitner und Müller-Trimbusch (1999), S. 195ff.

[54] Bloomberg.

[55] Vgl. Hodgkinson (1998), S. 343.

[56] Vgl. Gräper (1993), S. 36. In der bisher einzigen veröffentlichten empirischen Untersuchung wurde allerdings eine tatsächlich von Beteiligungsgesellschaften in Deutschland durchschnittlich erzielte Rendite (Internal Rate of Return) von (nur) 18,3% ermittelt, wobei die Stichprobe überwiegend aus Venture Capital Investments bestand, vgl. Schefczyk (1999), S. 1131.

[57] Vgl. Honert (1995), S. 30.

4.2.1.4 Kapitalzusammensetzung

Eine typische Buy-Out-Struktur sieht den Einsatz aller drei genannten Finanzierungsmöglichkeiten vor. Die Anteile der einzelnen Kapitalquellen variieren aber erheblich. Die unten dargestellte Kapitalstruktur soll eine übliche Bandbreite für den Finanzierungsmix und die dazugehörigen Renditeerwartungen abbilden.[58]

Mit steigendem Fremdkapitalanteil erhöht sich durch den Leverage-Effekt[59] die Rendite auf das Eigenkapital, bei gleichzeitigem Anstieg des Risikos. Die Zielrenditen hängen in ihrer Entwicklung von der allgemeinen Zinsentwicklung ab.

Tabelle 6: Finanzierungsmix bei MBOs

Finanzierungsart	Quelle	Anteil	Rendite*
Vorrangiges Fremdkapital	• Banken • Kapitalmarkt	50-60%	5-7%
Mezzanine	• Banken • Mezzaninefonds • Alteigentümer • Käufer • Kapitalmarkt	20-30%	7,5-20% in der Regel 14-18%
Eigenkapital	• Management • Finanzinvestoren	10-30%	Mindestens 30% (angestrebt)

* Basierend auf einem Interbanken-Zins (EURIBOR) von ca. 4%

4.2.2 Exit

Das Engagement der Manager ist in der Regel langfristig, weil sie mit dem MBO zumeist auch unternehmerische Motive verfolgen.[60] Dem gegenüber ist der Anlagehorizont von Finanzinvestoren in der Regel begrenzt. Neukirchen hat ermittelt, daß 36 % aller Engagements von Beteiligungsgesellschaften kurz- bis mittelfristig (bis zu 5 Jahre) angelegt sind, weitere 48% langfristig begrenzt (bis zu 10 Jahre) und 16% unbefristet sind.[61]

Finanzinvestoren müssen sich von ihrem Engagement trennen können (Exit), um die volle Wertsteigerung ihrer Investition zu realisieren. Exit-Optionen sind die Weiterveräußerung der Beteiligung an das Management, andere Finanzinvestoren oder strategische Investoren. Alternativ können Anteile am Unternehmen an die Börse gebracht werden. Ein Teil des Ertrags kann zudem über Ausschüttungen und eventuell ein Re-Leveraging der Gesellschaft realisiert werden. Die wichtigsten Exit Kanäle sind in Deutschland der Börsengang (32,6%

[58] Vgl. De Ridder (1990), S. 49ff. und Lück (1990), S. 77.
[59] Siehe Abschnitt 4.1.2.4.
[60] Vgl. zu den Motiven der Manager Abschnitt 4.3.2.1.2.
[61] Vgl. Neukirchen (1996), S. 133ff.

und der Trade sale (41,3%). Der Rest verteilt sich auf die übrigen Exitkanäle, wobei ein relativ hoher Anteil von Beteiligungen durch Liquidation bzw. Insolvenz endet (13,8%).[62]

4.2.2.1 Erwerb durch das Management

Vielfach kann das Management aufgrund begrenzter finanzieller Möglichkeiten zunächst nur eine Minderheitsbeteiligung übernehmen. Wenn das eigentliche Ziel des Managements eine uneingeschränkte Unternehmensführung ist, wird es einen wachsenden finanziellen Spielraum in den folgenden Jahren für die Übernahme weiterer Anteile vom Finanzinvestor nutzen.[63]

Bei vielen MBOs werden diesbezüglich schon bei der Übernahme feste Vereinbarungen (einschließlich Kaufpreisen) getroffen. Eine Finanzierung der Übernahme von Restanteilen kann über ein Re-Leveraging des Unternehmens erfolgen.

4.2.2.2 Verkauf an Dritte

Im Rahmen einer Veräußerung an Dritte (Trade Sale) können beide Investorengruppen ihren Erfolg realisieren. Einige Zeit nach dem Buy-out kann ein Kauf des Unternehmens für Dritte attraktiver sein als vor dem MBO, etwa weil das Management durch Umstrukturierungsmaßnahmen die Rentabilität des Unternehmens gesteigert hat oder weil sich allgemein die Marktbedingungen geändert haben. Insbesondere Synergieeffekte können ein höheres Kaufpreisgebot durch Konkurrenzunternehmen erklären.

4.2.2.3 Börsengang

Der Börsengang[64] (Initial Public Offering, IPO) ist sowohl für Finanzinvestoren als auch für die Manager eine vorteilhafte Exit-Möglichkeit.[65] Er ermöglicht die Aufnahme zusätzlichen Eigenkapitals mittels einer Kapitalerhöhung und erlaubt einen Rückzug der Alteigentümer in mehreren Schritten. Durch eine breite Streuung der Anteile können Manager und Finanzinvestoren ihren Einfluß auf die Geschäftspolitik des Unternehmens wahren. Die Börseneinführung setzt einen zuvor erfolgreichen Verlauf des MBO und Kursphantasie für die Anleger (Equity Story) voraus. Die mögliche Nutzung eines IPO als Exit hängt in sehr starkem Maße von der allgemeinen Börsensituation ab.[66]

In der Vergangenheit kam ein Börsengang für viele deutsche Unternehmen nicht in Frage, weil eine entwickelte Aktienkultur fehlte. Zudem waren die Anforderungen für eine Einführung im amtlichen Handel hoch waren, während der Freiverkehr nicht über genügend Liquidität verfügt hat.[67] Seit der Börsen-Privatisierung der Telekom im Jahr 1996 hat sich ein breiteres Anlegerinteresse gebildet. Durch die Liberalisierung des deutschen Kapitalmarktes sind außerdem einige formale Erleichterungen eingetreten.

---

[62] Vgl. Feinendegen, Hommel und Wright (2001), S. 576.
[63] Vgl. Graeper (1993), S. 73.
[64] Vgl. zur Organisation, Zulassungsvoraussetzungen und Funktionsweise der Börse Loistl (1994), S. 33ff.
[65] Vgl. Luippold (1991), S. 196.
[66] Vgl. Thomson (1998), S. 4.
[67] Vgl. zu dieser Problematik Luippold (1991), S. 196ff.

Der Markt für Neuemissionen hat Ende der 90er Jahre einen Boom erlebt, der von einen Anstieg des Emissionsvolumes in Deutschland von Euro 2,8 Mrd. in 1997 (29 Transaktionen) auf Euro 25,6 Mrd. in 2000 (136 Transaktionen) gezeichnet war.[68] Im Jahr 2001 ist es allerdings zu einem massiven Einbruch auf Euro 2,5 Mrd (22 Transaktionen) gekommen, so daß es sich erst erweisen muß, ob die neue „Equity Kultur" ein temporäres Phänomen war.

Börseneinführungen bieten auch den MBO-Managern die Möglichkeit, einen Teil ihres Vermögenszuwachses zu realisieren. Insbesondere haben die Gründung des Geregelten Marktes und zuletzt des Neuen Marktes auch für mittelständische Unternehmen eine wesentliche Erleichterung geschaffen. Besondere Bedeutung für Wachstumsunternehmen hatte die Gründung des Neuen Marktes als Marktsegment für junge Wachstumsunternehmen am 11.03.1997. Am Neuen Markt können Unternehmen bereits ab einem Emissionsvolumen von DM 10 Mio. gelistet werden. Die Unternehmen sind u.a. verpflichtet, Jahresberichte nach internationalen Richtlinien zu erstellen und spätestens zwei Monate nach Quartalsende Quartalsberichte zu veröffentlichen.[69] Der Neue Markt war als Exit-Möglichkeit für Finanzinvestoren und beteiligte Führungskräfte einige Zeit besonders attraktiv, weil im Durchschnitt erheblich höhere Bewertungsfaktoren bewilligt wurden.[70] Mitte des Jahres 2000 ist es aber zu einem massiven Einbruch der Bewertungen gekommen. Die nachfolgende Übersicht zeigt auch, daß Emissionen am Neuen Markt 2001 nur (noch) weniger als ein Fünftel des gesamten Marktvolumens ausmachten. Die Deutsche Börse hat daher 2002 eine substantielle Reform des Neuen Marktes beschlossen.

Abbildung 8: Emissionsvolumen in Deutschland 2001 nach Marktsegmenten

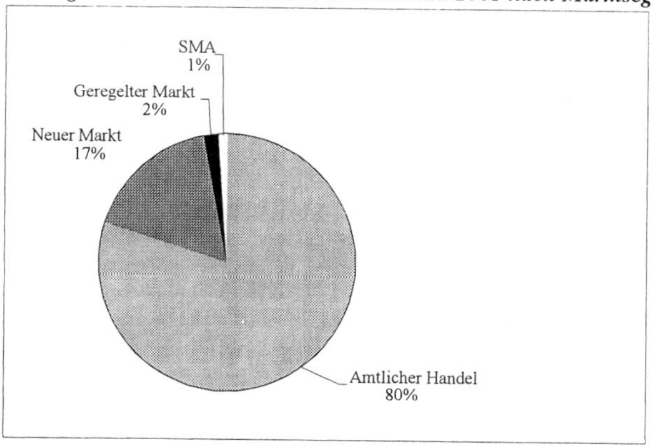

Quelle: Dealogic

[68] Alle Zahlen von Dealogic.
[69] Vgl. zu den Zugangsvoraussetzungen zum Neuen Markt im Detail Francioni (1998), S. 10ff.
[70] Vgl. Heitzer und Sohn (1999), S. 397ff.

4.3 Management Buy-outs und Agency-Probleme

4.3.1 Agency-Problematik im managergeführten Unternehmen

4.3.1.1 Trennung von Eigentum und Kontrolle

Für die Entscheidung eines Eigentümers, anderen Personen die Verfügungsgewalt über sein Unternehmen zu übertragen, damit diese für ihn den Unternehmenswert steigern, kann sowohl seine fehlende Qualifikation als auch seine mangelnde Bereitschaft ausschlaggebend sein, selbst das Unternehmen zu führen. Als passiver Eigenkapitalgeber kann er außerdem sein Vermögen einfacher auf mehrere Unternehmen verteilen und so sein unsystematisches Investitionsrisiko besser diversifizieren. Umgekehrt ist das Management oft nicht willens oder mangels ausreichenden Privatvermögens nicht in der Lage, ein unternehmerisches Risiko zu tragen. Aus der Arbeitsteilung der beiden Parteien resultieren zudem Effizienzvorteile,[71] weil mit einer großen Zahl externer Investoren der Finanzierungsspielraum des Unternehmens ausgeweitet wird und mehr notwendiges Kapital für Wachstum beschafft werden kann.

Gleichzeitig führt die Trennung von Eigentum und Kontrolle häufig zu Agency-Problemen. Ein Interessenkonflikt kann entstehen, weil mit wachsender Beteiligung externer Kapitalgeber der Anreiz für das Management abnimmt, sich für eine Steigerung des Unternehmenswertes einsetzen. Die Früchte aller Anstrengungen, die den Cash-flow des Unternehmens positiv beeinflussen, kommen den externen Anteilseignern anteilig zugute, während der damit verbundene Aufwand vom Management allein zu tragen ist. Aus der Arbeitsteilung zwischen Management und Kapitalgebern ergibt sich zudem eine asymmetrische Informationsverteilung.[72] Der externe Kapitalgeber ist nicht immer in der Lage zu unterscheiden, ob eine schlechte Unternehmensentwicklung auf ein Fehlverhalten des Managements oder auf externe Effekte zurückzuführen ist.[73]

Auf das Problem der vertretungsbedingten Effizienzverluste durch die Trennung von Eigentum und Kontrolle hat bereits Adam Smith hingewiesen.[74] Das Verhältnis zwischen Eigentümern (Prinzipal) und Management (Agent) ist ein mittlerweile sehr häufig analysierter Fall der Prinzipal-Agent-Theorie.[75] Betroffen sind insbesondere Publikumsaktiengesellschaften, weil der einzelne Aktionär einen Anreiz hat, Trittbrettfahrerverhalten zu betreiben und auf die kostenträchtige Beschaffung von Unternehmensinformationen zu verzichten.[76] Agency-Probleme können aber auch Staatsbetriebe und Familienunternehmen betreffen.

---

[71] Vgl. Spremann (1996), S. 674ff.

[72] Vgl. Hartmann-Wendels (1990), S. 228ff. Diese asymmetrische Informationsverteilung kann sich auf das Finanzierungsverhalten der Unternehmen auswirken, vgl. Ross (1977) sowie Leland und Pyle (1977).

[73] Vgl. Picot (1991), S. 151f.

[74] Vgl. Smith, A. (1789/1983), S. 629ff. Vgl. außerdem grundlegend zur Problematik der Prinzipal-Agent-Beziehung in managergeführten Unternehmen Berle und Means (1932) sowie Jensen und Meckling (1976), S. 305ff.

[75] Vgl. Franke und Hax (1995), S. 418ff. Beispiele sind Jensen und Meckling (1976) sowie Fama (1980).

[76] Vgl. Alchian und Demsetz (1972), S. 777ff.

4.3.1.2 Beispiele für Interessengegensätze zwischen Eigentümern und Managern

Bei der Klassifizierung der Interessengegensätze zwischen Eigentümern und Managern lassen sich die Kategorien Konsum von Fringe benefits, Anstrengung, Über- und Unterinvestition, sowie Zeitpräferenz unterscheiden:

- *Konsum von Fringe benefits:* Das Management kann seine Führungsfunktion im Unternehmen für die Befriedigung von Konsumwünschen und Statusbedürfnisse nutzen.[77] Dafür bieten sich im Geschäftsalltag zahlreiche Möglichkeiten. Beispiele sind die Inanspruchnahme teurer Firmenautos oder Flugreisen für Angehörige.

- *Anstrengung:* Die Arbeitsanstrengung eines Managers kommt nur in geringem Maße ihm selbst, überwiegend aber den Anteilseignern zugute. Den Aufwand zusätzlicher Anstrengung trägt der Manager aber allein. Als rational handelndes Individuum strengt sich ein Manager nur in dem Maße an, in dem er davon einen persönlichen Nutzen hat. Folglich besteht ein Anreiz zur Leistungsverweigerung.[78]

- *Überinvestition:* Da der Status und das Einkommen eines Managers oft auch an der Größe seines Unternehmens gemessen wird, lohnt es sich für ihn häufig, unrentable Geschäftsfelder zu erhalten. Auch eine unvorteilhafte Diversifikationsstrategie kann im Interesse des Managements sein.[79] Manager haben selbst bei gleicher Unternehmensgröße einen Anreiz, eine Diversifikationspolitik in andere Geschäftsfelder zu betreiben.[80] Freie Cash-flows werden reinvestiert, auch wenn sie die Kapitalkosten nicht wieder einbringen, anstatt an die Anteilseigner ausgeschüttet zu werden.[81] Risikoaverse Manager haben auch deshalb einen Anreiz, unvorteilhafte Diversifikationen durchzuführen, weil durch eine Risikostreuung das Konkursrisiko des Unternehmens sinkt, von dem sie den Löwenanteil ihres Einkommens beziehen.[82] Empirische Untersuchungen zur Diversifikationspolitik US-amerikanischer Unternehmen in den 60er und 70er und 80er Jahren haben ergeben, daß durch konglomerate Zusammenschlüsse Shareholder Value vernichtet wurde.[83]

- *Unterinvestition*: Die Tätigkeit als abhängig Beschäftigter ist für die meisten Manager der mit Abstand wichtigste Einkommensbestandteil. Von diesem Angestellteneinkommen ist üblicherweise wiederum der größere Teil fix. Da der Manager in bezug auf sein Privateinkommen und -vermögen nur über geringe Diversifikationsmöglichkeiten verfügt - etwa durch Nebentätigkeiten oder Investition seines Privatvermögens in Aktien anderer Unternehmen -, ist er daran interessiert, das Risiko des Unternehmens soweit wie möglich zu reduzieren. Er hat daher einen Anreiz, Investitionen in Projekte mit po-

[77] Vgl. Elschen (1991), S. 210.
[78] Vgl. Holmström und Milgrom (1987), S. 303ff.
[79] Vgl. Shleifer und Vishny (1991), S. 55ff. und Nippel (1996), S. 132ff.
[80] So hat eine Untersuchung von Rose und Shepard ergeben, daß CEOs von diversifizierten US- Unternehmen im Durchschnitt eine 13% höhere Gesamtvergütung erhalten als CEOs nicht diversifizierter Unternehmen, vgl. Rose und Shepard (1997), S. 489ff.
[81] Vgl. Jensen, M. (1986), S. 323ff.
[82] Vgl. Amihud und Lev (1981), S. 606.
[83] Berger und Ofek (1995), S 39ff. sowie Servaes (1996), S. 1201ff.

sitivem Kapitalwert zu unterlassen, wenn diese besonders risikobehaftet sind und er dadurch seinen eigenen Arbeitsplatz gefährden würde.[84] Der Manager wird außerdem eine niedrige Unternehmensverschuldung bevorzugen, um das Konkursrisiko gering zu halten.[85]

- *Zeitpräferenz:* Das Einkommen der Manager ist in der Regel an die Dauer ihrer Tätigkeit gebunden. Prämien und Beförderungen werden häufig von kurzfristigen Erfolgszahlen abhängig gemacht. Dem gegenüber können aussichtsreiche Investitionsprojekte einen langen Anlagehorizont aufweisen. Der Manager hat dann einen Anreiz, auf die Verfolgung des Projektes, das den Unternehmenswert maximiert, zu Gunsten kurzfristiger Alternativen zu verzichten.

4.3.1.3 Lösungsansätze

4.3.1.3.1 Kontrolle durch den Markt

Eine Marktkontrolle kann durch den Managerarbeitsmarkt und durch den Aktienmarkt (Market for Corporate Control) erfolgen. Der Arbeitsmarkt kann Manager für egoistisches Verhalten auf Kosten der Aktionäre durch schlechtere Aussichten auf attraktive künftige Jobangebote bestrafen.[86] Empirisch wurde festgestellt, daß Manager von Aktiengesellschaften, die in Zahlungsschwierigkeiten geraten sind, später Probleme hatten, bei anderen börsennotierten Unternehmen einen Arbeitsplatz zu bekommen.[87]

Bei börsennotierten Aktiengesellschaften kann der Aktienmarkt zur Reduktion von Agencykosten beitragen.[88] Der Aktienmarkt kann eine Kontrollwirkung dadurch entfalten, daß die Aktien schlecht geführter Unternehmen an Wert verlieren und dadurch für aggressive Investoren zum potentiellen Übernahmeziel werden, die im Anschluß an eine Übernahme umfangreiche Restrukturierungsmaßnahmen durchzuführen.[89] Die Manager können einer feindlichen Übernahme – und einem damit möglicherweise verbundenen Arbeitsplatzverlust - allerdings nicht nur durch erfolgreiche Arbeit, sondern auch durch den Aufbau künstlicher Hürden, wie z.B Stimmrechtsbeschränkungen oder Einführung von Poison pills, entgegenwirken.

4.3.1.3.2 Kontrolle durch Aufsichtsorgane

Die Kontrolle der Manager von Publikums-AGen wird durch Aufsichtsorgane wahrgenommen, deren Mitglieder von den Aktionären gewählt werden. In deutschen AGen sind im Aufsichtsrat auch Arbeitnehmervertreter im Aufsichtsrat repräsentiert. In angelsächsischen

Ländern mit einstufigem Board-System fungieren externe Direktoren als Kontrolleure.

[84] Vgl. Franke (1993), Sp. 47.
[85] Vgl. Myers (1977), S. 147ff.
[86] Vgl. Fama (1980), S. 296.
[87] Vgl. Gilson (1989), S. 241ff.
[88] Vgl. Shleifer und Vishny (1988), S. 7ff.
[89] Vgl. Jensen, M. (1986), S. 323ff.

Kleinaktionäre einer Publikums-AG haben nur einen geringen Anreiz, aktiv Kontrollaufwand zu betreiben, da ihnen das Ergebnis nur in geringem Umfang anteilig zugute käme. Aus diesem Grund kommt es bei Unternehmen mit hohem Streubesitz häufig zu Trittbrettfahrerverhalten, das in mangelnder Kontrolle resultiert.[90] Aktionäre beteiligen sich nicht an den Hauptversammlungen und nehmen auf die Auswahl geeigneter Vertreter keinen Einfluß. Erst mit zunehmendem Anteil am Kapital steigt für einen Investor der Anreiz, sich an der Kontrolle zu beteiligen. Ein rationaler Investor wird bis zu dem Punkt Kontrollaufwand betreiben, an dem der Grenznutzen der zusätzlichen Kontrolle von den mit der Überwachung verbundenen Grenzkosten aufgewogen wird.

Es gibt Anhaltspunkte, daß durch eine Bündelung der Interessen einer größeren Investorenzahl dem Trittbrettfahrerproblem entgegengewirkt werden kann. Für eine positive Reaktion des Aktienkurses in Folge eines größeren Engagements aktiver Investoren liegen empirische Anhaltspunkte vor.[91] Beteiligungsgesellschaften (Buy-out Fonds) sind generell auf die aktive Kontrolle des Managements spezialisiert und nehmen diese Funktion insbesondere über Mandate in Aufsichtsgremien wahr.[92] In den Vereinigten Staaten üben zudem auch Aktienfonds und große Pensionskassen wie z.B. CalPERS einen stärkeren Aktionärsdruck auf das Management aus.[93] Dieser Druck hat bei bis dahin unterdurchschnittlich erfolgreichen Unternehmen zu Restrukturierungsmaßnahmen und einer verbesserten Ertragsentwicklung geführt.[94]

Als wenig effizient für die Managementkontrolle hat sich die deutsche Praxis der Stimmrechtsübertragung an Depotbanken erwiesen, da diese in der Regel auf Hauptversammlungen den Vorschlägen des Vorstandes folgen und oft Interessenkonflikten aufgrund eigener Geschäftsbeziehungen zum Unternehmen, insbesondere durch Kreditengagements ausgesetzt sind.

4.3.1.3.3 Finanzierungspolitik

Zinsen und Tilgungen für das Unternehmen stellen zusätzliche feste Zahlungsverpflichtungen dar, deren Nichterfüllung mit starken Sanktionen verbunden ist.[95] Das Management hat, anders als bei (variablen) Dividendenzahlungen, keinen Spielraum, Cash-flows im Unternehmen zu halten und zur Finanzierung unvorteilhafter Investitionsprojekte zu verwenden. Mit steigender Verschuldung des Unternehmens erhöhen sich die Volatilität der Erträge und das Konkursrisiko. Da mit einem Konkurs für das Management ein Verlust des Großteils ihres Einkommens verbunden wäre, hat es einen erhöhten Anreiz, die Cash-flows zu steigern, um Gläubigeransprüche stets befriedigen zu können. Die Verschuldung trägt somit zur Organisationseffizienz und Management-Disziplinierung bei.[96]

[90] Vgl. Shleifer und Vishny (1988), S. 8ff.
[91] Vgl. Holderness und Sheehan (1985), S. 555ff.
[92] Vgl. Jensen, M. (1988), S. 32.
[93] CalPERS (California Public Employees Retirement System) ist ein großer amerikanischer Pensionsfond für Beschäftigte im öffentlichen Dienst.
[94] Vgl. Nesbitt (1994), S. 75ff.
[95] Vgl. Gräper (1993), S. 217.
[96] Vgl. Jensen, M. (1988), S. 30.

Eine Erhöhung der Verschuldung hat allerdings auch negative Effekte. So steigt mit zunehmender Verschuldung die Höhe der Zinsen. Das Konkursrisiko erhöht sich ebenfalls.[97] Des weiteren sind die Agency-Kosten der Fremdfinanzierung zu beachten. Ähnlich wie die Eigentümer in ihrem Verhältnis zum Management sind die Gläubiger gegenüber Eigentümern und Managern vom Problem einer asymmetrischen Informationsverteilung betroffen.[98] Die optimale Fremdfinanzierung liegt daher nicht bei 100%, sondern an den Punkt, an dem der Grenznutzen der Management-Disziplinierung den addierten Grenzkosten des erhöhten Konkursrisikos und der Agency-Kosten der Fremdfinanzierung entspricht.[99]

4.3.1.3.4 Vergütungspolitik

4.3.1.3.4.1 Variable Vergütung

Die Vergütung der Manager kann fixe und variable Komponenten enthalten. Durch eine variable Vergütung werden die Interessen der Manager und der Eigentümer in Einklang gebracht, da sich die Entscheidungen des Managers unmittelbar auch auf sein eigenes Einkommen auswirken. Eine Möglichkeit, die Leistungsbereitschaft der Manager zu erhöhen, liegt daher im Austausch fixer durch erfolgsabhängige Gehaltsbeispiele[100] (Prämien bzw. Boni). Ein effizient gestaltetes Entlohnungsschema ist so gestaltet, daß der Manager nur dann variable Prämien erhält, wenn er bestimmte vorher definierte Ziele erreicht. Bei Vorständen von börsennotierten Unternehmen wird dafür oft auf die Steigerung des Unternehmenswert abgezielt, die anhand der Aktienkursentwicklung gemessen werden kann. Der variable Einkommensteil kann aber auch über andere Indikatoren an die Entwicklung des Unternehmenswertes gekoppelt werden. Ungeeignet sind allerdings Parameter, die der Manager selbst manipulieren kann, wie z.B. Größen des Rechnungswesens.[101] Für Führungskräfte unterhalb der Vorstandsebene kann der Erfolg ihres Geschäftsbereiches oder die Erreichung bestimmter Ziele herangezogen werden. Empirische Untersuchungen, welchen Beitrag existierende variable Vergütungssysteme tatsächlich leisten, um Manager zu größerer Leistung für die Aktionäre zu bewegen, sind allerdings zu keinem einheitlichen Ergebnis gekommen.[102]

4.3.1.3.4.2 Gewährung von Aktienoptionen

Eine effiziente Variante der variablen Vergütung kann die Entlohnung des Managements über Kaufoptionen auf Aktien des betreffenden Unternehmens sein.[103] Grundidee der Gewährung von Aktienoptionen ist es, das Management am wirtschaftlichen Ergebnis ihrer Leistungen partizipieren zu lassen, um so zu einer einheitlichen Interessenlage von Aktionären und Managern zu gelangen. Auf diese Weise erhalten die Manager einen Anreiz zur Steigerung des Unternehmenswertes. Haugen und Senbet haben gezeigt, daß der Anreiz für Manager, überproportional Fringe benefits in Anspruch zu nehmen und in Projekte mit zu

---

97 Vgl. Easterbrook (1991), S. 189.
98 Vgl. Hartmann-Wendels (1989), S. 22.
99 Vgl. Jensen, M. (1988), S. 30.
100 Vgl. z.B. Gillenkirch und Velthuis (1997), S. 121ff.
101 Vgl. Elschen (1991), S. 214.
102 Vgl. etwa Graßhoff und Schwalbach (1999), S. 437f. m.w.N.
103 Vgl. Barnea, Haugen und Senbet (1985), S. 97ff.

hohem Risiko zu investieren, durch Aktienoptionen reduziert werden kann.[104] Aktienoptionen sind insbesondere in den USA weit verbreitet und bilden dort häufig den wichtigsten Anteil am Vergütungspaket der Führungskräfte.[105] Die Aktienoptionen werden entweder umsonst gewährt oder zu einem niedrigen Preis an das Management ausgegeben. Optionen können als Managementanreiz nur von Unternehmen verwendet werden, die bereits an der Börse notiert sind oder den Gang an die Börse planen. Allerdings ist die motivationsfördernde Wirkung von Aktienoptionen nicht unumstritten.[106] Einige besonders üppig ausgestattete Aktienoptionspläne stehen sogar im Verdacht, von Managern nur eingerichtet worden zu sein, um sich auf Kosten der Aktionäre zu bereichern.[107]

Damit Aktienoptionen eine Anreizwirkung entfallen, müssen bei ihrer Strukturierung mehrere Elemente bedacht werden. Dabei sind Anzahl und Basispreis[108] von Bedeutung sowie die Festlegung von Laufzeit, Mindesthaltedauern und Ausübungszeitraum.[109] Sofern das Unternehmen eine Dividende bezahlt, ist auch der Dividendenschutz für die ausgegebenen Aktienoptionen bedeutsam.[110] Die Laufzeit der Option kann flexibel festgelegt werden, wobei sie so bemessen sein sollte, daß zum Ausübungszeitpunkt Erfolg oder Mißerfolg von Managemententscheidungen meßbar sein sollten. Entscheidend für den wirtschaftlichen Nutzen für das Management ist der Ausübungspreis der Optionen. Er kann sich am aktuellen Aktienkurs orientieren. Damit aber nur wirkliche Wertschaffung für die Aktionäre belohnt wird, sollten die Manager erst profitieren, wenn eine Kurssteigerung erzielt wird. Im Ergebnis sollte die Aktienkursentwicklung zumindest die Erwirtschaftung der Kapitalkosten abbilden, bevor die Option ins Geld kommt. Auch eine Anbindung an eine Benchmark, z.B. ein nationaler Aktienindex oder ein Branchenindex kann sinnvoll sein. Wenn der Ausübungspreis zu niedrig bemessen ist, kommt es zu einem Mitnahmeeffekt. In diesem Zusammenhang ist es in Deutschland auch schon zu heftiger Kritik an konkreten Optionsprogrammen und im Falle der Daimler Chrysler AG auch zu Aktionärsklagen gekommen, die den Vorwurf des Windfall Profits erheben.[111]

Sofern eine Ausübung über einen (längeren) Zeitraum möglich ist, kann zum für die Manager optimale Zeitpunkt der Ausübung keine allgemeingültige Aussage getroffen werden. Bedeutend für die Entscheidung ist die Vermögensausstattung des Managers und insbesondere die Frage, ob er eigene liquide Mittel oder Fremdkapital zur Optionsausübung einsetzt.[112] Auch die Risikosituation und -einstellung des Managers spielt eine Rolle.[113] Sein Gesamteinkommem hängt sowieso größtenteils von dem Unternehmen ab, bei dem er beschäftigt ist. Deshalb hat er unter bestimmten Bedingungen einen Anreiz seine Optionen

[104] Vgl. Haugen und Senbet (1981), S. 629ff., die den Fall des am Unternehmen beteiligten Managers untersuchen und die Verwendbarkeit sowohl von Call- als auch von Putoptionen zeigen.
[105] Vgl. Hall und Liebmann (1998) und Murphy (1999).
[106] Vgl. etwa kritisch Winter (1998), S. 1120ff.
[107] Vgl. Winter (1998), S. 1139.
[108] Vgl. Rappaport (1999), S. 91ff. Hall und Murphy (2000), S. 209ff.
[109] Vgl. Carpenter (1998), S. 127ff.
[110] Vgl. Murphy (1999) und Winter (2000).
[111] Vgl. LG Stuttgart in DB, S. 2110ff.
[112] Vgl. Simons (2000), S. 595ff.
[113] Vgl. Huddart (1994), S. 216 sowie Hemmert et al. (1996), S. 45ff.

schnellstmöglich zu monetarisieren, um sein gesamtes Vermögen (inklusive Humankapital) zu diversifizieren, auch wenn sich bei einer reinen optionstheoretischen Betrachtung ein längeres Halten lohnen würde. Darüber hinaus sind Steuer- und Dividendenzahlungen von erheblicher Bedeutung.[114] Die steuerlichen Rahmenbedingungen sind von Land zu Land verschieden.[115] Sowohl hinsichtlich des Zeitpunktes als auch hinsichtlich des Umfanges einer Steuerzahlung sind sehr unterschiedliche Gestaltungsformen möglich. Die Versteuerung des dem Manager zufließenden geldwerten Vorteils kann sowohl zum Zeitpunkt der Zuteilung der Optionen als auch zum Zeitpunkt ihrer Ausübung erfolgen.[116] In Deutschland erfolgt eine Besteuerung zum Zeitpunkt der Einlösung der Option. Steuersystematisch kann die Besteuerung auf Basis der Einkommensteuer oder Kursgewinnbesteuerung erfolgen.

4.3.1.3.5 Managementbeteiligung am Unternehmen

4.3.1.3.5.1 Grundgedanke einer Managementbeteiligung

Mit einer Managementbeteiligung werden Eigentum und Kontrolle teilweise wieder zusammengeführt. Dadurch können Interessenkonflikte verringert und Agency-Kosten eingespart werden.[117] Eine Beteiligung der Manager an der Wertsteigerung des Unternehmens führt zu erhöhter Anstrengung und damit zu größerem Erfolg.[118] Darüber hinaus wirken sich Ausgaben des Managers auch auf das eigene Einkommen aus, so daß ein Anreiz zur Kostenreduktion besteht. Da ein am Unternehmen beteiligter Manager aber nur einen Teil von erhöhten Anstrengungen und verringerten Kosten profitiert, stellt sich die Frage, welchem Umfang einer Managerbeteiligung am Unternehmen haben sollte.

4.3.1.3.5.2 Optimale Anteilsquote der Manager

Wesentlich für das Handeln des Managements ist die Höhe der Beteiligung.[119] Jensen und Murphy sehen dabei weniger den Wert der Beteiligung als die Beteiligungsquote der Manager am Unternehmen als entscheidend an.[120] Mit steigender Beteiligung steigt auch der Marktwert des Unternehmens. Empirischen Untersuchungen sind zu einem etwas differenzierteres Ergebnis gelangt.[121] Demnach erhöhen sich bis zu einer Beteiligung von 5 % die Unternehmenswerte mit der wachsenden Anteilsquote, sinken dann aber bis zu einer Beteiligung von 25% wieder, um bei einer noch höheren Beteiligung wieder anzusteigen. Eine mögliche Erklärung für dieses als Entrenchment bezeichnete Phänomen liegt in einem Trade-off zwischen Anreiz und Kontrolle: Ab einem gewissen Beteiligungsniveau kann sich das Management leichter gegen feindliche Übernahmen abschotten und hat dadurch wieder einen erhöhten Anreiz, die hauptsächlich von den anderen Anteilseignern zu zahlenden Fringe benefits ungestraft in Anspruch zu nehmen. Erst ab einer recht hohen eigenen Beteiligungsquote wirkt sich das eigene Mißbrauchsverhalten so stark auf das eigene Einkom-

---

[114] Vgl. Simons (2000), S. 597ff.
[115] Vgl. Peltzer (1996) , S. 314f und Feddersen (1997), S. 274ff.
[116] Vgl. zur Besteuerung von Manager Stock Options Bernhard (2001), S. 417ff.
[117] Vgl. Easterbrook und Fischel (1982), S. 706 und Picot (1991), S. 152.
[118] Als Überblick vgl. Stewart (1991), S. 223ff.
[119] Vgl. Spremann (1990), S. 582.
[120] Vgl. Jensen und Murphy (1990), S. 141.
[121] Vgl. Morck, Shleifer und Vishny (1988), S. 294ff.

men aus, daß dieser Anreiz entfällt. Eine vollständige Lösung des Prinzipal-Agent-Problems kann aber nur durch eine 100%-Beteiligung der Manager erreicht werden.[122]

4.3.1.4 Zwischenergebnis

Durch die Trennung von Eigentum und Kontrolle entstehen Agency-Kosten. Zur Reduktion der Agency-Kosten haben sich unterschiedliche dabei Kontroll- und Motivationsinstrumente herausgebildet. Zu letzteren zählen direkte Beteiligungen und Aktienoptionen. Aktienoptionen, die nur bei bestimmten Unternehmen eingesetzt werden können, verringern die Interessendivergenz zwischen Management und Aktionären, ohne daß ein großer Kapitaleinsatz der Manager erforderlich ist. Ihre optimale Strukturierung ist allerdings nicht einfach, da steuerliche und finanzierungstechnische Rahmenbedingungen sowie die Vermögenssituation der Manager zu beachten sind. Eine weitere Möglichkeit zur Herstellung einer Interessenkongruenz zwischen Management und Eigentümer ist die direkte Kapitalbeteiligung der Manager am Unternehmen. Mit steigendem Managementanteil nimmt tendenziell der Anreiz der Manager ab, ihren Handlungsspielraum zum Nachteil der (übrigen) Anteilseigner zu mißbrauchen.

Allerdings haben empirische Untersuchungen ergeben, daß zwischen der Anteilsquote der Manager am Unternehmen und dem Shareholder Value zwar ein Zusammenhang besteht, dieser aber keineswegs linear ist. Eine volle Interessenkongruenz setzt eine 100%-ige Managementbeteiligung voraus. Beim MBO ist der Manager-Anteil am Kapital hoch, so daß Agency-Kosten gesenkt werden. Bei gängigen Finanzierungsstrukturen erfolgt außerdem eine Disziplinierung der Manager durch einen hohen Fremdkapitalanteil und eine aktive Kontrolle durch Beteiligungsgesellschaften.[123] Aus Sicht der Agency-Theorie kann daher mit einem MBO eine signifikante Effizienzsteigerung erzielt werden.[124] Die Reduktion von Agency-Kosten beim MBO durch den Wegfall von Interessenkonflikten zwischen Organen der Unternehmung und den erhöhten Anreiz zur Nutzung des vorhandenen Umstrukturierungspotentials wird auch in der sogenannten Effizienzthese betont[125], deren Gültigkeit durch eine Reihe von Einzelargumenten unterstützt wird:

- Die Manager sind mit den unternehmerischen Chancen am besten vertraut und nehmen diese nach dem Kauf gezielt war.
- Aus Spin-offs hervorgegangene MBO-Unternehmen können aufgrund ihrer geringeren Größe auf veränderte Marktsituationen flexibler reagieren als zuvor im Konzernverbund.
- Der hohe Fremdfinanzierungsanteil unterstützt die Disziplinierung bei Investitionsentscheidungen.[126]
- Bei Going-private Transaktionen wird der Informations- und Kontrollaufwand (Hauptversammlungen, Publizität u.s.w.) reduziert.[127]

[122] Vgl. Fama (1980), S. 295.
[123] Vgl. Drukarczyk (1993), S. 28.
[124] Vgl. Easterbrook und Fischel (1982), S. 706ff.; Jensen, M. (1989), S. 61ff. sowie Lehn und Poulsen (1989), S. 771ff.
[125] Vgl. Jensen, M. (1989), S. 61ff.
[126] Vgl. Jensen, M. (1986), S. 324.

- Wenn neben den Managern andere aktive Investoren, wie etwa Beteiligungsgesellschaften, Eigenkapital zur Verfügung stellen, können diese die Überwachung, im Vergleich zu Publikumsgesellschaften oder Staatsunternehmen, verbessern.[128]

4.3.2 Implikationen einer umgekehrten Informationsasymmetrie für den Unternehmensverkauf an das Management

4.3.2.1 Ziele der Beteiligten

4.3.2.1.1 Motive des Verkäufers

4.3.2.1.1.1 Nutzenmaximierung

Die Motive des Verkäufers beim MBO entsprechen weitgehend den allgemeinen Motiven zur Veräußerung eines Unternehmens. In den meisten Fällen wird der Verkäufer an einer Maximierung seines Nutzens interessiert sein, zu dem ein hoher Verkaufserlös den wichtigsten Beitrag leistet.[129] Er wird den MBO zunächst als eine unter mehreren Veräußerungsvarianten erwägen. Agencytheoretische Überlegungen lassen vermuten, daß der Verkäufer durch einen MBO Effizienzgewinne erzielt werden, an denen der Verkäufer über einen höheren Verkaufserlös partizipieren kann.[130] Gegenüber anderen Veräußerungsvarianten entfallen zudem die Kosten für die Käufersuche.[131] Ein weiterer Vorteil für den Verkäufer ist, daß MBOs im Vergleich zu öffentlichen Veräußerungsverfahren weniger öffentliche Aufmerksamkeit erwecken, die für die Unternehmensentwicklung nachteilig sein kann.[132] Außerdem kann ein MBO häufig am schnellsten abgewickelt werden.[133]

In Abhängigkeit vom Verkaufsanlaß können besondere individuelle Argumente für den MBO als Veräußerungsverfahren sprechen. Dabei stehen ebenfalls materielle Überlegungen im Vordergrund, auch wenn sich einige nicht materielle Motive für einen MBO identifizieren lassen.

4.3.2.1.1.2 Besondere Motive nach Veräußerungsanlässen

In Deutschland haben MBOs als **Instrument zur Nachfolgeregelung** bei mittelständischen Unternehmen an Bedeutung gewonnen.[134] [135] Hauptgrund für diese Entwicklung ist in vie-

[127] Wobei allerdings die Höhe der Ersparnis umstritten ist, vgl. Easterbrook und Fischel (1982), S. 706.

[128] Vgl. Drukarczyk (1993), S. 29.

[129] Untersuchungen von Buy-outs in den USA und im Vereinigten Königreich haben ergeben, daß überwiegend materielle Motive die Entscheidung für einen Unternehmensverkauf an das Management bestimmt haben, vgl. Hanney (1986), S.122 und Kitching (1989), S. 75ff.

[130] Siehe Abschnitt 4.3.1.1.

[131] Vgl. Menke (1993), S. 30.

[132] Vgl. v Brandenstein-Zepplin (1988), S. 8.

[133] Vgl. Pütter (1998), S. 5.

[134] Vgl. zur Möglichkeit des Management Buy-outs als Konzept zur Übernahme und Nachfolgeregelung mittelständischer Unternehmen Forst (1992) und Huydts (1992).

[135] Nachfolgeregelungen waren 1996 mit ca. 30% aller MBOs die zweitwichtigste Quelle von MB0-Transaktionen in Deutschland. Im selben Jahr stellten sie im Vereinigten Königreich sogar die wichtigste Quelle dar, vgl. Robbie und Wright (1997), S. 379.

len Fällen, daß sich kein geeignetes Familienmitglied zur Nachfolge bereit findet.[136] Als „unternehmensinterne Verkaufslösung" bietet der MBO dem Alt-Familieneigentümer gegenüber einer Veräußerung an Dritte oft den Vorteil einer schnelleren Umsetzung und einer umfassenden Erhaltung bewährter Unternehmenstraditionen.[137] Anders als bei einem Trade sale müssen keine vertraulichen Unternehmensinformationen an Dritte preisgegeben werden.[138] Mittelständler sind häufig besonders publizitätsscheu[139] und fürchten den Mißbrauch offengelegter Informationen im Falle eines Scheiterns der Vertragsverhandlungen. Auch ein Börsengang ist oft keine Alternative. Hinderlich sind insbesondere Emissions- und Publizitätskosten.[140] Auch kann zum Veräußerungszeitpunkt die Ertragslage des Unternehmens oder die allgemeine Börsensituation einem Börsengang entgegenstehen.

Dennoch ist ein MBO nicht immer die am besten geeignete Veräußerungsoption für den mittelständischen Unternehmer. Als Haupthinderungsgründe für Nachfolge-MBOs im Mittelstand haben sich das Fehlen einer ausreichend qualifizierten zweiten Führungsebene, unzureichende Finanzierungsmöglichkeiten und eine mangelnde Risikobereitschaft der Manager erwiesen.[141]

Desinvestitionen von Unternehmensteilen sind in Deutschland eine wichtige Quelle von MBOs.[142] Sie dienen der Strukturanpassung in Konzernen sowie der Korrektur verfehlter Diversifikationsentscheidungen und können zur Steigerung des Unternehmenswertes beitragen.[143] In einigen Fällen veräußern Konzerne auch Teilbereiche gerade akquirierter Unternehmen, um so einen Teil des Kaufpreises zu finanzieren.[144] Neben ausländischen Konzernen haben zunehmend auch inländische Unternehmen den MBO als Veräußerungsinstrument entdeckt.[145]

Durch einen MBO kann, anders als bei einer Veräußerung an ein Konkurrenzunternehmen, oft eine enge Bindung an die (ehemalige) Muttergesellschaft gewahrt werden.[146] Auch kann die Gefahr, im Veräußerungsprozeß ausspioniert zu werden, ausgeschlossen werden, wenn nur mit den Managern des eigenen Tochterunternehmens verhandelt wird.

Auch die **Privatisierung von Staatsbesitz** ist ein wichtiges Motiv für MBOs. Von Effizienzproblemen aufgrund mangelnder Leistungsanreize und geringer Kontrollmöglichkeiten sind staatliche Unternehmen oft besonders betroffen,[147] mit der Folge niedriger Gewinne.

---

[136] Siehe auch die Motive in Kapitel 4.3.2.1.1.2.
[137] Vgl. Coenenberg, Jakoby und Maas (1996), S. 529.
[138] Vgl. Ballwieser und Schmid (1990), S. 304.
[139] Vgl. Leimbach (1991), S. 454.
[140] Vgl. Kropp (1992), S. 21f.
[141] Vgl. Coenenberg, Jakoby und Maas (1996), S. 534.
[142] Vgl. Schlytter-Henrichsen (1996), S. 3.
[143] Zur Möglichkeit, den Unternehmenswert durch Desinvestitionen im Rahmen von Management Buy-outs zu steigern, vgl. v. Boxberg (1989), Vest (1995) und Graml (1996).
[144] Vgl. Leimbach (1991), S. 454.
[145] Vgl. Robbie und Wright (1997), S. 379.
[146] Vgl. Menke (1993), S 30.
[147] Vgl. Neukirchen (1995), S. 28.

Gleichzeitig haben in vielen Ländern Haushaltsdefizite den Blick der Politiker auf das fiskalische Potential von Privatisierungen gelenkt.

Anders als bei Verkäufen durch Konzernen oder mittelständische Unternehmer geben bei Privatisierungen häufig strukturpolitische Motive den Ausschlag für einen MBO.[148] Die Entflechtung von Monopolstrukturen und die Förderung einer mittelständischen Wirtschaft können wichtige ordnungspolitische Motive zum Verkauf von Unternehmen an das Management sein.

MBOs haben insbesondere bei Privatisierungen in den Transformationsländern Mittel- und Osteuropas eine sehr bedeutende Rolle gespielt.[149] Auch in westlichen Ländern wurden zur Privatisierung von Staatsbesitz MBOs durchgeführt. So erreichten Privatisierungen in Großbritannien in der Vergangenheit Anteile von bis zu über 10% am gesamten MBO-Volumen.[150]

MBOs können auch Bestandteil eines Konzepts zur **Sanierung von Unternehmen** sein. Der Verkäufer oder Konkursverwalter kann in einigen Fällen durch einen MBO die Liquidation des Unternehmens vermeiden. Zur Sanierung kann entweder das gesamte Unternehmen oder ein gesunder Teilbereich an die Manager veräußert werden. Zur Übernahme eines gesunden Teilbereiches, der aus Sicht der Manager dem Erwerb eines Konzernteilbereichs gleicht, können diese eher bewogen werden.[151] Problematischer ist die Übernahme des gesamten, sanierungsbedürftigen Unternehmens. Da defizitäre Unternehmen selten über ausreichende Cash-flows verfügen, ist die Gewinnung institutioneller Kapitalgeber schwierig.

Unter einem **Public-to-Private** werden Transaktionen verstanden, bei denen das gesamte Aktienkapital einer börsennotierten Aktiengesellschaft von einem kleinen Investorenkreis erworben werden, zu dem auch Mitglieder des Managements zählen.[152] Insbesondere in den USA wurden viele Unternehmen seit den 80er Jahren Ziel eines Public-to-Private-MBO. In Deutschland gibt es zur Zeit noch wenige Präzendenzfälle für Public-to-Private-Transaktionen.[153] Empirische Untersuchungen sind zu dem Ergebnis gelangt, daß die Prämien, die bei Going-Private-Transaktionen auf den Aktienkurs gezahlt wurden, erheblich sind.[154] Außerdem gibt es empirische Anhaltspunkte, daß sich die Ertragslage dieser Unternehmen in den Jahren nach einem MBO verbessert hat.[155]

---

[148] Vgl. Stahl (1995), S. 149ff.

[149] Vgl. umfassend zu Mittel-Osteuropa Rieger (1994) und Stahl (1995), 193ff., zu Rußland Filatotchev, Buck und Wright (1992), S. 265ff., zum Beispiel der neuen Bundesländer stellvertretend für viele Kokalj und Hüfner (1994), Schwien (1995) und Gros (1998).

[150] Vgl. Wright u.a. (1990), S. 138.

[151] Vgl. Kropp (1992), S. 20.

[152] Vgl. DeAngelo, DeAngelo und Rice (1992), S. 602.

[153] U.a. sind die Übernahmen der Honsel AG und der Weru AG im Jahr 1999 zu erwähnen. Vgl. zu den Perspektiven derartiger Transaktionen für den deutschen Markt Richard (1999), S. 373ff.

[154] Vgl. dazu etwa Lowenstein (1985) oder Lehn und Poulsen (1989).

[155] Vgl. Bull (1989) und Singh (1990).

Manager können Going-Private-Transaktionen[156] umsetzten, wenn sie die Aktie des Unternehmens an der Börse für unterbewertet halten oder die Möglichkeit sehen, durch ein Delisting Publizitätskosten einzusparen oder steuerliche Vorteile[157] zu erzielen. Wenn nicht alle Investoren Markt zur selben Zeit über alle relevanten Informationen verfügen, können besser informierte Investoren Überrenditen erzielen."[158] Wesentliches Motiv für die Aktionäre einer Publikumsgesellschaft, einem Going-Private zuzustimmen, ist die Zahlung einer attraktiven Prämie auf den Börsenkurs.

4.3.2.1.2 Motive des Käufers

4.3.2.1.2.1 Management

Das bisher angestellte Management stellt beim MBO einen wesentlichen Teil des für den Unternehmenskauf benötigten Eigenkapitals aus Privatvermögen oder durch persönliche Verschuldung zur Verfügung. Verschiedene Motive sind geeignet, die Übernahme des hohen finanziellen Risikos der Manager zu erklären, das diese mit dem MBO eingehen. Dabei sind allgemein nicht pekuniäre und pekuniäre Motive zu unterscheiden.[159]

4.3.2.1.2.1.1 Nicht pekuniäre Motive

Häufig nennen Manager das mit einer Selbständigkeit verbundene gesellschaftliche Prestige und den Gewinn von unternehmerischer Entscheidungsfreiheit als Kaufmotive.[160] Als Selbständige können sie ihre unternehmerischen Vorstellungen besser verwirklichen, weil Eigentümer und Vorgesetzte einer Umsetzung nicht mehr im Wege stehen.[161] In Befragungen wurde außerdem die Freude an harter Arbeit als Kaufmotiv angegeben.[162] Die nicht pekuniären Ziele lassen sich alternativ auch durch den Erwerb eines anderen Unternehmens (MBI) oder eine Neugründung realisieren.

4.3.2.1.2.1.2 Pekuniäre Motive

Als Investoren verfügen die Manager auch über eigene wirtschaftliche Interessen. Die mit einem MBO erzielte Selbständigkeit eröffnet ihnen vielfach Einkommenschancen, die in einem abhängigen Beschäftigtenverhältnis nicht zu realisieren sind.[163] Zu den materiellen Erwerbsmotiven ist auch das Ziel der Sicherung des eigenen Arbeitsplatzes zu zählen, etwa wenn ein Konkurs oder eine Übernahme droht. Konkrete wirtschaftliche Vorteile ergeben

---

[156] Vgl. zum Going Private Inderbitzin (1993) sowie Beermann und Masucci (2000), S. 705ff.

[157] Die sogenannte Steuerthese erklärt einen wesentlichen Teil der Prämien mit dem steuerlichen Vorteil der hohen Fremdfinanzierung von MBOs und zusätzlichen steuerlichen Anreizen, etwa durch eine Förderung von Mitarbeiterbeteiligungen. Vgl. Kaplan (1989) und Drukarczyk (1993), S. 19ff. Als zwar wichtiger, aber nicht entscheidender Faktor wird der Einkommensteuereffekt z.B. in der empirischen Untersuchung von Bull identifiziert, vgl. Bull (1989), S. 79 ff.

[158] Lincoln und Zindel (1998), S. 94.

[159] Vgl. Arbeitskreis Finanzierung (1990), S. 836.

[160] Vgl. Quick (1991), S. 312 sowie Hodgkinson (1996), S. 344.

[161] Vgl. v. Brandenstein-Zeppelin (1988), S. 8.

[162] Vgl. Kitching (1989), S. 76.

[163] Vgl. Fanselow (1987), S. 698. Die Rendite des eingesetzten Kapitals kann durch den oben beschriebenen Leverage-Effekt erheblich gesteigert werden.

sich für das Management beim MBO auch im Vergleich zum Kauf eines anderen Unternehmens oder zu einer Neugründung, da sich Prüfungs- oder Gründungsaufwand reduzieren. Da zudem auch den Fremdkapitalgebern bekannt ist, daß das Management aufgrund seiner Informationssituation einem verringerten Erwerbsrisiko ausgesetzt ist, können diese ihr Kapital zu günstigeren Konditionen zur Verfügung stellen als bei einer MBI- oder Neugründungsfinanzierung.[164]

4.3.2.1.2.2 Finanzinvestoren

Motiv der Beteiligungsgesellschaften ist die Erzielung einer maximalen Rendite auf das eingesetzte Kapital.[165] Durch die Beziehung zum Management kann die Beteiligungsgesellschaft vom Insiderwissen des Managements profitieren und eine wesentlich genauere Einschätzung der mit einer Investition verbundenen Chancen und Risiken vornehmen. Bedeutend ist außerdem, daß die Beteiligung der Manager am Gesellschaftskapital für eine weitgehende Interessenkongruenz sorgt und so dazu beiträgt, daß Agency-Kosten gespart werden, die bei einer Investition in Unternehmen anfallen, in denen Eigentum und Kontrolle getrennt sind.

Beteiligungsgesellschaften werden stets in das Projekt investieren, das bei gleichem Risiko den höchsten Wertzuwachs erwarten läßt. Auch bei anderen Finanzinvestoren werden nichtmaterielle Erwerbsmotive nur in Ausnahmefällen von Bedeutung sein.[166] Damit eine Beteiligung in spätestens fünf Jahren wieder verkaufsfähig ist, wird zumeist auf Gewinnausschüttungen zu Gunsten einer schnellen Rückführung der Fremdfinanzierung verzichtet.[167]

Um ihre Renditeerwartungen zu realisieren, werden sich die Beteiligungsgesellschaften Einfluß- und Kontrollmöglichkeiten sichern. Viele Beteiligungsgesellschaften streben stets Mehrheitsbeteiligungen an, um eine Berücksichtigung ihrer Vorstellungen in der Unternehmensführung zu gewährleisten.

4.3.2.1.3 Interessendivergenz

Aus den Motiven für den MBO folgt, daß die Interessenlage der Beteiligten beim MBO nicht einheitlich ist. Wenn von den nicht-pekuniären Kauf- und Verkaufsmotiven abstrahiert und wird, kommt ein Unternehmenskauf nur zustande, wenn der Grenzpreis des Käufers über dem Grenzpreis des Verkäufers liegt. Für den MBO bedeutet das, daß das Management und seine Partner den Alteigentümern einen Kaufpreis bieten müssen, der erstens einen höheren Nutzen stiftet als eine Nichtveräußerung des Unternehmens und zweitens über etwaigen Konkurrenzgeboten liegt. Sofern ein positiver Einigungsbereich existiert, bevorzugt der Verkäufer einen Preis am oberen Ende, der Käufer einen Preis am unteren

[164] Vgl. Niemann (1995), S. 17f.
[165] Vgl. Arbeitskreis Finanzierung (1990), S. 837 sowie Pütter (1998a), S. 6.
[166] In den Vereinigten Staaten wird die Zahl der Privatinvestoren (sog. Business Angels) auf ca. 250.000 geschätzt. Ihr durchschnittliches Investment beträgt etwa 80.000 $. Business Angels spielen häufig in der Anfangsphase eine Mentorenrolle und stellen dem Unternehmer Kontakte zur Verfügung, vgl. Kirchner (1998).
[167] Vgl. Graeper (1993), S. 36.

Ende des Einigungsbereichs, auch wenn beide Parteien neben dem Kaufpreis noch andere Motive haben können, einen MBO durchzuführen.

4.3.2.2 Informationssituation

Weil das Management eines Unternehmens über Insiderkenntnisse verfügt, liegt beim MBO eine im Vergleich zum konventionellen Unternehmenskauf umgekehrte Informationssituation vor.[168] Aufgrund ihres zumeist langjährigen Engagements kennen die Manager die Stärken und Schwächen des Unternehmens zumeist besser als die Anteilseigner.[169] Das Ausmaß der Informationsasymmetrie hängt vom Engagement der Eigentümer in den Führungs- und Aufsichtsgremien des Unternehmens ab. Der vom Management bei einer Kaufpreisbestimmung getroffene Risikoabschlag wird in der Regel geringer sein als derjenige, den ein externer Käufer vorzunehmen hat.[170] Informationsaufwendungen, wie z.B. für Marktanalysen und Due Diligence entfallen ganz bzw. reduzieren sich erheblich. Aufgrund der möglichen Kosteneinsparungen und eines geringeren erforderlichen Bewertungsabschlages auf der Käuferseite existiert beim MBO ein größerer Einigungsspielraum zwischen den Kontrahenten als beim konventionellen Unternehmenskauf. Dabei ist aber zu beachten, daß bei MBOs mögliche Synergien als potentieller Wertsteigerungsfaktor entfallen.[171]

Das Management kann seinen Informationsvorsprung bei den Verkaufsverhandlungen ausnutzen, um seinen eigenen Nutzen auf Kosten der Alteigentümer zu maximieren. Die Manipulationsthese hebt die Bedeutung des Informationsvorsprungs der Manager gegenüber den Eigentümern und die damit verbundenen Manipulationsmöglichkeiten hervor.[172] Mit der Ausnutzung der im Vergleich zum herkömmlichen Unternehmenskauf umgekehrten Informationsasymmetrie läßt sich auch die Bereitschaft der Manager begründen, bei Going-private Transaktionen im Vergleich zum Börsenwert eine hohe Prämie zu zahlen. Die Manipulationsthese als Erklärungsansatz für bei MBOs bezahlte Prämien unterstellt, daß die Manager ihren Wissensvorsprung gezielt nutzen, um Eigentümer und Markt zu einer zu niedrigen Unternehmensbewertung veranlassen.[173] Manipulationsmöglichkeiten liegen beispielsweise in einer übertrieben konservativen Rechnungslegung zum Ausweis niedriger Gewinne, in der Verfolgung steuerlich nachteiliger Ausschüttungsstrategien oder in der suboptimalen Verwendung finanzieller Überschüsse.[174] Beispiele für kaufpreisrelevante Informationen, die zumindest für eine begrenzte Zeit monopolisiert werden können, sind Innovationen des Unternehmens, die Auftragslage oder eine veränderte Konkurrenzsituation. Der Verkäufer kann versuchen, dem Manipulationsproblem mit Hilfe eines Bieterwettbewerbs einer Manipulation durch die Manager entgegenwirken.[175]

Alteigentümer und Manager verfügen zudem über einen gemeinsamen Vorsprung gegenüber Dritten, den sie gemeinsam ausnutzen können. Die Umverteilungsthese hält eine Ver-

[168] Vgl. Harbers (1992), S. 58.
[169] Vgl. Honert (1995), S. 174.
[170] Vgl. Quick (1991), S. 313.
[171] Vgl. Drukarczyk (1993) S. 26
[172] Vgl. Drukarczyk (1990), S.546.
[173] Vgl. Rhein (1996), S. 70.
[174] Vgl. Drukarczyk (1990), S.546.
[175] Vgl. Jensen, M. (1989), S. 71.

mögensschädigung anderer Beteiligter, insbesondere von Altgläubigern[176] und Mitarbeitern, zur Erklärung von Prämien bei Going-Private-MBOs für bedeutsam.

4.3.3 Folgerungen

4.3.3.1 Wohlfahrtsgewinne durch Management Buy-outs

Kernfrage einer Einschätzung des MBO als Veräußerungsvariante ist, ob er eine Wohlfahrtsverbesserung bewirken kann oder nur zu einer Umverteilung vorhandener Ressourcen führt.[177] Für eine Realisierung von Wohlfahrtsgewinnen durch einen MBO im Vergleich zu einem Verbleib des Unternehmens beim Alteigentümer und zu einem konventionellen Unternehmensverkauf an unternehmensfremde Dritte sprechen vier wesentliche Argumente:

- Beim MBO entfällt bzw. reduziert sich der (ungerechtfertigte) Risikoabschlag, den ein externer Käufer aufgrund des „Lemon-Problems" bei der Bewertung des Unternehmens vorzunehmen hat. Dadurch kann ein positiver Einigungsbereich für einen Verkauf geschaffen werden. Die Gefahr eines Marktversagens aufgrund von Qualitätsunsicherheit verringert sich.
- Durch einen MBO können Effizienzgewinne erzielt werden, weil Agency-Kosten entfallen, die aus der Trennung von Eigentum und Kontrolle resultieren. Den Gewinn können Verkäufer und Käufer des Unternehmens unter sich aufteilen. Die Höhe der Einsparungen ist allerdings schwierig zu quantifizieren.
- Die Transaktionskosten können beim MBO niedriger sein als bei einem Unternehmensverkauf an Dritte, weil der Prüfungsbedarf des Käufers geringer ist.
- Nicht-pekuniäre Erwägungen können bei beiden Parteien eine größere Konzessionsbereitschaft bewirken und den Einigungsbereich vergrößern. Das monetäre Äquivalent des Nutzens, den die Erfüllung nicht-monetärer Ziele (Prestige, Freiheit, Unternehmensfortführung) stiftet, ist allerdings nicht ohne weiteres in eine Kaufpreisaufschlag bzw. –abschlag umrechenbar.

4.3.3.2 Konsequenzen für den Verkäufer

Die Effizienzhypothese gibt eine denkbare Erklärung dafür, daß das Management und der Alteigentümer das Unternehmen unterschiedlich bewerten können. Wenn der Verkäufer gut über das Unternehmen informiert ist, stellt der MBO eine sehr elegante Umgehung des Qualiätsunsichereitsproblems beim Unternehmensverkauf dar (Fall 3), weil keine oder nur eine geringe Informationsasymmetrie besteht und damit ein Marktversagen aufgrund adverser Selektion unwahrscheinlich wird. Eine typische geeignete Konstellation ist der Verkauf einer Tochtergesellschaft durch einen Konzern oder die Unternehmensnachfolge im eigentümergeführten Mittelstandsbetrieb. Wenn der Verkäufer nicht hinreichend über das Unternehmen informiert ist (Fall 4), sollte er selbst Maßnahmen zum Abbau der Informationsasymmetrie treffen, um eine Übervorteilung durch das Management zu verhindern. Bei

[176] Gegen eine Entwertung der Rechte von Alt-Gläubigern bei Buy-outs sprechen die empirischen Untersuchungsergebnisse von Marais, Schipper und Smith (1989).

[177] Vgl. Rhein (1996), S. 29.

schlecht informierten Verkäufern handelt es sich häufig um Erben, Gemeinschaften von Minderheitsaktionären oder staatliche Institutionen.

Wenn der Unternehmensverkauf in Form eines MBOs durchgeführt wird, gibt es keine Synergieeffekte, die häufig den größten Teil des Unterschiedes zwischen dem Grenzpreis des Verkäufers und einem (höheren) Übernahmeangebot erklären. Ob Synergieeffekte oder eingesparte Agency-Kosten einen größeren Beitrag zum Unternehmenswert liefern, kann nur anhand von Einzelfällen beurteilt werden. Es liegt daher stets im Interesse eines den Kaufpreis maximierenden Verkäufers, vor einem Verkauf an das eigene Management zu prüfen, ob auch noch andere auch noch andere, strategische Kaufinteressenten exisitieren.

4.3.3.3 Schutz der Kontrahenten durch die Rechtsordnung

Der Informationsrückstand und die daraus resultierende Gefahr des Marktversagens ist das entscheidende ökonomische Argument für den gewährleistungsrechtlichen Schutz des Unternehmenskäufers. Beim MBO liegt aber regelmäßig eine umgekehrte Informationsasymmetrie vor. Für eine an Effizienzerwägungen orientierte Rechtsordnung folgt daraus, daß nur in Ausnahmefällen ein Schutzbedürfnis des Käufers besteht und statt dessen häufig ein rechtliches Schutzbedürfnis des Verkäufers vor Manipulationen durch den Käufer existiert.

Das verringerte Schutzbedürfnis eines informierten Unternehmenskäufers wurde auch in der deutschen Rechtsprechung anerkannt. Der BGH hatte über die Klage eines Fruchtgummiunternehmens (Käufer) gegen die Verkäuferin eines Unternehmens der selben Branche zu entscheiden, an dem es selbst bereits vorher wesentlich beteiligt und in dessen Aufsichtsrat es vertreten war.[178] Der Käufer fühlte sich - durch verschiedene Äußerungen der Verkäuferin und einiger Angestellter des Unternehmens (u.a.: „keine nennenswerten Verluste im laufenden Geschäftsjahr“) sowie durch von der Verkäuferin vorenthaltene Informationen - über den Unternehmenswert getäuscht. Das Gericht wies die Klage ab[179], da der Käufer „als Geschäfts- und Branchenkenner ohne weiteres imstande war, die ihm mitgeteilten Informationen und Zahlen zutreffend zu verwerten.“[180] Aus Kenntnis der allgemeinen Marktlage hätte der Käufer zudem selbst seine Schlüsse ziehen und im Zweifel auf der Hauptversammlung und im Aufsichtsrat offenen Fragen nachgehen müssen. Diese Argumentation des Gerichts muß grundsätzlich auch für einen MBO gelten, da der Informationsstand etwa von Vorstands- bzw. Geschäftsführungsmitgliedern denjenigen von Aktionären und Aufsichtratsmitgliedern fast immer deutlich übertrifft.

Am deutlichsten tritt beim MBO eine umgekehrte Informationsasymmetrie auf, wenn es sich um eine Publikumsaktiengesellschaft handelt, weil die Mehrzahl der Aktionäre weder Management- noch Kontrollfunktionen wahrnimmt. In der US-amerikanischen Rechtsprechung haben sich daher Bestimmungen zum Schutz außenstehender Aktionäre beim Going-

[178] Vgl. BGH in WM (1980), S. 284ff.

[179] Die Klage stellte, anders als die meisten der im 3. Kapitel untersuchten Fälle, primär auf arglistige Täuschung ab, da die Parteien vertraglich einen Ausschluß der gesetzlichen Gewährleistung vereinbart hatten.

[180] Vgl. BGH in WM (1980), S. 287.

private herausgebildet,[181] für die es im deutschen Recht keine Entsprechung gibt.[182] Auch wenn die Zahl potentieller Going-private MBOs in Deutschland aufgrund der geringen Zahl börsennotierter Unternehmen nicht sehr hoch ist, besteht hier scheinbar noch rechtlicher Klärungsbedarf. Aber auch bei außerbörslichen Unternehmensverkäufen besteht bislang nur ein geringer rechtlicher Schutz des Verkäufers vor Manipulationen, wobei hier fragmentierte, wenig über das Unternehmen informierte Eigentümerkreise wahrscheinlich die Ausnahme bilden.

Im deutschen Recht sind die Möglichkeiten des Verkäufers, bei nachträglich festgestellter Übervorteilung eine Nachbesserung des Kaufpreises oder eine Rückabwicklung des Kaufes zu verlangen, sehr begrenzt. Insbesondere kommt eine umgekehrte Anwendung der gesetzlichen Gewährleistungshaftung und der culpa in contrahendo zu Gunsten des Verkäufers nicht in Frage.[183] Im Gegenteil, es kommt sogar auch beim MBO eine Anwendung dieser Bestimmungen zu Gunsten eines Käufers in Betracht, weil er nicht über sämtliche Aspekte des Kaufgegenstandes informiert sein kann.[184] Aus Sicht des Verkäufers ist am ehesten noch eine Anfechtung wegen arglistiger Täuschung gemäß § 123 BGB denkbar.[185] Dabei wird es aber für den Verkäufer im Zweifel schwierig sein, den entsprechenden Nachweis zu führen. Auch die organschaftliche Treuepflichten[186] haben de facto keine Schutzwirkung.[187]

4.3.3.4 MBOs als Option für den Unternehmensverkauf

MBOs haben in Deutschland, angesichts des im internationalen Vergleich noch niedrigen Transaktionsvolumens, nach wie vor ein großes Potential. Das wachsende Engagement von finanzkräftigen Beteiligungsgesellschaften und die dynamische Entwicklung der Kapitalmärkte ermöglichen inzwischen die Umsetzung zahlreicher MBOs, die früher an den begrenzten Ressourcen des Managements gescheitert wären. Die Finanzinvestoren wiederum erschließen sich durch MBOs wiederum erst einen Großteil ihrer Beteiligungsmöglichkeiten. Ohne eine Beteiligung des Managements wären sie allein auf eine eigenständige Prüfung aller Risiken angewiesen, die vielfach kostspielig oder technisch nicht durchführbar wäre. MBOs sind u.a. immer dann eine wichtige Option, wenn keine anderen Käufer für das Unternehmen in Frage kommen, etwa bei Sanierungstransaktionen oder weil die an einer Übernahme interessierten Wettbewerber aus kartellrechtlichen Gründen ausscheiden.

Ein Allheilmittel gegen das Informationsproblem beim Unternehmensverkauf ist der MBO aber nicht. Vielfach scheiden MBOs schon deswegen aus, weil das vorhandene Management für die Übernahme einer unternehmerischen Rolle nicht geeignet oder nicht daran

---

[181] Dabei soll im amerikanischen Recht insbesondere die Fairness von Abfindungsangeboten sichergestellt werden. Ein ebenfalls zeitweilig erwogenes generelles Verbot von MBOs wurde dagegen verworfen, vgl. Heidemann (1994), S. 67ff und Rhein (1996), S. 21ff.

[182] Vgl. Rhein (1996), S. 55f.

[183] Vgl. Rhein (1996), S. 56.

[184] Vgl. Harbers (1992), S. 138f.

[185] Vgl. Rhein (1996), S. 58.

[186] In der Vorbereitungsphase handelt es sich um die Pflichten des Vorstandes/der Geschäftsführung zur Vermeidung und Offenbarung von Interessenkonflikten, die Pflicht zur Verschwiegenheit, organschaftliche Wettbewerbsverbote und das Verbot, die Organstellung zu eigenen Zwecken auszunutzen

[187] Vgl. Heidemann (1994), S. 219ff. sowie Rhein (1996), S. 81ff.

interessiert ist. Anstelle der Qualitätsunsicherheit eines potentiellen Käufers beim konventionellen Unternehmensverkauf tritt zudem beim MBO häufig ein spiegelbildliches Verkäuferproblem. Das Management verfügt über einen Informationsvorsprung, den es zur Manipulation des Kaufpreises nutzen kann. Diese Manipulationsmöglichkeit kann in gleicher Weise zu Marktversagen führen wie die Qualitätsunsicherheit eines externen Kaufinteressenten beim konventionellen Unternehmensverkauf. In den Fällen, in denen der Verkäufer nicht ausreichend über den Zustand des Unternehmen informiert ist, muß er Strategien entwickeln, um seine Übervorteilung zu verhindern. In der Regel wird er nur dann bereit sein, sein Unternehmen an das Management zu veräußern, wenn er sich die kaufpreisrelevanten Informationen beschaffen oder sich durch geeignete Vertragsklauseln vor einer Übervorteilung schützen kann. Dabei verfügt er über die selben, im folgenden Kapitel zu untersuchenden Instrumente wie der Käufer. Außerdem kann der Verkäufer versuchen, mit Hilfe eines Bieterwettbewerbs einer Manipulation durch die Manager entgegenzuwirken.

5. Kapitel: Instrumente zum Abbau von Informationsasymmetrien

5.1 Signalisierung beim Unternehmensverkauf

5.1.1 Glaubwürdigkeit übermittelter Informationen

Gesetzliche Gewährleistung und Vertrauensschutz tragen zwar zu einer Verringerung des Qualitätsrisikos eines uninformierten Käufers bei, da sie eine überwiegend verkäuferlastige Risikozuweisung vornehmen. Die Rechtslage ist aber unübersichtlich und garantiert dem Käufer keinen umfassenden Schutz vor enttäuschten Erwartungen. Das Informationsproblems des Käufers kann indirekt durch einen MBO umgangen werden, wie die Darstellung im vierten Kapitel gezeigt hat. Aus unterschiedlichen Gründen sind aber bei vielen Unternehmensverkäufen die Voraussetzungen für einen MBO nicht gegeben. Gleichzeitig können zudem spiegelbildlich Informationsnachteile für den Verkäufer auftreten, weshalb MBOs keine Standardlösung für das Informationsproblem bieten.

Je risikoaverser ein unvollständig informierter Kaufinteressent eingestellt ist, desto mehr wird sein Erwerbsinteresse durch die vorhandenen Unwägbarkeiten negativ beeinflußt. Daher ist für ihn die Sammlung von Informationen über das Zielunternehmen von großer Bedeutung.[1] Bereits vor der Aufnahme von Vertragsverhandlungen kann der Kaufinteressent seinen Informationsstand über öffentlich zugängliche Quellen, etwa Geschäftsberichte und Datenbanken, verbessern.[2] Bei vielen nicht börsennotierten Unternehmen sind aber selbst elementare Informationen häufig nicht öffentlich zugänglich.

Auch dem Verkäufer ist an der Information eines potentiellen Käufers über das Unternehmen gelegen, wenn dadurch dessen Erwerbsinteresse gefestigt und seine Zahlungsbereitschaft erhöht werden kann. Nach kritischer Prüfung der Ernsthaftigkeit eines Erwerbsinteresses wird der Verkäufer dem Interessenten daher in der Regel weitere Daten und Unterlagen vermitteln. Wenn die Initiative, Verkaufsverhandlungen zu führen, vom Verkäufer ausgeht, werden wichtige Unternehmensinformationen häufig in einem Verkaufsmemorandum für Erwerbsinteressenten aufbereitet. Ein solches Memorandum dient dazu, den Käufer eine erste Analyse ermöglichen und ihn damit in die Lage zu versetzen, ein erstes unverbindliches Angebot abzugeben.[3]

Neben aktuellen Finanzdaten enthält ein Memorandum aktuelle Informationen über kaufpreisrelevante Faktoren, wie zum Beispiel Markt- und Wettbewerb, Einkauf, Vertrieb, Produktion und Organisation sowie über die Planung. Eine Umfrage unter 856 regelmäßig akquirierenden Unternehmen verschiedener Branchen hat ergeben, daß der Informationswert eines "üblichen" Informationsmemorandums nur von 7% der Befragten als gering, aber von 60 % als mittel und von 33% sogar als hoch oder sehr hoch eingestuft wird.[4] Dem potentiellen Informationsgehalt von Memoranden sind aber dennoch quantitative und qualitative

[1] Vgl. Blex und Marchal (1990), S. 85.
[2] Vgl. Binder und Lanz (1993), S. 19.
[3] Vgl. Sinnecker (1995), S. 438.
[4] Vgl. Sinnecker (1995), S. 445.

Grenzen gesetzt. Dem Verkäufer in der Regel auch nicht lückenlos bekannt, an welchen Informationen ein möglicher Erwerber interessiert ist. Viele Informationen wird er daher nicht vollständig und ohne unvertretbaren Aufwand vorab zur Verfügung stellen können. Der Wahrheitsgehalt der enthaltenen Informationen bedarf aus Sicht des Käufers außerdem auf jeden Fall der Überprüfung.

Zudem stößt die Bereitschaft des Verkäufers, Informationen offenzulegen, auf eine natürliche Grenze. Insbesondere, wenn zunächst mehrere Interessenten angesprochen werden, besteht die Gefahr des späteren Mißbrauchs von übermittelten Informationen. Zwar bestehen zwischen den Verhandlungspartnern bereits vorvertragliche Schutzpflichten, die in der Regel eine Pflicht zur Geheimhaltung der im Zusammenhang mit der Vertragsverhandlung gewonnenen Informationen umfaßt, und bei Mißbrauch Schadenersatzansprüche auslöst, doch ist der entsprechende Nachweis schwer zu erbringen.[5] Daher wird ein Verkäufer insbesondere solchen Kaufinteressenten, die sich im Wettbewerb mit der Zielgesellschaft befinden, vertrauliche Informationen nicht ohne weiteres zugänglich machen,[6] sondern den Nutzen und einen zu erwartenden Schaden der Offenbarung vertraulicher Daten gründlich abwägen. Eine umfassende Informationsübertragung kann daher oft nur in einem strukturierten und abgestuften Verfahren erfolgen.

In der Theorie wird die gezielte Informationsübermittlung als Signalisierung bezeichnet.[7] Durch Signalisierung kann sich ein Anbieter guter Ware von anderen Anbietern unterscheiden. Wenn durch die Kosten der Signalisierung gesellschaftliche Wohlfahrtsverluste entstehen, spricht man von dissipativen Signalisierungsansätzen. Ansonsten handelt es sich um nicht-dissipative Ansätze.[8] Beim Unternehmensverkauf können die Signalisierungskosten u.a. den Arbeitsaufwand der Kontrahenten, die Kosten für externe Berater sowie den Schaden, der durch den Mißbrauch erhaltener Informationen entsteht, umfassen. Auch eine Signalisierung führt nur selten zu einem vollständigen Abbau der Informationsasymmetrie zwischen den Verhandlungspartnern. Im Zusammenhang mit Signalisierungsansätzen stehen folgende Fragen im Zentrum der Untersuchung:

- Gibt es geeignete Signale, mit denen die Verkäufer guter Unternehmen den Markt separieren können (separierendes Gleichgewicht)?
- Welche Bedingungen bestehen für die Existenz eines separierenden Gleichgewichtes?
- Wie ist ein geeignetes Signal beschaffen?
- Welche Kosten entstehen den Verkäufern guter bzw. schlechter Unternehmen bei der Signalerzeugung?

Die Funktionsweise eines Signals beim Unternehmensverkaufs wird zunächst anhand eines Standardmodells der Informationsökonomie analysiert. Im darauf folgenden Abschnitt wird als Beispiel für ein Signal beim Unternehmensverkauf die Due Diligence untersucht. Mit der Due Diligence gibt der Verkäufer dem Käufer Einblick in sein Unternehmen. Die Bereitschaft, eine solchen Einblick zu gewähren, kann als Signal zu verstanden werden, daß

[5] Vgl. Klein-Blenkers (1998), S. 978.
[6] Vgl. Holzapfel und Pöllath (1997), S. 10ff.
[7] Vgl. Spence (1973), S. 355.
[8] Vgl. zu dieser Unterscheidung Breuer (1998), S. 147 sowie Hartmann-Wendels (1990), S. 233ff.

sein Unternehmen eine gute Qualität hat („peach")und folglich einen besseren Preis verdient als ein schlechtes („Lemon"). Mit der Darstellung des Due Diligence Prozesses soll erläutert werden, wie eine Due Diligence funktioniert, mit welchen Kosten und Risiken sie verbunden ist und inwieweit ihr Umfang vom Verkäufer individuell gesteuert werden kann. Eine ähnliche Betrachtung schließt sich für das externe Bewertungsgutachten an, daß eine Alternative oder Ergänzung zur Due Diligence darstellt.

In dem Modell ist ein Signal, abgesehen von der mit ihm erzielten Separierung des Marktes wertlos. Am Ende diese Kapitels wird daher ferner untersucht, ob eine Due Diligence noch einen zusätzlichen Nutzen stiften kann, weil sich der tatsächliche Wissensstand des Käufers über das Unternehmen verbessern kann.

5.1.2 Das Signalisierungsmodell von Spence

5.1.2.1 Problemstellung

Es wird im folgenden angenommen, daß auf einem Markt für Unternehmen (M&A-Markt) jeweils eine Vielzahl Verkäufer und Finanzinvestoren als Kaufinteressenten zusammentreffen.[9] Es werden „gute" und „schlechte" Unternehmen angeboten, die der Kaufinteressent aufgrund unvollständiger Information zunächst nicht unterscheiden kann. Die schlechten Unternehmen bergen ein zusätzliches ertragswirksames Risiko. Für derartige Unternehmensrisiken gibt es zahlreiche Beispiele, wie etwa verborgene Umweltaltlasten im Produktionsbereich, gefährdete wichtige Patente des Unternehmens oder drohende Prozeßrisiken. Der Verkäufer des Unternehmens ist vollständig informiert. Er kann die Ertragssituation stets besser beurteilen als der externe Kaufinteressent. Informationen, die der Verkäufer dem Kaufinteressenten übermittelt, hält dieser zunächst für unglaubwürdig, weil jeder Verkäufer, auch der Eigentümer eines Unternehmens mit den schlechteren Ertragsaussichten, ein großes Interesse an einer möglichst vorteilhaften Darstellung seines Unternehmens hat. Der Kaufinteressent ist daher gegenüber allen übermittelten Informationen zunächst skeptisch.

Der Verkäufer eines Unternehmens mit guten Ertragsaussichten ist daran interessiert, Kaufinteressenten glaubwürdig die Güte seines Unternehmens zu „signalisieren". Ansonsten muß er das durchschnittliche Qualitätsrisiko des Unternehmenskäufers anteilig tragen. Er könnte sein Unternehmen maximal zum Preis eines durchschnittlichen Unternehmens verkaufen. Der Markt wäre „gepoolt". Durch die Übermittlung eines glaubwürdigen Signals kann der Verkäufer den gepoolten Markt separieren. Für ihn bestimmt sich die Vorteilhaftigkeit einer Signalaussendung aus der Differenz der besseren Beurteilung und Bewertung des Unternehmens durch den uninformierten Interessenten – das ist letztlich ein resultierender höherer Kaufpreis – und den durch die Signalisierung entstehenden Kosten. Nur wenn die Differenz positiv ist, lohnt sich für den Verkäufer eines guten Unternehmens die Signalisierung. Voraussetzung für die Glaubwürdigkeit eines Signals ist, daß sich die fälschliche

[9] Spence (1973) hat sein Signalling-Modell anhand des Arbeitsmarktes dargestellt. Bewerber um einen Arbeitsplatz signalisieren dem potentiellen Arbeitgeber mit einem abgeschlossenem Studium, daß sie besonders lernfähig sind. Das im Studium Gelernte selbst ist dabei für die Position vollkommen irrelevant.

Aussendung für den Verkäufer eines „schlechten" Unternehmens nicht lohnt, weil für diesen die Differenz aus Ertrag und Kosten der Signalisierung negativ wäre.[10]

5.1.2.2 Formale Darstellung

Die getroffenen Überlegungen lassen sich auch formal darstellen[11], wobei folgende Annahmen gelten sollen:

- Risikoneutralität aller Marktteilnehmer. Diese richten ihre Entscheidungen nur an den Erwartungswerten ihrer Einzahlungen aus und verhalten sich rational.
- Unbegrenzte Anlagemöglichkeit des Finanzinvestors in einem Benchmark-Portfolio aus Standardaktien. Für die in diesem Portfolio enthaltenen Aktien besteht höchstmögliche Transparenz.
- Homogene Erwartungen der Investoren bezüglich der Portfoliorendite in Höhe von r, entsprechend der historischen Performance des Portfolios über einen langen Zeitraum.
- Kein Einfluß einzelner Investoren auf Marktpreise.
- keine Transaktionskosten abgesehen von den Signalisierungskosten, sowie keine Steuern oder sonstige Beschränkungen.

Es gibt in t_0 zwei Typen von Unternehmen, die zum Verkauf stehen und für deren Erwerb sich Finanzinvestoren interessieren. Die Finanzinvestoren wollen durch den Unternehmenskauf in t_0 und einen späteren Weiterverkauf in t_1 eine Zielrendite in Höhe von r erzielen. Die „guten" Unternehmen haben ein eindeutig positives Ertragspotential. Dem Käufer eines guten Unternehmens gelingt daher in t_1 in jedem Fall der Weiterverkauf (Exit) mit dem erwarteten Gewinn. Die „schlechten" Unternehmen geraten dagegen mit der Wahrscheinlichkeit $p > 0$ in Schwierigkeiten und können dann in t_1 nur zum ursprünglichen Kaufpreis, ohne jegliche Rendite, weiterverkauft werden.[12]

Den Finanzinvestoren ist aufgrund langjähriger Markterfahrung bekannt, daß der Anteil δ schlecht ist, wobei $0 < \delta < 1$. Folglich ist der Anteil $(1- \delta)$ gut. Zu welcher Gruppe ein bestimmtes Unternehmen gehört, weiß aber nur der jeweilige Verkäufer. Gelingt es den Verkäufern guter Unternehmen nicht, ein glaubwürdiges Signal zu übermitteln, dann werden sich alle Verkäufer mit der gleichen Renditeforderung der Finanzinvestoren in t_0 konfrontiert sehen. Der Markt ist dann gepoolt.

Die Finanzinvestoren haben eine Renditeerwartung von r. Der Exitpreis der Kaufinteressenten geteilt durch die Rendite $(1 + r)$ ergibt ihren Grenzpreis I. Damit die Finanzinvestoren ihre Renditeerwartung im Durchschnitt erreichen können, müssen sie für jede individu-

[10] So ist es denkbar, daß es dem Verkäufer eines „guten" Unternehmen leichter fällt, ein übermitteltes positives Bild auch bei einer genaueren Prüfung durch den Käufer aufrecht zu erhalten, weil für ihn geringere „Vertuschungskosten" in bezug auf vorhandene Risiken anfallen.

[11] Diese Darstellung lehnt sich an jüngere Darstellungen von Spremann (1996), S. 723ff. und Breuer (1998), S. 119ff. an, die das Signalling-Modell von Spence aufgegriffen und auf das Beispiel des Kreditmarktes übertragen haben.

[12] Beispielsweise könnte das schlechte Unternehmen einem Prozeßrisiko ausgesetzt sein, das mit einer Wahrscheinlichkeit von p dazu führt, daß der gesamte erwartete Wertzuwachs durch einen außerordentlichen Verlust „aufgefressen" wird.

elle Transaktion mit einem Gewinn in Höhe von q kalkulieren, der folgender Gleichung genügen muß:

$$
\begin{aligned}
(5.1) \qquad & (1-\delta)*I*(1+q)+\delta[(1-p)*I*(1+q)+p*I] &= I*(1+r) \\
\Leftrightarrow \qquad & (1-\delta)*q+\delta(1-p)*q &= r
\end{aligned}
$$

Der Verkäufer eines guten Unternehmens (V_g) kann gegen Kosten, die den Bruchteil k_g des Kaufpreises ausmachen, ein glaubwürdiges Signal aussenden[13], daß es sich bei seinem Unternehmen um ein gutes Unternehmen handelt. Der Verkäufer eines schlechten Unternehmens (V_s) kann dieses Signal gegen Kosten in Höhe von k_s imitieren.

Die Kaufinteressenten stufen ein Signal als glaubwürdig ein, wenn sich dessen Übermittlung nur für die Eigentümer guter Unternehmen lohnt. Sie werden dann die Unternehmen aller signalisierenden Verkäufer als gut, diejenigen aller nicht signalisierenden als schlecht einstufen.
Die Renditeforderung, die ein Finanzinvestor an ein als schlecht eingestuftes Unternehmen richtet, sei im folgenden q_s. Schlechte Unternehmen erbringen beim Exit nur mit der Wahrscheinlichkeit (1-p) eine Rendite. Folglich muß q_s so kalkuliert werden, daß gilt:

$(1\text{-}p) * q_s = r$

Damit ein separierendes Gleichgewicht existiert, müssen die beiden folgenden Bedingungen erfüllt sein:

$$(5.2) \quad \text{I.} \quad k_g < q_s - r = \frac{r}{1-p} - r = \frac{p*r}{1-p}$$

$$\text{II.} \quad k_s > r-(1-p)*r = p*r$$

Wenn der Verkäufer des guten Unternehmens nicht signalisiert, geht der Finanzinvestor davon aus, daß er ein schlechtes Unternehmen verkaufen will und verlangt eine Rendite von q_s. Durch die Signalisierung spart er die Differenz von $q_s - r$ als Renditeforderung ein.

Gleichzeitig darf es sich für die Verkäufer eines schlechten Unternehmens nicht lohnen, ihr Unternehmen wahrheitswidrig als gut zu präsentieren. Die Signalisierungskosten müssen also höher sein als der Gewinn, der aus dem fälschlich übermittelten Signal resultiert. Wenn beide Bedingungen erfüllt sind und nur die Eigentümer der guten Unternehmen ein Signal aussenden, liegt ein Nash-Gleichgewicht vor. Es handelt sich dabei um ein separierendes Gleichgewicht, weil aus dem Verkäuferverhalten eindeutig auf den jeweiligen Unternehmenstyp geschlossen werden kann.

[13] Die Kosten für ein solches Signal können allgemein sowohl monetäre als auch nicht monetäre Kosten (z.B. Zeitaufwand des Verkäufers etc.) umfassen, vgl. Spence (1973), S. 359.

5.1.2.3 Beispiel

Das Ergebnis läßt sich anhand eines Beispiels verdeutlichen:

	k_g	k_s	r	δ	p
Wert	2%	6%	15%	70%	25%

Aus der Gleichung $(1-\delta)*q + \delta*(1-p)*q = r$ ergibt sich als geforderte Rendite im gepoolten Markt:

$0{,}3*q + 0{,}7*0{,}75*q = 0{,}15 \quad \Rightarrow \quad q = 18{,}18\%$

Die Risikoprämie beträgt $q-r = 18{,}18\% - 15\% = 3{,}18\% > k_g$.

Im Beispiel würden die Verkäufer der guten Unternehmen signalisieren, um die Differenz zwischen der gepoolten und der risikoadäquaten Renditeforderung der Finanzinvestoren einzusparen. Sie würden mit einer Renditeforderung von 15% konfrontiert.

Das Signal ist glaubwürdig. Für die Verkäufer der schlechten Unternehmen lohnt es sich im Beispiel nicht, ein falsches Signal auszusenden, um ihr Unternehmen als gut darzustellen:

$p * r = 0{,}25 * 15\% = 3{,}75\% < k_s$

Da $q_s = r/(1-p)$ ist, müssen die Verkäufer der schlechten Unternehmen im Falle eines separierenden Gleichgewichts einen höheren Abschlag auf den kalkulierten Exit-Preis des Verkäufers akzeptieren:

$15\%/0{,}75 = 20\%$

Die Signalisierungskosten des Eigentümers des schlechten Unternehmens sind mit 6% auch höher als die Renditedifferenz von 5% zwischen guten und schlechten Unternehmen in einem separierten Markt.

5.1.2.4 Interpretation

Das Modell und die Beispielrechnung gehen von der Annahme aus, daß am M&A-Markt von vollständig informierten Verkäufern gute und schlechte Unternehmen angeboten werden, die vom unvollständig informierten Käufer nicht ohne weiteres zu unterscheiden sind. Der Verkäufer kann sein Unternehmen durch ein Signal, unter Inkaufnahme von Kosten, als ein gutes darstellen. Im Modell fällt dies dem Verkäufer eines tatsächlich guten Unternehmens aber leichter. Das kann etwas dahingehend interpretiert werden, daß er weniger Zeit und Kosten investieren muß, „um die Braut schön zu machen“. Das Signal selbst stiftet keinen Nutzen, außer daß es möglicherweise die Unterscheidung der beiden Unternehmenstypen ermöglicht.

Signalisierungskosten entstehen auch beim Verkäufer des guten Unternehmens. Dafür erhält er aber unter Umständen ein höheres Kaufpreisgebot. Die positive Differenz aus signalbedingt erhöhtem Grenzpreis des Käufers und Signalisierungskosten kann zu einer effizienten Veräußerung eines „guten“ Unternehmens führen, die in einem gepoolten Markt unterbleiben würde, da der Verkäufer einen größeren Nutzen aus der Fortführung des Unternehmens ziehen würde als wenn er zu einem niedrigeren „gepoolten“ Preis verkaufen würde. Im Beispiel lohnt es sich für den Verkäufer des schlechten Unternehmens nicht, ein falsches Signal auszusenden. Die damit verbundenen zusätzlichen Kosten wären für ihn höher als der dadurch möglicherweise erzielbare Mehrerlös. Aus dem unterschiedlichen Verhalten der beiden Anbieter resultiert die Separierung des Marktes. Damit ein separierendes Gleichgewicht zustande kommt, müssen zwei Bedingungen erfüllt sein. Erstens muß es sich für den Verkäufer des guten Unternehmens lohnen, ein Signal auszusenden. Zweitens darf es sich für den Verkäufer des schlechten Unternehmens nicht lohnen, ein Signal auszusenden.

Wenn es sich weder für V_g noch für V_s lohnt, ein Signal auszusenden, kommt es zu einem gepoolten Gleichgewicht. Dessen Ergebnis entspricht exakt der adversen Selektion. In einem gepoolten Gleichgewicht haben zwar beide Verkäufer die Möglichkeit, ein Signal auszusenden. Sie machen aber von dieser Möglichkeit keinen Gebrauch, weil der resultierende Nutzen die dabei entstehenden Kosten nicht aufwiegt. So würde es sich im Beispiel für V_g nicht lohnen, ein Signal auszusenden, wenn die Kosten dafür 3,18% überschritten. In diesem Fall wäre es für ihn günstiger, von vorne herein den niedrigeren gepoolten Preis zu akzeptieren oder sein Unternehmen zu behalten, falls ihm daraus ein größerer Nutzen erwächst. Außer den Signalkosten der Anbieter ist auch noch die prozentuale Verteilung guter und schlechter Unternehmen bedeutsam. Je höher der Anteil (δ) schlechter Unternehmen ist, desto höher ist auch die Renditeforderung der Kaufinteressenten. Folglich lohnt es sich c.p. für V_g mit zunehmendem Anteil schlechter Unternehmen vermehrt, ein Signal auszusenden, um sich zu differenzieren.

Im Modell wird durch die Separierung im Vergleich zum Pooling eine Verbesserung erzielt. Bei vollständiger Information würde das gleiche Ergebnis erzielt, d.h., daß die guten Unternehmen zum höheren Preis verkauft würden. Die Separierung bei asymmetrischer Information stellt aber gegenüber einer Situation mit vollständiger Information nur eine second best Lösung dar, weil Signalisierungskosten anfallen. Die hohe Zahl von abgebrochenen M&A-Transaktionen in der Realität deutet allerdings darauf hin, daß es den Marktteilnehmern in vielen Fällen nicht gelingt, ein geeignetes Signal und ein separierendes Gleichgewicht zu finden. In einer spieltheoretischen Betrachtung können im übrigen auch, in Abhängigkeit von den jeweiligen Signalkosten der Unternehmensverkäufer, mehrere verschiedene Gleichgewichte gleichzeitig auftreten, sowohl gepoolte als auch separierende.[14]

Das vorgestellte Modell ist binär strukturiert und dadurch relativ simpel. Es beschränkt sich auf die Unterscheidung von zwei Typen von Unternehmen, die nur zwei Arten von Signalen aussenden können. Es kann aber so erweitert werden, daß ein Kontinuum von unterschiedlich starken Signale ausgesendet werden kann, um eine Differenzierung zu erzielen. Ent-

[14] Vgl. Rasmussen (1994), S. 253.

sprechend kann es zu einer Vielzahl von separierenden und gepoolten Gleichgewichten kommen.[15] An der Grundaussage des Modells ändert sich dadurch aber nichts.

5.1.2.5 Kritik der Annahmen

Das Signalisierungs-Modell von Spence basiert auf einer Reihe von vereinfachenden Annahmen. Eine erhebliche Einschränkung stellt die unterstellte Risikoneutralität der Marktteilnehmer dar. In der Wirklichkeit dürften sich die meisten Marktteilnehmer eher risikoavers verhalten. Die im Modell ebenfalls vorausgesetzte unbegrenzte Anlagemöglichkeit in einem Benchmark Portfolio aus Standardaktien dürfte dagegen in der Realität durchaus gegeben sein. Eine starke Vereinfachung stellen nur die homogenen Erwartungen der Investoren bezüglich der Portfoliorenditen, basierend auf historischen Erfahrungswerten, dar. Zum einen ist der rege Handel von Aktien nur mit den heterogenen Erwartungen unterschiedlicher Anleger zu erklären. Zum anderen kann nicht ohne weiteres angenommen werden, daß Vergangenheitsrenditen auch in der Zukunft in gleicher Höhe erzielt werden. Andere Standardmodelle der Finanzierungstheorie wie etwa das CAPM und die aus ihm abgeleitete DCF-Methode gehen aber bei der Bestimmung von Risikoprämien und Betawerten genauso vor.[16]

Bei großen Standardwerten am Aktienmarkt kann meistens unterstellt werden, daß einzelne Investoren keine Einfluß auf Marktpreise haben. Allerdings kann das Anlageverhalten größerer institutioneller Investoren wie etwa Pensions- und Aktienfonds Kurse kurzfristig deutlich beeinflussen. Beim Kauf- und Verkauf von ganzen Unternehmen oder wesentlichen Beteiligungen kann der Einfluß einzelner Investoren auf den Preis sogar erheblich sein. Die weitere Annahme, daß keine Transaktionskosten und Steuern anfallen ist wiederum in gleicher Weise angreifbar wie etwa beim CAPM. In der M&A-Wirklichkeit fallen selbstverständlich auch Transaktionskosten an, wie auch im folgenden noch in den weiteren Ausführungen zur Due Diligence erkennbar wird. Im Verhältnis zur durch sie gewonnenen zusätzlichen Erkenntnisse spielen sie aber oft keine wesentliche Rolle. Steuern können in der Realität ebenfalls einen Einfluß auf die Kalkulation haben. Zumindest in Deutschland ist dieser Einfluß aber durch die Freistellung von Veräußerungserträgen auf Beteiligungsverkäufe mit der Steuerreform zum 1.1.2002 minimiert worden.

5.1.2.6 Folgerungen

Anhand eines relativ simplen Modells kann gezeigt werden, daß mit einem geeigneten Signal ein gepoolter M&A-Markt aufgebrochen und Marktversagen durch adverse Selektion verhindert werden kann. Diese Erkenntnis ist, trotz der im Modell erforderlichen vereinfachenden Annahmen, plausibel und unmittelbar nachvollziehbar. Fraglich bleibt aber zunächst die viel entscheidendere Frage, wie ein geeignetes Signal beim Unternehmensverkauf aussehen kann. Als Signal könnte z.B. die Due Diligence oder das Bewertungsgutachten fungieren. Funktionsweise, Anwendungsmöglichkeit sowie Chancen und Risiken dieser Instrumente werden im folgenden eingehend untersucht. Unter anderem wird der Frage nachgegangen, welche Kosten anfallen und in welchem Verhältnis diese zu den Chancen eines besser funktionierenden M&A-Marktes stehen. Darüber hinaus werden Verbindungen

[15] Vgl. Rasmussen (1994), S. 255ff.

[16] Vgl. auch die entsprechende Darstellung des CAPM in Abschnitt 2.3

zu den rechtlichen Rahmenbedingungen gezogen und Besonderheiten bei MBOs herausgearbeitet.

5.2 Due Diligence

5.2.1 Begriff und Funktionen der Due Diligence

5.2.1.1 Begriff der Due Diligence

Als Verfahren zur gezielten und vertieften Informationsübertragung beim Unternehmensverkauf hat sich die "Due Diligence"[17] etabliert. Allgemein kann die Due Diligence als Instrument zur Verminderung des Lemon-Problems verstanden werden.[18] Bei einer Due Diligence werden Wissensübertragung durch den Anbieter (Signalisierung) und Wissenserarbeitung durch den Nachfrager (Screening) zum Abbau einer vorhandenen Informationsasymmetrie verbunden.[19]

Die mit der Due Diligence verbundenen Arbeiten dienen der kritischen Analyse einer Transaktion in bezug auf potentielle kostenträchtige Zukunftsprobleme.[20] Die Anwendung der Due Diligence ist nicht auf M&A-Transaktionen beschränkt. Sie kann im Vorfeld jeglicher vertraglichen Bindung zwischen mehreren Parteien eingesetzt werden, deren Folgen zumindest für einen Vertragspartner zunächst nicht absehbar sind. In diesem Sinne handelt es sich bei einer Due Diligence um die sorgfältige Analyse und Bewertung eines Objekts im Rahmen einer geschäftlichen Transaktion. Entstanden ist der Begriff im Zusammenhang mit Erstemissionen von Wertpapieren im US-amerikanischen Kapitalmarkt- und Anlegerschutzrecht.[21] Inzwischen wird er bei unterschiedlichen Transaktionen verwandt, wobei es sich sowohl um einen Kauf als auch um eine Kreditgewährung o.ä. handeln kann.[22] Theoretisch wäre auch eine Anwendung der Due Diligence bei (risikoorientierten) Jahresabschlußprüfungen denkbar.[23]

Unternehmensakquisitionen sind einer der wichtigsten Anwendungsbereiche der Due Diligence, weil mit der großen Komplexität dieser Transaktionen ein umfassender Informations- und Strukturierungsaufwand zur Vermeidung von Enttäuschungen verbunden ist.[24] Im Zusammenhang mit Unternehmensverkäufen wird Due Diligence national wie international als Prüfung oder Durchleuchtung eines zum Erwerb anstehenden Unternehmens verstanden. Sie wird auch als Kauf- und Übernahmeprüfung oder pre-acquisition audit bezeichnet.[25]

---

[17] "Due Diligence" bedeutet wörtlich erforderliche oder angemessene Sorgfalt. Die Übersetzung des Begriffes bringt die hohe Bedeutung der Gründlichkeit und Genauigkeit beim Übertragen und Verarbeiten von Informationen in diesem Verfahren zum Ausdruck, vgl. auch Pollanz (1995), S. 1353.

[18] Vgl. Pollanz (1995), S. 1353.

[19] Vgl. Berens und Strauch (1998), S. 5.

[20] Vgl. Ganzert und Kramer (1995), S. 577.

[21] Eine ausführliche Dokumentation der Due Diligence Begriffsentstehung im Zusammenhang mit Börsenzulassungen in den USA geben Berens und Strauch (1998), S. 5ff.

[22] Die US-Rechtsprechung verwendet den Begriff auch schon seit vielen Jahren im Zusammenhang mit Unternehmenskäufen im Sinne einer erforderlichen Sorgfalt des Käufers, so z.B. in den Entscheidungen Clement A. Evans & Co. v. McAlpine, 434 F.2d 100, 103 (5th Cir. 1970) Mallis v. Bankers Trust, 615 F.2d 68, 79 (2nd Cir. 1980); White v. Sanders, 689 F.2d 1366, 1369 (11th Cir. 1982).

[23] Vgl. Pollanz (1995), S. 1353.

[24] Vgl. Berens und Strauch (1998), S. 13f.

[25] Vgl. Berens und Strauch (1998), S. 12.

Die Due Diligence hat sich beim Unternehmensverkauf zunächst in den USA etabliert[26], weil dort die Haftung des Verkäufers traditionell an sehr enge Voraussetzungen gebunden ist, so daß der Käufer darauf angewiesen ist, Risiken aufgrund einer eingehenden Prüfung des Unternehmens zu eliminieren oder auf Grundlage seiner Prüfungserkenntnisse konkrete vertragliche Garantien zu verlangen.[27] Seit Anfang der 90er Jahre hat die Due Diligence aber auch in Deutschland als wesentliches Instrument für eine Vermittlung und Überprüfung von Informationen an Bedeutung gewonnen. Inzwischen zählen Due Diligence Prüfungen bei Unternehmensverkäufen in Deutschland zum Standardrepertoire.[28]

Eine empirische Untersuchung durch Marten und Köhler[29] hat sich der Verbreitung der Due Diligence bei Fusionen und Übernahmen in Deutschland gewidmet. Der Verbreitungsgrad liegt zwischen 47,37% für die Umwelt Due Diligence und 93,53% für die finanzielle Due Diligence[30], wobei sich Unterschiede in bezug auf die Transaktionsform[31] und einzelne Branchen ergeben.

5.2.1.2 Funktionen der Due Diligence aus Sicht des Käufers und des Verkäufers

Die Due Diligence dient aus Sicht eines Kaufinteressenten der Analyse der mit einem Unternehmenskauf verbundenen Chancen und Risiken. Das schließt üblicherweise eine eingehende Betrachtung aller rechtlichen, finanziellen und organisatorischen Grundlagen des Unternehmens und der strategischen Perspektiven eines Erwerbs ein.[32] Es ist dabei zumeist eine Vielzahl von Themenkreisen betroffen, die für eine Informationsüberprüfung und Wertfindung[33] oder für die strategische Zieldefinition relevant sind.[34] Es sollen alle wesentlichen Einflußfaktoren beleuchtet werden, die über das ob und wie des Zustandekommens einer Transaktion entscheiden. In diesem Zusammenhang erfüllt die Due Diligence für den Erwerbsinteressenten unterschiedliche Aufgaben[35], die zum Teil eng mit einander verknüpft sind:

- *Identifikation von Chancen und Risiken:* Durch eine systematische Durchleuchtung kann der Erwerbsinteressent tatsächlich vorhandene Risiken erfassen und irrtümlich vermutete Risiken ausräumen.[36] Außerdem kann er untersuchen, ob die von einem Unternehmenskauf erwarteten Chancen tatsächlich vorhanden sind und ob in einer Akquisition eventuell zusätzliches Potential liegt, das für einen Außenstehenden nicht ohne weiteres erkennbar ist.
- *Überprüfung strategischer Ziele*: Das im Rahmen des Verfahrens gewonnene Gesamtbild vom Zielunternehmen kann auf seine Kompatibilität mit den strategischen Vorhaben

[26] Vgl. zur Due Diligence in den USA die umfassende Darstellung von Reed Lajoux und Elson (2000).
[27] Siehe dazu ausführlich Kapitel 3.
[28] Vgl. Kiem (1996), S. 427.
[29] Vgl. Marten und Köhler (1999), S. 337ff.
[30] Vgl. Marten und Köhler (1999), S. 342.
[31] Es wurden jeweils getrennte Zahlen für Akquisitionen, Joint Ventures und Fusionen ermittelt.
[32] Vgl. dazu ausführlich Bing (1996).
[33] Vgl. Klein und Jonas (1998), S. 169.
[34] Vgl. Ganzert und Kramer (1995), S. 577.
[35] Vgl. Schroeder (1997), S. 2161 sowie Reed Lajoux und Elson (2000), S.5f.
[36] Vgl. Blex und Marchal (1990) sowie Krallinger (1997), S. 94ff.

des Käufers überprüft werden.[37] Nach einem Erwerb erleichtern die gewonnenen Informationen zudem die Implementierung von Veränderungsmaßnahmen.[38]

- *Genauere Unternehmensbewertung:* Eine Bewertung kann immer nur so gut sein wie die Annahmen, die ihr zugrunde liegen. Mit der Eliminierung vermuteter Risiken kann insbesondere der Umfang von Risikoabschlägen bei einer Unternehmensbewertung reduziert werden.[39] Die Wettbewerbsfähigkeit eines späteren Kaufangebotes wird auf diese Weise erhöht. Dieser Aspekt ist für den Erwerbsinteressenten insbesondere dann wichtig, wenn eine starke Bieterkonkurrenz, etwa im Rahmen eines Auktionsverfahrens, besteht.[40]
- *Management:* Aus der Due Diligence können Erkenntnisse über die Qualität des Managements im Zielunternehmen gewonnen werden.[41] Auch kann der potentielle Käufer aus Managementgesprächen einen Eindruck von der Bereitschaft des Managements erhalten, mit dem neuen Eigentümer zusammenzuarbeiten.
- *Vertragliche Risikozuweisung:* Die in der Due Diligence gewonnenen Erkenntnisse ermöglichen eine effizientere Erfassung und Zuordnung verbleibender Risiken.[42] Durch die höhere Transparenz wird die Ausarbeitung eines individuellen Gewährleistungsregimes erleichtert.[43] Die Durchführung und Dokumentation einer Due Diligence erleichtert im Konfliktfall die Feststellung, ob und in welchem Umfang der Verkäufer vorvertraglich über die Eigenschaften des Unternehmens informiert hat. Dadurch wird beiden Parteien ein höheres Maß an Sicherheit gegeben.
- *Dokumentation der Kaufentscheidung:* Die Entscheidungsträger eines erwerbenden Unternehmens können die Grundlagen für ihre Akquisitionsentscheidung zur eigenen Entlastung, etwa gegenüber ihren Aktionären, dokumentieren und sich damit vor möglichen Regreßansprüchen schützen.[44]

Die in der folgenden Tabelle wiedergegebenen Ergebnisse einer Befragung europäischer Führungskräften durch die Wirtschaftsprüfungsgesellschaft Ernst & Young geben Aufschluß über die Motive des Käufers bzw. der Entscheidungsträger eines kaufinteressierten Unternehmens, die zur Durchführung einer Due Diligence veranlassen.[45] Allerdings wurden in der Erhebung nicht alle Motive abgefragt.

[37] Vgl. Binder und Lanz (1993), S. 17.
[38] Vgl. Brauner und Grillo (1998), S. 173ff.
[39] Vgl. Berens, Schmitting und Strauch (1998), S. 77ff.
[40] Vgl. Jensen, L. (1997), S. 59.
[41] Vgl. English (1994), S. 19ff., Bing (1996), S. 130ff sowie Reed Lajoux und Elson (2000), S. 89ff.
[42] Vgl. Berens, Schmitting und Strauch (1998), S. 69.
[43] Vgl. Merkt (1995), S. 1041.
[44] Vgl. Berens, Schmitting und Strauch (1998), S. 82ff.
[45] Die Ergebnisse basieren auf einer Befragung, die das Wirtschaftsprüfungsunternehmen Ernst & Young unter 142 Führungskräften in Unternehmen mit einem Umsatz von mehr als 150 Mio. US $ in sechs verschiedenen europäischen Ländern durchgeführt hat, vgl. o.V. (1997c), S. 14.

Tabelle 7: Aufgaben der Due Diligence aus Sicht europäischer Führungskräfte:

Motiv	**Bedeutung in %**
Aufdeckung bislang nicht erkannter Risiken	82,0
Besseres Verständnis über die Qualität des Managements gewinnen	28,0
Argumentationshilfe für Kaufpreisverhandlungen	27,0
Besseres Verständnis von Markt und Wettbewerb	20,0
Gewinnung von Erkenntnissen für die spätere Integration des Zielunternehmens	11,0
Bessere Beurteilung kultureller Gemeinsamkeiten	10,0

Quelle: Ernst & Young

Aus der Befragung geht eindeutig hervor, daß die Reduzierung des Informationsrisikos aus Sicht des Unternehmenskäufers im Vordergrund der Due Diligence steht. Der Kaufinteressent muß die erwarteten Vorteile der Due Diligence allerdings gegen den damit verbundenen Aufwand abwägen.[46]

Durch eine Due Diligence werden die Informationsstände der Parteien angeglichen, so daß sich die Cash-flow Prognosen der Kontrahenten annähern (siehe Abbildung). Dabei ist aber zu beachten, daß andere für eine Grenzpreisbestimmung ebenfalls relevante Parameter (Steuern, Synergien etc.) vom Abbau der Informationsasymmetrie nicht berührt werden, so daß auch nach einer Due Diligence unterschiedliche Bewertungsergebnisse des Käufers und Verkäufers zu erwarten sind.

[46] In der Wirklichkeit liegt ein großer Teil der mit der Due Diligence verbunden Kosten beim Käufer (für Berater, Zeitaufwand etc.). Vgl. Bing (1996), S. 4ff.

Abbildung 9: Annäherung der Cash-flow Prognosen durch Due Diligence

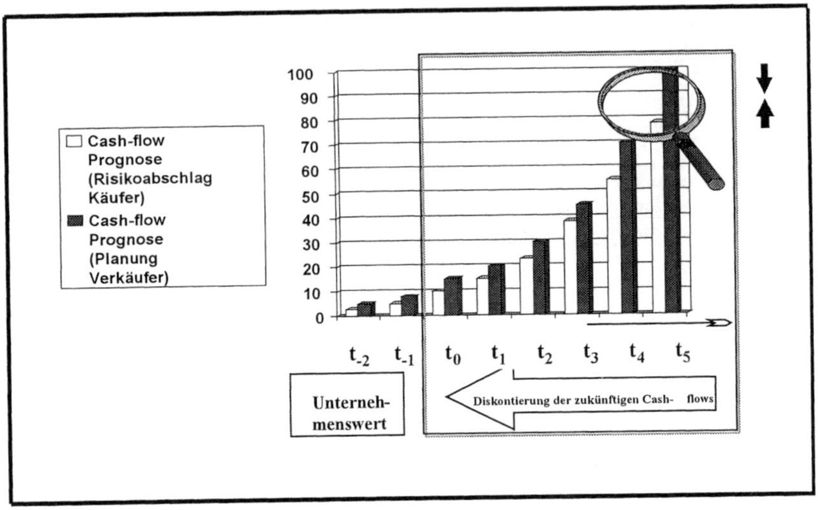

Quelle: Ragotzky und Häcker (1999), S. 422

Die Vorteile, die eine Due Diligence dem Kaufinteressenten bietet, sind nicht spiegelbildlich als Nachteile für den Verkäufer anzusehen, wie bereits das Signalisierungs-Beispiel in Abschnitt 5.1.2.3 gezeigt hat. Vielmehr ist dem Verkäufer von „guten Unternehmen", da ihm an einem Marktversagen wegen Qualitätsunsicherheit nicht gelegen sein kann, grundsätzlich an der Information des Kaufinteressenten gelegen.[47] Darüber hinaus bietet ihm die Due Diligence noch mindestens drei spezifische Vorteile:

- *Informationsgewinn*: Auch der Verkäufer kann, sofern er nicht bereits vollständig über alle Details zum Unternehmen informiert ist, durch die Due Diligence seinen eigenen Informationsstand verbessern und sich so eine genauere Vorstellung vom Wert des Unternehmens machen.
- *Verstärkung des Bieterwettbewerbs*: Durch die Ausräumung möglicher Käuferrisiken können einzelne Bieter ihr Kaufpreisgebot erhöhen. Insbesondere in Auktionsprozessen kann dadurch ein höherer Kaufpreis durchgesetzt werden.
- *Reduktion des Haftungsrisikos*: Je umfangreicher die Prüfungsmöglichkeiten eines Erwerbers sind, desto geringer sollte die vertragliche Gewährleistungspflicht des Verkäufers sein.[48] Dadurch sinkt das Haftungsrisiko des Verkäufers. Einem klagenden Käufer kann

[47] In diesem Sinne z.B. auch Holzapfel und Pöllath (1996), S. 10.
[48] Vgl. Quack (1982), S. 356.

kann gegebenenfalls entgegengehalten werden, daß ihm die Information aus der Due Diligence bekannt gewesen sein mußte.[49]

5.2.1.3 Due Diligence im Akquisitionsprozeß

Eine Due Diligence wird erst durchgeführt, nachdem Verkäufer und Käufer erste Gespräche über einen Unternehmensverkauf geführt haben und ein nachhaltiges Interesse beider Personen am Vertragsabschluß hinreichend dokumentiert wurde.[50] Vor der Durchführung einer Due Diligence wird der Verkäufer die Unterzeichnung einer Vertraulichkeitserklärung verlangen, da er dem Risiko eines Informationsmißbrauchs ausgesetzt ist. Eine weitergehende Absicherung kann durch die Abgabe eines indikativen Kaufangebotes oder eines Letters of Intent[51] erreicht werden.

Die Due Diligence beginnt aus Sicht des Käufers mit der Sammlung von Daten und Informationen (Due Diligence investigation) über das Unternehmen. Auf Grundlage der vorab gesammelten Daten und der vom Verkäufer bereitgestellten Unterlagen wird eine nach Sachthemen untergliederte Due Diligence Checkliste erstellt.[52]

Die Checkliste beinhaltet konkrete Fragen und Unterlagenanforderungen an die Eigentümer und an das Management der Zielgesellschaft. Die Antwort kann in korrespondierenden Antwortkatalogen und Einsichtgabe in bereits vorhandene Unterlagen bestehen. In der Praxis werden die Unterlagen oft nur in einem Datenraum zur Einsicht zur Verfügung gestellt.[53] Wenn die relevanten Daten keiner hohen Vertraulichkeitsstufe unterliegen oder zwischen dem Erwerbsinteressenten und dem Verkäufer bzw. dem zum Verkauf stehenden Unternehmen ein besonderes Vertrauensverhältnis besteht, können Kopien angeforderter Unterlagen auch außerhalb eines Datenraums bereitgestellt werden.

In vielen Fällen führen der Erwerbsinteressent und seine Berater zusätzlich Erläuterungsgespräche mit Fach- und Führungskräften des Unternehmens.[54] Auf diese Weise können insbesondere Verständnisfragen effizient geklärt und unnötiger Papieraufwand vermieden werden. Zur Vermeidung von Mißverständnissen können vom Erwerbsinteressenten Gesprächsprotokolle angefertigt werden, die anschließend vom Ansprechpartner im Zielunternehmen gegengelesen und bestätigt werden. Auch Betriebsbesichtigungen können zur Beseitigung von offenen Fragen des Erwerbsinteressenten beitragen.[55]

Auf Basis der erhaltenen Informationen stellt der Erwerbsinteressent bzw. sein Berater einen Due Diligence Report zusammen. Derartige Dokumentationen bilden den förmlichen Abschluß einer Due Diligence und haben oft einen sehr großen Umfang. Die gewonnenen Erkenntnisse sind Grundlage einer verfeinerten Unternehmensbewertung - und damit des

---

[49] Vgl. Klein-Blenkers (1998), S. 978.
[50] Vgl. Bing (1996), S.1.
[51] Vgl. zum Letter of Intent und dessen rechtlicher Bindungswirkung Lutter (1983).
[52] Muster für Due Diligence Checklisten finden sind u.a. bei Holzapfel und Pöllath (1994), Picot (1995) sowie Berens und Brauner (1998).
[53] Vgl. Loges (1997), S. 965.
[54] Vgl. Reed und Lajoux (1995).
[55] Vgl. Reißner (1992), S. 161.

Verhandlungsspielraums beim Kaufpreisgebot - sowie der Ausarbeitung des Gewährleistungsregimes, d.h. der Voraussetzungen und der Folgen einer Haftung. Zwischen dem Umfang der vom Verkäufer übernommenen Gewährleistung und dem Verhandlungsspielraum des Erwerbers beim Kaufpreis besteht ein direkter Zusammenhang.

Abbildung 10: Due Diligence im Akquisitionsprozeß

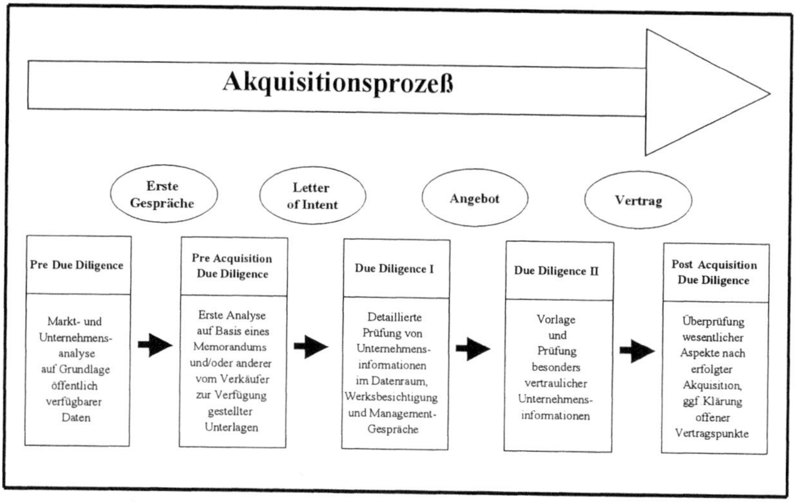

Kern einer Due Diligence sind die Abschnitte Due Diligence I und II. Diese Abschnitte können, ebenso wie die Pre Acquisition Due Diligence, eindeutig als Signale des Verkäufers verstanden werden. Aus Sicht des Verkäufers, der das Unternehmen prüft („screent"), kann der Due Diligence-Prozeß noch weiter definiert werden. Wenn selbständigen Analysen des Käufers vor dem Erwerb (Pre Due Diligence) und nach Vertragsschluß (Post Acquisition Due Diligence) hinzugerechnet werden, erstreckt sich die Due Diligence über den gesamten Akquisitionsprozeß.[56]

5.2.2 Teilgebiete einer Due Diligence

Bei einer Due Diligence werden verschiedene themenspezifische Teilgebiete unterschieden. Von Bedeutung sind insbesondere rechtliche, finanzielle, steuerliche, Umwelt Due Diligence und kommerzielle/strategische Due Diligence (Fragen des Marktes, der Wettbewerber und der Produkte). Aufgrund der Vielzahl und Verschiedenheit der unterschiedlichen Detailfragen werden Spezialisten hinzugezogen. Fast immer sind auch externe Berater beteiligt. Das sind insbesondere Wirtschaftsprüfer, Investmentbanken, Steuerberater oder Rechtsanwälte.[57] Auch Fachberater, etwa zu Immobilien- oder Versicherungsfragen, werden im Einzelfall beauftragt. Je größer der Beraterkreis ist, desto mehr Bedeutung kommt

[56] Eine Unterteilung in die Phasen Pre Due Diligence, Pre Acquisition Due Diligence, Post Completion Due Diligence und Post Acquisition Due Diligence nehmen z.B. Binder und Lanz vor. Die Detailgenauigkeit der Informationen nimmt mit dem Fortschritt der Verhandlungen zu, vgl. Binder und Lanz (1993), S. 19.

[57] Vgl. Marten und Köhler (1999), S. 346.

einer zentralen Koordination zu. Diese kann sowohl vom Erwerbsinteressenten selbst als auch von einem seiner Berater wahrgenommen werden.

5.2.2.1 Rechtliche Due Diligence

Die rechtliche Due Diligence hat die Prüfung der rechtlichen Verhältnisse zum Gegenstand.[58] Sie erfüllt dabei unterschiedliche Funktionen, insbesondere sollen die rechtlichen Grundlagen des Unternehmens und rechtliche Risiken geprüft werden.[59]

Mit einer rechtlichen Due Diligence werden zunächst die rechtlichen Grundlagen eines zu erwerbenden Unternehmens überprüft. Dabei handelt es sich u.a. um das Vorliegen eines wirksamen Gesellschaftsvertrages, die Existenz der erforderlichen Gesellschaftsorgane, die Eintragung im Handelsregister und das Vorliegen erforderlicher behördlicher Genehmigungen. Öffentliche Genehmigungserfordernisse und Vorschriften können sich auch auf einzelne Teilbereiche der unternehmerischen Tätigkeit beziehen, wie z.B. Baugenehmigungen, gewerberechtliche Sondergenehmigungen und Umweltauflagen für einzelne Betriebsstätten. Eine Mißachtung öffentlich-rechtlicher Rahmenbedingungen durch das Unternehmen kann für einen Erwerber mit hohen Kosten verbunden sein.

Potentielle Risiken für einen Erwerber liegen zudem in wichtigen Verträgen und Vereinbarungen, die das Unternehmen eingegangen ist. Von hoher Bedeutung sind Tarifverträge und Betriebsvereinbarungen.[60] Die bestehenden Regelungen haben einen großen Einfluß auf die Personalkostensituation. In vielen Fällen möchte der Unternehmenskäufer erhebliche Veränderungen der innerbetrieblichen Strukturen vornehmen. Eine eingehende Prüfung kollektivvertraglicher Restriktionen und der mit den geplanten Änderungsmaßnahmen verbundenen Kosten sollte dann Grundlage der Unternehmensbewertung und Kaufentscheidung sein.

Ebenfalls Kernbestandteil einer rechtlichen Due Diligence sind die externen Rechtsstrukturen des Unternehmens. Zu prüfen sind dabei insbesondere wichtige Verträge,[61] etwa bedeutenden Kooperationsverträge oder Großaufträge, oder Verträge, die aus anderen Gründen eine großer wirtschaftliche Tragweite haben (Versicherungspolicen, Nutzungsrechte und Lizenzen).[62] Ebenfalls von rechtlicher Bedeutung sind das Immobilienvermögen[63] und wichtige Mietverträge.[64] Auch individuelle Verträge mit wichtigen Mitarbeitern sind zu betrachten, weil einerseits die weitere Bindung von Schlüsselmitarbeitern an das Unter-

[58] Gelegentlich wird die rechtliche Überprüfung eines Unternehmens auch als alleiniger Gegenstand der Due Diligence verstanden, vgl. Harrer (1993), S. 1673.

[59] Vgl. Ganzert und Kramer (1995), S. 576ff sowie Reed Lajoux und Elson (2000), S. 261ff..

[60] Ein zusätzliches, erhebliches rechtliches und wirtschaftliches Risiko kann zudem in freien Mitarbeiterverträgen liegen, da Politik und Finanzverwaltung dem Thema „Scheinselbständigkeit" wachsende Beachtung schenken, vgl. Rock (1998), S. 371ff.

[61] Vgl. Ryan und Beasley (1996), S. 26ff.

[62] Wichtig ist dabei auch die Frage, ob gültige Verträge nach einer Akquisition weiterbestehen, vgl. Binder und Lanz (1993), S. 17.

[63] Vgl. Stern (1993), S. 55ff.

[64] Siehe zu den möglichen Rechtsfolgen, wenn ein Käufer wichtige Mietrechte des erworbenen Unternehmens nicht mit übernehmen kann, auch BGH in NJW (1970), S. 556 f.

nehmen, andererseits auch die möglichen Kosten einer Vertragsaufhebung eine Entscheidungsgrundlage sind.

Ferner sind Rahmenverträge für sich wiederholende Geschäftsvorgänge zu beachten (Allgemeine Geschäftsbedingungen, Standardarbeitsverträge, Vertriebsvereinbarungen, etc.), deren möglichen juristischen und wirtschaftlichen Folgen zu bewerten sind. Rechtsstreitigkeiten binden Ressourcen des Unternehmens und können erhebliche finanzielle Risiken beinhalten. Mir einer rechtlichen Due Diligence können nicht nur die Kosten und Risiken laufender Prozesse bewertet, sondern darüber hinaus potentielle Gefahren erkannt werden.[65] Generell läßt die Analyse des Umgang mit Rechtsstreitigkeiten im Unternehmen - Nachgiebigkeit oder Prozeßfreudigkeit, interne oder externe Bearbeitung - wertvolle Schlüsse auf die Kostenstruktur zu.

5.2.2.2 Finanzielle Due Diligence

Zweck einer Finanziellen Due Diligence ist es, vertiefte Erkenntnisse über die mit dem Unternehmenskauf verbundenen finanziellen Chancen und Risiken zu gewinnen. Zu diesem Zweck werden die Vermögens-, Finanz- und Ertragslage sowie die Planungsrechnung eines zu akquirierenden Unternehmens analysiert.[66] Die Betrachtung ist gleichzeitig vergangenheits-, gegenwarts- und zukunftsorientiert.[67] Wesentlicher Untersuchungsgegenstand der Financial Due Diligence sind die letzten Jahresabschlüsse des Unternehmens, soweit vorhanden der aktuelle Zwischenabschluß und die Unternehmensplanung. Ergänzend können u.a. Prüfberichte und Management letter der Wirtschaftsprüfer, Strategie- und Geschäftsplanungen, Versammlungsprotokolle der Gesellschaftsorgane herangezogen werden.[68] Die vorliegenden Jahresabschlüsse werden aber keiner erneuten Prüfung unterzogen. Vielmehr versucht der Erwerber, unter Zuhilfenahme ergänzender Unternehmensinformationen und erläuternder Managementgespräche, wichtige Entwicklungen der letzten Jahre nachzuvollziehen und im Hinblick auf die künftige Entwicklung zu interpretieren. Eine kritische Analyse des Rechnungswesens, der verwendeten EDV, des Management-Informationssystems und der internen Kontrolle wird das Verständnis der vorliegenden Daten in der Regel erleichtern.[69]

Bei der Analyse der Vermögenslage geht es primär um ein Verständnis der Bilanzierungs- und Bewertungsmethoden der Zielgesellschaft.[70] Dabei wird die Bilanzierung des zu erwerbenden Unternehmens nicht nur auf ihre Übereinstimmung mit rechtlichen Vorgaben, sondern auch im Hinblick auf die "Bilanzpolitik" der Unternehmensführung und die Konsistenz der angewandten Methoden im Zeitablauf untersucht. Chancen können für einen Erwerber unter Umständen in vorhandenen stillen Reserven liegen. [71] Auf der anderen Seite sind in den einzelnen Bilanzpositionen verborgene Risiken zu erkennen, die in den Jahres-

[65] Vgl. Reed und Lajoux, S. 383ff.
[66] Vgl. Harvey und Lusch (1995), S. 16ff sowie Reed Lajoux und Elson (2000), S. 69ff.
[67] Vgl. Kolb und Görtz (1997), S. 311ff.
[68] Vgl. Kolb und Görtz (1997), S. 313.
[69] Vgl. Brebeck und Bredy (1998), S. 201.
[70] Vgl. Bing (1996), S. 179ff.
[71] Vgl. Bing (1996), S. 190.

abschlüssen nicht (ausreichend) berücksichtigt wurden.[72] Vielfach ist es außerdem sinnvoll, die Kompatibilität mit der Bilanzierungspolitik des kaufenden Unternehmens zu prüfen.[73]

Eng mit einander verbunden sind die Analyse der Ertrags- und der Finanzlage. Aus der Analyse der Ertragslage versucht ein Erwerber, das nachhaltig erzielbare operative Ergebnis zu ermitteln. Die vorliegende Gewinn- und Verlustrechnung ist gegebenenfalls um außerordentliche oder außergewöhnliche Einflüsse zu bereinigen.[74] Eine Analyse der Finanzlage dient zunächst der stichtagsbezogenen Darstellung der Liquiditätssituation des Unternehmens. Dem Erwerber ermöglicht eine Analyse die Feststellung, welcher Liquiditätsbedarf gegenwärtig besteht oder welcher Liquiditätsüberschuß nach der Akquisition für die Kaufpreisfinanzierung abgezogen werden kann.[75]

Bei Ertragswertverfahren wird der Unternehmenswert durch die Diskontierung der künftigen Zahlungsströme ermittelt. Bedeutsam ist daher eine Analyse des Finanzbedarfs oder -überschusses in künftigen Perioden. Da die Erstellung einer Kapitalflußrechnung in Deutschland nicht gesetzlich vorgeschrieben ist, muß der Investor die künftigen Cash-flows oftmals aus der Plan-Gewinn- und Verlustrechnung ermitteln. Die Planungsrechnungen des Unternehmens werden auf die Plausibiltät der zugrunde liegenden Annahmen und auf die Konsistenz mit den Vergangenheitswerten überprüft.[76] Die Erkenntnisse geben Aufschluß über die Innenfinanzierungskraft des Unternehmens. Vor allem aber sind sie die entscheidende Basis für die Bewertung des Unternehmens.[77] Auch Sensitivitätsanalysen können wesentlicher Bestandteil der Analyse sein. Der Qualität der von der Zielgesellschaft aufgestellten Planung kommt für die Finanzielle Due Diligence eine entscheidende Bedeutung zu.[78]

5.2.2.3 Steuerliche Due Diligence

In steuerliche Fragen liegt für einen potentiellen Erwerber ein hohes finanzielles Risiko, das ohne genaue Kenntnis unternehmensinterner Daten schwer zu bewerten ist. Oft liegen in steuerlichen Aspekten für einen Unternehmenskäufer aber auch Chancen, die er durch eine steuerorientierte Umstrukturierung des Unternehmens nach dem Kauf nutzen kann.[79] Mit einer steuerlichen Due Diligence verschafft sich der Erwerbsinteressent einen Einblick in die Struktur und steuerliche Situation des Unternehmens.[80] Untersuchungsgegenstand einer steuerlichen Due Diligence sind Steuererklärungen und –bescheide, Betriebsprüfungsberichte und sonstige Dokumente zu den vergangenen Geschäftsjahren, aber auch Unterlagen zur steuerlichen Planung des Unternehmens.

[72] Vgl. Brebeck und Bredy (1998), S. 202f.
[73] Vgl. Kolb und Görtz (1997), S. 314f.
[74] Vgl. Brebeck und Bredy (1998), S. 203.
[75] Vgl. Brauner und Scholz (1998), S. 229f.
[76] Vgl. Blex und Marchal (1990), S. 97.
[77] Vgl. Brauner und Scholz (1998), S. 237ff.
[78] Vgl. Kolb und Görtz (1997), S. 315.
[79] Vgl. ausführlich zu den mit einem Unternehmenskauf verbundenen steuerlichen Chancen und Risiken Hötzel (1993) sowie Beisel und Klumpp (1996), S. 213ff.
[80] Vgl. Brebeck und Bredy (1998), S. 213 ff.

Die steuerliche Due Diligence gleicht methodisch einer vorgezogenen steuerlichen Betriebsprüfung. Im Rahmen der Prüfung sind steuerliche Risiken zu identifzieren und zu bewerten, die sich insbesondere aus § 75 AO, der Haftung des Betriebsübernehmers für betriebliche Steuern und Steuerabzugsbeträge, ergeben.[81] Wertmindernde Risiken können sich unter anderem aus der Konzernstruktur, möglichen verdeckten Gewinnausschüttungen der Vergangenheit, der Nutzbarkeit von Verlustvorträgen und der bisherigen Rückstellungspolitik ergeben.

Insbesondere geht es darum, mögliche Steuernachzahlungen zu erkennen. Die steuerliche Due Diligence kann aber auch dazu dienen, strukturelle steuerliche Chancen aufzudecken, die im Falle einer Übernahme genutzt werden können. Darüber hinaus können aus einer steuerlichen Due Diligence wertvolle Erkenntnisse für die Akquisitionsstruktur gewonnen werden.[82]

5.2.2.4 Umwelt Due Diligence

Eine Umwelt Due Diligence ist insbesondere dann wichtig, wenn mit dem Kauf der Erwerb von Grund und Boden oder Produktionsstätten verbunden ist.[83] Umweltfragen können aber grundsätzlich bei jedem Unternehmenskauf relevant sein, selbst bei Handels- und Dienstleistungsunternehmen.[84] Die Beseitigung vorhandener Schäden oder Haftung kann für den Erwerber mit sehr hohen Kosten verbunden sein.

Zu den finanziellen Umweltrisiken zählen neben den unmittelbaren Kosten der Schadensbeseitigung und der privater Haftung - z.B. gegenüber gefährdeten Mitarbeitern oder Dritten - u.a. Besteuerung und Bußgelder, Kosten der Betriebsstillegungen und Investitionen für Modernisierungen.[85] Der Käufer des Unternehmens übernimmt diese Risiken vom Verkäufer. Aus diesem Grunde hat die Umwelt Due Diligence bei Unternehmensakquisitionen eine erhebliche Bedeutung gewonnen. "Environmental due diligence as part of the acquisition process has grown dramatically over the last few years to the point where few companies contemplating a purchase can afford to overlook the possibility of an audit"[86] Es wird geschätzt, daß in Großbritannien inzwischen bei 80-85% aller M&A Transaktionen eine Umwelt Due Diligence durchgeführt wird.[87]

Eine Umwelt Due Diligence dient der Erfassung und Bewertung von Umweltrisiken. Die gewonnenen Erkenntnisse können bei der Bewertung des Unternehmens und bei Vertragsverhandlungen von großer Bedeutung sein. Externen Beratern kommt steigende Bedeutung zu, u.a. weil die gewonnenen Daten im Kontext einer komplexen Umweltgesetzgebung und gegebenenfalls auch noch zu erwartender Gesetzesänderungen zu analysieren sind. [88] "Based on their audience, they [*die prüfenden Berater, Anmerkung des Verfassers*] must iden-

[81] Vgl. Brebeck und Bredy (1998), S. 213.
[82] Vgl. Gellert (1990), S. 138f.
[83] Vgl. Hockin und Mogford (1996), S. 41ff.
[84] Vgl. Reed und Lajoux (1995), S. 388.
[85] Vgl. Ward (1997), S. 44ff.
[86] Thomson (1996), S. 34.
[87] Vgl. Ward (1997), S. 46ff.
[88] Vgl. George und Thompson (1996), S. 39.

tify issues, evaluate options for solving those issues - including the most likely timetable for solutions - and assess overall costs."[89] Finanzielle Überlegungen stehen auch bei der Umwelt Due Diligence im Zentrum der Analyse. Die Umweltrisiken lassen sich monetär bewerten und sollten nicht anders als andere Unternehmensrisiken beurteilt werden. So wurden in den Vereinigten Staaten, als das Instrument der Umwelt Due Diligence noch relativ neu war, Umweltrisiken häufig überbewertet, wodurch etliche M&A Transaktionen gescheitert sind.[90] Zudem können die aus der Due Diligence gewonnenen Erkenntnisse für eine Optimierung des Produktionsprozesses genutzt werden und etwa zur Senkung des Energieverbrauchs oder zur Reduktion von Emissionen führen.[91]

5.2.2.5 Strategische Due Diligence

Im Gegensatz zu den anderen Teiluntersuchungen der Due Diligence, die zu einem wesentlichen Teil die gegenwärtige Unternehmenssituation und die mit ihr verbundenen Chancen und Risiken für einen potentiellen Erwerber auseinandersetzen, betrachtet die strategische Due Diligence ausschließlich die Zukunft des Unternehmens. Ein Erwerber wird die Zukunft des Unternehmens sowohl auf einer Stand-alone Basis als auch vor dem Hintergrund seiner spezifischen Akquisitionsziele und potentieller Synergien mit dem zu erwerbenden Unternehmen betrachten.[92] Bedeutender Bestandteil der Betrachtung sind häufig die von einer Übernahme zu erwartenden Synergieeffekte, die sowohl die Kostenstruktur als auch zusätzliche Wachstumschancen betreffen können.[93]

Mit einer strategischen Due Diligence wird untersucht, inwieweit die mit dem Unternehmenskauf verbundenen strategischen Ziele erreicht werden können.[94] Dazu kann die Analyse der strategischen Unternehmensplanung des Zielunternehmens einen wesentlichen Beitrag leisten.[95] Zumindest implizit müssen sich strategische Überlegungen auf die Planung von Gewinn- und Verlustrechnung, Bilanzen sowie Liquiditäts- und Cash-flow-Planung ausgewirkt haben. Die einer vorhanden Planung zugrunde liegenden Prämissen sind besonders kritisch zu hinterfragen. Wesentliche Prämissen sind u.a. die Einschätzung des Marktes und der Wettbewerbssituation, der Produkte sowie der zu erwartenden Kosten, wobei der Detailgenauigkeit vorhandener Unterlagen eine große Bedeutung zukommt. Wenn das Zielunternehmen keine schriftliche Planung für die nächsten drei bis fünf Jahre erstellt hat, können gegebenenfalls Gespräche mit dem Management wertvolle Grundlagen liefern.

Ein weiterer Unterschied zu den übrigen Due Diligence Teiluntersuchungen liegt in der potentiell hohen Bedeutung unternehmensexterner Recherchen. Vielfach reicht eine Analyse der unternehmensinternen Daten nicht für eine befriedigende Einschätzung der relevanten Markt- und Wettbewerbssituation.[96] Vielfach ziehen Erwerbsinteressenten daher exter-

[89] Newton (1998), S. 78.
[90] Vgl. Newton (1998), S. 77f.
[91] Vgl. George und Thompson (1996), S. 39.
[92] Vgl. Sebastian, Niederdrenk und Tesch (1998), S. 207ff.
[93] Vgl. Sebastian, Niederdrenk und Tesch (1998), S. 208.
[94] Vgl. Brauner und Grillo (1998), S. 179.
[95] Vgl. Brauner und Grillo (1998), S. 179.
[96] Vgl. Sebastian, Niederdrenk und Tesch (1998), S. 208.

ne Berater hinzu, die die Struktur, Segmentierung und wichtige Trends der relevanten Märkte analysieren und die spezifischen Stärken und Schwächen des Unternehmens und potentielle Chancen und Risiken herausarbeiten.[97] Externe Berater können zur Eliminierung von Risiken und zur Identifikation von Marktchancen beitragen. Die gewonnenen Erkenntnisse sind insbesondere für Erwerbsinteressenten nützlich, die sich in einem Bieterwettbewerb befinden.[98] Als wichtiges Instrument dienen häufig Interviews mit Kunden und Lieferanten, Wettbewerbern sowie Branchenexperten.[99]

5.2.3 Informationsbeschaffung aus Käuferperspektive

5.2.3.1 Entscheidungsproblem

Die Bereitschaft zu Due Diligence Prüfungen und externen Gutachten können als Signal des Verkäufers verstanden werden, daß er ein „gutes Unternehmen" zum Kauf anbietet. Die tatsächlichen Kosten für diese beiden Informationsmaßnahmen sind aber in der Regel vom Käufer zu tragen. Daher stellt sich die Frage, unter welchen Voraussetzungen es sich für den Käufer lohnt, in eine derartige Informationsbeschaffung zu investieren. Der Käufer muß beim Unternehmensverkauf mehrere Entscheidungen treffen. Die wichtigste Entscheidung ist die über den eigentlichen Kauf des Unternehmens. Bereits vorher muß er aber entscheiden, ob er ein zum Verkauf stehendes Unternehmen näher analysieren soll und ob er gegebenenfalls auch die z.B. mit einer Due Diligence verbundenen Kosten in Kauf nehmen soll, die seinen Informationstand über dieses Unternehmen verbessern können.

Der Käufer (Entscheider) sieht sich also mit einem Entscheidungsproblem bei Risiko konfrontiert.[100] Er kann dabei von einer Entscheidungsmatrix ausgehen, durch die der jeweilige Informationsstand des Entscheiders abgebildet wird. Die Ergebnismatrix liefert nur ein unvollständiges Abbild des Informationsstandes, weil nicht angenommen werden kann, daß der Käufer über alle zur Entscheidung notwendigen Informationen verfügt. Durch Informationsbeschaffung kann der Käufer seinen Informationsstand verbessern. Durch eine Abwägung der Informationskosten mit dem (voraussichtlichen) Nutzen kann der Käufer entscheiden, ob zusätzliche Informationen eingeholt werden sollen. Es kann dabei erstens angenommen werden, daß der Käufer über einen Mindestbestand an Informationen über das Unternehmen verfügt, z.B. durch eigene Recherche oder ein Informationsmemorandum. Zweitens ist er in der Lage, den Wert zukünftiger Informationen abzuschätzen. Anhand eines Standardmodells der Entscheidungstheorie soll im folgenden gezeigt werden, wie sich der Zugang zu weiteren Informationen beim Unternehmensverkauf positiv auf die Entscheidung des Käufers auswirken kann.

[97] Vgl. Reed und Lajoux (1995), S. 378f.
[98] Vgl. Jensen, L. (1997), S. 59.
[99] Vgl. da Costa (1997), S. 64.
[100] Vgl. Bitz (1981), Sieben und Schildbach (1994), Bamberg und Coenenberg (1996), Laux (1998), Sorger (2000) und Dörsam (2001).

5.2.3.2 Bayes'sches Theorem

Das Bayes'sche Theorem beschreibt den Zusammenhang der Wahrscheinlichkeit eines Zustandes vor und nach dem Eintritt eines Informationsereignisses.[101] Der Entscheider kennt unter Unsicherheit nicht den eintretenden Umweltzustand. Er kennt aber die Verteilung der Eintrittswahrscheinlichkeiten möglicher Umweltzustände. Das Bayes'sche Theorem ist ein Verfahren zur Einbeziehung neuer, zusätzlicher Informationen über Eintrittswahrscheinlichkeiten von Umweltzuständen in ein Entscheidungsproblem. Es analysiert so die Beziehung zwischen Informationsbezug und Wahrscheinlichkeitsverteilung. Die folgenden bedingten Wahrscheinlichkeiten beschreiben die stochastische Abhängigkeit zwischen Umweltzustand und Informationsverteilung[102]:

$p(I_i | S_s)$ = (bedingte) Wahrscheinlichkeit für das *Informationsergebnis* I_i $(i = 1,2, \ldots I)$ unter der Hypothese, daß der Umweltzustand S_s $(s = 1,2, \ldots, S)$ der wahre ist (subjektiv oder aufgrund beobachteter Wahrscheinlichkeiten).

Ergebnisse der Informationsbeschaffung:

$p(S_s | I_i)$ = (bedingte) Wahrscheinlichkeit für den Umweltzustand S_s $(s = 1,2, \ldots, S)$ unter der Voraussetzung, daß I_i $(i = 1,2, \ldots I)$ das Ergebnis der Informationsbeschaffung ist.

$p(I_i)$ = (unbedingte) Wahrscheinlichkeit für das Informationsergebnis I_i $(i = 1,2, \ldots, I)$.

$p(S_s | I_i)$ ist die sogenannte a posteriori Wahrscheinlichkeit, $p(S_s)$ die a priori Wahrscheinlichkeit für den Umweltzustand S_s.

Außerdem gilt:

$$(5.3) \qquad p(S_s \cap I_i) = p(I_i | S_s) * p(S_s)$$

Mit $(p(S_s \cap I_i)$ wird die Wahrscheinlichkeit bezeichnet, daß der Umweltzustand S_s eintritt und außerdem daß Informationsergebnis I_i erzielt wird.

Es gilt zudem:

$$(5.4) \qquad p(S_s \cap I_i) = p(S_s | I_i) * p(I_i)$$

Aus den beiden Gleichungen folgt:

$$(5.5) \qquad p(S_s | I_i) = \frac{p(I_i | S_s) * p(S_s)}{p(I_i)}$$

---

[101] Vgl. Laux (1998), S. 336.

[102] Vgl. Bamberg und Coenenberg (1996) sowie insbesondere Laux (1998) S. 336ff.

Für den Nenner kann entsprechend dem Satz der totalen Wahrscheinlichkeit[103] geschrieben werden:

$$(5.6) \qquad \sum_{s=1}^{S} p(I_i \mid S_s) * p(S_s) \qquad (i = 1,2,....,I)$$

Daraus ergibt sich folgende grundlegende Gleichung für das Bayes'sche Theorem:

$$(5.7) \qquad p(S_s \mid I_i) = \frac{p(I_i \mid S_s) * p(S_s)}{\sum_{s=1}^{S} p(I_i \mid S_s) * p(S_s)}$$

Diese Gleichung gibt an, wie aus den a priori Wahrscheinlichkeiten $p(S_s)$ a posteriori Wahrscheinlichkeiten $p(S_s \mid I_i)$ errechnet werden können, wenn die bedingten Wahrscheinlichkeiten $p(I_i \mid S_s)$ bekannt sind.[104]

Durch die Beantwortung folgender Fragen kann das Bayes'sche Theorem in zwei Schritten ermittelt werden:

I. Welche Wahrscheinlichkeiten ordnet der Entscheider den Umweltzuständen *vor Informationszugang* zu?
II. Wie verändern sich *nach Informationszugang* diese a priori Wahrscheinlichkeiten in a posteriori Wahrscheinlichkeiten

5.2.3.3 Beispiel

5.2.3.3.1 Annahmen

Der Käufer (K) interessiert sich für den Erwerb eines Unternehmens. Er hat bereits auf der Grundlage eigener Schätzungen ermittelt, daß das Unternehmen einen nachhaltigen EBITDA von € 10 Mio. p.a. erwirtschaftet. Er ist bereit, daß sechsfache des EBITDA als Kaufpreis zu bezahlen, woraus sich ein Grenzpreis von € 60 Mio. ergibt. Zu seiner Überraschung fordert der Verkäufer (V) aber einen Kaufpreis von 100 Mio., den er mit einem vermeintlichen EBITDA von € 20 Mio. p.a. begründet. Diese Zahl dokumentiert er auch mit einem ausführlichen Informationsmemorandum.

Da K umfassende Erfahrung mit M&A Transaktionen hat und zudem den V recht gut kennt, schätzt er die Wahrscheinlichkeit, daß dessen Angaben richtig sind, auf 60%. Die Wahrscheinlichkeit, daß V ihn täuscht und seine eigene Schätzung zutrifft, schätzt K auf 40%. K hat die Möglichkeit, eine umfassende Due Diligence beim zum Verkauf stehenden Unternehmen durchzuführen.

---

103 Vgl. Bühlmamm et al. (1967), S. 21.
104 Vgl. Lindley (1974), S. 85ff.

Wenn die Angaben des Verkäufers richtig sind, führt eine Due Diligence stets zu einem positiven Ergebnis. Wenn die Angaben des Verkäufers falsch sind, wird dies mit 80% Wahrscheinlichkeit in der Due Diligence entdeckt.

$p(I_1)$	Wahrscheinlichkeit für positives Due Diligence Ergebnis
$p(I_2)$	Wahrscheinlichkeit für negatives Due Diligence Ergebnis
$p(S_1)=0.6$	A priori Wahrscheinlichkeit, daß die Angaben des Verkäufers richtig sind
$p(S_2)=0,4$	A priori Wahrscheinlichkeit, daß die Angaben des Verkäufers falsch sind
$p(I_1 \| S_1)=1$	Bedingte Wahrscheinlichkeit für positives Due Diligence Ergebnis, wenn die Angaben des Verkäufers richtig sind
$p(I_2 \| S_1)=0$	Bedingte Wahrscheinlichkeit für negatives Due Diligence Ergebnis, wenn die Angaben des Verkäufers richtig sind
$p(I_1 \| S_2)=0,2$	Bedingte Wahrscheinlichkeit für positives Due Diligence Ergebnis, wenn die Angaben des Verkäufers falsch sind
$p(I_2 \| S_2)=0.8$	Bedingte Wahrscheinlichkeit für negatives Due Diligence Ergebnis, wenn die Angaben des Verkäufers falsch sind

Die totalen Wahrscheinlichkeiten $p(I_1)$ und $p(I_2)$ errechnen sich dabei wie folgt aus den anderen Angaben:

$$p(I_1) = p(I_1 | S_1) * p(S_1) + p(I_1 | S_2) * p(S_2) = 1*0,6 + 0,2*0,4 = 0,68$$

sowie

$$p(I_2) = p(I_2 | S_1) * p(S_1) + p(I_2 | S_2) * p(S_2) = 0*0,6 + 0,8*0,4 = 0,32$$

Durch die Due Diligence entstünden K Kosten in Höhe von € 2 Mio. für den Arbeitsaufwand seiner Mitarbeiter und externe Berater. K ist risikoneutral.

5.2.3.3.2 Berechnung der a posteriori Wahrscheinlichkeiten

Die a posteriori Wahrscheinlichkeiten können durch einsetzen in die Formel für das Bayes'sche Theorem ermittelt werden (einige Ergebnisse sind gerundet):

$$p(S_1 \mid I_1) = \frac{p(I_1 \mid S_1) * p(S_1)}{p(I_1 \mid S_1) * p(S_1) + p(I_1 \mid S_2) * p(S_2)}$$

$$= \frac{1 * 0,6}{(1 * 0,6 + 0,2 * 0,4)} = 0,88$$

$$p(S_2 \mid I_1) = \frac{p(I_1 \mid S_2) * p(S_2)}{p(I_1 \mid S_1) * p(S_1) + p(I_1 \mid S_2) * p(S_2)}$$

$$= \frac{0,2 * 0,4}{(1 * 0,6 + 0,2 * 0,4)} = 0,12$$

$$p(S_1 \mid I_2) = \frac{p(I_2 \mid S_1) * p(S_1)}{p(I_2 \mid S_1) * p(S_1) + p(I_2 \mid S_2) * p(S_2)}$$

$$= 0$$

$$p(S_2 \mid I_2) = \frac{p(I_2 \mid S_2) * p(S_2)}{p(I_2 \mid S_1) * p(S_1) + p(I_2 \mid S_2) * p(S_2)}$$

$$= 1$$

5.2.3.3.3 Konsequenzen für die Entscheidung des Käufers

Bei positivem Due Diligence Ergebnis besteht, im Vergleich zur a priori Wahrscheinlichkeit, eine wesentlich höhere (a posteriori) Wahrscheinlichkeit, daß die Angaben des Verkäufers richtig sind und es sich entsprechend um ein gutes Unternehmen handelt. Im Beispiel weiß K nach der Due Diligence, daß das Unternehmen mit einer Wahrscheinlichkeit von 88% den EBITDA von € 20 Mio. p.a. verdient (a priori nur 60%) und mit einer Wahrscheinlichkeit von 12% nur € 10 Mio. (a priori 40%). Bei negativem Due Diligence Ergebnis ist er sicher, daß die Verkäufer Angaben falsch waren und es sich um eine „Lemon"-Unternehmung mit nur € 10 Mio. EBITDA handelt.

Für den Käufer ist diese zusätzliche Information also von großem Wert. A priori – und ohne Due Diligence – hätte er € 100 Mio. bezahlen müssen für ein Unternehmen, daß für ihn mit einer Wahrscheinlichkeit von 40% nur € 60 Mio. Wert gewesen wäre, mit einer Wahrscheinlichkeit von 60% aber € 120 Mio.[105] Daraus errechnet sich bei Risikoneutralität ein effektiver a priori Erwartungswert von:

0,6* € 120 Mio. + 0,4* € 60 Mio. = € 96 Mio.

Dieser Erwartungswert liegt unter dem gegebenen Preis des Verkäufers (€ 100 Mio.), so daß K vom Kauf absehen muß. In Abhängigkeit des Ergebnisses der Due Diligence ändert sich die Entscheidung des K. Auf Basis der a posteriori Wahrscheinlichkeiten errechnet sich bei positivem Due Diligence Ergebnis für ihn ein Wert von

0,88* € 120 Mio. + 0,12* € 60 Mio. = € 112,8 Mio. > € 100 Mio.

Im Falle des negativen Due Diligence Ergebnisses wäre das Unternehmen nur € 60 Mio. Wert, so daß K in jedem Fall vom Kauf absehen würde.

Es ergibt sich für V daher entweder ein Wert von 12,8 Mio. (Kauf) oder einer von 0 (kein Kauf).

[105] Im Beispiel wird unterstellt, daß eine Due Diligence nur wenige Tage dauert und ein möglicher Verzögerungseffekt entsprechend keinen Einfluß auf die Entscheidung hat.

Abzüglich der Kosten hat die Due Diligence für K somit einen Wert von:

(0,68 * € 12,8 Mio. + 0,32*0) - € 2 Mio. = € 6,7 Mio.

Sofern K die Chance hat, eine Due Diligence durchzuführen, sollte er davon also Gebrauch machen. Andernfalls sollte er auf einen Kauf verzichten.

5.2.3.4 Zwischenergebnis

Im Beispiel wurde gezeigt, daß die Durchführung einer Due Diligence trotz der damit verbundenen Kosten für den potentiellen Käufer lohnend ist. Bei positivem Ergebnis der Due Diligence kann eine Einigung der beiden Parteien trotz eines (basierend auf den a priori Wahrscheinlichkeiten) zunächst negativen Einigungsbereichs zustande kommen.

Das Modell basiert allerdings auf einigen Annahmen, die unter Umständen problematisch sind. Die Bildung subjektiver Wahrscheinlichkeiten durch den Unternehmenskäufer setzt erhebliche Erfahrungen voraus. Das betrifft sowohl die a priori Wahrscheinlichkeiten über die Richtigkeit der Verkäufer Angaben als auch die Frage, mit welcher Wahrscheinlichkeit eine Due Diligence zu einem positiven Ergebnis führt. Wenn der Käufer häufig Unternehmen erwirbt, was z.B. bei einem Konzern oder einem Private Equity Unternehmen zutrifft, dürften oft entsprechende Erfahrungswerte vorliegen. Andernfalls ist eine Schätzung der Wahrscheinlichkeiten schwierig. Eine wesentliche Vereinfachung liegt zudem in der Beschränkung auf zwei Zustände, auf „richtige“ und „falsche“ Verkäuferangaben mit eindeutig daraus folgenden Unternehmenswerten bzw. Grenzpreisen. In der Praxis handelt es sich dabei um Extremfälle. Es gibt statt dessen eine unendliche Zahl tatsächlich möglicher Unternehmenswerte und die Due Diligence kann eine Vielzahl von Ergebnissen haben, die einerseits vom eingegangenen Aufwand (Umfang der Prüfung), andererseits aber auch vom Zufall abhängen. Nicht zuletzt ist die Annahme der Risikoneutralität des Käufers häufig unrealistisch, sie ändert aber nichts an der prinzipiellen Wirkungsweise des Informationsaustauschs.

Trotz dieser Einschränkungen illustriert das Beispiel auf anschauliche Weise, wie die Vertragsparteien durch Maßnahmen zum Informationsaustausch die Chancen erhöhen können, daß eine wirtschaftlich sinnvolle M&A-Transaktion auch bei a priori asymmetrischer Informationsverteilung zustande kommt, trotz der mit der Informationsbeschaffung verbundenen Kosten.

5.2.4 Gesellschafter- und Gesellschaftsinteressen

5.2.4.1 Due Diligence und Unternehmensinteresse

Die Interessen eines verkaufenden Gesellschafters sind nicht unbedingt mit den Interessen des betroffenen Unternehmens identisch. Es sind, wenn der verkaufende Gesellschafter nicht über 100 % der Anteile am Unternehmen verfügt, auch die Interessen der übrigen Anteilseigner zu beachten. Das deutsche Gesellschaftsrecht folgt zudem ganz allgemein nicht dem Shareholder-Value-Ansatz, sondern fordert im Sinne eines Stakeholderansatzes die Berücksichtigung nicht nur der Aktionärsinteressen, sondern insbesondere auch die Beachtung des Interesses der Arbeitnehmer und der Öffentlichkeit.[106] In diesem Zusammenhang ist zu beachten, daß dem Vorstand einer AG, aber auch einer GmbH-Geschäftsführung, umfangreiche Rechte und Pflichten zugewiesen werden, die für die Weitergabe von Unternehmensinformationen an Außenstehende relevant sind.

Der Vorstand einer AG hat gemäß § 76 Abs. 1 AktG unter eigener Verantwortung die Gesellschaft zu leiten. Er hat seine Entscheidungen dabei am „wohlverstanden Unternehmensinteresse" auszurichten.[107] Das Interesse eines Mehrheitsaktionärs allein ist aber keinesfalls mit dem Unternehmensinteresse identisch, selbst wenn dieser alle Anteile am Unternehmen besitzt. Daher kann ein Mehrheitsaktionär den Vorstand einer AG nicht zur Durchführung einer Due Diligence zwingen. In einer „einseitigen" Verfolgung der Aktionärsinteressen durch den Vorstand - und auch den Aufsichtsrat - kann eine Verletzung von Treuepflichten gegenüber dem Interesse des gesamten Unternehmens liegen.[108]

Wesentlicher Zweck einer Due Diligence ist es, Erwerbsinteressenten Zugang zu wesentlichen Unternehmensdaten zu verschaffen. Die dem Interessenten und seinen Beratern zur Verfügung gestellten Information sind oft vertraulich und für das betroffene Unternehmen besonders sensibel.[109] Insbesondere, wenn es sich bei dem Erwerbsinteressenten um einen direkten Konkurrenten handelt, kann die Weitergabe etwa von internen Rentabilitätsberechnungen, Planungsdaten, Markt- und Wettbewerbsanalysen folgenreich sein. Auch die Unterzeichnung einer Vertraulichkeitserklärung wird für das Unternehmen nach dem Scheitern der Verkaufsverhandlungen möglicherweise keinen hinreichenden Schutz vor dem Mißbrauch einmal erlangter Informationen bieten, zumal ein Mißbrauchsnachweis in der Praxis schwer zu erbringen ist. Zuweilen wird in der Literatur sogar unmißverständlich auf die Möglichkeit aufmerksam gemacht, eine Due Diligence zum Ausspionieren von Wettbewerbern zu nutzen.[110] Auf diese Risiken kann sich ein Vorstand oder eine Geschäftsführung berufen, wenn sie eine Due Diligence mit Verweis auf das Unternehmensinteresse verhindern wollen. Im folgenden werden wesentliche rechtliche Aspekte einer Due Diligence im Zusammenhang mit dem Verkauf der Kapitalmehrheit an einer AG und einer GmbH untersucht.

5.2.4.2 Rechte und Pflichten des Vorstandes einer Aktiengesellschaft

5.2.4.2.1 Verschwiegenheitspflicht

Die Vorstandsmitglieder einer Aktiengesellschaft sind gemäß § 93 Abs. 1 Satz 2 AktG verpflichtet, über vertrauliche Angaben und Geheimnisse der Gesellschaft, namentlich Betriebs- oder Geschäftsgeheimnisse, die ihnen durch ihre Tätigkeit im Vorstand bekannt geworden sind, Stillschweigen zu bewahren. Bei Verletzung dieser Schweigepflicht sieht das Gesetz empfindliche Strafen vor. Ein Vorstand, der die Schweigepflicht verletzt, haftet ge-

[106] Vgl. Meincke (1998), S. 750.
[107] Zum (juristischen) Begriff des Unternehmensinteresses, das die Interessen der übrigen, o.g. Anspruchseigner einschließt vgl. stellvertretend für viele Jürgenmeyer (1984).
[108] Vgl. Schilling (1997), S. 1909ff.
[109] Vgl. Bihr (1998), S. 1198.
[110] So bei Brauner und Grillo (1998), S. 181.

mäß § 93 Abs, 2 AktG gegenüber der Gesellschaft auf Schadenersatz. Wenn die Pflichtverletzung ein Geheimnis betrifft, droht zudem gemäß § 404 Abs. 1 AktG eine Geld- oder Freiheitsstrafe.

Der Vorstand einer Aktiengesellschaft kann vertrauliche Informationen nur dann weitergeben, wenn eine Beschränkung der Schweigepflicht im "Unternehmensinteresse" liegt.[111] Grundsätzlich kann eine Due Diligence beim Unternehmenskauf im Unternehmensinteresse liegen.[112] In der Literatur gibt es aber unterschiedliche Auffassungen, wann ein Unternehmensinteresse an der Weitergabe von Informationen im Rahmen einer Due Diligence gegeben ist. Sehr enge Grenzen für die Weitergabe von Informationen durch den Vorstand sieht Lutter, in dem er ein überragendes, anders nicht erreichbares Gesellschaftsinteresse und eine Gefährdung des Fortbestandes der Gesellschaft als Voraussetzung postuliert.[113] Schroeder hält dagegen eine Weitergabe von Informationen unter Umständen bereits für gerechtfertigt, wenn das Zielunternehmen von einer Übernahme, etwa durch Synergieeffekte, profitieren könnte. Der Vorstand sollte die Ernsthaftigkeit des Erwerbsinteresses prüfen und die Chancen und Risiken der Informationsweitergabe abwägen.[114]

5.2.4.2.2 Insiderrecht

Für börsennotierte Aktiengesellschaften gilt eine weitere gesetzliche Einschränkung. Das Wertpapierhandelsgesetz verbietet die Weitergabe von Insidertatsachen.[115] Eine Insidertatsache ist eine Tatsache, die nicht öffentlich bekannt ist und geeignet ist, im Falle ihres öffentlichen Bekanntwerdens den Kurs des Wertpapiers der betreffenden Gesellschaft zu beeinflussen.[116] Der Vorstand oder Aufsichtsrat einer AG, der Kenntnis von einer Insidertatsache hat, ist Insider.[117] Die Weitergabe einer Insidertatsachen kann mit einer Geldstrafe oder einer Freiheitsstrafe von bis zu fünf Jahren bestraft werden.

Nun ist es gerade das Ziel einer Due Diligence, potentiellen Erwerbern eine genauere Einschätzung der mit dem Unternehmenserwerb verbundenen Chancen und Risiken zu ermöglichen. Da die offenzulegenden Informationen in der Regel nicht allgemein bekannt sind, kann der Vorstand mit der Erlaubnis einer Due Diligence die Vorschriften des § 14 Abs. 1 Nr. 2 WpHG verletzen.[118] Der Kreis der Tatsachen, die von den §§ 93, 404 AktG erfaßt werden ist in der Regel mit den Insidertatsachen des WpHG identisch.[119] Der Vorstand einer börsennotierten Aktiengesellschaft riskiert einen Verstoß gegen das WpHG, wenn die Weitergabe der Informationen nicht im normalen Rahmen der Erfüllung seiner Aufgaben liegt. Wenn die Weitergabe von Informationen im Rahmen eines praxisüblichen Due Diligence-Verfahrens erfolgt, der Aktienerwerb nicht über die Börse erfolgt, die Geheimhaltung gewährleistet ist und eine Informationsweitergabe im "Unternehmensinteresse" liegt, kann

[111] Vgl. Ziemons (1999), S. 493.
[112] Vgl. Meincke (1998), S. 749.
[113] Vgl. Lutter (1997), S. 613.
[114] Vgl. Schroeder (1997), S. 2162, ähnlich Bihr (1998), S. 1199.
[115] § 14 Abs. 1 Nr. 2 WpHG.
[116] § 13 Abs. 1 WpHG.
[117] Vgl. Schroeder (1997), S. 2163.
[118] Vgl. Schroeder (1997), S. 2164.
[119] Vgl. Ziemons (1999), S. 497.

grundsätzlich aber angenommen werden, daß der Vorstand nicht gegen die Insiderrichtlinien verstößt.[120]

5.2.4.2.3 Minderheitsrechte

Das deutsche Aktienrecht ist von einem umfassenden Minderheitenschutz geprägt.[121] Das hat zur Folge, daß ein Mehrheitsaktionär oder mehrere Aktionäre, die gemeinsam über die Mehrheit der Anteile verfügen, ihre Ziele nicht ohne Berücksichtigung der Minderheitsinteressen verfolgen dürfen.[122] Der Minderheitenschutz hat auch für den Vorstand Konsequenzen. Gemäß § 131 Abs. 4 AktG ist eine Auskunft, die ein Aktionär außerhalb der Hauptversammlung erhalten hat, auf Verlangen auch jedem anderen Aktionär auf der Hauptversammlung zu geben.[123] Da eine vertrauliche Information mit der Bekanntgabe auf der Hauptversammlung automatisch öffentlich würde, kann der Vorstand aber im Unternehmensinteresse zwischen dem Erwerbsinteressenten und den übrigen Aktionären differenzieren und die Auskunft verweigern.[124]

5.2.4.3 Rechte und Pflichten der Geschäftsführung einer GmbH

Im GmbHG existiert keine analoge Vorschrift zum § 93 AktG. Die Pflichten der Organe und die Sanktionen bei einer Mißachtung entsprechen dennoch grundsätzlich der Situation bei einer Aktiengesellschaft. Allerdings kann bei einer GmbH eine Durchbrechung der Geheimhaltung nicht von der Geschäftsführung, sondern nur von der Gesellschafterversammlung beschlossen worden.[125] Das hat zur Folge, daß die Möglichkeiten einer GmbH-Geschäftsführung, gegen die Interessen der Eigentümer eine Due Diligence zu blockieren, geringer sind.

Bei der GmbH ist auch der gesetzliche Minderheitenschutz geringer ausgeprägt als bei der AG. Zwar ist die Beachtung der Individualinteressen der verschiedenen Gesellschafter Bestandteil des Pflichtenkatalogs eines Geschäftsführers, doch ist diese Vorschrift nicht sehr weitreichend. Eine andere Situation liegt vor, wenn die Satzung eine Erweiterung der Minderheitenrechte vorsieht.[126]

5.2.4.4 Zwischenergebnis

Den Kosten der Due Diligence und dem Risiko eines Informationsmißbrauchs durch einen Kaufinteressenten steht bei der Entscheidung des Eigentümers und der Unternehmensführung, ob eine Due Diligence durchgeführt wird, die Aussicht auf einen erfolgreichen Unternehmensverkauf gegenüber. Wenn das Unternehmen mehrere Anteilseigner hat, ist der Kreis der möglichen Nutznießer und Geschädigten einer Informationsübertragung durch Due Diligence nicht identisch. Hinzu kommt insbesondere bei der Aktiengesellschaft eine mögliche Interessendivergenz zwischen dem Vorstand und einem verkaufenden Anteilseig-

[120] Vgl. Schroeder (1997), S. 2164.
[121] Insbesondere in den.§§ 122, 130, 142, 320 AktG.
[122] Vgl. Bihr (1998), S. 1199.
[123] Vgl. Holzapfel und Pöllath (1994), S. 12.
[124] Vgl. Schroeder (1997), S. 2164.
[125] Vgl. Meincke, (1998), S. 750 m.w.N.
[126] Vgl. Bihr (1998), S. 1199.

ner des Unternehmens, wenn das Unternehmen von Fremdmanagern geführt wird. Das Management wird dann nicht nur die Interessen verschiedener Anteilseigner abwägen müssen, wenn diese nicht alle gemeinsam ihre Anteile veräußern möchten, sondern noch die Interessen anderer Stakeholder - inklusive der eigenen Belange – beachten

Diese komplizierte Interessen- und Informationslage wird durch die Rechtslage erschwert. So ist rechtlich bisher nicht einmal abschließend geklärt ist, ob und wann eine Due Diligence überhaupt durchgeführt werden darf. Es ist denkbar, daß eine Unternehmensführung einem Erwerbsinteressenten bei der geltenden Rechtslage nicht ohne weiteres Zugang zu allen relevanten Informationen gewähren wird, weil ihr selbst empfindliche Strafen drohen. Auch wenn eine Due Diligence im Interesse aller Beteiligten, inklusive der Angehörigen des Unternehmens liegt, entfalten die möglichen rechtlichen Sanktionen eine abschreckende Wirkung.

Die hohe Autonomie des Vorstands von Aktiengesellschaften im deutschen Recht wirkt sich erschwerend aus. Er kann unter Berufung auf das „Unternehmensinteresse" die Durchführung einer Due Diligence blockieren, die im Interesse des Verkäufers und des Käufers wäre. Das „Unternehmensinteresse" kann in diesem Zusammenhang auch als Vorwand zur Vereitelung einer wirtschaftlich sinnvollen Transaktion dienen.

5.2.5 Due Diligence und Gewährleistung

Sowohl die Durchführung als auch die Unterlassung einer Due Diligence können sich auf die Haftung des Unternehmensverkäufers auswirken. Eine umfassende Klärung durch die Rechtsprechung ist bisher noch nicht erfolgt,[127] auch wenn die Rechtsprechung bei der Beurteilung strittiger Fälle gelegentlich auf die Prüfung des Zielunternehmens durch den Käufer Bezug genommen hat.[128] Für die Entscheidung der Vertragsparteien, ob eine Due Diligence durchgeführt werden soll, ist die Auswirkung auf die Haftungsrisiken aber von großer Bedeutung.

Der Käufer kann bei Durchführung einer Due Diligence Haftungsansprüche aus Sachmängelhaftung und c.i.c. verlieren. Auf die im Rahmen der Due Diligence offenbar gewordenen Mängel kann sich ein Käufer nach Abschluß des Kaufvertrages nicht mehr berufen, seine Ansprüche aus §§ 459ff. gehen verloren.[129] Auch wenn der Käufer einen Mangel während der Due Diligence aufgrund grober Fahrlässigkeit nicht erkennt, verliert er seine Ansprüche, außer bei arglistigem Verschweigen oder Zusicherung einer Eigenschaft durch den Verkäufer. Das ist für den Käufer nachteilig, wenn er wichtige Umstände bei der Due Diligence nicht prüft oder trotz Prüfung übersieht [130] Die Durchführung einer Due Diligence kann sich auch auf mögliche Ansprüche aus c.i.c auswirken, wenn etwa mangelnde Sorgfalt bei der Durchführung und Auswertung der Due Diligence als Mitverschulden des Käufers gemäß § 254 BGB gewertet werden.[131]

[127] Siehe die Ausführungen in Kapitel 3.
[128] So z.B. das OLG Hamburg in WM 1994, S. 1378.
[129] Vgl. Holzapfel und Pöllath (1994), S. 11f sowie Schwerdtfeger und Kreuzer (1998) S. 1801.
[130] Vgl. Loges (1997), S. 967 ff.
[131] Vgl. Loges (1997), S. 967.

Der Verlust von Ansprüchen aufgrund des Erkennens von Mängeln im Zuge der Due Diligence ist für den Käufer kein Nachteil, weil er die gewonnenen Informationen bei seiner Grenzpreisbestimmung und Vertragsgestaltung nutzen kann. Zusätzliche Risiken ergeben sich nur, wenn die Due Diligence unvollständig oder mangelhaft durchgeführt wird.[132] Wenn der Käufer sich für die Durchführung einer Due Diligence entscheidet, sollte er daher gründlich vorgehen.

Bei Verzicht auf die Durchführung einer Due Diligence verliert der Käufer keine Haftungsansprüche, da er nicht zur Prüfung einer Kaufsache verpflichtet ist.[133] Ein Käufer verletzt nur dann seine Untersuchungspflicht, wenn beim Kauf von Sachen der betreffenden Art eine Untersuchung durch den Käufer als Verkehrssitte anzusehen ist. Bisher ist die Due Diligence aber noch nicht als "Verkehrssitte" anerkannt.[134] Oft unterbleibt sie, etwa wegen des hohen Kostenaufwandes oder weil der Verkäufer aus Geheimhaltungs- und Konkurrenzschutzmotiven dem Käufer nur ein unvollständiger Einblick in die relevanten Daten zu gewähren bereit ist.[135] Es ist aber für die Zukunft nicht auszuschließen, daß sich die Rechtslage mit weiter steigender Verbreitung der Due Diligence ändern und eine Verringerung von Haftungsansprüchen des Käufers bei unterlassener Due Diligence erfolgen wird.

Solange die Rechtsprechung aber das Verhältnis von Prüfung und Haftung beim Unternehmenskauf nicht abschließend geklärt hat, schafft das Instrument der Due Diligence, ungeachtet seiner wichtigen Schlüsselfunktion beim Informationsaustausch, auch zusätzliche Rechtsunsicherheit für die Vertragsparteien, unabhängig davon, ob es tatsächlich eingesetzt wird.

5.2.6 Due Diligence und Management Buy-out

Beim MBO ist das Käuferinteresse an einer Due Diligence geringer als beim konventionellen Unternehmenskauf, da das Management Insider ist und zumindest über einen Großteil der relevanten Informationen verfügt. Ein weitgehender Verzicht auf die Prüfung des Unternehmens führt im Vergleich zum konventionellen Unternehmenskauf mit Due Diligence zu Kosteneinsparungen, welche die Kontrahenten unter sich aufteilen können. Außerdem entfallen die mit einer Due Diligence verbundenen Organisations-, Rechts- und Geheimhaltungsprobleme.

Allerdings kann beim MBO statt des Käufers der Verkäufer an zusätzlichen Informationen über den Wert seines Unternehmens interessiert sein. Sein Informationsbedarf hängt vom bisherigen Wissensstand ab, ist aber in den meisten Fällen geringer als derjenige eines unternehmensfremden Käufers.[136] Zum Schutz vor einer Übervorteilung durch das besser in-

[132] Gegen dieses Risiko kann sich der Käufer durch die Einschaltung professioneller Berater (Wirtschaftsprüfer, Steuerberater, etc.) absichern, die ihrerseits Risiken durch eine Berufsversicherung abdecken können.
[133] Vgl. Palandt/Putzo (1994), § 460, Rdn. 2.
[134] So etwa Loges (1997), S. 968.
[135] Vgl. zur Verbreitung der Due Diligence auch o.V. (1997c), S. 14.
[136] Mit Ausnahme des Aktionärs einer Publikums-AG.

formierte Management kann er eine Verkäufer (Vendor) Due Diligence durchführen.[137] Für die Durchführung einer Verkäufer Due Diligence gelten die selben Prinzipen wie bei einer Due Diligence des Käufers.

Eine Verkäufer Due Diligence kann auch beim konventionellen Unternehmenskauf Kosten einsparen, wenn eine Vielzahl von Interessenten in den Verhandlungsprozeß einbezogen werden soll. Diese Variante wird seit einigen Jahren in Großbritannien bei M&A-Transaktionen verstärkt eingesetzt.[138] Die Verkäufer Due Diligence ermöglicht dem Verkäufer eine Beschleunigung des Prozesses der Due Diligence der Erwerbsinteressenten. Durch einen Verkäufer Due Diligence Bericht kann er zudem die Glaubwürdigkeit der Informationen untermauern, die er den Kaufinteressenten vorher, z.B. in Form eines Memorandums, übermittelt hat.[139]

5.2.7 Folgerungen

Eine Due Diligence ist ein Instrument zur umfassenden und systematischen Informationsübertragung. Sie kann als ein in seiner Intensität variables Signal des besser informierten Verkäufers angesehen werden, daß sein Unternehmen von überdurchschnittlicher Qualität ist. Je tiefer der einem Kaufinteressenten gewährte Einblick ist, desto höher ist die zu unterstellende Qualität des Unternehmens. Mit Hilfe einer Due Diligence kann eine vorhandene Informationsasymmetrie und das daraus resultierende Qualitätsrisiko des Unternehmenskäufers verringert werden.

Aus Sicht eines unvollständig informierten Käufers ist eine Due Diligence daher stets wertvoll. Der genaue Wert der Untersuchung hängt wesentlich vom Umfang der potentiellen Risiken und deren Wahrscheinlichkeit ab. Für beide Parameter könnten Schätzungen auf Basis von Erfahrungswerten vorgenommen werden. Der Kaufinteressent kann aufgrund der Due Diligence zunächst vermutete, aber de facto nicht vorhandene Risiken aus seiner Bewertung eliminieren und die tatsächlich vorhandenen Risiken besser bewerten. Sein Grenzpreis erhöht sich durch den Ausschluß von Risiken, wodurch unter Umständen ein Einigungsbereich mit dem Verkäufer erst geschaffen wird. Auf diese Weise trägt das Instrument Due Diligence zur Funktionsfähigkeit des M&A-Marktes bei. Die gewonnenen Informationen erleichtern zudem die Integration des Unternehmens nach dem Erwerb und die Implementierung strategischer Veränderungsmaßnahmen. Dadurch steigt die Erfolgswahrscheinlichkeit einer Akquisition.

Für den informierten Verkäufer ist die Vorteilhaftigkeit einer Due Diligence schwieriger zu beurteilen, da für ihn erhebliche Mißbrauchsschäden resultieren können. Er muß daher sorgsam auf die Person des Interessenten und die Wahrung der Vertraulichkeit achten. Eine Due Diligence ist aber häufig unabdingbare Voraussetzung für einen angemessenen Preis, wenn sehr umfassende Garantien vermieden werden sollen. Bei umgekehrter Informati-

---

[137] Vgl. zu Zweck und Inhalt einer Vendor Due Diligence Eversfield (1998), S. 112ff. sowie Kolb und Görtz (1999), S. 469ff.

[138] Vgl. Tiernan (1997), S. 56.

[139] Vgl. Eversfield (1998), S. 112.

onsasymmetrie ist es in jedem Fall im Interesse des Verkäufers, sein Unternehmen vor dem Verkauf zunächst einmal gründlich zu analysieren.

Die Aufdeckung nicht erwarteter Mängel – und in der Unternehmensbewertung vorher nicht erfaßter Mängel – wird bei Zustandekommen der Transaktion zu einem Sinken des Kaufpreises führen, also Verteilungseffekte haben. Wenn eine Transaktion aufgrund systematischer Informationsgewinnung durch einen Kaufinteressenten scheitert, entsteht aber kein Wohlfahrtsverlust. Die Transaktion unterbleibt dann, weil sie als ineffizient erkannt wird. In diesem Sinne kann die Due Diligence einen wichtigen Beitrag zur Senkung des Anteils fehlgeschlagener Akquisitionen leisten.

Die Durchführung einer Due Diligence ist für beide Parteien mit Kosten verbunden.[140] Neben eigenen Experten sind zahlreiche Berater zu beauftragen. Zu den Kosten zählt auch der Informationsmißbrauch durch nicht erfolgreiche Bieter, soweit sich dieser negativ auf künftige Erträge und damit auf den Unternehmenswert auswirkt. Die Beteiligten müssen daher Aufwand und möglicher Nutzen einer Due Diligence frühzeitig abzuwägen. Auch sollte sich die Informationserhebung auf das notwendige Maß konzentrieren, damit eine Verarbeitungsfähigkeit der gewonnenen Informationen gewährleistet bleibt. Sensible Daten können nur in einem abgestuften Verfahren an solche Erwerbsinteressenten – oder deren zur Berufsverschwiegenheit verpflichtete Berater gegeben werden, deren glaubwürdige Selbstverpflichtung und Reputation erwarten lassen, daß auch beim Scheitern der Verkaufsverhandlungen kein Mißbrauch betrieben wird.

Es ist möglich, aber unwahrscheinlich, daß ein Due Diligence Signal von dem Verkäufer eines mit Risiken und Mängeln behafteten Unternehmens erfolgreich imitiert wird. Dem Verkäufer entstünden dann zusätzliche Kosten, etwa durch eine größere Gefahr des Scheiterns der Transaktion oder durch einen Aufwand für die Fälschung oder Vernichtung belastender Unterlagen. Es ist allgemein eher unwahrscheinlich, daß in einer gründlichen Due Diligence wesentliche Mängel verborgen bleiben. Das Haftungsrisiko des Verkäufers würde sich zudem erheblich erhöhen. Die Differenzierung der Signalisierungskosten im Spence-Modell erscheint vor diesem Hintergrund angemessen.

Im Vergleich zur klaren Modellwelt kann die Realität durch das Dreiecksverhältnis zwischen Verkäufer, Käufer und Management komplizierter sein. Damit verbundene Agency-Probleme bereiten gerade im Kontext des rechtlichen Rahmens der Bundesrepublik Deutschland Zusätzliche Schwierigkeiten. Die komplexe deutsche Corporate Governance Struktur führt teilweise zu einer Entmachtung der Eigentümer. Der Verkäufer kann unter Umständen nicht wie im Modell autonom über die Aussendung eines Signals entscheiden. Insbesondere kann der Vorstand einer Aktiengesellschaft die Durchführung einer Due Diligence unter Verweis auf die Rechtslage erschweren, und damit den Interessen von Eigentümern Erwerbsinteressenten zuwiderhandeln. Darüber hinaus ist das ohnehin komplizierte gesetzliche Gewährleistungsregime bei Durchführung einer Due Diligence noch schwerer zu durchschauen.

[140] Wer die Kosten trägt, ist aus gesamtwirtschaftlicher Sicht unerheblich.

5.3 Bewertungsgutachten

5.3.1 Funktionen von Gutachten

Im Zusammenhang mit Unternehmensverkäufen werden von den beteiligten Verhandlungspartnern häufig Bewertungsgutachten in Auftrag gegeben. Als Gutachter fungieren Sachverständige, wobei es sich in der Regel um Wirtschaftsprüfer oder Investment Banken handelt. Um zu prüfen, ob derartige Gutachten einen Beitrag zur Lösung des Informationsproblems beim Unternehmensverkauf leisten können, sind zunächst deren Aufgaben im Kontext der Funktionen der Unternehmensbewertung[141] zu betrachten. Danach können Bewertungsgutachten allgemein, entsprechend den Hauptfunktionen der Unternehmensbewertung in der Kölner Funktionenlehre, der Unterstützung einer Partei in der Beratungs- und in der Argumentationsfunktion sowie dem Ausgleich zwischen zwei Parteien in der Vermittlungsfunktion dienen.[142]

Aufgabe eines Gutachters kann es sein, im Rahmen der **Vermittlungsfunktion** den Schiedspreis bzw. fairen Einigungspreis zu ermitteln.[143] Schiedsgutachter können sowohl von den Parteien selbst als auch von einem Gericht beauftragt werden, etwa zur Festsetzung oder Prüfung des Umtauschverhältnisses bei einer Fusion.[144] Schiedspreise haben eine große Bedeutung bei sogenannten dominierten Bewertungsanlässen, bei denen eine Partei gegen den Willen der anderen Partei den Eigentumswechsel herbeiführen kann.[145] Häufige Beispiele für dominierte Situationen sind die Abfindung von Gesellschaftern oder Minderheitsaktionären. Dominierte Bewertungsanlässe sind aber kein wesentlicher Gegenstand dieser Arbeit und werden daher im folgenden außer acht gelassen.

Faire Einigungswerte können auch bei nicht dominierten Bewertungsanlässen ermittelt werden, um im Auftrage beider Parteien einen für beide Seiten akzeptablen Einigungspreis zu ermitteln. Ausgangspunkt für die Schiedswertberechnung müssen die individuellen Grenzpreise der Parteien sein.[146] Der Schiedspreis muß zwischen den Grenzpreisen der Kontrahenten liegen.[147] Die richtige Aufteilung des Unterschiedsbetrages ist allerdings nicht einfach.[148] Schwierig ist insbesondere die Bestimmung einer „fairen" Teilungsregel. In der Literatur wird entweder eine Ausgleich auf der Basis des Nutzenfunktionen beider Parteien[149] oder eine Halbierung der Differenz[150] vorgeschlagen. In jedem Fall müssen dem Gutachter die (tatsächlichen) Grenzpreise der beiden Parteien bekannt sein, wobei beide Parteien einen Anreiz haben, falsche Angaben über ihren Grenzpreis zu machen.[151] Es liegt daher beim Gutachter, die Prämissen, die der jeweiligen Grenzpreisermittlung zugrunde

[141] Siehe auch Kapitel 2.3.1.
[142] Vgl. Wagenhofer (1988b).
[143] Vgl. Ballwieser und Leuthier (1986), S. 545.
[144] Vgl. Piltz (1994), S. 13f.
[145] Vgl. Drukarczyk (1996), S. 89ff.
[146] Vgl. Moxter (1983), S. 17 und Ballwieser und Leuthier (1986), S. 547ff.
[147] Vgl. Ballwieser und Leuthier (1986), S. 545.
[148] Vgl. die ausführliche Analyse von Matschke (1979), insbesondere S. 126ff.
[149] Vgl. Matschke (1979), S. 245ff.
[150] Vgl. Moxter (1983), S. 18.
[151] Vgl. Schildbach (1993), S. 36.

liegen, einer Prüfung zu unterziehen.[152] Dabei ist dieser seinerseits mit einem Informationsproblem konfrontiert. Entscheidend für die Qualität des Schiedsgutachtens ist folglich die Professionalität und die Neutralität des Gutachters.

In der **Beratungsfunktion** unterstützt der Gutachter einen der beiden Kontrahenten bei der Ermittlung seines Grenzpreises. Er berücksichtigt bei der Ermittlung die ihm zugänglichen Informationen über das Unternehmen und die individuellen Handlungsmöglichkeiten des von ihm beratenen Käufers (Verkäufers) bei der Bestimmung der subjektiven Preisobergrenze (Preisuntergrenze). Beratende Bewertungsgutachten können primär dann einen Beitrag zur Lösung des Informationsproblems leisten, wenn der Berater über einen besseren Informationszugang verfügt als sein Klient oder im Vergleich zu diesem die Methodik der Bewertung besser beherrscht.

Im Rahmen der **Argumentationsfunktion** flankieren Gutachten die Verhandlungsposition einer Partei. Ziel eines Argumentationsgutachtens ist es, für eine Partei in den Kaufpreisverhandlungen ein Ergebnis zu erzielen, das dem Grenzpreis des Kontrahenten möglichst nahe kommt.[153] Argumentationswerte setzen allerdings bereits einen positiven Einigungsbereich voraus und befassen sich nur mit der Verteilung des gemeinsamen Nutzenzuwachses aus dem Unternehmensverkauf auf die Kontrahenten. An der Objektivität von Argumentationsgutachten können aber für die andere Seite Zweifel bestehen, da automatisch der Verdacht der Parteilichkeit zu Gunsten des Auftraggebers nahe liegt.[154]

5.3.2 Wirtschaftsprüfergutachten in Deutschland

5.3.2.1 Aufgaben von Wirtschaftsprüfergutachten

Bei Unternehmensverkäufen fungieren häufig Wirtschaftsprüfer (WP) als Bewertungsgutachter. Diese richten ihren Bewertungsansatz an ihren Berufsstandards sowie an etwaigen gesetzlichen Bestimmungen aus. In Deutschland gibt das Institut der Wirtschaftsprüfer (IDW) für seinen Berufsstand die Richtlinien vor, wobei es der jeweiligen Funktion des Gutachters eine hohe Bedeutung für das methodische Vorgehen beimißt. Das IDW definiert, teilweise in Abweichung zu der vorstehenden allgemeinen betriebswirtschaftlichen Einteilung, die möglichen Aufgaben des Wirtschaftsprüfers als **neutraler Gutachter**, als **Berater** einer Partei bei der Bestimmung ihres Grenzpreises oder als **Schiedsgutachter** bzw. **Vermittler** in der Vermittlungsfunktion.[155] Die Bestimmung von Argumentationswerten wird vom IDW nicht als Aufgabe des Wirtschaftsprüfer-Gutachters erkannt, da deren Ermittlung mit den Berufsgrundsätzen der Unbefangenheit und Überparteilichkeit konfligiert.[156] Oft kann einem Wirtschaftsprüfer als durch seine Berufsgrundsätze - und zusätzlich oft auch noch einzelvertraglich - zur Verschwiegenheit verpflichteten Sachverständigen bei der Erstellung Einblick in vertrauliche Daten gewährt werden kann, die einem Kaufin-

[152] Vgl. Künnemann (1985), S. 125ff.
[153] Vgl. Wagenhofer (1988a), S. 341f.
[154] Vgl. Piltz (1994) S. 14.
[155] Vgl. IdW (2000), S. 827.
[156] Vgl. Hayn (2000), S. 1348.

teressenten aus Geheimhaltungsgründen unter Umständen nicht direkt zugänglich gemacht werden können.

Wenn der WP als Sachverständiger tätig wird, fungiert er häufig in der Funktion eines neutralen Gutachters. Das IDW hält die Rolle des Wirtschaftsprüfers als neutraler Gutachter für besonders bedeutsam.[157] In seiner Funktion als neutraler Gutachter soll der Wirtschaftsprüfer „mit nachvollziehbarer Methodik einen *objektivierten*, von den individuellen Wertvorstellungen betroffener Parteien unabhängigen Wert des Unternehmens ermitteln. Der objektivierte Wert ist ein typisierter Zukunftserfolgswert, der sich bei Fortführung des Unternehmens in unverändertem Konzept (...) ergibt".[158] Das IDW sieht den Nutzen des neutralen Gutachtens darin, mit nachvollziehbarer und sachverständiger Methodik einen Unternehmenswert zu ermitteln, der von den individuellen Wertvorstellungen der beteiligten Parteien unabhängig ist.[159] Dieser Wert kann z.B. auch einen Ausgangspunkt für spätere Preisverhandlungen zwischen den Kontrahenten darstellen.

Im Unterschied zur Funktion des neutralen Gutachters werden in den anderen Funktionen jeweils **subjektive Unternehmenswerte** ermittelt.[160]Die Funktionen des Wirtschaftsprüfers als **Berater** und als **Schiedsgutachter/Vermittler** decken sich grundsätzlich mit den im vorangegangenen Abschnitt erläuterten allgemeinen betriebswirtschaftlichen Definitionen.[161] Als Schiedsgutachter legt der Wirtschaftsprüfer den Unternehmenswert in einer Konfliktsituation fest, wohingegen er ihn als Vermittler nur vorschlägt.[162] In der Beratungsfunktion fungiert der Wirtschaftsprüfer nicht als Gutachter, sondern ermittelt einen subjektiven Entscheidungswert unter Berücksichtigung individueller Pläne und Möglichkeiten.[163]

5.3.2.2 Methodisches Vorgehen

Die Bestimmung des Unternehmenswertes wird von Wirtschaftsprüfern gemäß dem Standard IDW S1 durch Ertragswertberechnung bzw. die DCF-Methode vorgenommen.[164] Bei der Ermittlung des Unternehmenswertes ist der Bewertungszweck maßgeblich. Prognose und Diskontierung der finanziellen Überschüsse unterscheiden sich, abhängig davon, ob ein objektivierter oder ein subjektiver Unternehmenswert ermittelt werden soll.[165]

Bei neutralen Gutachten wird der objektivierte Wert ermittelt, dessen Konzept in der Literatur häufig kritisiert worden ist. Hauptkritikpunkt ist, daß er den Verkäufer benachteiligt, weil bei seiner Ermittlung mögliche Synergien des Käufers mit dem zu erwerbenden Unternehmen vernachlässigt werden.[166] Der Standard IDW S1 differenziert allerdings zwischen

[157] Vgl. Hayn (2000), S. 1347.
[158] IdW (2000), S. 827. Siehe auch den nachfolgenden Abschnitt.
[159] Vgl. IdW (2000), S. 827.
[160] Vgl. IdW (2000), S. 827.
[161] Sie werden vom IdW weitgehend analog definiert, vgl. IdW (2000), S. 827.
[162] Vgl. IdW (2000), S. 827.
[163] Vgl. IdW (2000), S. 827.
[164] Vgl. IdW (2000), S. 825ff.
[165] Vgl. IdW (2000), S. 828.
[166] Vgl. Schildbach (1993), S. 32.

sogenannten echten und unechten Synergien.[167] Nur unechte Synergieeffekte, die mit einer nahezu beliebigen Vielzahl potentieller Erwerber realisiert werden können, sind bei der Ermittlung des objektivierten Wertes zu berücksichtigen, vorausgesetzt, die synergiestiftenden Maßnahmen sind zum Stichtag bereits eingeleitet.[168] Wertsteigernde Restrukturierungsmaßnahmen, die noch nicht eingeleitet worden sind, dürfen bei der Ermittlung des objektivierten Unternehmenswertes hingegen nicht berücksichtigt werden. Darin liegt unter Umständen eine Benachteiligung des Verkäufers.[169] Im Extremfall kann der objektivierte Wert sogar unterhalb des Grenzpreises des Verkäufers liegen, wenn dieser etwa für den Fall der Nichtveräußerung wertsteigernde Restrukturierungsmaßnahmen plant, die bei der Bewertung ignoriert werden müssen, weil sie noch nicht eingeleitet wurden. [170]

Bei der Ermittlung subjektiver Entscheidungswerte können auch geplante, aber noch nicht eingeleitete Maßnahmen der jeweiligen Partei berücksichtigt werden.[171] Aus Sicht eines potentiellen Käufers sind für die Ermittlung des Entscheidungswertes sowohl echte als auch unechte Synergien zu berücksichtigen. Aus Sicht eines Verkäufers sind nach den Vorgaben des IDW nur unechte Synergieeffekte bewertungsrelevant.[172]

5.3.3 Fairness Opinions

5.3.3.1 Aufgabe der Fairness Opinion

Eine Fairness Opinion ist ein Gutachten eines Sachverständigen - in der Regel einer Investmentbank[173] -, das bestätigt, daß eine vorgeschlagene Transaktion (in der Regel ein Übernahmeangebot) vom finanziellen Standpunkt für die Anteilseigner fair und angemessen ist. Die Fairness einer Transaktion wird durch den „fair price“ und das „fair dealing“ (unparteiische Handlungsweise der handelnden Personen) bestimmt.[174] Dabei ist auch die Angemessenheit der vertraglich vereinbarten Garantien von Bedeutung.[175] Die Voraussetzung der Fairness ist erfüllt, wenn ein rational handelnder Käufer oder Verkäufer, der über alle für die Beurteilung notwendigen Informationen verfügt, die Transaktion zu dem angebotenen Preis abschließen würde.[176] Bei einem Unternehmenskauf (Akquisition) ist der angebotene Übernahmepreis mit dem geschätzten tatsächlichen Wert des Unternehmens zu vergleichen. Bei einer Fusion (Merger) muß der Wert beider beteiligter Unternehmen ermittelt werden.[177] Die Fairness Opinion kann entweder von den Aktionären des Unternehmens, dem Board of Directors bzw. dem Aufsichtsrat als ihrem Vertreter oder vom Mana-

[167] Vgl. IdW (2000), S. 830.
[168] Vgl. IdW (2000), S. 830.
[169] So etwa, in kritischer Auseinandersetzung mit dem neuen IdW-Standard, Feldhoff (2000), S. 1237ff.
[170] Vgl. Feldhoff (2000), S. 1239.
[171] Vgl. IdW (2000), S. 831.
[172] Vgl. IdW (2000), S. 831.
[173] Vgl. Reed und Lajoux (1995), S. 121.
[174] So die Definition der US-Rechtsprechung, Weinberger v. UOP Inc., 457 A.2d , 701 (Delaware Supreme Court 1983).
[175] Vgl. Achleitner (1999), S. 206.
[176] Vgl. Nick (1999), S. 7.
[177] Vgl. Gougis (1992), S. 33.

gement in Auftrag gegeben werden.[178] In den Vereinigten Staaten holt das Management bei Unternehmensverkäufen und –zusammenschlüssen fast immer Fairness Opinions zur Bestätigung der Angemessenheit der Vertragsbedingungen ein, obwohl die Fairness Opinion in den USA – ebenso wie in Deutschland - nicht gesetzlich vorgeschrieben ist.[179]
Das Instrument der Fairness Opinion ist in Deutschland noch wenig verbreitet, gewinnt aber seit einiger Zeit an Bedeutung.[180] Bei Verschmelzungen ist rechtlich nur das von Wirtschaftsprüfungsgesellschaften erstellte Fachgutachten vorgeschrieben. Mit der Fairness Opinion soll, anders als bei einem Verschmelzungsgutachten, nicht die Werthaltigkeit des verkauften Unternehmens, sondern die Angemessenheit der Transaktion angesichts der aktuellen Marktlage beurteilt werden, wobei insbesondere auch berücksichtigt werden muß, ob ein anderer Käufer unter Umständen ein besseres Angebot machen würde.[181] Auch in den Vereinigten Staaten wurden Fairness Opinions ursprünglich nur von börsennotierten Unternehmen eingesetzt. Aufgrund der wachsenden Zahl großer nicht börsennotierter Unternehmen mit einem größeren Kreis von Anteilseignern hat dieses Instrument aber auch außerhalb der Börse eine breitere Anwendung gefunden.[182] Eine Fairness Opinion kann dabei aus Sicht der Praxis mehreren Zwecken dienen:

(1) Der möglichst objektiven Bewertung einer Transaktion durch einen sachverständigen Dritten.
(2) Der Überzeugung der Anteilseigner von den Vorteilen einer Transaktion bei öffentlichen Übernahmeangeboten.
(3) Der Absicherung des Managements vor Aktionärsklagen.

Vor allem in ihrer erstgenannten Funktion kann die Fairness Opinion einen Beitrag zur Lösung des Informationsproblems leisten, allerdings häufiger zu Gunsten eines unvollständig informierten Verkäufers (Kleinaktionärs). Der Schutz eines uniformierten Unternehmenskäufers steht grundsätzlich seltener im Vordergrund einer Fairness Opinion. Vielmehr verfügt der Käufer in vielen Konstellationen, in denen Fairness Opinions erstellt werden, sogar über einen besonders guten Informationszugang, weil er mit dem Management des übernommenen Unternehmens kooperiert oder mit diesem sogar teilweise identisch ist (MBOs), während die Vielzahl verkaufender Kleinaktionäre nicht über Detailwissen zum Unternehmen verfügen. Die Einholung einer Fairness Opinion als in einer Beratungsfunktion für den Kaufinteressenten erstelltes Gutachten ist aber grundsätzlich ebenfalls möglich.

Der Marketingaspekt (2) ist bei vielen Transaktionen bedeutsam, weil bei den meisten über den Kapitalmarkt abgewickelten M&A-Geschäften vom Käufer oder von den Fusionspartnern das Erreichen einer möglichst hohen Beteiligungsquote angestrebt wird. Gründe kön-

[178] Vgl. Achleitner (1999), S. 205.
[179] Vgl. Gougis (1992), S. 3.
[180] Bei großen M&A-Transaktionen, insbesondere bei internationaler Beteiligung, holen auch die Organe deutscher Unternehmen inzwischen regelmäßig Fairness Opinions ein, wie u.a. die Beispiele Daimler-Benz AG/Chrysler Corp. (Goldman, Sachs 1998), Hoechst AG/Rhone-Poulenc S.A /Aventis (Lazard 1999), Viag Chemie Holding AG/SKW Trostberg AG (Morgan Stanley 1999) sowie Deutsche Post AG/Danzas Holding AG (Warburg Dillon Read, 1999) belegen.
[181] Vgl. Achleitner (1999), S. 205.
[182] Vgl. Gougis (1992), S. 34.

nen z.B. in einer angestrebten Umwandlung, einer Eingliederung oder einem Delisting liegen, für die jeweils Mindestquoten erforderlich sind. Die Fairness Opinion soll zur Überzeugung der außenstehenden Aktionäre beitragen, ein Bar- oder ein Umtauschangebot anzunehmen.

Die Absicherung des Managements (3) hat zumindest in den Vereinigten Staaten ebenfalls eine hohe praktische Bedeutung. Die Direktoren können sich mit der Einholung einer Fairness Opinion vor späteren Aktionärsklagen schützen. Das Board of Directors dokumentiert dadurch, daß es seiner Treuepflicht gegenüber den Anteilseignern durch eine sorgfältige und gewissenhafte Prüfung der Transaktion genügt hat.[183] Amerikanische Gerichte haben der Tatsache, ob bei einer Transaktion eine Fairness Opinion eingeholt wurde, bei Entscheidungen über anschließende Klagen von Minderheitsaktionären eine hohe Bedeutung zugewiesen.[184] Der Nachweis der Erfüllung der Treuepflicht ist besonders wichtig, wenn das Management einem möglichen Interessenkonflikt ausgesetzt ist, wie z.B. im Rahmen seiner eigenen Beteiligung an einem MBO.

5.3.3.2 Methodisches Vorgehen

Der Unternehmenswert wird in Fairness Opinions nicht wie im Wirtschaftsprüfer-Gutachten mit dem Ertragswertverfahren nach IDW-Standard ermittelt. Statt dessen werden kapitalmarktorientierte Bewertungsverfahren verwendet. In den USA ist nur vorgeschrieben, daß zeitgemäße, gängige Bewertungsverfahren zu verwenden sind. Die früher übliche sog. Delaware block method, nach der ein gewogener Durchschnitt aus DCF-Wert, Marktwert und Nettosubstanz der Aktien angesetzt wurde, ist inzwischen von der Rechtsprechung als veraltet abgelehnt worden.[185] Die Rechtsprechung postuliert die Verwendung von „generally accepted techniques used in the financial community“.[186] Dabei kann es sich sowohl um DCF-Verfahren als auch um Marktwertverfahren (Aktienkurs, Vergleichsunternehmen, vergleichbare Transaktionen) handeln. Durch die freie Wahl der Bewertungsmethode können sich unterschiedliche Bewertungsresultate ergeben. Für alle diese Verfahren gibt es allerdings etablierte Standards, die sowohl in der Finanzwelt als auch in der Fachliteratur anerkannt sind.[187]

Der in einer Fairness Opinion zu ermittelnde „fair price“ ist nicht einheitlich definiert. Er kann ebenso ein Unternehmenswert sein, der von einer Fortführung des Unternehmens als selbständige Einheit ausgeht, wie auch ein Wert, der als (hypothetisches) Ergebnis von bilateralen Verkaufsverhandlungen oder einer Versteigerung anzusehen ist. Der Fair Price kann Synergien mit einem Bieterunternehmen berücksichtigen oder vernachlässigen.[188] Subjektive Annahmen, die der Bewertung zugrunde liegen, müssen von der bewertenden

---

183 Vgl. Bebchuk und Kahan (1989), S. 28.

184 So z.B. in den Entscheidungen Smith v. van Gorkum, 488 A.2d, 858 (Del. Supreme Court 1985) sowie Cottler v. Storer Communication, 849 F.2d 570, 578 (11th Cir. 1988).

185 Weinberger v. UOP, Inc., 457 A.2d 701, 710 (Del. 1983). Die Kritikpunkte zielen auf ähnliche Mängel ab, die auch in Deutschland bei Mischverfahren (Stuttgarter Verfahren) konstatiert wurden.

186 Weinberger v. UOP, Inc., 457 A.2d 701, 712 (Del. 1983).

187 Siehe auch Kapitel 2.3.

188 Weinberger v. UOP, Inc., 457 A.2d 701, 713 (Del. 1983).

Investment Bank nicht veröffentlicht werden.[189] Zudem wird meistens kein genauer Wert oder ein exaktes Umtauschverhältnis ermittelt, sondern nur eine angemessene Wertbandbreite.[190] Auch im Hinblick auf die Beurteilung des „fair dealing" gibt es keine allgemeinen Vorschriften. Die Investment Bank verfügt insgesamt also über einen großen Spielraum bei der Bewertung einer Transaktion, da Inhalt, Aufbau und methodische Vorgehensweise einer Fairness Opinion nicht reguliert sind, sondern durch das bestimmt werden, was praxisüblich ist.[191]

Der vorhandene Spielraum des Sachverständigen kann in der Praxis auch zu Bewertungsergebnissen führen, die nachher von der Realität widerlegt werden. So wurden z.B. im Rahmen von öffentlichen Übernahmekämpfen auch gelegentlich solche Gebote für fair befunden, die kurze Zeit später wesentlich überboten wurden. Ein (englisches) Beispiel ist die Übernahme der Einzelhandelskette William Low im Jahr 1994, bei der sich Tesco und Sainsbury ein Übernahmegefecht geliefert haben. Das von Barings Brothers als „fair" bewertete Ursprungsgebot von £ 154 Mio. wurde mit £ 247,4 Mio. am Ende um 60% übertroffen.[192] Dieses Ergebnis beweist aber nur, daß der Grenzpreis des höchsten Bieters am Ende weit über dem ermittelten fairen Wert lag.

5.3.4 Beitrag von Gutachten zur Lösung des Informationsproblems

5.3.4.1 Beurteilung im Kontext der verschiedenen Gutachtenfunktionen

Im Rahmen der Beratungsfunktion erstellte Gutachten können das Informationsproblem des Käufers verringern, wenn der Gutachter aufgrund geringerer Mißbrauchsgefahr vom Verkäufer einen tieferen Einblick erhält als der Kaufinteressent selbst oder wenn er aus anderen Quellen über Informationen über das Unternehmen verfügt, etwa aufgrund anderweitiger Prüfungs- und Beratungstätigkeit. Der Verkäufer kann den Gutachter allerdings genauso täuschen wie den Käufer. Hilfreich kann ein in der Beratungsfunktion erstelltes Gutachten auch für den Verkäufer sein, insbesondere wenn dieser nicht selbst mit der Geschäftsführung befaßt ist. Gerade für einen zersplitterten Aktionärskreis von Publikumsgesellschaften können Gutachten bei Übernahmeangeboten oder Fusionen einen hohen Wert haben, sofern die Unabhängigkeit und Professionalität des Gutachters gewährleistet sind. Unabhängig vom Informationszugang kann es sich sowohl für einen Käufer als auch für einen Verkäufer lohnen, ein Beratungsgutachten einzuholen, wenn er selbst nicht genug von Unternehmensbewertungen versteht, um korrekt den eigenen Grenzpreis zu ermitteln.

Als Schiedsbewertung kann ein WP-Gutachten bzw. eine Fairness Opinion nur dann einen Beitrag zur Überbrückung des Informationsproblems leisten, wenn die Auswahl des Gutachters einvernehmlich zwischen den Vertragsparteien erfolgt ist. Ansonsten wird die an der Auswahl nicht beteiligte Partei Zweifel an der Objektivität des Gutachters hegen und dem Ergebnis des Gutachtens bei der endgültigen Entscheidung nicht folgen wollen. Wenn beide Parteien verschiedene Gutachter beauftragen, werden diese regelmäßig unterschiedli-

[189] Vgl. kritisch dazu Oesterle und Norberg (1988), S. 252ff.
[190] Vgl. Nick (1999), S. 7.
[191] Vgl. Achleitner (1999), S. 207.
[192] Vgl. Sudarsanam (1995), S. 105ff.

che Werte ermitteln. Die einzelnen Gutachten weisen dann nur einen parteiischen Wert aus.[193] Die andere Seite wird ein im Rahmen von Verhandlungen erhaltenes Gutachten als Argumentationsgutachten ansehen, das auf verzerrten Informationen basiert.[194] Bei einer (einvernehmlichen) Bestimmung des Gutachters ist außerdem zu beachten, daß dieser grundsätzlich demselben Informationsproblem ausgesetzt ist wie ein externer Käufer. Um in seinem Gutachten zu einem fairen Schiedspreis zu gelangen, muß der Gutachter nicht nur Zugang zu allen bewertungsrelevanten Unternehmensinformationen haben. Zudem muß er auch noch von beiden Parteien über subjektive Bewertungsparameter aufgeklärt werden, die den jeweiligen Grenzpreis beeinflussen, oder er muß sich diese Faktoren selbst erschließen können.

Argumentationsgutachten können möglicherweise zögernde Kleinaktionäre überzeugen, einer wirtschaftlich sinnvollen Transaktion zuzustimmen. Problematisch erscheinen Argumentationsgutachten aber, wenn der Gutachter einem Interessenkonflikt ausgesetzt ist, wie im folgenden Abschnitt auch noch näher untersucht wird. Neutrale Gutachten können aus Sicht der Kontrahenten nützlich sein, um eine Ausgangsbasis für weitere Überlegungen und Verhandlungen zu bilden. Allerdings können sie keiner der beiden Parteien die Bestimmung des jeweiligen eigenen Grenzpreises ersparen, der letztlich darüber entscheidet, ob es zu einer Transaktion kommt oder nicht.

5.3.4.2 Interessenkonflikte bei der Erstellung von Gutachten

Die Gutachter können einem Interessenkonflikt ausgesetzt sein. Für die Erstellung des Gutachtens werden häufig solche bestellt, die den bzw. einen der Auftraggeber bereits an andere Stelle beraten oder sich für die Zukunft Folgeaufträge erhoffen. Aufgrund langjähriger geschäftlicher Beziehungen zum Auftraggeber wird stets ein Anreiz bestehen, dessen Interessen besonders zu berücksichtigen.

Gerade für die meisten Investment Banken ist das Honorarvolumen für eine Fairness Opinion im Vergleich zu den Gebühren für anderer Dienstleistungen eher gering.[195] Für die beratende Investment Bank besteht ein Anreiz zur Abgabe von parteiischen Gutachten, wenn sie selbst im Rahmen derselben Transaktion noch andere Beratungsaufgaben hat und ihr Erfolgshonorar eventuell sogar von der Realisierung der Transaktion abhängt. Auch wenn dies nicht der Fall ist, kann sie sich an anderer Stelle Folgeaufträge vom Auftraggeber erhoffen.[196] Darüber hinaus entfaltet eine einzelne Fairness Opinion – wie jedes andere Gutachten auch - eine Signalwirkung für andere potentielle Kunden. Eine Investment Bank, die in einer Transaktion eine negative Fairness Opinion abgibt, hat geringere Chancen, bei vergleichbaren Transaktionen von anderen Unternehmen beauftragt zu werden. In der selben Wettbewerbssituation befinden sich aber auch Wirtschaftsprüfer, die z.B. ein Verschmelzungsgutachten erstellen.

[193] Vgl. Wagenhofer (1988a), S. 342.
[194] Vgl. Wagenhofer (1988b), S. 548.
[195] Vgl. Bebchuk und Kahan (1989), S. 38.
[196] Vgl. Bebchuk und Kahan (1989), S. 41.

Besondere Brisanz erfährt der mögliche Interessenkonflikt bei Management Buy-outs, weil das Management als Auftraggeber ein besonders großes Interesse an einem niedrigen Kaufpreis hat.[197] Das Problem kann sich dadurch verschärfen, das die einer Sachverständigenbewertung zugrunde liegenden Informationen ebenfalls vom Management bereitgestellt werden.

Einen Anreiz für die Erstellung eines objektiven Gutachtens gibt das Interesse des Gutachters an der Aufrechterhaltung seines guten Rufs.[198] Als parteiisch gebrandmarkte Gutachten würden diesen guten Ruf gefährden und in erheblichem Maße die Geschäftschancen an andere Stelle beeinträchtigen. Die Ausnutzung vorhandener legitimer Bewertungsspielräume ist davon allerdings nicht betroffen. Unabhängig vom Bewertungsauftrag ist die Qualifikation des Gutachters entscheidend für die Qualität des Gutachtens.[199] Die von ihm angewandte Bewertungsmethodik muß von dem bzw. den Adressaten des Gutachtens anerkannt sein. Seine Bemühungen, mit seinem jeweiligen Instrumentarium zu einem möglichst korrekten Bewertungsergebnis zu gelangen, wird durch sein berufliches Interesse am Aufbau und Erhalt einer Reputation gefördert, die Voraussetzung für zukünftige Aufträge ist. Eine mögliche Haftungsregelung gibt dem Auftraggeber zusätzliche Sicherheit.

5.3.4.3 Wirtschaftsprüfer-Gutachten und Fairness Opinions im Vergleich

Wirtschaftsprüfergutachten nach IDW und Fairness Opinions lassen Unterschiede erkennen, sowohl hinsichtlich ihrer Anwendungsbereiche als auch hinsichtlich der bei ihrer Erstellung verwandten Bewertungsmethoden. Während das IDW klar definiert, in welchem Zusammenhang Bewertungsgutachten erstellt werden, ist eine vergleichbare Systematisierung für Fairness Opinions unbekannt. Der Zweck der Fairness Opinion ergibt sich aus ihrer Verwendung in der Praxis. Dennoch ist erkennbar, daß Fairness Opinions wie Wirtschaftsprüfer-Gutachten sowohl zu Beratungszwecken als auch als Schiedsgutachten eingeholt werden können. Eine Verwendung der Fairness Opinion als neutrales Gutachten ist nicht erkennbar, zumal der in neutralen Gutachten laut IDW ausschließlich zu bestimmende objektivierte Unternehmenswert international als Begriff unbekannt ist. Dafür ist ersichtlich, daß Fairness Opinions zu Argumentationszwecken verwendet werden können, wenn das Management in der Rolle eines Käufers die außenstehenden Aktionäre als Verkäufer von den Vorteilen eines MBO überzeugen möchte. In dieser speziellen Funktion ist ein unmittelbarer Bezug der Fairness Opinion zur Agency-Problematik besonders klar erkennbar. Da in den USA der Anteil großer Publikumsgesellschaften und öffentlicher Übernahmeangebote traditionell groß ist, kommt der Wahrnehmung von Aktionärsinteressen durch das Board of Directors eine große Bedeutung zu.

Ein weiterer wesentlicher Unterschied zwischen den beiden Typen von Gutachten ist der Regulierungsgrad. Während der Wirtschaftsprüfer bei seiner Gutachtenerstellung an klare Richtlinien gebunden ist, verfügt die Investment Bank über eine sehr große Freiheit. Bei Investment Banken fehlen branchenweite feste Regeln für die Bewertung und Gutachtener-

[197] Vgl. Oesterle und Norberg (1988), S. 212.
[198] Vgl. im Hinblick auf Fairness Opinions Bebchuk und Kahan (1989), S. 43f.
[199] Vgl. Niehues (1993), S. 2242.

stellung. In der daraus resultierenden Flexibilität können Vor- und Nachteile liegen. Aufgrund fehlender einheitlich definierter Standards in bezug auf den Aufbau und die methodische Vorgehensweise können einerseits Transparenz und Vergleichbarkeit des Bewertungsergebnisses für den Adressaten beeinträchtigt werden. Aufgrund der strikten methodischen Orientierung an aktuellen professionellen Marktsstandards ist die Fairness Opinion aber andererseits wirklichkeitsnäher. Dadurch verfügt der Bewerter u.a. über die Möglichkeit, neue Erkenntnisse der Bewertungstheorie unmittelbar in die Praxis umzusetzen. Zudem kann er aufgrund der größeren Methodenvielfalt unter Umständen auch solche Unternehmen aussagekräftig bewerten, bei denen die Ertragswertmethode, etwa aufgrund noch langfristig negativer Erträge, zu keinem überzeugenden Ergebnis gelangt. Da die Fairness Opinion auch das Fair Dealing betrachtet, gibt ihre Betrachtung ein vollständigeres Bild von einer geplanten Transaktion.

Allgemein erfreuen sich die Bewertungsmethoden der Fairness Opinion einer größeren internationalen Akzeptanz. Die Fairness Opinion ist insoweit vorteilhaft, als sie über eine größere Flexibilität bei der Bewertung verfügt, sich an der aktuellen Kapitalmarktsituation orientiert und dabei insbesondere strategische Prämien berücksichtigen kann. Darüber hinaus geht die Fairness Opinion nicht nur auf den Unternehmenswert, sondern auch auf die Fairness der sonstigen Bedingungen und Handlungsweisen der Beteiligten ein.

5.3.4.4 Folgerungen

Einem Bewertungsgutachten kann im M&A-Prozeß, in Abhängigkeit vom Kenntnisstand der Beteiligten, eine wichtige Rolle zukommen. Die Einbeziehung sachverständiger Gutachter, wobei es sich sowohl um Wirtschaftsprüfer als auch um Investment Banken handeln kann, kann in spezifischen Konstellationen das Informationsrisiko eines Kontrahenten verringern helfen. Darüber hinaus können sich die handelnden Personen durch die Einholung von Gutachten unter Umständen juristisch absichern, wenn sie als Agenten die Interessen anderer Parteien - wie z.B. Kleinaktionäre – (mit)vertreten. Wirtschaftsprüfer-Gutachten sind in Deutschland bereits umfassend rechtlich verankert. Es ist zu erwarten, daß zudem in Zukunft auch Fairness Opinions häufiger eingeholt werden. Insbesondere bei grenzüberschreitenden Fusionen und Übernahmen kann damit dem Anspruch vieler institutioneller Investoren nach einer kapitalmarktorientierter Beurteilung der Transaktionen entsprochen werden.

Im Rahmen der Bestimmung des Grenzpreises eines unvollständig informierten Käufers eignen sich Fairness Opinions und Wirtschaftsprüfer-Gutachten vorrangig als ergänzende Maßnahme. Sie sind in der Regel nicht geeignet, eine Due Diligence vollständig zu ersetzen, weil der Adressat durch ein Gutachten allein kein vollständiges Bild vom Unternehmen bekommt. Wenn eine umfassende Due Diligence des Käufers aus Geheimhaltungsgründen nicht in Frage kommt, kann ein glaubwürdiges Bewertungsgutachten aber unter Umständen sein Informationsrisiko etwas verringern. Dafür muß er aber den Gutachter selbst auswählen können. Für einen Verkäufer können sich, wenn ein Teil der Käufer-Due Diligence durch die Beauftragung eines Gutachters ersetzt wird, die Signalisierungskosten etwas verringern, weil für ihn das Risiko des Informationsmißbrauchs sinkt.

6. Kapitel: Vertragsgestaltung

6.1 Funktionen der Vertragsgestaltung

6.1.1 Vertrag und Information

Im Unternehmenskaufvertrag können die Kontrahenten allgemein alle wesentlichen Aspekte des Unternehmensverkaufs gemäß des Grundsatzes der Vertragsfreiheit nach ihren eigenen Vorstellungen regeln.[1] Bereits im dritten Kapitel wurde auf die Möglichkeiten und Grenzen der Vertragsgestaltung im Kontext des rechtlichen Rahmens eingegangen. Der Kaufvertrag ermöglicht es den Parteien, an den eigenen Bedürfnissen ausgerichtete, effiziente Rahmenbedingungen für den Unternehmensverkauf zu schaffen. Die Chancen und Risiken der Transaktion werden so für beide Seiten besser kalkulierbar. Je präziser die Kontrahenten die Umstände kennen, die für ihre jeweilige Entscheidung relevant sind, desto genauer können sie alle mit der Durchführung des Vertrags verbundenen Risiken - wie etwa Mängel, Verzug oder Unmöglichkeit - erfassen sowie den Umfang der im Konfliktfall resultierenden Leistungen, z.B. eine nachträgliche Kaufpreisminderung, festlegen. Dadurch sinkt die Gefahr für die jeweils schlechter über das Unternehmen informierte Partei, beim späteren Eintritt eines unerwarteten Ereignisses einen wirtschaftlichen Schaden zu erleiden. Der Abschluß eines vollständigen Vertrages, der für alle möglichen Eventualitäten die Folgen abschließend regelt, ist allerdings beim Unternehmensverkauf in der Realität kaum möglich, weil das Unternehmen als Kaufgegenstand zu komplex ist.

In den im dritten Kapitel untersuchten Ländern kann die im jeweiligen rechtlichen Rahmen vorgesehene Risikozuweisung beim Unternehmensverkauf zu ineffizienten Ergebnissen führen. Daher besteht ein Anreiz für die Vertragsparteien, entsprechend ihren Möglichkeiten das vertragliche Haftungsregime besonders sorgfältig auszuarbeiten.[2] Ein gemeinsamer Nutzenzuwachs der Kontrahenten kann z.B. mit Hilfe einer vertraglichen Zuweisung eines Risikos jeweils an die Partei erreicht werden, die es mit geringerem Aufwand vermeiden, versichern oder anderweitig beherrschen kann.[3] Auch die Verjährungsfristen bei Gewährleistungsansprüchen können von den Vertragsparteien nach Effizienzerwägungen verabredet werden. Die Regelungstiefe eines Unternehmenskaufvertrages findet allerdings eine natürliche Grenze, weil mit der Vertragsgestaltung auch Kosten (für Rechtsberatung etc.) verbunden sind. Das Idealmaß an vertraglicher Regelungsintensität hängt von der Höhe dieser Kosten sowie vom Ausmaß der Informationsasymmetrie, der Reputation der Vertragspartner und der Effizienz der Rechtsordnung ab. Der Kaufvertrag kann dabei nicht nur, wie mit der Gewährleistung des Verkäufers bezweckt, den Käufer vor Überraschungen schützen. Auch der uninformierte Verkäufer kann (etwa beim MBO) durch geeignete Vertragsklauseln verhindern, daß er aufgrund unzureichender Kenntnis des Unternehmens einen wirtschaftlichen Nachteil erleidet.

[1] Vgl. Abschnitt 3.1.2.2.1 sowie speziell zum Unternehmensverkauf die Erläuterungen zu einzelnen wichtigen Vertragsbestandteilen und einem Mustervertrag bei Beisel und Klumpp (1996) S. 297ff.
[2] Vgl. speziell zu Haftungsklauseln beim Unternehmenskauf auch Roschmann (1998), S. 1941ff.
[3] Vgl. Schäfer und Ott (1995), S. 325.

In diesem Kapitel soll darüber hinaus untersucht werden, ob der Kaufvertrag neben den betrachteten Funktionen zur Risiko- und Kostenminimierung noch einen weiteren positiven Beitrag im M&A-Prozeß leisten kann. In der Literatur wurde bereits gelegentlich auf den zusätzlichen Nutzen vertraglich vereinbarter Handlungsflexibilitäten verwiesen.[4] Die Kontrahenten schaffen aktiv einen zusätzlichen Einigungsspielraum, indem sie selbst im Vertrag Optionen kreieren, die zumindest für eine Partei einen eigenen Wert haben. Die Wirkungsweise derartiger Vereinbarungen steht in engem Zusammenhang mit den in Kapitel 2 behandelten Realoptionen. Es handelt sich um vertragliche Klauseln, die als sogenannte Transaktionsoption für eine der beiden Seiten werterhöhend wirken können und dadurch den Einigungsbereich vergrößern oder überhaupt erst schaffen.[5] Diese Transaktionsoptionen werden aber in der Realoptionsliteratur kaum beachtet. Die meisten Arbeiten, die sich mit Realoptionen im Zusammenhang mit Unternehmensbewertungen befassen, behandeln bereits vorhandene Realoptionen im Zielunternehmen. Im Kern geht es darum, den zusätzlichen Wert einer Handlungsflexibilität im Unternehmen zu erfassen, die von klassischen Bewertungsmethoden ignoriert werden.[6] Diese Flexibilität kann allerdings in der Regel unabhängig vom Eigentümer genutzt werden. Ihre Berücksichtigung in der Bewertung erhöht folglich den Grenzpreis beider Kontrahenten und führt zu einer Verschiebung des Einigungsbereichs. Die an dieser Stelle untersuchten Transaktionsoptionen werden überhaupt erst mit dem beabsichtigten Unternehmensverkauf zur Entstehung gebracht. Entsprechend wird die Hypothese aufgestellt, daß der Kaufvertrag insgesamt drei wichtige, mit der Informationsverteilung verbundene Funktionen erfüllt:

- Zum einen erfolgt im Unternehmenskaufvertrag eine schriftliche *Zusammenfassung der vereinbarten Bedingungen*, nach denen der von beiden Parteien gewünschte Unternehmensverkauf stattfinden soll, einschließlich der Sanktionsmaßnahmen, falls eine Partei die getroffene Vereinbarung verletzt
- Zum anderen ermöglicht der Vertrag den Kontrahenten, bereits zum Zeitpunkt des Vertragsschlusses *Vorkehrungen für zukünftige Ereignisse* zu treffen, deren Eintreten für eine oder sogar für beide Parteien nicht vorhersehbar ist
- Des weiteren können bestimmte Vertragsklauseln den Parteien *Handlungsflexibilitäten* eröffnen, die einen eigenen Wert darstellen und sich dadurch positiv auf den Einigungsbereich der Parteien und damit auf das Zustandekommen von M&A-Transaktionen auswirken

Alle drei Funktionen sind eng verknüpft mit der unvollständigen Information eines oder beider Kontrahenten zum Zeitpunkt des Vertragsschlusses. Hauptgegenstand des sechsten Kapitels ist die dritte Funktion. Die Kontrahenten können den Kaufvertrag aktiv als Gestaltungsinstrument nutzen, um zusätzliche Flexibilität zu schaffen. Im so definierten Sinne können derartige Vertragsklauseln als Realoptionen verstanden werden.

---

[4] So bereits prinzipiell beschrieben bei Delcker (1992) und Fischer (1993).

[5] Vgl. Delcker (1992), S. 2453 sowie Fischer (1993), S. 109ff.

[6] Siehe zu Realoptionen die Darstellung in Kapitel 2.3.2.6.

Daraus ergeben sich drei wichtige Fragen, die in diesem Kapitel beantwortet werden sollen:

1. Welche Transaktionsoptionen gibt es beim Unternehmensverkauf?
2. Wie können Transaktionsoptionen bei der Vertragsgestaltung von den Kontrahenten genutzt werden, um die Wahrscheinlichkeit des Zustandekommens wirtschaftlich sinnvoller von M&A-Transaktionen zu erhöhen?
3. Inwieweit werden Transaktionsoptionen in der M&A-Praxis bereits eingesetzt?

6.1.2 Weiteres Vorgehen

Die Möglichkeiten, die zur Vergrößerung des Einigungsbereichs beim Unternehmensverkauf mit vertraglichen Optionen verbunden sind, werden nachfolgend anhand eines breiteren Spektrums unterschiedlicher Vertragsklauseln dargestellt. Vor- und Nachteile der einzelnen Optionen bei der praktischen Anwendung werden kritisch beleuchtet. Transaktionsoptionen können mit unterschiedlichen Methoden bewertet werden. Eine Transaktionsoption, die vertragliche Aufstockungsoption, wird in diesem Kapitel exemplarisch anhand eines praktischen Zahlenbeispiels bewertet, das auf einem Binomialansatz basiert. Grundsätzlich ist auch eine Bewertung auf Basis des Black/Scholes-Modells möglich.[7] Die Vor- und Nachteile dieses alternativen Bewertungsansatzes für vertragliche Optionen werden daher ebenfalls kurz dargestellt.

Am Ende dieses Kapitels soll am Beispiel von MBO-Privatisierungen der Treuhandanstalt empirisch untersucht werden, wie die Vertragsgestaltung in der Praxis eingesetzt werden kann, um - bei einem für beide Kontrahenten unbefriedigenden Informationsstand - einen von beiden Parteien angestrebten Unternehmensverkauf herbeizuführen, wenn die Instrumente der Due Diligence und des Bewertungsgutachtens nicht zur Verfügung stehen.

[7] Vgl. Rausch (1999).

6.2 Wirkungsweise einzelner Vertragsklauseln

6.2.1 Earn-out Regelungen

6.2.1.1 Begriff des Earn-out

Anstelle eines festen Kaufpreises können die Kontrahenten einen variablen Kaufpreis vereinbaren.[8] Eine Flexibilisierung des Kaufpreises wird als Earn-out bezeichnet. Ziel eines Earn-outs ist es, die endgültige Kaufpreisbestimmung für das Unternehmen von dessen künftiger wirtschaftlicher Entwicklung abhängig zu machen.[9] Der Kaufpreis kann nachträglich grundsätzlich sowohl erhöht als auch vermindert werden. In der Praxis ist es üblich, eine niedrige erste Zahlung zu vereinbaren und dann gegebenenfalls nachträglich eine oder mehrere weitere Zahlungen vorzunehmen.[10] Eine Erhöhung des Kaufpreises kann durch das Eintreten bestimmter Ereignisse ausgelöst werden, wie z.B. der Erteilung eines wichtigen Patentes oder einer Genehmigung an das Unternehmen. Möglich ist auch, daß an das Erreichen unternehmerischer Erfolgsgrößen angeknüpft werden soll. Der für eine mögliche Zahlungsverpflichtung maßgebliche Zeitraum wird als Earn-out Periode bezeichnet. Er wird in der Regel zwei bis drei Jahre, in Ausnahmefällen auch länger dauern. Nachzahlungen können einmalig am Ende dieser Periode, aber auch mehrfach während der Laufzeit anfallen. Der Käufer kann dadurch sein Informationsrisiko reduzieren, weil die aus seiner Sicht zum Kaufzeitpunkt noch unsicheren optimistischen Informationsgrundlagen und Planungsannahmen des Unternehmens erst mit Ihrem Eintreten kaufpreiswirksam werden.[11] Der Käufer wird auf diese Weise von seinem Qualitätsrisiko entlastet. Earn-out Regelungen können so konstruiert werden, daß sofort alle Anteile übertragen werden (Besserungsschein) oder daß die Anteile in mehreren Schritten übertragen werden, zeitgleich mit den Zahlungen des Käufers.

6.2.1.2 Besserungsschein

6.2.1.2.1 Funktionsweise

Eine gängige Form des Earn-outs ist der Besserungsschein (auch Besserungsoption). Ein Besserungsschein wird in Verbindung mit dem sofortigen Verkauf aller Anteile vereinbart. Grundsätzlich kann eine Besserungsoption jeder der beiden Vertragsparteien eingeräumt werden: „Eine Besserungsoption gibt Käufer und Verkäufer das Recht, aber nicht die Pflicht, eine nachträgliche Korrektur des Kaufpreises zu verlangen, wenn die Unternehmensentwicklung sich außerhalb einer gewissen Bandbreite bewegt."[12] In den meisten Fällen wird der Besserungsschein dem Verkäufer gegeben, im Gegenzug für die Akzeptanz eines niedrigeren (anfänglichen) Kaufpreises. Die Besserungsoption kann nach oben und unten durch eine Cap bzw. Floor begrenzt werden.[13]

Ein Besserungsschein kann helfen, informationsbedingtes Marktversagen zu verhindern. Er kann eingesetzt werden, wenn der Käufer aufgrund geringen Vertrauens in die ihm übermittelten Unternehmensdaten einen niedrigeren Grenzpreis errechnet als der Verkäufer,

---

[8] Vgl. Hötzel (1993), S. 248ff.
[9] Vgl. Rock (2001), S. 51.
[10] Vgl. Baums (1993), S. 1273.
[11] Vgl. Ernst und Thümmel (2000), S. 671.
[12] Delcker (1992), S. 2453.
[13] Vgl. Delcker (1992), S. 2453.

obwohl bei vollständiger Information ein Transfer des Unternehmens sinnvoll wäre. „Eine Besserungsoption ist ein taugliches Mittel, das Scheitern von Kauf-/ Verkaufsverhandlungen über ein Unternehmen wegen unterschiedlicher Zukunftserwartungen zu vermeiden“[14] Ein gut informierter Verkäufer kann die Realitätsnähe einer Ertragsplanung besser beurteilen als der uninformierte Käufer. Er kann, wenn er auf seine Planung vertraut, einen zunächst niedrigeren Kaufpreis in der Erwartung einer späteren Nachzahlung in Kauf nehmen. Die Summe aus der sofortigen Zahlung und dem diskontierten Erwartungswert einer Nachzahlung – aus Verkäuferperspektive - kann aber über dem Grenzpreis des Verkäufers liegen, so daß ein Einigungsbereich geschaffen wird. Da der Besserungsschein nur dann zu einer Nachzahlung führt, wenn die positiven Prognosen für das Unternehmen auch eintreten, geht der Käufer kein Risiko ein. Er muß lediglich einen flexibel bestimmbaren Teil am zusätzlichen Ertrag abgegeben.

Der Zusammenhang des Besserungsscheins mit dem Optionspreisansatz ist erkennbar, wenn man sich den Besserungsschein als Option des vorstellt, die ihm die Teilhabe an späteren Wertsteigerungen des Unternehmens ermöglicht. Die Prämie für diese Option liegt in dem Verzicht auf einen höheren Preis zum Zeitpunkt des Unternehmensverkaufs. Ihre Höhe ergibt sich aus der Differenz des tatsächlichen (niedrigeren) sofort gezahlten Kaufpreises mit einem fiktiven Preis, der ohne Besserungsschein fällig gewesen wäre. Auf ein Bewertungsbeispiel wird an dieser Stelle verzichtet, da die Evaluierung der Besserungsoption analog zu der Bewertung der in Abschnitt 6.2.1.3 ausführlich dargestellten Aufstockungsoption erfolgt. Die Häufigkeit der Verwendung von Besserungsscheinen in M&A-Transaktionen ist aufgrund der Vertraulichkeit der meisten Deals schwer zu ermitteln. Es gibt allerdings prominente Beispiele wie die Privatisierungen der Tank & Rast AG (1998) und der Bundesdruckerei (2000) an von Apax Partners beratene Beteiligungsfonds.

6.2.1.2.2 Manipulationsmöglichkeit

Wenn der Verkäufer sämtliche seiner Anteile verkauft, gibt er allerdings jeglichen Einfluß auf die Unternehmensführung auf. Er ist deshalb einem Moral hazard Problem ausgesetzt, weil der Käufer nach dem Kauf das Ergebnis manipulieren[15] oder es auch einfach an der notwendigen Anstrengung für den Erfolg im fraglichen Zeitraum fehlen lassen kann. Sofern eine spätere Zahlung an den Eintritt extern verursachter Ereignisse wie einer Patenterteilung gebunden ist, ist der Manipulationsspielraum für den Käufer sehr gering. Wenn die Besserungsoption an Ertragskennzahlen gekoppelt ist, müssen die Parteien eine vertragliche Vereinbarung treffen, die einer möglichen Ergebnismanipulation entgegenwirkt.[16] Zu diesem Zweck werden wichtige Grundlagen der Berechnung einer etwaigen zukünftigen Zahlung bereits im Kaufvertrag geregelt. Üblicherweise wird der Berechnung der EBIT oder EBITDA des Unternehmens zugrunde gelegt, wobei der EBITDA weniger anfällig für Manipulationen ist. Abgestellt wird entweder auf das Ergebnis zum Stichtag oder auch auf seine Steigerung zum Referenzjahr. Es kann sowohl ein einzelnes künftiges Geschäftsjahr als auch ein Durchschnitt mehrerer Geschäftsjahre herangezogen werden. Die Schritte zur Ermittlung dieses Ergebnisses sind klar vertraglich zu definieren, wobei auch die Vor-

[14] Vgl. Delcker (1992), S. 2454.
[15] Vgl. Baums (1993), S. 1274 sowie Ernst und Thümmel (2000), S. 671.
[16] Vgl. Delcker (1992), S. 2453f.

schriften zur Erstellung des zugrunde liegenden Jahresabschlusses festzulegen sind.[17] Zudem sollten vertraglich Vereinbarungen zu Auskunfts- und Einsichtsrechten sowie Regelungen zur Behandlung außerordentlicher Aufwendungen und Erträge getroffen werden.[18] Die Gefahr von Meinungsverschiedenheiten können durch eine vertragliche Bestimmung des Wirtschaftsprüfers sowie eines etwaigen Schiedsgutachters nach § 317 BGB reduziert werden.[19] Bei eigentümergeführten Unternehmen besteht zudem die Möglichkeit, daß der Verkäufer das Unternehmen während der Earn-out Periode weiter leitet.[20] In diesem Fall ist zwar der Käufer einem Manipulationsrisiko ausgesetzt, doch verfügt er aufgrund seiner Eigentümerstellung über bessere Kontrollmöglichkeiten. Oft wird aber eine der Vertragsparteien eine fortgesetzte Tätigkeit des Verkäufers nicht wünschen.

Das Problem mangelnder Anstrengung wiegt gegenüber der Manipulation weniger schwer, weil der Käufer in den meisten Fällen selbst auf den Unternehmenserfolg angewiesen ist und den Kauf gleich unterlassen würde, wenn er nicht bereit wäre, einen hohen Einsatz für den Erfolg zu leisten. Sollte er es dennoch aus irrationalen Gründen an notwendiger Anstrengung vermissen lassen, sind die Schutzmöglichkeiten für den Verkäufer allerdings begrenzt.

6.2.1.3 Mehrstufiger Unternehmensverkauf

6.2.1.3.1 Funktionsweise

Eine andere Earn-out Variante ist der mehrstufige Unternehmensverkauf. Beim mehrstufigen Unternehmensverkauf ist der direkte Bezug zum Optionspreisansatz deutlicher und unmittelbarer ersichtlich.[21] Anstelle eines unmittelbaren Erwerbs sämtlicher Anteile kann der Käufer nur einen Teil, bspw. 50% + eine Aktie, sofort erwerben und sich auf die Restanteile eine Option einräumen lassen. Er trägt dadurch bis zur Optionsausübung nur für die sofort erworbenen Anteile das wirtschaftliche Risiko. Anders als beim Besserungsschein, der eine automatische Anpassung an veränderte Rahmenbedingungen vornimmt, liegt beim mehrstufigen Unternehmensverkauf für den Inhaber des Optionsrechts (Käufer) eine echte Handlungsmöglichkeit vor.[22]

Das Recht des Käufers auf Erwerb der Restanteile kann als Ausweitungs- bzw. Aufstokkungsoption (Call) verstanden werden.[23] Die Flexibilität, die der Käufer durch die Option erhält, wirkt sich wertsteigernd aus. Er kann dadurch pro Anteil einen höheren Kaufpreis bezahlen. Der Wert einer solchen Option auf die verbleibenden Anteile kann direkt mit den in Kapitel 2 dargestellten Optionspreismethoden errechnet werden. Zeitpunkt und Preis der erst künftig erworbenen Anteile werden im Kaufvertrag festgelegt, der Preis für die sofort veräußerten Anteile entspricht dem aktuellen Wert des Underlying. Der risikolose Zins wird täglich am Markt ermittelt, die für eine Bewertung nach Black und Scholes außerdem noch benötigte Volatilität ist bei Aktien börsennotierter Gesellschaften bekannt und muß

---

[17] Vgl. Rock (2001), S. 53.
[18] Vgl. Günther (1997), Anm. 62
[19] Vgl. Rock (2001), S. 53.
[20] Vgl. Baums (1993), S. 1275f.
[21] Eine umfassende Darstellung finden sich bei Rausch (1999), S. 138ff.
[22] Vgl. Ernst und Thümmel (2000), S. 671.
[23] Siehe Abschnitt 2.3.2.6.2.1.

für andere Anteile gegebenenfalls geschätzt werden. Die Bindungswirkung der Option stellt gleichzeitig für den Verkäufer einen Nachteil dar.[24] Problematisch für den Verkäufer kann es insbesondere sein, wenn der Käufer seine Aufstockungsoption nicht ausübt. Er bleibt dann gegebenenfalls dauerhaft ein Minderheitsaktionär ohne Einfluß. Wie gravierend dieses Problem ist, hängt unter anderem davon ab, ob der Erwerb des Minderheitsanteils auch für einen Dritten interessant wäre. Wenn der Verkäufer gut über das Unternehmen informiert, kann der Nachteil zudem gering bewertet werden, wenn es gelingt, eine Ausübung für den Käufer unabhängig vom tatsächlichen Ergebnis attraktiv zu gestalten. Zur Absicherung des Verkäufers kann zudem eine zusätzliche Put-Option vereinbart werden, die ihm die Möglichkeit gibt, ggfs. zu einem anderen Ausübungspreis, in jedem Fall zu einem vollständigen Exit zu gelangen.

Eine Schwierigkeit des mehrstufigen Erwerbs liegt im Umgang mit Dividenden, da deren Auszahlung in der Zukunft zu niedrigeren EBITDAs und damit zu einem niedrigeren Kaufpreis führt. Der Käufer hätte so einen Anreiz, durch hohe Dividenden zu einem niedrigeren Kaufpreis für die Restanteile zu kommen. Die einfachste Möglichkeit, dieses Problem zu lösen, ist eine vertragliche Vereinbarung, daß alle Gewinne thesauriert werden.

Der Optionscharakter des mehrstufigen Unternehmenserwerbs kann sowohl auf Basis des Black/Scholes-Modells als auch anhand des Binomialansatzes verdeutlicht werden.

6.2.1.3.2 Das Modell von Rausch

Rausch hat in einem geschlossenen Modell den mehrstufigen Unternehmenskauf analysiert und auf Basis des Black/Scholes Modells gezeigt, wie sich eine Aufstockungsoption als Transaktionsoption positiv auf den Grenzpreis des Käufers auswirken kann.[25] Die Aufstockungsoption wird dabei in Analogie zu einer Finanzoption bewertet, wobei folgende Parameter identifiziert werden:

Tabelle 8: Analogie Finanz- und Aufstockungsoption

Finanzoption	Aufstockungsoption
Wert der Aktie heute	Unternehmenswert der noch nicht zu erwerbenden Anteile
Ausübungspreis	Preis für zukünftig zu erwerbende Anteile
Laufzeit	Zeitraum, innerhalb dessen die Aufstockung erfolgen kann
Standardabweichung	Standardabweichung des Wertes der noch zu erwerbenden Anteile
Risikoloser Zins	Risikoloser Zins
Dividenden	Entgangene Brutto-Cash-flows (aus Ausschüttungen, Wettbewerbsverluste, Rendite des underlying Assets unter der Gleichgewichtsrendite)

Quelle: Rausch (1999), S. 139

Aus der Addition des „statischen“ Unternehmenswertes und des Wertes der Aufstockungsoption ergibt sich für den Kaufinteressenten ein erhöhter, „modifizierter“ Unternehmens-

[24] Vgl. auch Kaligin (1995), S. 28ff.
[25] Vgl. Rausch (1999), S. 138ff.

wert.[26] Anhand eines Zahlenbeispiels läßt sich zeigen, daß sich die Volatilität, der risikolose Zins und der Ausübungszeitpunkt wie bei der Finanzoption auf den Wert der Aufstockungsoption auswirken.[27] Der Ausübungspreis muß nicht ex ante feststehen, damit der Wert der Aufstockungsoption berechnet werden kann.[28]

Es ist allerdings zu beachten, daß für die Bewertung der Aufstockungsoption mit dem Black/Scholes-Modell einige sehr restriktive Annahmen getroffen werden müssen. Vorausgesetzt werden insbesondere die Existenz eines risikolosen Zinssatzes, die Börsennotierung des Zielunternehmens und eine perfekte positive Korrelation von Aktie und Unternehmenswert.[29] Die Handelbarkeit der nicht im ersten Schritt erworbenen Anteile auf einem effizienten Markt ist unrealistisch, weil dann fraglich ist, wer das fragliche Recht, d.h. den Call auf die Restanteile, überhaupt eingeräumt haben soll.[30] In der Realität könnte es sich hier allenfalls um kleinere Minderheiten handeln – im neuen deutschen Übernahmerecht bis zu maximal 5% der Aktien[31] - die ein Mehrheitsaktionär einseitig per Squeeze–out erwerben kann. Eine prozentual derart niedrige Aufstockungsoption fällt aber bei einer Gesamtbewertung kaum ins Gewicht. Besonders kritisch ist auch die unterstellte perfekt positive Korrelation von Aktienpreis und Unternehmenswert. Auch wenn eine positive Korrelation zumeist vorliegen dürfte, gibt es doch erhebliche kurzfristige Verzerrungen am Aktienmarkt.[32] Rausch folgert daher zutreffend: „Eine theoretisch richtige Bewertung kann nur unter der Annahme von realtitätsfremden Faktoren durchgeführt werden. Will man eine praxisorientierte Bewertung der Realoption erreichen, so müssen Abstriche hinsichtlich der Bewertungsgenauigkeit hingenommen werden.“[33]

6.2.1.3.3 Praktisches Beispiel

Das folgende Beispiel eines Binomialmodells soll die Wirkungsweise einer Realoption für den Käufer (K) beim mehrstufigen Unternehmenserwerb am Beispiel einer Aufstockungsoption zeigen. K hat die Möglichkeit, durch die Akquisition eines Unternehmen in einem neuen Markt einzutreten, wobei er das Unternehmen sofort zu 100% erwerben kann. Alternativ kann er 50% (+ eine Aktie) sofort kaufen und erhält zudem eine Option, die verbleibenden 50% (- eine Aktie) in einem Jahr zu erwerben. Der verlangte Kaufpreis für das Unternehmen beträgt insgesamt € 120 Mio. Es soll dabei zunächst ein einheitlicher Kaufpreis von € 60 Mio. - hinsichtlich des Unterschiedes von 2 Aktien jeweils geringfügig gerundet - für beide Pakete angenommen werden, unabhängig vom Zeitpunkt des Erwerbs der Tranchen.

Aus heutiger Sicht hat das gesamte Unternehmen für K einen Kapitalwert von nur € 100 Mio. Der Wert des sofortigen kompletten Unternehmenserwerbs in t_0 beträgt folglich

€ 100 Mio. - € 120 Mio. = - € 20 Mio.,

[26] Vgl. Rausch (1999), S. 151
[27] Vgl. Rausch (1999), S. 157ff.
[28] Vgl. Rausch (1999), S. 154.
[29] Vgl. Rausch (1999), S. 142.
[30] Vgl. Rausch (1999), S. 176.
[31] Vgl. §§ 327a ff. AktG.
[32] Vgl. Rausch (1999), S. 177.
[33] Rausch (1999), S. 179.

weshalb es unvorteilhaft für K wäre, 100% der Anteile am Unternehmen sofort zu kaufen.

Nach Ablauf eines Jahrs ergibt sich aber für K ein anderer Unternehmenswert, weil sich bestimmte Unsicherheiten bezüglich der künftigen Unternehmensenwicklung klären werden, wobei sich der Wert des Unternehmens im Beispiel der Einfachheit halber verdoppeln oder halbieren kann.

Ein anderes Bild als bei einem sofortigen Kompletterwerb ergibt sich deshalb, wenn K stattdessen die alternative Variante verfolgt und zunächst nur 50% und eine Aktie sowie die Option erwirbt. In diesem Fall resultiert zwar für die erste Tranche ebenfalls ein negativer Wert von

0,5*(- € 20 Mio.) = - € 10 Mio

Um den Gesamtwert der Handlungsalternative zu errechnen, ist aber noch der Wert der Option auf die aussstehenden Anteile hinzuzurechnen, wobei der risikolose Zins, zu dem unbegrenzt Kapital aufgenommen oder angelegt werden kann, 5% betragen soll. Eine Dividende wird nicht gezahlt.

Zusammenfassung der Daten für die Aufstockungsoption:

Kapitalwert der Anteile	S = € 50 Mio.
Kosten des Erwerbs	X = € 60 Mio.
Laufzeit	t = 1
Risikoloser Zins	$r_f = 0{,}05$
Faktor up	u = 2
Faktor down	d = 0,5

Aus den angegebenen Daten lassen sich die Pseudowahrscheinlichkeiten errechnen (die Werte sind gerundet):

$$p = \frac{1 + r_f - d}{u - d} = \frac{1 + 0{,}05 - 0{,}5}{2 - 0{,}5} = 36{,}67\%$$

Entsprechend ergibt sich (1-p) = 63,33%

Wert der strategischen Realoption:

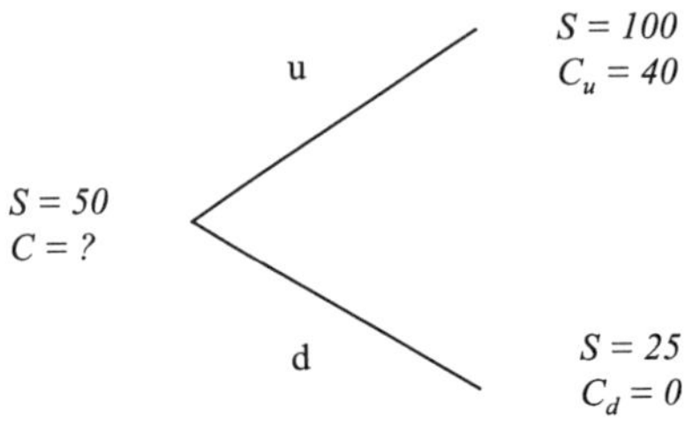

Der Wert der Investitionsmöglichkeit für den Käufer ist höher, wenn er warten darf und erst in Periode t_1 seine Entscheidung hinsichtlich des zweiten Paketes trifft. Im Falle einer negativen Entwicklung des Unternehmenswertes (Wertverfall auf 25) würde K in t_1 auf die Ausübung der Option verzichten. Im Falle einer positiven Entwicklung (Wertanstieg auf 100) würde er seine Option ausüben. Als Wert der Option in t_0 ergibt sich also:

$C = [(p*C_u + (1-p)*C_d] / (1+r) = (36{,}67\% * 40 + 63{,}33\%*0)/1{,}05 = 14{,}66$ (in Mio. €)

Folglich ist es für K vorteilhaft, das erste Paket und die Option zu erwerben, da ihm abzüglich des negativen Wertes der ersten Tranche

€ 14,66 Mio. – € 10 Mio. = € 4,66 Mio.

verbleiben. In dem gewählten Beispiel wurde allerdings unterstellt, daß sich der Kaufpreis für das Unternehmen nicht verändert, so daß dem Käufer bereits durch das Warten ein Barwertvorteil in Höhe des risikolosen Zinses von 5% auf das zweite Paket entsteht. Würde aber statt dessen ein Anstieg des Kaufpreises um 5% in t_1 unterstellt, ergäbe sich in t_1 für

$C_u = S - X*1{,}05 = 100-63 = 37$

Entsprechend ergäbe sich jetzt folgender Wert für die Aufstockungssoption:

$C = [(p*C_u + (1-p)*C_d] / (1+r) = (36{,}67\% * 37 + 63{,}33\%*0)/1{,}05 = 12{,}92$

Auch bei Unterstellung eines Kaufpreisanstieges um 5% wäre es für K also vorteilhaft, 50% und eine Aktie am Unternehmen in Verbindung mit einer (Aufstockungs-)Option hinsichtlich der verbleibenden Anteile zu erwerben, weil der addierte Wert

€ 12,92 Mio. – € 10 Mio. = € 2,92 Mio. > 0

beträgt.

6.2.1.3.4 Interpretation

Anders als beim Besserungsschein ist der Optionscharakter des mehrstufigen Unternehmenserwerbs unmittelbar erkennbar, weil ein Kaufrecht auf einen physischen Gegenstand besteht. Anstelle eines sofortigen Verkaufs aller Anteile einigen sich die Kontrahenten auf die Kombination eines sofortigen Teilverkaufs in Verbindung mit einer Option auf die restlichen Anteile. Im Beispiel wird eine Call-Option vereinbart, so daß die Flexibilität beim Käufer liegt. Diese Call-Option hat einen festen Ausübungspreis.

Durch diese Konstruktion wird die Differenz zwischen den unterschiedlichen Grenzpreisen der Kontrahenten überbrückt. Der unvollständig informierte Käufer sichert sich durch den sofortigen Mehrheitserwerb die Kontrolle über das Unternehmen zu einem Preis, der inklusive des Optionswertes in bezug auf die Restanteile unter seinem Grenzpreis liegt. Er bewahrt sich die Handlungsflexibilität, bei einer negativen Unternehmensentwicklung auf den verlustreichen Kauf der verbleibenden Anteile zu verzichten. Sein Verlust bleibt in diesem Fall auf die Wertminderung des Mehrheitsanteils begrenzt.

Allerdings unterstellt das Beispiel, daß der Wert der Option für den Verkäufer gleich Null ist. Da es sich aus Sicht des Verkäufers um eine Short-Position handelt, wird sich aber sein Grenzpreis in der Realität durch Einräumung der Option erhöhen. Der Einigungsbereich verändert sich folglich nur dann, wenn die Option für den Käufer mehr Wert ist als für den Verkäufer.

6.2.2 Gewährleistungen und Garantien des Verkäufers

6.2.2.1 Allgemeine Gewährleistungs- und Garantieklauseln

Gewährleistungen sind eine Versicherung des Käufers durch den Verkäufer.[34] Ein rationaler Käufer wird für eine Gewährleistung des Verkäufers einen Kaufpreisaufschlag bis maximal zur Höhe des Erwartungswertes des Qualitätsrisikos akzeptieren. In einem gepoolten Markt kann das Angebot einer Gewährleistung zudem als Qualitätssignal interpretiert werden.[35] In diesem Fall ist eine Garantie also, ebenso wie die in Kapitel 5 auf Grundlage des Spence Modells untersuchte Due Diligence, ein Signal des Verkäufers, daß seine Angaben zum Unternehmen glaubwürdig sind. Beim Unternehmenskauf muß sich der Gewährleistungsumfang am Informationsstand des Verkäufers orientieren: „Umfangreiche Gewährleistungen des Verkäufers sind dann gerechtfertigt, wenn der Verkäufer einen nennenswerten Veräußerungsgewinn erzielt und das Risiko eines Fehlers besser beherrschen kann als der Käufer, z.B. weil er das Unternehmen über Jahre hinweg in Besitz gehabt hat und damit die rechtlichen und wirtschaftlichen Verhältnisse kennt.“[36]

Allerdings stellen Garantien ein Risiko für den Verkäufer dar, weil er nach dem Verkauf keinen Einfluß mehr auf das Unternehmen hat. Der Käufer kann dadurch einen Anreiz zu strategischem Verhalten haben.[37] Sofern sich Garantien auf den Zustand des Unternehmens zum Verkaufszeitpunkt beziehen (z.B. Gültigkeit wichtiger Patente, Vorhandensein von

[34] Vgl. dazu Priest (1981), S. 1297ff.
[35] Vgl. auch Grossman (1981), S. 461ff.
[36] Vgl. Wächter, Kaiser und Krause (1992), S. 301.
[37] Vgl. Baums (1993), S. 1273.

Aufträgen) oder auf konkrete Ereignisse, die bereits absehbar sind (Erteilung einer wichtigen Genehmigung) ist das Manipulationsrisiko gering. Falls die Garantie aber an Umsatz – oder Ertragsziele für die Zukunft anknüpft, hat der Käufer einen Anreiz zu Manipulationen. Die Situation unterscheidet sich dabei vom Earn-out, weil bei diesem der Käufer von der Erreichung des vertraglich vereinbarten Ertragsziels selbst anteilig profitiert.[38]

6.2.2.2 Altlastenregelung

Altlastenklauseln stellen eine besondere Form der Gewährleistung dar. Der Verkäufer übernimmt das Risiko für etwaige Umweltbelastungen, die vom Käufer zum Kaufzeitpunkt nicht erkannt werden. Die Beseitigung derartiger Altlasten kann oft sehr hohe Kosten verursachen, weshalb für den uninformierten Käufers ein von ihm voll zu tragendes Umweltrisiko oft ein unüberwindliches Hindernis im Entscheidungsprozeß darstellt.

6.2.3 Put-Option für den Käufer

Eine weitere Möglichkeit, Optionen zur Vergrößerung des Einigungsbereiches einzusetzen, liegt darin, dem Käufer eine Put-Option einzuräumen. Er erwirbt also zunächst das Unternehmen, bekommt aber gleichzeitig das Recht eingeräumt, es dem Verkäufer zu einem bestimmten Zeitpunkt oder während eines Zeitraums in der Zukunft wieder zu verkaufen. Eine solche Put-Option soll dem Schutz des Käufers dienen, da dieser mit seiner Option eine Rückabwicklungsmöglichkeit hat, wenn seine Erwartungen nicht erfüllt werden. Theoretisch kann sich eine Put-Option werterhöhend auswirken. Analog zur Aufstockungsoption wäre der Wert der Put-Option zum statischen Wert des Unternehmens zu addieren [39] Ein in der Öffentlichkeit viel beachtetes Beispiel war der Einstieg des Medienunternehmers Murdoch bei der KirchPay TV (Premiere-Gruppe). Murdoch hat vom Verkäufer, der Kirchgruppe, beim Kauf seiner Beteiligung einen Put auf den von ihm erworbenen 22%-Anteil zum Basispreis Kaufpreis plus Zinsen erhalten.[40]

Die Put-Option kann sowohl an das Eintreten oder Nicht-Eintreten eines bestimmten Ereignisses als auch an das Verfehlen der vereinbarten Ertragszahlen geknüpft werden. Der erste Fall ist beispielsweise denkbar, wenn die Verwendbarkeit des Unternehmens für den Käufer nur gegeben ist, wenn ein bestimmtes Patent genehmigt wird. Der zweite Fall kann zur Absicherung einer optimistischen Ertragsplanung gewählt werden. Der Ausübungspreis für den Put sollte festgelegt werden, da eine Verknüpfung mit den unbefriedigenden Ertragszahlen definitionsgemäß wenig sinnvoll wäre.

Im Falle eines Mehrheitsverkaufs setzt die Put-Option allerdings den Verkäufer einem erheblichen Risiko aus, dessen Akzeptanz in den meisten Fällen nicht effizient ist. Wenn es der Käufer nach dem Erwerb an Anstrengung oder Sorgfalt mangeln läßt, trägt er möglicherweise das (Verhaltens-) Risiko. Er muß unter Umständen ein Unternehmen zurücknehmen, dessen Fortentwicklung er nach dem Verkauf nicht mehr beeinflussen konnte. Er hat auch keine Möglichkeit mehr, über geeignete Kontrollmechanismen Einfluß zu nehmen. Aufgrund genau dieser Schwierigkeiten hat auch die deutsche Rechtsprechung zur Verkäuferhaftung beim Unternehmensverkauf die Rückabwicklung (Wandlung) zugunsten von

[38] Vgl. Baums (1993), S. 1273f.
[39] Vgl. Rausch (1999), S. 163ff.
[40] Vgl. o.V. (2002), S. 37.

Minderung bzw. Schadenersatzzahlungen zurückgedrängt.[41] Je länger der Kaufzeitpunkt und das Verfalldatum der Put-Option zeitlich auseinanderfallen, desto größer ist das Risiko für den Verkäufer. Für den Käufer besteht bei der Put-Option möglicherweise das Risiko, daß der Verkäufer zum Ausübungszeitpunkt nicht mehr solvent ist, wie das oben geschilderte Beispiel der Kirchgruppe belegt.

6.2.4 Besondere Klauseln in Privatisierungsverträgen der Treuhandanstalt

Im Rahmen der Privatisierungstätigkeit der Treuhandanstalt (THA) wurde innerhalb eines begrenzten Zeitraums eine historisch einzigartig hohe Zahl von Unternehmen verkauft [42] Der Verkaufsprozeß und die verwendeten Kaufverträge unterlagen dabei gewissen Standards. Insbesondere wurde, aufgrund des meistens geringen Informationsstandes beider Parteien über das jeweilige Unternehmen, regelmäßig eine Reihe von vertraglichen Klauseln eingesetzt, die gewährleisten sollten, daß der Wert des verkauften Unternehmens und die vom Käufer erbrachten pekuniären und nicht pekuniären Gegenleistungen in einem angemessen Verhältnis standen. Andere Instrumente wie die Due Diligence oder die Fairness Opinion waren kurz nach der Wiedervereinigung in Deutschland noch wenig bekannt und spielten bei den THA-Unternehmensverkäufen nur eine untergeordnete Rolle. Aufgrund des großen Zeitdrucks und der nicht in hinreichender Zahl zur Verfügung stehenden Sachverständigen konnten sie ohnehin nicht flächendeckend eingesetzt werden. Zu den wichtigsten Vertragsklauseln zählten Nachbewertungsklauseln, Mehrerlös- und Rückstellungsabführungen sowie Arbeitsplatz- und Investitionsgarantien. Eine Mißachtung von Vereinbarungen durch den Käufer konnte unter Umständen mit sogenannten Pönalien (Strafzahlungen an den Verkäufer) belegt werden. Nicht in jedem Fall sind solche Pönalien allerdings wirtschaftlich sinnvoll gewesen. Wenn etwa vom Käufer Investitions- oder Arbeitsplatzgarantien aus wirtschaftlichen Gründen nicht eingehalten werden konnten, konnte sich die Situation durch Pönalien noch weiter verschlechtern und schlimmstenfalls zum Konkurs führen.

6.2.4.1 Nachbewertungsklausel

Nachbewertungsklauseln betreffen den Wert einzelner zum Unternehmen gehörender Aktiva, wobei es sich fast immer um Immobilien handelt. Diese Klauseln wurden bei Privatisierungen der Treuhandanstalt vereinbart, weil eine objektive Bewertung der zum Unternehmen gehörenden Immobilien zum Privatisierungszeitpunkt vielfach unmöglich war.[43] Nachbewertungsklauseln können grundsätzlich auch außerhalb des Privatisierungsbereichs eingesetzt werden, sind aber erstmals im Rahmen der THA-Privatisierungen regelmäßig verwendet worden: „Nachbewertungsklauseln haben genau genommen sachlich nichts mit dem besonderen Charakter der THA als Privatisierungsbehörde zu tun. Ihre ausschließliche Funktion liegt in der Sicherung von Äquivalenz der Leistung und Gegenleistung unter der Bedingung unzureichender Information, die es den Parteien erschwert, den Wert des Kaufobjektes endgültig festzulegen.“[44] Aus Sicht der Treuhandanstalt sollten Nachbewertungsklauseln immer dort eingesetzt werden, wo vermutet wurde, daß der Verkehrswert in

[41] Siehe dazu die Ausführungen in Kapitel 3.
[42] Vgl. Freese (1995).
[43] Vgl. Holzapfel und Pöllath (1994), S. 412.
[44] Wächter, Kaiser und Krause (1992), S. 295.

der Eröffnungsbilanz zu niedrig angesetzt wurde.[45] In zahlreichen konkreten Verkaufssituationen galten der aktuelle Verkehrswert ebenso wie der zu erwartende Wert der Immobilien aufgrund des allgemeinen wirtschaftlichen Umbruchs als unbestimmbar.

THA-Privatisierungsverträge enthielten regelmäßig Klauseln, die eine Nachbewertung der Immobilien zu einem vertraglich vereinbarten Zeitpunkt auf Basis eines Sachverständigengutachtens vorsahen.[46] In einigen Verträgen wurden aber lediglich die Parameter festgelegt, nach denen eine etwaige Nachbewertung vorzunehmen wäre.[47] Die Nachbewertungsklausel stellt aus Sicht des Verkäufers eine Call-Option auf den gesamten oder einen anteiligen (Buch-)Mehrwert der betreffenden Immobilien zu einem vereinbarten künftigen Zeitpunkt dar. Die Nachbewertungsklausel ähnelt der Besserungsoption, mit der Besonderheit, daß sie auf den Wert eines oder mehrerer bestimmter Aktiva zielt. Die Klausel dient allerdings dem Schutz des Verkäufers, der über den wahren Wert der Assets schlechter informiert ist als der Käufer, aber zum Verkaufszeitpunkt keinen höheren Preis für das Unternehmen durchsetzen kann.

6.2.4.2 Mehrerlösabführung

Auch Mehrerlösabführungsklauseln beziehen sich auf die im Zusammenhang mit dem Unternehmenskauf erworbenen Immobilien. Der bei einem Weiterverkauf der Immobilie(n) erzielte Mehrerlös, ist ganz oder teilweise an den Verkäufer abzuführen.[48] Vergleichsmaßstab ist der im Vertrag dem Unternehmenskaufpreis zugrunde gelegte Immobilienwert. Die Mehrerlösabführungsklausel soll verhindern, daß ein Käufer beim Unternehmenserwerb nur auf die Grundstücke abzielt, weil er von ihrem höheren Wert weiß und einen schnellen profitablen Weiterverkauf anstrebt.[49] Die Treuhandanstalt wollte so zum einen den zu billigen Verkauf des Unternehmens an einen besser informierten Käufer verhindern, zum anderen aber auch sogenanntes Asset stripping verhindern.[50] Das bedeutet, daß sich bei der praktischen Anwendung der Mehrerlösklausel ökonomische und normative Erwägungen gemischt haben.

Die Mehrerlösklausel hat für den Verkäufer den Charakter einer Call-Option auf den gesamten oder einen anteiligen Mehrwert der betreffenden Immobilien bei Weiterveräußerung. Ebenso wie die Nachbewertungsklausel ähnelt die Mehrerlösabführung der Besserungsoption. Sie knüpft dabei allerdings an einen tatsächlich realisierten Wertzuwachs an und nicht an eine gutachterlich festgestellte Wertdifferenz. Daher verfügt der Käufer über einen diskretionären Handlungsspielraum. Da er den Zeitpunkt einer Grundstücksveräußerung bestimmt, bestimmt er auch den Zeitpunkt einer etwaigen Nachzahlung. Sofern die Klausel zur Mehrerlösabführung zeitlich begrenzt ist, wie in Treuhandverträgen teilweise üblich, kann der Käufer so eine Nachzahlung unter Umständen gänzlich vermeiden. Selbst bei nicht zeitlich begrenzter Klausel entsteht beim Käufer zumindest ein Zinsvorteil. Eine lange Haltedauer verteuert und erschwert zudem die Kontrolle durch den Verkäufer. Zu

[45] Treuhandanstalt (1994), Bd. 2, S.343.
[46] Vgl. mit exemplarischer Vertragsklausel, Zeuner (1993), S. 1366f.
[47] Vgl. Kiethe (1994), S. 132f.
[48] Vgl. mit exemplarischer Vertragsklausel Zeuner (1993), S. 1366f.
[49] Vgl. Kiethe (1994), S. 148.
[50] Vgl. Kiethe (1994), S. 149.

beachten ist außerdem die rechtliche Problematik der Mehrerlösklauseln in THA-Verträgen, da diese Verträge zu Lasten Dritter (des gekauften Unternehmens) darstellen.[51]

6.2.4.3 Abführung nicht benötigter Rückstellungen

Für viele Risiken (Instandhaltung und -setzung, Rekultivierung, Sozialpläne), deren genaues Volumen schwierig abzuschätzen war, wurden in den Bilanzen der THA-Unternehmen Rückstellungen gebildet, die in Einzelfällen beträchtliche Summen bildeten. Diese Rückstellungen haben im Ergebnis zu erheblichen Reduktionen des Kaufpreises geführt.[52] Typische Vertragsklauseln sahen eine Abführung der innerhalb der nächsten 5 Jahre aufgelösten Rückstellungen innerhalb von sechs Monaten nach dem jeweiligen Bilanzstichtag vor. Die Treuhandanstalt hat Rückstellungsabführungsklauseln insbesondere dort eingesetzt, wo es ihr nicht möglich war, in den Rückstellungen enthaltenen Reserven kaufpreisrelevant zu machen.[53] Durch die Abführungsklausel sichert sich der Verkäufer eine Call-Option auf den überhöhten Rückstellungsbetrag.

6.2.4.4 Sonstige Klauseln

Auch bei THA-MBOs wurden Altlastenklauseln verwendet, obwohl die Treuhandanstalt keinen besseren Überblick über die Umweltrisiken einzelner Unternehmen hatte als die Manager.[54] Die Treuhandanstalt war im Rahmen ihrer Privatisierungsstrategie generell bemüht, Risiken aus Altlastenklauseln zu minimieren. [55] Andere häufig in Privatisierungsverträgen verwendete Klauseln, wie etwa Investitions- und Beschäftigungsverpflichtungen[56] dienten der Sicherung von treuhandspezifischen Zielen.[57] Optionseigenschaften haben diese Klauseln meistens nicht.

6.2.5 Zwischenergebnis

Die Betrachtung der verschiedenen Vertragsklauseln hat gezeigt, daß mit Hilfe einzelner vertraglicher Bestimmungen unter bestimmten Bedingungen das Problem der asymmetrischen Information beim Unternehmensverkauf gelöst werden kann. Sowohl mit einem vereinfachten praktischen Bewertungsansatz als auch durch ein Black/Scholes-Modell kann gezeigt werden, daß Vertragsklauseln als Transaktionsoptionen einen eigenen zusätzlichen Wert für die schlechter informierte Partei haben können und dadurch den Einigungsbereich vergrößern. Transaktionsoptionen können – etwa als Besserungsoption - insbesondere beim konventionellen Unternehmensverkauf zur Anwendung gelangen, sind aber grundsätzlich auch für jeden Unternehmensverkauf geeignet.

Eine Übertragung aller Informationen durch die besser informierte Partei auf die schlechter informierte Partei ist, anders als bei der Due Diligence, nicht erforderlich. Durch vertragliche Regelungen wird der Einigungsbereich zwischen den Kontrahenten vergrößert, weil die

[51] Vgl. zur Kritik Wagner (1993), S. 143.
[52] Vgl. Wächter, Kaiser und Krause (1992), S. 296f.
[53] Vgl. Treuhandanstalt (1994), Bd. 2, S. 345.
[54] Vgl. Wächter, Kaiser und Krause (1992), S. 338ff.
[55] Vgl. zur Einschätzung der Altlastenproblematik aus Sicht des Verkäufers Treuhandanstalt (1994), Bd. 14, S. 79.
[56] Vgl. etwa Kiethe (1994), S. 89ff.
[57] Vgl. Wächter, Kaiser und Krause (1992), S. 294ff.

schlechter informierte Partei nicht gezwungen wird, einen informationsbedingten Risikoabschlag auf ein sofort fälliges Kaufpreisgebot vorzunehmen. Folglich besteht kein Risiko, daß nach dem Scheitern von Verkaufsverhandlungen dem Verkäufer bzw. dem betroffenen Unternehmen ein wirtschaftlicher Schaden entsteht. Auch dürften die Transaktionkosten der Vertragsgestaltung geringer sein als diejenigen einer eingehenden Prüfung des Unternehmens.

Earn-out Methoden sind besonders gut geeignet, das Problem der Qualitätsunsicherheit zu entschärfen. Der Besserungsschein und der Unternehmensverkauf in mehreren Schritten führen dabei zu einem ähnlichen Ergebnis. Der schlechter informierte Käufer zahlt zunächst jeweils nur einen Preis, der auf Basis seines Informationsstandes und unter Berücksichtigung der mit dem Erwerb verbundenen Risiken für ihn gerechtfertigt ist. Eine nachträgliche Erhöhung des Kaufpreises, die an den Eintritt bestimmter vorab vertraglich definierter Ereignisse gebunden ist, wirkt sich für den Käufer nicht negativ aus. Die an den Verkäufer geleistete Nachzahlung ist nie höher als der zusätzlichen Wertzuwachs des Unternehmensanteils. Die Entscheidung, ob eine Besserungsoption oder eine Aufstockungsoption gewählt werden sollte, kann von den Parteien flexibel getroffen werden. Der wesentliche Unterschied liegt in dem Zeitpunkt, zu dem der Käufer über alle Anteile verfügen kann. Daraus folgen Unterschiede in bezug auf Kontrollmöglichkeiten und Dividendenansprüche des Verkäufers. Da die Höhe nachträglicher Zahlungen frei vereinbart werden kann, lassen sich beide Earn-out Methoden so strukturieren, daß sie zu identischen wirtschaftlichen Ergebnissen führen.

Auch Garantien können als Versicherung der schlechter informierten Partei zur Lösung des Informationsproblems beitragen. Im Unterschied zum Earn-out zahlt der Käufer aber zum Kaufzeipunkt einen höheren Preis. Er akzeptiert zunächst die aus seiner Sicht optimistische Darstellung des Verkäufers und nimmt keinen Risikoabschlag auf den Unternehmenswert vor. Erst wenn später seine Erwartungen nicht erfüllt werden, kann er sich den entsprechenden, zu viel gezahlten Kaufpreisanteil vom Verkäufer zurückholen. Eine Put-Option des Käufers auf die von ihm erworbenen Unternehmensanteile kann ebenfalls dessen Erwerbsrisiko mindern. Die praktische Anwendung dieser Option ist aber problematisch, weil sie den Verkäufer einem oft unverhältnismäßigen, für ihn nach seinem Exit nicht mehr steuerbaren Risiko aussetzt.

Die Vereinbarung von Transaktionsoptionen ist nicht ohne Risiken für die Kontrahenten. Alle Vertragsklauseln bergen, wenn die Option auf das Erreichen bestimmter Ertragsziele abgestellt ist, ein Manipulationsrisiko (Agency-Problem). Eine Manipulation kann am besten durch eine geeignete Anreizstruktur in Verbindung mit vertraglichen Kontrollrechten minimiert werden. Schwierigkeiten nach Vertragsschluß können sich außerdem ergeben, wenn eine Option bei Fälligkeit nicht ausgeübt wird. Der Verkäufer wird meistens kein Interesse haben, die ihm verbliebenen Minderheitsanteile zu behalten, wenn der Käufer seinen Call nicht ausübt. Ein dritter Interessent, der bereit ist zumindest den selben Preis zu bezahlen, ohne aber unternehmerische Kontrolle zu bekommen, ist meistens schwer zu finden. Aus diesem Grunde kann es sinnvoll sein, eine Call-Option mit einer Put-Option für den Verkäufer zu verbinden, die einen geringeren Basispreis hat. Für den Optionsinhaber einer Put-Option besteht das Risiko, daß die andere Partei zum Fälligkeitszeitpunkt die vertragliche Verpflichtung nicht mehr erfüllen kann.

Vertragsklauseln können grundsätzlich zum Schutze beider Parteien eingesetzt werden. Sie sind prinzipiell auch für den MBO geeignet, um einen schlechter informierten Verkäufer zu schützen. Ein Beispiel sind die Standardvertragsklauseln, welche die Treuhandanstalt bei ihren Privatisierungsverkäufen in den neuen Bundesländern verwendet hat.

6.3 Asymmetrische Information und Vertragsgestaltung in der empirischen Betrachtung

6.3.1 Treuhandanstalt-MBOs als Untersuchungsgegenstand

Privatisierungen der Treuhandanstalt weisen in bezug auf die Motive des Verkäufers einige Besonderheiten auf.[58] Neben der Realisierung eines hohen Kaufpreises wurden noch eine Reihe strukturpolitischer Ziele verfolgt, insbesondere ein maximaler Arbeitsplatzerhalt, der Erhalt der Wettbewerbsfähigkeit der Unternehmen und die Schaffung einer mittelständischen Wirtschaft.[59] Von der Treuhandanstalt wurde der MBO als besonders geeignetes Privatisierungsverfahren zur Realisierung dieser Ziele angesehen, das zeitweilig bei identischen Kaufangeboten bevorzugt wurde.[60] MBOs hatten an der Privatisierung der ostdeutschen Wirtschaft einen großen Anteil. Bis Mitte 1994 wurden 2.667 Treuhandprivatisierungen in Form von MBOs durchgeführt. Der Anteil an den bis dahin insgesamt in den neuen Bundesländern durchgeführten Privatisierungen betrug 18,7%.[61] Für den gesamten Privatisierungszeitraum wird die Anzahl der Treuhand-MBOs auf ungefähr 3.000 geschätzt.[62] Die durchgeführten MBO-Privatisierungen waren Gegenstand verschiedener wissenschaftlicher Untersuchungen. Im Mittelpunkt der Untersuchungen stand die wirtschaftliche Entwicklung der MBO-Unternehmen, Zukunftsperspektiven und der ggf. daraus abzuleitende wirtschaftspolitische Handlungsbedarf.[63] Auch Kaufpreisfindung, Finanzierung und Erfolgsursachen waren Gegenstand wissenschaftlicher Betrachtungen.[64]

Die nachfolgend dargestellte Untersuchung basieren auf einer empirischen Erhebung, die bei sächsischen MBO-Unternehmen durchgeführt wurden.[65] Sie hat neben den objektiven Vertragsbedingungen auch die Wahrnehmung und Einschätzung durch die betroffenen MBO-Unternehmer zum Gegenstand. Die Einschätzung aus damaliger (Privatisierungszeitpunkt) und heutiger (Befragungszeitpunkt) Sicht ermöglicht eine Analyse der im Zeitablauf eingetretenen Veränderungen. Der Beobachtungszeitraum umfaßt die gesamte Dauer der Privatisierung. Dadurch kann eine mögliche Veränderung der objektiven Privatisierungsbedingungen und deren subjektiver Einschätzung im Zeitablauf, etwa aufgrund einer unterschiedlichen Konjunktur und eventueller Erfahrungszuwächse der Beteiligten, analysiert werden. Die Analyse der Privatisierungsbedingungen und ihrer Einschätzung wurde auch für andere Einflußfaktoren durchgeführt: Unternehmensgrößen, Privatisierungsjahre, Zusammensetzung des Investorenkreises (ausschließlich unternehmensinterne Investoren vs. Unternehmensinterne und –externe).

---

[58] Eine ausführliche Darstellung der Privatisierungsstrategie der Treuhandanstalt gibt Freese (1995), S. 71ff.

[59] Vgl. Präambel TreuhG.

[60] Vgl. Wild (1993), S. 16, Wild und v. Glasenapp (1993), S. 105 sowie Treuhandanstalt (1994), Bd. 2, S. 362ff.

[61] Vgl. Kokalj (1994), S.1.

[62] Vgl. Barjak et al. (1996), S. 12.

[63] Die ausführlichste Untersuchung zu diesem Themenbereich ist die Studie des Instituts für Wirtschaftsforschung Halle, Barjak et al. (1996).

[64] Hervorzuheben sind die Untersuchungen von Beyer (1994), Kokalj (1994), Kokalj und Hüfner (1994), Coenenberg et al. (1995) sowie Schwien (1995).

[65] Schwetzler und Ragotzky (1998).

6.3.2 Allgemeine Ergebnisse

Auf Basis von Adressenlisten der sächsischen Industrie- und Handelskammern wurden telephonisch 338 sächsische MBO-Unternehmen ermittelt, denen ein Fragebogen zugesandt wurde. Davon wurden 32 Unternehmen aus der Stichprobe herausgenommen, weil sie sich in Liquidation befanden. Nach mehreren Nachfaßaktionen haben sich 49 Unternehmen an der Befragung beteiligt (Rücklaufquote 14,5%).

Die Unternehmen der Stichprobe sind überwiegend im verarbeitenden Gewerbe und im Dienstleistungssektor tätig. Sie verteilen sich im einzelnen auf die folgenden Wirtschaftszweige:

Tabelle 9: Wirtschaftszweige der MBO-Unternehmen

Wirtschaftszweig	**N**	**%**
Handwerk	6	12,5
Verarbeitendes Gewerbe	25	52,1
Bau	3	6,3
Dienstleistung	10	20,8
Großhandel	4	8,3
Einzelhandel	0	0
Sonstiges	0	0
Insgesamt	48	100

Die Unternehmen hatten nach Durchführung der Privatisierung folgende Gesellschafterstruktur:

Tabelle 10: Gesellschafterstruktur

Gesellschafter	**Anteil**
MBO-Manager	75,1
MBI-Manager	6,2
Mitarbeiter	9,5
Beteiligungsgesellschaft	1,0
Venture Capital Gesellschaft	0
Andere stille Gesellschafter	3,4
Branchenunternehmen	4,2
BvS	0
Sonstige	0,5

Bei der Frage nach den **Motiven** für den MBO dominierten defensive Gründe. Neben der Chance unternehmerisch tätig zu werden, standen die Sicherung der Arbeitsplätze (einschließlich) des eigenen und die Verhinderung einer Übernahme durch Dritte im Vordergrund. Pekuniäre Anreize wurden als weniger wichtig eingestuft. In anderen Studien zu ostdeutschen MBOs wurde ebenfalls eine Dominanz nicht pekuniärer Motive ermittelt.[66]

Die angewandten **Unternehmensbewertungsverfahren** spiegeln die allgemein Problematik der Bewertung von ehemaligen THA-Unternehmen im Privatisierungsprozeß wider. Aufgrund von erheblichen Prognoseproblemen im Transformationsprozeß wurden der Bewertung überwiegend substanzorientierte Bewertungsverfahren zugrunde gelegt. Der Substanzwert wurde in 69%, die Bilanz in 80% der Fälle herangezogen.

Tabelle 11: Wirtschaftliche Entwicklung

	1990	**1991**	**1992**	**1993**	**1994**	**1995**	**1996**
Mitarbeiterzahl	301,4	166,4	106,6	101,3	88,3	86,6	91,0
Umsatz/Mitarbeiter	46.460	70.560	109.410	124.280	142.510	156.230	174.040
JÜ/Mitarbeiter	-22.000	-35.210	-15.220	-38.150	-6.550	.3.890	-1.250
EK-Rendite	-487%	-274%	-119%	-75,6%	-12,4%	-7,7%	-2,2%

Bis zum Jahr 1995 hat in den untersuchten Unternehmen ein drastischer Personalabbau stattgefunden. Umsatz und Jahresüberschuß (JÜ) pro Mitarbeiter haben sich kontinuierlich verbessert. Dennoch blieb die Eigenkapitalrendite bis zum Ende des Betrachtungszeitraums negativ. Die befragten Unternehmen haben ihre Zufriedenheit mit der finanziellen Entwicklung auf einer Skala von 1 (sehr zufrieden) bis 5 (überhaupt nicht zufrieden) im Durchschnitt mit 3,07 angegeben.

6.3.3 Informationssituation sowie Vor- und Nachteile gegenüber kaufinteressierten Dritten

Die Manager der MBO Unternehmen wurden um die Einschätzung von Vor- und Nachteilen gegenüber Dritten gebeten. Dabei war sowohl nach der Einschätzung zum Privatisierungszeitpunkt als auch nach einer nachträglichen Bewertung gefragt. Vorher und nachher wurde die Kenntnis der Stärken und Schwächen des Unternehmens, neben der Motivation des Managements und der Mitarbeiter, als besonders wichtiger Vorteil eingestuft.

[66] Vgl. Friedrich (1992), S. 150f und Kokalj und Hüfner (1994), S. 71f.

Abbildung 11: Vor- und Nachteile gegenüber Dritten (I)

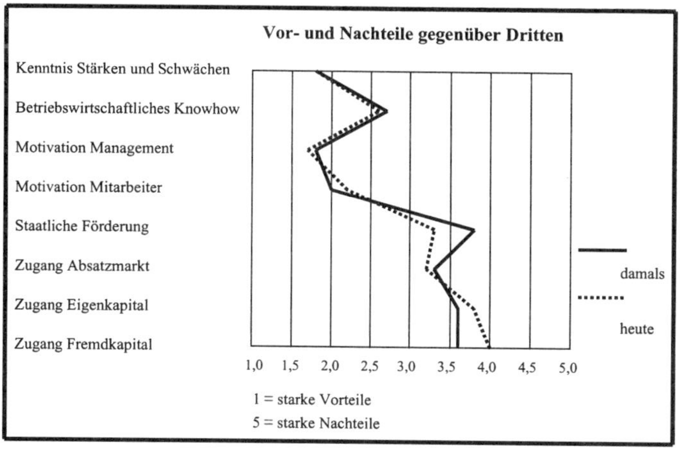

Quelle: Schwetzler und Ragotzky (1998), S. 7

Die MBO-Manager fühlten sich wesentlich besser über die Unternehmen informiert als die Treuhandanstalt als Verkäufer. Auf einer Skala von 1 (Käufer/Manager war wesentlich besser informiert) bis 5 (Verkäufer/THA war wesentlich besser informiert) gaben die Unternehmer im Durchschnitt 2,07 an. Anders war allerdings das subjektive Empfinden der Stärke der Verhandlungsposition. Hier wurde bei einer Skala von 1 (Käufer in wesentlich besserer Position) bis 5 (Verkäufer in wesentlich besserer Position) im Durchschnitt der Wert 3,84 genannt. Eine mögliche Erklärung ist die von vielen Managern empfundene Zwangslage[67], da Fremdübernahme, Zerschlagung und Konkurs drohten.

6.3.4 Vertragsgestaltung

Bei den objektiven allgemeinen Privatisierungsbedingungen ergab sich folgendes Bild:

Kaufpreis insgesamt :	**TDM 1.185**
Garantierte Arbeitsplätze:	**78,3**
Investitionszusagen:	**TDM 2.290**
Übernommene Altschulden:	**TDM 843**

Arbeitsplatzgarantien und Investitionszusagen wurden mit Pönalien belegt. In welchem Umfang sich diese Zusagen kaufpreismindernd ausgewirkt haben, ist allerdings schwer zu quantifizieren und wahrscheinlich nur einzelfallbezogen einschätzbar.[68] Die Vertragsklauseln wurden auf einer Skala von 1 (sehr fair) bis 5 (besonders unfair) im Durchschnitt als akzeptabel empfunden (3,08).

[67] Vgl. Friedrich (1992), S. 135f.
[68] Vgl. Kupfer (1992), S. 12.

Zusätzliche wurden im großen Umfang Vertragsklauseln eingesetzt, die geeignet sind, Problemen entgegenzuwirken, die aus einer asymmetrischen Informationsverteilung zwischen den Kontrahenten resultieren:

Tabelle 12: Klauseln in den Privatisierungsverträgen

Vertragsklauseln	Enthalten in Verträgen
Altlastenregelung	67,6%
Nachbewertung	62,2%
Abführung nicht benötigter Rückstellungen	48,6%
Abführung Mehrerlöse	35,1%

Offensichtlich wiesen die Privatisierungsverträge der einzelnen Unternehmen große Unterschiede hinsichtlich der verwandten Vertragsklauseln auf. Vertragsklauseln, die das Interesse des Verkäufers sichern, kamen in der Mehrzahl der Verträge zum Einsatz. Die THA konnte dadurch ihrem auch vom Käufer bestätigten insgesamt schlechteren Informationsstand Rechnung tragen. Nachbewertungs- und Abführungsklauseln haben einen Charakter als Besserungsoption. Die Klauseln wurden von den Käufern als einigermaßen fair eingestuft. Da die meisten Käufer zum Privatisierungszeitpunkt nur über geringe Eigenmittel verfügten, werden sie die Vertragsklauseln einer Verschärfung der objektiven Privatisierungsbedingungen, insbesondere des Kaufpreises, zum Privatisierungszeitpunkt vorgezogen haben.

6.3.5 Differenzierung nach dem erzielten Erfolg

Zur Untersuchung des Zusammenhanges zwischen Privatisierungsbedingungen, ihrer Einschätzung und dem erzielten Unternehmenserfolg wird nachfolgend eine Trennung der Stichprobe in weniger erfolgreiche (Klasse 1) und erfolgreiche Unternehmen (Klasse 2) vorgenommen. Als Kriterium für die Einteilung dient der Jahresüberschuß 1995, 12 Unternehmen der Erfolgsklasse 1 weisen 1995 negative, 16 Unternehmen der Erfolgsklasse 2 positive Jahresergebnisse auf.[69] Die Unterschiede zwischen den beiden Erfolgsklassen wurden mit Hilfe einer univariaten Varianzanalyse untersucht; getestet wurde jeweils die Hypothese der Gleichheit der Mittelwerte der beiden Klassen. Die wichtigsten Ergebnisse der Analyse waren:

- Externe Manager waren signifikant höher an weniger erfolgreichen Unternehmen beteiligt ($\alpha = 8{,}5\%$). Eine mögliche Erklärung ist, daß der (vermeintliche) Vorteil des zusätzlichen Management-Know-hows durch das größere Konfliktpotential zwischen unternehmensinternen und –externen, d.h. in der Regel westlichen, Managern überkompensiert wurde.[70]
- Bei den Motiven zum Unternehmenskauf war bei erfolgreichen Unternehmen der Faktor „aussichtsreiche Investition“ signifikant weniger wichtig als bei nicht erfolgreichen

[69] Die Differenz zur Gesamtgröße der Stichprobe ist auf fehlende Angaben zum Jahresüberschuß 1995 zurückzuführen. Für das Jahr 1995 lagen die meisten Angaben vor.

[70] Zur Bedeutung dieses Konfliktpotentials vgl. Kokalj und Hüfner (1994), S. 176f.

Unternehmen (α = 0,8%). Der Mittelwert lag in der Erfolgsklasse 1 bei 3,25 und in der Erfolgsklasse 2 bei 4,43, auf einer Skala von 1 (sehr bedeutend) bis 5 (überhaupt nicht bedeutend).

- Bei der Einschätzung der Vor- und Nachteile gegenüber Dritten im Privatisierungszeitpunkt für die beiden Erfolgsklassen ergab sich folgendes Bild:
  Erfolgreiche Unternehmen haben die Motivation ihrer Mitarbeiter zum Privatisierungszeitpunkt signifikant positiver (α = 4,1%) und die Probleme bei der Beschaffung von Eigen- und Fremdkapital deutlich größer eingeschätzt als weniger erfolgreichen Unternehmen (α = 9,1% bzw. α = 0,7%). Bei der Einschätzung der Kenntnis von Stärken und Schwächen weisen die beiden Gruppen keine signifikanten Unterschiede auf

Abbildung 12: Vor- und Nachteile gegenüber Dritten (II)

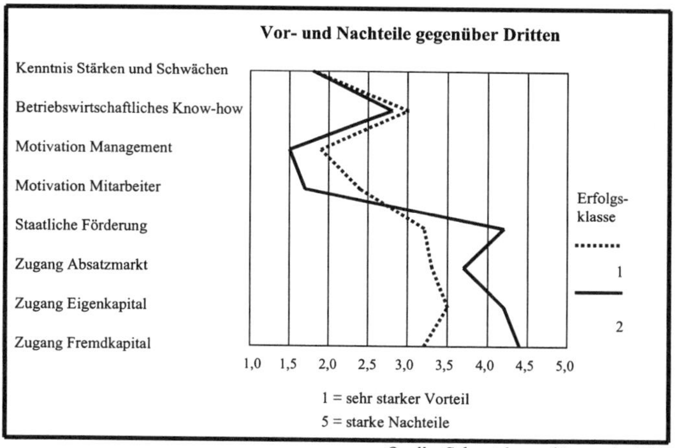

Quelle: Schwetzler und Ragotzky (1998), S. 10

- In bezug auf die Einschätzung der Verhandlungsposition und des Informationsstandes ergaben sich keine signifikanten Unterschiede zwischen erfolgreichen und weniger erfolgreichen Unternehmen.

- Zur besseren Vergleichbarkeit wurden der vereinbarte Kaufpreis und die übernommene Altschulden zu den Umsatzerlösen des Unternehmens im Privatisierungsjahr in Beziehung gesetzt. Die so relativierten Kaufpreise und Altschulden unterscheiden sich nicht für die beiden Erfolgsklassen. Auch die zusätzlichen Vertragsklauseln weisen keine signifikanten Unterschiede auf. Diese Ergebnisse weisen darauf hin, daß der geringere wirtschaftliche Erfolg der Unternehmen in Klasse 1 nicht auf härtere Privatisierungsbedingungen zurückgeführt werden kann.

- Die Veränderung der wahrgenommenen Vor- und Nachteile gegenüber Dritten im Zeitablauf zeigt die folgende Profildarstellung:

Abbildung 13: Veränderung Vor- und Nachteile gegenüber Dritten

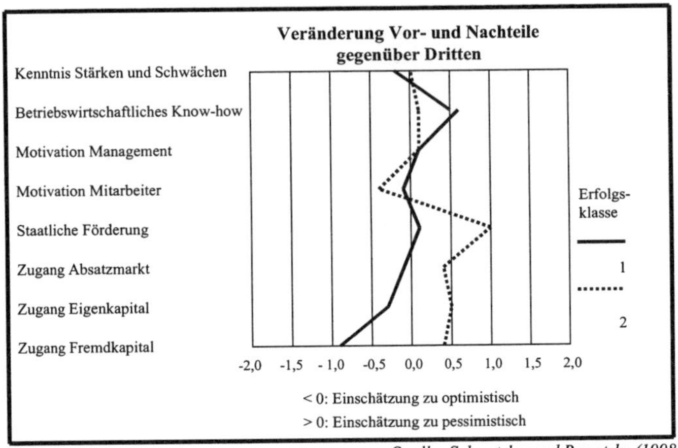

Quelle: Schwetzler und Ragotzky (1998), S. 11

Deutlich erkennbar ist die Differenz bei den Faktoren „Zugang zu Eigenkapital" und „Zugang zu Fremdkapital". Die weniger erfolgreichen Unternehmen der Klasse 1 haben die Probleme der Kapitalbeschaffung deutlich unterschätzt. Die Differenz zwischen der damaligen und der heutigen Einschätzung ist negativ. Die Unternehmen der Erfolgsklasse 2 hatten die Schwierigkeiten beim Zugang zu Eigen- und Fremdkapital sogar etwas überschätzt. Hier ist die Differenz zwischen der damaligen und der heutigen Wahrnehmung positiv. Der „Lernprozeß" der beiden Erfolgsklassen ist signifikant unterschiedlich ($\alpha = 3{,}4\%$ Eigenkapitalzugang sowie $\alpha = 1{,}4\%$ Fremdkapitalzugang)

- Für erfolgreiche Unternehmen wurde der Faktor einziger Interessent mit einem Durchschnittswert von 2,20 auf einer Skala von 1 bis 5 als signifikant wichtiger für den Zuschlag bei der Privatisierung eingestuft als für weniger erfolgreiche Unternehmen mit 3,36 ($\alpha = 3{,}8$). Darüber hinaus ergaben sich keine wesentlichen Unterschiede bei den Einflußfaktoren auf den Zuschlag.

6.3.6 Differenzierung nach der Unternehmensgröße

Die Stichprobe wurde nach dem Kriterium der Mitarbeiterzahl in zwei Größenklassen eingeteilt. Klasse 1 bezeichnet die „kleinen" Unternehmen mit weniger als 45 Mitarbeitern in 1995, Klasse 2 die „großen" Unternehmen mit mindestens 45 Mitarbeitern. Die beiden Klassen sind mit 21 Unternehmen gleich groß.[71]

[71] Die Differenz zur Gesamtgröße der Stichprobe erklärt sich durch die fehlenden Antworten auf die Frage nach der Mitarbeiterzahl.

Die Unterschiede zwischen den Klassen wurden wiederum mit Hilfe einer univariaten Varianzanalyse untersucht. Getestet wurde die Hypothese der Gleichheit der Mittelwerte der beiden Klassen. Die wichtigsten Ergebnisse waren:

- Die Verhandlungssituation zum Privatisierungszeitpunkt (Informationsstand, Verhandlungsposition und Fairness) wurde von großen und kleinen Unternehmen nicht unterschiedlich wahrgenommen. Auch die objektiven, größenrelativierten Privatisierungsbedingungen (relativer Kaufpreis, relative Höhe der Altschulden unterscheiden sich nicht. Die Hypothese einer Bevorzugung großer Unternehmen kann damit nicht gestützt werden.
- Weder bei den Einflußfaktoren auf die Kaufentscheidung noch bei der Einschätzung der Vor- und Nachteile gegenüber Dritten existieren signifikante Unterschiede zwischen großen und kleinen Unternehmen der Stichprobe.
- Bei kleinen Unternehmen ist der Kapitalanteil der Mitarbeiter signifikant größer (19,8% vs. 0,5%), der Anteil anderer Branchenunternehmen dagegen kleiner (0% vs. 9,9%) als bei großen Unternehmen ($\alpha = 0{,}7\%$ bzw. $\alpha = 9{,}5\%$)
- Das Gebot eines Konkurrenten und der Vergleichswert hatten bei der Preisfindung für größere Unternehmen eine höhere Bedeutung als bei kleinen Unternehmen. Der Mittelwert ist für die Größenklasse 1 4,33 bzw. 4,25, für die Größenklasse 2 3,11 bzw. 2,62 ($\alpha = 3{,}7\%$ bzw. $\alpha = 2{,}5\%$).

Kleinere Unternehmen haben in ihren Privatisierungsverträgen signifikant weniger bindende Klauseln, wie die folgende Profildarstellung zeigt:

Abbildung 14: Enthaltene Vertragsregelungen

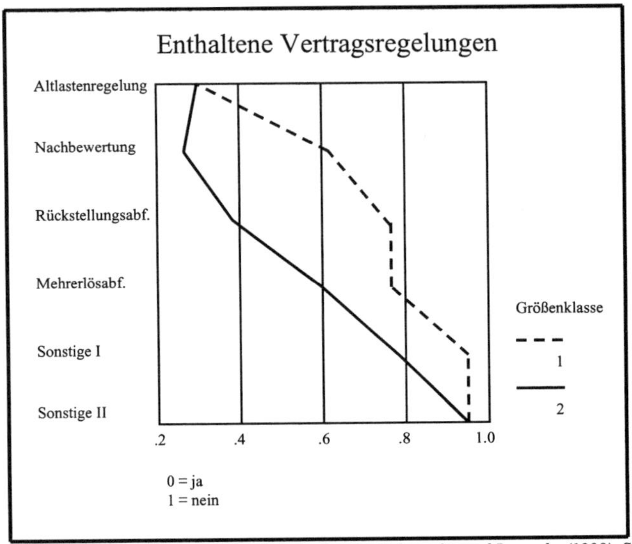

Quelle: Schwetzler und Ragotzky (1998), S. 13

Die Nachbewertungsklausel war bei kleinen Unternehmen in 37,5%, bei größeren dagegen in 75% aller Verträge enthalten. Die Abführung nicht benötigter Rückstellungen wurde für 25% der kleineren Unternehmen in Größenklasse 1, aber für 62,5% der Unternehmen in Größenklasse 2 vereinbart. Die Unterschiede zwischen den beiden Größenklassen sind auf dem geforderten Niveau von $\alpha = 10\%$ signifikant. Das Ergebnis kann als Bevorzugung kleiner Unternehmen im Rahmen der Privatisierung interpretiert werden. Möglich ist aber auch, daß Grundvermögen und Rückstellungen bei kleineren Unternehmen in geringerem Umfang auftreten und entsprechende Klauseln daher nicht benötigt wurden.

6.3.7 Differenzierung nach dem Privatisierungszeitpunkt

Anhand der Antworten auf Frage 3 wurde die Stichprobe in folgende Klassen eingeteilt.

	Privatisierungszeitpunkt	Anzahl
Klasse 1	1990/1991	21
Klasse 2	1992	18
Klasse 3	1993/1994	7

Erneut wurden die Unterschiede zwischen den drei Privatisierungsklassen mit Hilfe einer univariaten Varianzanalyse untersucht. Getestet wurde jeweils die Hypothese der Gleichheit der Mittelwerte der drei Klassen. Ergebnisse:

- Die wahrgenommene Situation zum Privatisierungszeitpunkt (Skala von 1 bis 5) zeigt die folgende Tabelle:

Tabelle 13: Informationsstand, Verhandlungsposition und Fairness

	Mittelwert Klasse 1	Mittelwert Klasse 2	Mittelwert Klasse 3	α
Informationsstand	1,81	2,11	2,86	1,3%
Verhandlungsposition	4,05	3,72	3,71	58%
Fairness	3,0	3,28	2,57	25,4%

Die signifikante Abnahme des wahrgenommenen Informationsvorsprunges weist auf einen im Zeitablauf verbesserten Informationsstand der THA in bezug auf die privatisierten Unternehmen hin.

- Die Vor- und Nachteile gegenüber Dritten zum Privatisierungszeitpunkt wurden im Jahr des konjunkturellen Abschwunges 1992 am pessimistischsten eingeschätzt. Statistisch signifikant sind die Differenzen aber nur für den Faktor betriebswirtschaftliches Know-how ($\alpha = 10\%$). Dort war die Einstufung in der Klasse 2 am negativsten, in der Klasse 3 der spätesten Privatisierungen am positivsten.

6.3.8 Zwischenergebnis

Die MBO-Privatisierungen der Treuhandanstalt weisen einige Besonderheiten auf, insbesondere im Hinblick auf die Motive der Beteiligten. Die Entscheidungen des Verkäufers wurden insbesondere von strukturpolitischen Erwägungen mitgeprägt, für die Kaufentscheidung der Manager war u.a. auch der Arbeitsplatzerhalt von großer Bedeutung. Nichtsdestotrotz liefert die Untersuchung der Privatisierungs-MBOs einige wichtige Erkenntnisse, auch für die Analyse des Informationsproblems beim Unternehmensverkauf und der Möglichkeiten, diesem durch Vertragsgestaltung entgegenzuwirken. Die Befragung der Unternehmenskäufer bestätigt, daß bei den Treuhand-MBOs eine für den Management Buy-out typische umgekehrte Informationsasymmetrie zugunsten des Käufers vorlag. Diese hat sich zwar im Verlauf des Privatisierungsverfahrens verringert, war aber unabhängig von der Größe oder vom späteren Erfolg der untersuchten Unternehmen.

Neben der zu erwartenden Bestätigung einer asymmetrischen Informationsverteilung ist allerdings zu konstatieren, daß beide Seiten einer Vielzahl von Unwägbarkeiten ausgesetzt waren, weil der Transformationsprozeß eine vernünftige Einschätzung der wirtschaftlichen Chancen und Risiken des einzelnen Unternehmens enorm erschwert hat. Da zum Privatisierungszeitpunkt in den meisten Fällen für beide Seiten künftige Erträge und Cash-flows des Unternehmens nicht zu prognostizieren waren, konnten „moderne" Unternehmensbewertungsverfahren nicht herangezogen werden. Statt dessen wurde auf Substanzbewertungen zurückgegriffen, die schon zum damaligen Zeitpunkt in Theorie und Praxis als veraltet galten. Allein dieser methodische Mangel muß zur Folge gehabt haben, daß beide Seiten bei der Bestimmung ihres Grenzpreises nur sehr ungenaue Schätzungen abgeben konnten.

Die Möglichkeit der Parteien, ein vorhandenes Informationsdefizit zu reduzieren, war im Falle der THA-Privatisierungen begrenzt. Das Instrument der Due Diligence war nicht von großer Bedeutung, da hierfür die erforderlichen personellen Kapazitäten bei geeigneten Sachverständigen fehlten und die Beteiligten insbesondere in der Anfangsphase unter großem Zeitdruck standen. Insbesondere die Vendor Due Diligence, die zu einer Verbesserung des Informationsstands der Treuhandanstalt hätte beitragen können, war zudem als Instrument zum Privatisierungszeitpunkt in Deutschland noch weitgehend unbekannt. Gutachten konnten als Instrument keinen großen Nutzen stiften, weil der Gutachter dem selben Informationsproblem ausgesetzt gewesen wäre wie die Kontrahenten selbst.
Eine umfassende und detaillierte Vertragsgestaltung war folglich das einzige Mittel, die negativen Folgen von Informationsrisiken zu begrenzen. Es wurde von der Treuhandanstalt sehr häufig eingesetzt, wie die Angaben zur Verwendungshäufigkeit einzelner Klauseln belegen. Da der Verkäufer bei MBOs schlechter informiert ist, dienten die angewandten Klauseln überwiegend seinem Schutz. Die Treuhandanstalt hat auf Nachbewertungsklauseln, sowie Mehrerlösabführungsklauseln und Klauseln zur Abführung nicht benötigter Rückstellungen zurückgegriffen, um ihr Risiko zu reduzieren, von einem besser informierten Käufer übervorteilt zu werden. Bei großen Unternehmen wurde häufiger von diesen Klauseln Gebrauch gemacht als bei kleinen Unternehmen. Die Vertragsklauseln wurden insgesamt von den Käufern ex post nicht als „unfair“ wahrgenommen, obwohl sich die Käufer nach eigenem Empfinden in einer schwächeren Verhandlungsposition befunden haben als der Käufer. Ihre Verwendung kann dazu beigetragen haben, daß die vereinbarten Kaufpreise in absoluten Beträgen gemessen sehr niedrig waren.

6.4 Folgerungen

Die Vertragsgestaltung ist beim Unternehmensverkauf aufgrund der Komplexität des Kaufgegenstandes und aufgrund verschiedener Insuffizienzen rechtlicher Bestimmungen von zentraler Bedeutung. Die Kontrahenten können durch klare, verbindliche Regeln dazu beitragen, daß das Verhandlungsergebnis sichergestellt wird. Im Konfliktfall kann der Vertrag zur Reduktion der Transaktionskosten beitragen, die entstehen, wenn sich zerstrittenen Partner aufgrund unterschiedlicher Rechtsauffassungen in lange Prozesse begeben. Je größer das Informationsdefizit eines Kontrahenten ist, desto größer wird sein Interesse sein, das eigene Interesse vertraglich abzusichern und die Rechte und Pflichten beider Seiten ausführlich zu regeln. Beim konventionellen Unternehmensverkauf handelt es sich dabei primär um den Käufer, beim MBO primär um den Verkäufer.

Durch die Vertragsgestaltung kann eine unvollständige bzw. unzureichende Due Diligence teilweise kompensiert werden. Entsprechend ist z.B. beim konventionellen Unternehmensverkauf auch der Umfang vertraglicher Gewährleistungen des Verkäufers mit dem Umfang einer Käufer Due Diligence häufig negativ korreliert. Da in vielen Fällen eine Due Diligence aus Geheimhaltungsgründen oder aufgrund rechtlicher Probleme keine Option ist, kann die vertragliche Gewährleistung unter Umständen einen Ausweg bieten. Da die im Rahmen der Due Diligence gewonnenen Erkenntnisse unmittelbar in die Grenzpreisberechnung einfließen, wogegen die vertragliche Gewährleistung nur eine Art von Versicherung darstellt, die im Konfliktfall erst eingelöst werden muß, ist die Vertragsgestaltung häufig nicht die bevorzugte Alternative zur Überbrückung des Informationsproblems. Dafür können im Vertrag aber auch mögliche Fehler des Unternehmens geregelt werden, die auch bei einer gründlichen Due Diligence verborgen bleiben. In jedem Fall kann die Vertragsgestaltung andere Maßnahmen der Vertragsparteien sinnvoll ergänzen.

Vertragsklauseln können die Funktion von (Real-)Optionen haben. Sowohl für den Käufer als auch für den Verkäufer lassen sich Vertragsklauseln kreieren, die sich werterhöhend auswirken und dadurch den Einigungsbereich vergrößern. Durch die Einräumung von Besserungsoptionen, Gewährleistungen oder anderen Klauseln kann eine Partei der jeweils anderen gegebenenfalls Zugeständnisse beim Kaufpreis abringen, die überhaupt erst zum Zustandekommen einer Transaktion führen.

Die Privatisierungs-MBOs der Treuhandanstalt können insgesamt, trotz vielfach erfolgter nachträglicher Vertragsänderungen, als gutes Beispiel für die erfolgreiche Nutzung vertraglicher Gestaltungsmöglichkeiten angesehen werden. In der Transformationsökonomie der neuen Länder waren beide Parteien nur unzureichend informiert, wobei die Informationsdefizite teilweise unterschiedlich gelagert waren. Ausreichende Kapazitäten bei sachverständigen Beratern für die professionelle Durchführung von Due Diligence-Prüfungen und für die Gutachtenerstellung waren in Deutschland nicht vorhanden, zumal diese Instrumente zumindest am Anfang der Privatisierungszeit noch kaum bekannt waren. Durch einen hohen politischen Zeitdruck wurden jegliche Prüfungsmöglichkeiten weiter limitiert.

Die Treuhandanstalt hat sich in dieser Situation mit umfangreichen, zu einem großen Teil standardisierten Verträgen beholfen. Mit Hilfe diverser Klauseln konnte sie die Unternehmen zu einem Kaufpreis privatisieren, der vielen Beobachtern nach damaliger Einschätzung des volkswirtschaftlichen Potentials der ehemaligen DDR niedrig erschien[72], auch wenn er nach heutigen Erkenntnissen der wirtschaftlichen Realität wohl weitgehend entsprach. Für die Angemessenheit der Privatisierungsklauseln spricht zudem, daß diese von den befragten MBO-Unternehmern insgesamt als fair eingestuft und der eigene Informationsvorsprung gegenüber der Treuhandanstalt in bezug auf das Unternehmen überwiegend eingeräumt wird.

In dieser Arbeit wurden die Vertragsgestaltung und alternative Instrumente zum Abbau der Informationsasymmetrie getrennt von einander untersucht. Beide können die Wahrscheinlichkeit erhöhen, daß eine wirtschaftlich sinnvolle M&A-Transaktion bei asymmetrischer Information zustande kommt. Es ist eine naheliegende Hypothese, daß ein optimales Ergebnis (erst) durch die Kombination der verschiedenen Instrumente erzielt wird. Hier besteht noch ein großes Forschungspotential für theoretische und empirische Arbeiten.

[72] Direkt nach der Wende wurde von der Treuhandanstalt anstatt eines Milliardendefizits noch ein hoher Nettoprivatisierungserlös für die Staatskasse erwartet. Vorwürfe, daß insbesondere bei den MBOs auch zu hohe Kaufpreise vereinbart wurden, tauchten erst nach einer allgemeinen Verschlechterung der wirtschaftlichen Lage und etlichen daraus folgenden Konkursen auf, vgl. etwa Kiethe (1994), S.4.

7. Kapitel: Zusammenfassung und Ausblick

7.1 Zusammenfassung

Der vorliegenden Arbeit lagen drei wesentliche Ziele zugrunde:

- Untersuchung der Relevanz von Informationsasymmetrien für den Unternehmens-(ver)kauf, insbesondere für den deutschen M&A-Markt, im Kontext des gegebenen rechtlichen Rahmens.
- Analyse möglicher Strategien für die Kontrahenten, eine vorhandene Informationsasymmetrie abzubauen.
- Überprüfung, ob und in welchem Umfang das Informationsproblem indirekt gelöst werden kann, falls ein vollständiger Abbau der Informationsasymmetrie nicht möglich ist oder zu hohe Kosten verursacht.

Der Unternehmensverkauf ist vor allem mit dem Problem der Qualitätsunsicherheit belastet. Eine Besonderheit des Unternehmensverkaufs ist, daß von diesem Informationsproblem, anders als bei den meisten Verkäufen, beide Parteien betroffen sein können. Die negativen Auswirkungen der unvollständigen Informationen können im Extremfall, wie das Akerlof-Modell zeigt, zu Marktversagen führen. Beim Unternehmensverkauf ist für den Prozeß des Marktversagens die Grenzpreisbestimmung von Bedeutung, weil Informationsrisiken beim Käufer zu Abschlägen führen. Umgekehrt kann auch der uninformierte Käufer gegebenenfalls einen Zuschlag auf seinen geforderten Mindestpreis vornehmen.

Informationsrisiken lassen sich durch einen geeigneten rechtlichen Rahmen reduzieren. Eine vergleichende Analyse der rechtlichen Rahmenbedingungen des Unternehmensverkaufs in Deutschland und den USA hat gezeigt, daß sich die Gesetzgebung und vor allem auch die Rechtsprechung in beiden Ländern durchaus an ökonomischen Erfordernissen orientiert. Dennoch verbleiben in den Ländern individuelle, unterschiedliche Schwachpunkte, aufgrund derer das Informationsrisiko für die Kontrahenten ex ante kaum zu kalkulieren ist. Neben Einzelproblemen, wie etwa Verjährungsfristen oder dem Anspruch auf Wandlung, bereitet auch in Deutschland die mangelnde Überschaubarkeit der Rechtslage und die Abhängigkeit von richterlichen Einzelentscheidungen Schwierigkeiten.

Eine Lösung des Informationsproblems bleibt folglich im wesentlichen die Aufgabe der Kontrahenten. Dafür hat sich eine Reihe von Instrumenten herausgebildet, die komplementär eingesetzt werden können. Es handelt sich um die Due Diligence, die Bestellung von Drittgutachten (Fairness Opinions), die Vertragsgestaltung sowie gegebenenfalls die Einbeziehung von Insidern (MBO) in die Transaktion.

Der MBO bietet die größtmögliche Sicherheit des Käufers vor unangenehmen Überraschungen nach dem Erwerb. Die Beteiligung des jeweiligen Managements ist daher für die meisten Private Equity Gesellschaften eine conditio sine qua non für den Kauf eines Unternehmens. Der MBO kommt aber nur für einen Teil der M&A-Transaktionen in Betracht, weil er die Bereitschaft der Manager voraussetzt, ein finanzielles Risiko einzugehen. Für strategische Unternehmenskäufer, die in ihren Erwerbserwägungen primär auf Synergien abstellen, stellt er ohnehin keine Option dar. Strategische Käufer können dem Management nicht die gleichen Anreize bieten wie Finanzinvestoren, insbesondere im Hinblick auf die unternehmerischen Gestaltungsmöglichkeiten. Zudem kann beim MBO generell ein Zielkonflikt der Manager entstehen (Agency-Problem), zwischen ihrem Auftrag als Unternehmensführung, den Shareholder Value der (bisherigen) Anteilseigner zu erhöhen, und ihrem eigenen Käuferinteresse an einem niedrigen Kaufpreis. Dabei besteht beim MBO regelmäßig eine Informationsasymmetrie zugunsten des Käufers, deren Auswirkungen spiegelbildlich zum konventionellen Unternehmensverkauf sind.

Die Theorie bietet Signalisierung und Screening als Lösungsmöglichkeiten für das Informationsproblem an. Bei der Due Diligence handelt es sich um ein Instrument zur systematischen und umfassenden Beschaffung und Übertragung von entscheidungsrelevanten Informationen. Durch ihren Einsatz kann die Informationsasymmetrie unter Umständen erheblich abgebaut werden, wobei aber Transaktionskosten entstehen. Sie ist als Instrument sowohl für den Käufer als auch für den Verkäufer (Vendor Due Diligence) sinnvoll einsetzbar. Die Durchführung einer Due Diligence hängt von der Bereitschaft des Verkäufers - sowie bei der Aktiengesellschaft auch des Vorstandes - ab, eine Prüfung durchführen zu lassen. Die rechtlichen Rahmenbedingungen in Deutschland erleichtern die Durchführung einer Due Diligence nicht immer. Trotz einer durchgeführten Due Diligence können unvollständige oder falsche Informationen verbleiben.

Auch Gutachten können einen Beitrag zur Lösung des Informationsproblems beim Unternehmensverkauf leisten, sowohl bei der Ermittlung des Grenzpreises als auch bei der Berechnung eines Schiedswertes. Sie stellen aber für sich alleine kein Instrument dar, mit dem das Informationsproblem gelöst werden kann, sondern eignen sich besser als ergänzende Maßnahme. Keine Partei wird sich ausschließlich auf die Ergebnisse eines Drittgutachters verlassen. Zweifel können bei der Unabhängigkeit, der methodischen Vorgehensweise und den Prämissen eines Gutachtens auftreten. Wirtschaftsprüfergutachten und Fairness Opinions haben als Gutachtenvarianten unterschiedliche Vor- und Nachteile.

Durch die Vertragsgestaltung können die Kontrahenten ein unerwünschtes Ergebnis verhindern, da im Vertrag Vorkehrungen getroffen werden können, die im Falle einer nachträglich erkannten Abweichung von Soll- und Istzustand des Unternehmens eine faire und effiziente Lösung garantieren. Auf diese Weise werden bewertungsrelevante Risiken versichert. Des weiteren können bestimmte Vertragsklauseln als Realoptionen formuliert werden. Die vertraglichen Realoptionen können sich für eine der Parteien werterhöhend auswirken und dadurch die Chancen auf eine Einigung bei den Vertragsverhandlungen verbessern.

In besonderem Umfang wurde bei MBO-Privatisierungen in den neuen Bundesländern von vertraglichen Gestaltungsmöglichkeiten Gebrauch gemacht, weil andere Instrumente kaum zur Verfügung standen. Eine Analyse sächsischer Treuhand MBO hat gezeigt, daß der Verkauf an einen im Vergleich zum Verkäufer besser informierten Käufer, bei auf beiden Seiten unvollständiger Information und großer Unsicherheit, zum beiderseitigen Vorteil gestaltet werden kann. Voraussetzung ist eine flexible Vertragsgestaltung, die bereits zum Verkaufszeitpunkt Vorkehrungen für spätere Ereignisse schafft, deren wirtschaftliche Folgen angemessen auf beide Parteien verteilt werden sollen. Das Modell der Treuhand-MBOs ist nicht auf Privatisierungen in einer Transformationsökonomie beschränkt. Das Instrumentarium kann auch bei gewöhnlichen Unternehmensverkäufen angewandt werden.

7.2 Ausblick

Aufgrund positiver globaler und nationaler Makrotrends ist, bei insgesamt stabiler Wirtschaftslage, gerade in Deutschland auch in Zukunft eine weitere Zunahme der Mergers&Acquisitions-Aktivitäten zu erwarten. Marktbeobachter sehen für die nächsten Jahre vor allem in der geplanten Steuerfreistellung von Gewinnen aus Beteiligungsverkäufen eine wesentliche Triebfeder. Aber auch die anhaltenden Privatisierungen, ebenso wie der „Dauerbrenner Mittelstandsnachfolge", die fortgesetzte Konzentration der Unternehmen auf ihr Kerngeschäft sowie die Formierung globaler Konzerne lassen ein weiteres Wachstum des Transaktionsvolumens erwarten.

Die bis heute hohe Anzahl am Ende erfolgloser Fusionen und Akquisitionen läßt vermuten, daß viele Käufer die bestehenden Mittel zur Risikobegrenzung noch nicht hinreichend nutzen und dadurch nach dem Kauf unangenehm überrascht werden. Damit sich in Zukunft der Anteil erfolgreicher Transaktionen erhöht, muß das vorhandene Instrumentarium weiter ausdifferenziert und besser genutzt werden. Dazu kann auch die betriebswirtschaftliche Forschung noch einen beachtlichen Beitrag leisten. So können für die Due Diligence und für die Fairness Opinion methodische Standards definiert werden, die langfristig zu einem höheren Vertrauen der Kontrahenten in diese Instrumente führen.

Ein weiteres Feld liegt in der empirischen Forschung. Schon heute gibt es eine Vielzahl von Untersuchungen zum Erfolg von Akquisitionen und erste Befragungen zum Einsatz der Due Diligence bei Akquisitionen. Mit Hilfe empirischer Langzeituntersuchungen kann in Zukunft auch der Zusammenhang zwischen Art und Umfang der Due Diligence, der Fairness Opinions und der Vertragsgestaltung sowie einem späterem Akquisitionserfolg untersucht werden. Ein Vergleich von konventionellen Unternehmensverkäufen mit MBOs könnte zudem zusätzliche wertvolle Erkenntnisse für die Bedeutung der Agency-Problematik beim Unternehmensverkauf liefern.

Die rechtlichen Rahmenbedingungen des Unternehmensverkaufs in Deutschland sind zuletzt durch die Schuldrechts- und die letzte Steuerreform etwas verbessert worden. Weitere positive Veränderungen sind aus betriebswirtschaftlicher Sicht insbesondere bei einem erleichterten Einsatz der Due Diligence bei Aktiengesellschaften vorstellbar.

Literaturverzeichnis

Achleitner, A.-K. (1999):
Handbuch Investment Banking, Wiesbaden

Achleitner, A.-K. und Müller-Trimbusch, J. (1999):
Der deutsche Markt für High-Yield Unternehmensanleihen: Neue Perspektiven für die Risikofinanzierung, in: FB, 1. Jg., S. 195-198

Acquisitions Monthly (1998):
Management Buyouts, Sonderausgabe Oktober 1998

Aha, C. (1997):
Aktuelle Aspekte der Unternehmensbewertung im Spruchstellenverfahren: Zugleich Anmerkungen zu den Paulanerentscheidungen des BayOblG, in: AG, S. 26-36

Akerlof, G. (1970):
The Market for "Lemons". Quality Uncertainty and the Market Mechanism, in: Quarterly Journal of Economics, 84. Jg., S. 488-500

Alchian, A. und Demsetz, H. (1972):
Production, Information Cost and Economic Organization, in: AER, 62. Jg., S. 777-795

Alchian, A. und Woodward, S. (1988):
The Firm is Dead: Long Live the Firm, in: Journal of Economic Literature, 26. Jg., S. 65-79

Amihud, Y. und Lew, B. (1981):
Risk Reduction as a Managerial Motive for Conglomerate Mergers, Bell Journal of Economics, 12. Jg., S. 605-617

Arbeitskreis Finanzierung (1990):
Arbeitskreis Finanzierung der Schmalenbach-Gesellschaft - Deutsche Gesellschaft für Betriebswirtschaft e.V., Analyse der für die Entwicklung eines Buy-Out-Marktes notwendigen Bedingungen in der Bundesrepublik Deutschland unter besonderer Berücksichtigung von MBOs, in: ZfbF, 42. Jg., S. 830-850

Arrow (1985):
The Economics of Agency, in: Pratt, J. und Zeckhauser, R. (Hrsg.), Principals and Agents: The Structure of Business, Boston

Assmann, H.D. (1989):
Kommentar, in: Allokationseffizienz in der Rechtsordnung, herausgegeben von Hans-Bernd Schäfer und Claus Ott, Berlin und Heidelberg

Assmann, H.-D. u.a. (1993):
Ökonomische Analyse des Rechts, herausgegeben von Heinz-Dieter Assmann, Christian Kirchner und Erich Schanze, Tübingen

Baetge, J. und Krause, C. (1994):
Die Berücksichtigung des Risikos bei der Unternehmensbewertung: Eine empirisch gestützte Betrachtung des Kalkulationszinses, in: BFuP, 46. Jg., S. 433-457

Ballerstedt, H. (1951):
Zur Haftung für culpa in contrahendo bei Geschäftsabschluß durch Stellvertreter, in: AcP 151. Jg., S. 501-531

Ballerstedt, H. (1970):
Rezension zu Thomas Raiser, Das Unternehmen als Organisation, in ZHR, 134. Jg., S. 251-261

Ballwieser, W. (1981):
Die Wahl des Kalkulationszinsfußes bei der Unternehmensbewertung unter Berücksichtigung von Risiko und Geldentwertung, in: BFuP, 33. Jg., S. 97-115

Ballwieser, W. (1985):
Informationsökonomie, Rechnungslegung und Bilanzrichtlinien-Gesetz, in: ZfbF, 42. Jg., S. 47-66

Ballwieser, W. (1990):
Unternehmensbewertung und Komplexitätsreduktion, 3. Auflage, Wiesbaden

Ballwieser,W. (1995):
Aktuelle Aspekte der Unternehmensbewertung, in: Wpg, 48. Jg. S. 119-129

Ballwieser, W. (1998):
Unternehmensbewertung mit Discounted Cash Flow-Verfahren, in: Wpg, 51. Jg., S. 81-92

Ballwieser, W. und Leuthier, R. (1986):
Betriebswirtschaftliche Steuerberatung: Grundprinzipien, Verfahren und Probleme der Unternehmensbewertung (Teil I), in: DStR, S. 545-550

Ballwieser, W. und Schmid, H. (1990):
Charakteristika und Problembereiche von Management Buy-Outs, in: WISU, 19. Jg., S. 299-302

Bamberg, G. und Coenenberg, A. (1996):
Betriebswirtschaftliche Entscheidungslehre, 9. Aufl., München

Bamberger, B. (1994):
Der Erfolg von Unternehmensakquisitionen in Deutschland: eine theoretische und empirische Untersuchung, Köln

Bamberger, B. (1997):
Erfolgreiche Übernahmen sind kein Zufall, in: MAR 1997, S. 371-375

Barjak, F. et al. (1996):
Management Buy Outs in Ostdeutschland, Halle

Barnea, A., Haugen, R. und Senbet, L. (1985):
Agency Problems and Financial Contracting, Englewood Cliffs

Barrow, C. (2002):
Rich Picking in the German Market, in: Financial News vom 18.02.2002, S. 10

Barthel, C. (1996):
Unternehmenswert: Die vergleichsorientierten Bewertungsverfahren, in: DB, 49. Jg., S. 149-163

Baums., T. (1993):
Ergebnisabhängige Preisvereinbarungen in Unternehmenskaufverträgen („earn-out"), in: DB, 46. Jg. S. 1273-1276

Bebchuk, L. und Kahan, M. (1989):
Fairness Opinions: How fair are they and what can be done about it?, in: Duke Law Journal, 1. Jg., S. 27-53

Beck (1995):
Unternehmensbewertung bei Akquisitionen in der Bundesrepublik Deutschland, in: MAR, S. 537-542

Beermann, M. und Masucci, A. (2000):
Motive und Umsetzung eines Going Private, in: FB, 2. Jg., S. 705-714

Beisel, W. und Klumpp, H.-H. (1996):
Der Unternehmenskauf: Gesamtdarstellung der zivil- und steuerrechtlichen Vorgänge einschließlich gesellschafts-, arbeits- und kartellrechtlicher Fragen bei der Übertragung eines Unternehmens, 3. Auflage, München

Berens, W. und Brauner, H. (1998):
Due Diligence bei Unternehmensakquisitionen, herausgegeben von W. Behrens und H. Brauner, Stuttgart

Berens, W., Schmitting, W. und Strauch, J. (1998):
Due Diligence im Rahmen des Unternehmenskaufs, in: Due Diligence bei Unternehmensakquisitionen, herausgegeben von W. Berens und H. Brauner, Stuttgart

Berens, W. und Strauch, J. (1998):
Herkunft und Inhalt des Begriffes Due Diligence, in: Due Diligence bei Unternehmensakquisitionen, herausgegeben von W. Berens und H. Brauner, Stuttgart

Berle, A. und Means, G. (1932):
The Modern Corporation and Private Property, New York

Berger, M. (1993):
Management Buy-out und Mitarbeiterbeteiligung: Finanzwirtschaftliche Analyse von Konzepten zur Übernahme von Unternehmen durch Management und Belegschaft, Köln

Berger, P. und Ofek, E. (1996):
Bustup Takeovers of Value-Destroying Diversified Firms, in: Journal of Finance, 51. Jg., S. 1175-1200

Bernhard, W. (2001):
Stock Options – Besteuerung, Bewertung und Offenlegung, in: FB, 3. Jg., S. 427-433

Bernuth, W. v. (1999):
Die Gewährleistungshaftung des Unternehmensverkäufers für Angaben im Geschäftsplan (Business Plan), in: DB, 52.Jg. , S. 1689-1693

Besanko, D.; Dranove, D. und Shanley, M. (1996):
The Economics of Strategy, Illinois

Beyer, H.-J. (1994):
Management-Buy-Out in Ostdeutschland – Eine Unternehmensuntersuchung, in: Lennardt, J. und Stefanovic, M. (Hrsg.), Management Buy Outs, Augsburg

Bieg, H. und Hossfeld, C. (1996):
Der Cash-flow nach DVFA/SG, in: DB 49. Jg., S. 1429-1434

Bihr, D. (1998):
Due Diligence: Geschäftsführungsorgane im Spannungsfeld zwischen Gesellschafts- und Gesellschafterinteressen, in: BB, 53. Jg., S. 1198-1201

Binder, P. und Lanz, R. (1993):
‚Due Diligence‘: Systematisches und professionelles Instrument für erfolgreiche Firmen-Akquisitionen, in: INDEX 4-5/93, S. 15-19

Bing, G. (1996):
Due Diligence: Techniques and Analysis, London 1996

Bitz, M. (1981):
Entscheidungstheorie, München

Black, F., Jensen, M. und Scholes, M. (1972):
The Capital Asset Pricing Model: Some Empirical Tests, in: Jensen, M. (Hrsg.): Studies in Theory of Capital Markets, New York 1972

Black, F. und Scholes, M. (1973):
The Pricing of Options and Corporate Liabilities, in: Journal of Political Economy, 81. Jg., S. 637-654

Blex, W. und Marchal, G. (1990):
Risiken im Akquisitionsprozeß – Ein Überblick, in: BFuP, 42. Jg., S. 85-103

Blumenwitz. D. (1994):
Einführung in das anglo-amerikanische Recht, 5. Aufl., München

Bode, J. (1997):
Der Informationsbegriff in der Betriebswirtschaftslehre, in: zfbf, 40. Jg., S. 449-468

Böcking, H.-J. und Nowack, K. (1999):
Marktorientierte Unternehmensbewertung, in: FB, 1. Jg., S. 169-176

Börsig, C. (1993):
Unternehmenswert und Unternehmensbewertung, in: zfbf, 45. Jg., S. 79-91

Born, K. (1995):
Unternehmensanalyse und Unternehmensbewertung, Stuttgart

Born, K. (1996):
Überleitung von der Discounted-Cash-flow-Methode (DCF-Methode) zur Ertragswertmethode bei der Unternehmensbewertung, in: DB, 49. Jg., S. 1885-1889

Boxberg, F. v. (1989):
Das Management-buyout-Konzept: Eine Möglichkeit zur Herauslösung krisenhafter GmbH-Tochterunternehmen, Hamburg

Bowles, R. (1981):
Law and the Economy, Oxford

Brandenstein-Zeppelin, C. v. (1988):
Erfolgskonzept Management-Buy-Out, in: Der Betriebswirt, S. 8-11

Braun, C. (1989):
Leveraged buyouts: Theoretische Grundlagen und empirischer 3-Länder-Vergleich, München

Brauner, H. und Grillo, U. (1998):
Due Diligence aus strategischer Sicht, in: Berens, U. und Brauner, H. (Hrsg.): Due Diligence bei Unternehmensakquisitionen, Stuttgart, S. 173-194

Brauner, H. und Scholz, S. (1998):
Due Diligence aus finanzwirtschaftlicher Sicht, in: W. Berens, und H. Brauner. (Hrsg.): Due Diligence bei Unternehmensakquisitionen, Stuttgart, S. 227-240

Brealey, R. und Myers, S. (1996):
Principles of Corporate Finance, 5. Auflage, New York et al.

Brebeck, F. und Bredy, B:
Due Diligence aus bilanzieller und steuerlicher Sicht, in: W. Berens und H. Brauner (Hrsg.): Due Diligence bei Unternehmensakquisitionen, Stuttgart, S. 195-224

Breuer, W. (1998):
Finanzierungstheorie, Wiesbaden

Bühlmann, H., Löffel, H. und Nievergelt, E. (1967):
Einführung in die Theorie und Praxis der Entscheidung bei Unsicherheit, Berlin et al. 1967

Bühner, R. (1990):
Erfolg von Unternehmenszusammenschlüssen in der Bundesrepublik Deutschland, Stuttgart

Bühner, R. (1991):
Grenzüberschreitende Zusammenschlüsse deutscher Unternehmen, Stuttgart

Bull, I. (1989):
Financial Performance of Leveraged Buyouts: An Empirical Analysis, in: Journal of Business Venturing, 4. Jg., S. 263-279

Burrough, B. und Helyar, J. (1990):
Barbarians at the Gate: The Fall of RJR Nabisco, New York

Busse v. Colbe, W. (1993):
Die Entwicklung des Jahresabschlusses als Informationsinstrument, in: zfbf Sonderheft 32, S. 11-29

Calabresi, G. (1961):
Some Thoughts on Risk Distributions and the Law of Torts, in: Yale Law Journal, 70. Jg., S. 499-517

Calamari, J. und Perillo, J. (1998):
The Law of Contracts, 4. Auflage, St. Paul (Minn.)

Canaris, C.-W. (1982):
Leistungsstörungen beim Unternehmenskauf, in: ZGR, 11. Jg., S. 395-434

Coase, R. (1960):
The Problem of Social Cost, in: Journal of Law and Economics, 3. Jg., S. 1-44

Coenenberg et al. (1995):
Erfolgsfaktoren eines Management Buyouts - Auswertungsbogen zu einer Untersuchung mittels Fragebogen in Thüringen, Augsburg

Coenenberg, A.; Jakoby, S. und Maas, G. (1996):
Nachfolgeregelung durch MBO? Ergebnisse einer Befragung bei mittelständischen Unternehmen in Deutschland, in: MAR, S. 529-535

Coenenberg, A. und Sautter, M. (1988):
Strategische und finanzielle Bewertung von Unternehmensakquisitionen, in: Die Betriebswirtschaft, 43. Jg., S. 691-710

Coenenberg, A. und Sieben (1976):
Unternehmensbewertung, in: Kern, W. u.a. (Hrsg.): Handwörterbuch der Betriebswirtschaft, 4. Aufl., Stuttgart, Sp. 4062-4079

Cooke, T. (1988):
International Mergers and Acquisitions, Oxford und New York

Coopers & Lybrand (1989):
Barriers to Takeovers in the European Community, herausgegeben von Coopers & Lybrand, London

Cooter, R. und T. Ulen (1988):
Law and Economics, Glenview

Copeland, T., Koller, T. und Murrin, J. (1994):
Valuation, Measuring and Managing the Value of Companies, New York

Copeland, T. und Weiner, J. (1990):
Proactive Management of Uncertainty, in: McKinsey Quarterly Nr. 4/1990, S. 133-152

Corpus Juris Secundum (1952):
Corpus Juris Secundum, Band 77, New York

Costa, C. da (1997):
Using Market Due Diligence in Europe, in: Acquisitions Monthly, Nr. 2/1997, S. 64-65

Cox, J.; Ross, S. und Rubinstein, M. (1979):
Option Pricing A Simplified Approach, in: Journal of Financial Economics, 7. Jg., S. 229-263

Cox, J. und Rubinstein, M. (1985):
Options Markets, Englewood Cliffs u.a.

DeAngelo, H., DeAngelo, L. und Rice, E. (1992):
Going Private: The Effects of a Change in Corporate Ownership Structure, in: The Revolution in Corporate Finance, herausgegeben von J. Stern und D. Chew, Cambridge (Mass), S. 602-610

Delcker, M. (1992):
Risiken beim Unternehmenskauf – Absicherung durch Besserungsoption, in: DB, 45. Jg., S. 2453-2454

De Ridder, P. (1990):
Finanzierung von Buy-Outs, in: Continental Bank (Hrsg.): Management Buy-Out, Frankfurt 1990, S. 49-63

Deutsche Börse AG (1998):
Fact Book 1998, herausgegeben von der Deutschen Börse AG, Frankfurt am Main

Diederichs, K. und Pfaffenberger, W. (1998):
Die Merger of Equals haben sich bewährt, in: Mergers und Acquisitions, Verlagsbeilage der Börsenzeitung vom 31.01.1998, S. 1

Dirrigl, H. (1994):
Konzepte, Anwendungsbereiche und Grenzen einer strategischen Unternehmensbewertung, in: BFuP, 46. Jg., S. 409-432

Dixit, A. und Pindyck, R. (1994):
Investment under Uncertainty, Princeton (New Jersey)

Dodd, P. (1992):
The Market for Corporate Control: A Review of the Evidence, in: The Revolution in Corporate Finance, herausgegeben von J. Stern und D. Chew, Cambridge (Mass), S. 507-520

Dörner, W. (1983):
Grundsätze zur Durchführung von Unternehmensbewertungen: Ausführungen zur Stellungnahme HFA 2/1983, in: Wpg., 36. Jg., S. 549-554

Dörsam, P. (1996):
Grundlagen der Entscheidungstheorie, 3. Aufl., Heidenau

Druey, J. (1995):
Information als Gegenstand des Rechts, Zürich und Baden-Baden

Drukarczyk, J. (1990):
Management Buyouts - in: WiSt, 19. Jg., S. 545-549

Drukarczyk, J. (1993):
Management Buyouts - Effizienzgewinne, Vermögensumverteilung und gesellschaftsrechtliche Schranken, in: Managementforschung 3, W.H. Staehle/ J. Sydow (Hrsg.), Berlin, S. 19-52

Drukarczyk (1993a):
Theorie und Politik der Finanzierung, 2. Auflage München

Drukarczyk, J. (2001):
Unternehmensbewertung, 3. überarbeitete und erweiterte Auflage, München

Easterbrook (1991):
High-yield Debt as an Incentive Device, in: International Review of Law and Economics, 11. Jg., S. 183-201

Easterbrook, F. und Fischel, D. (1982):
Corporate Control Transactions, in: Yale Law Journal, 91. Jg., S. 698-737

Easterbrook, F. und Fischel, D. (1991):
The Economic Structure of Corporate Law, Cambridge (Massachusetts) und London

Easterbrook, F. und Posner, R. (1981):
Antitrust: Cases, Economic Notes and Other Materials, 2. Aufl., St. Paul (USA)

Eble, S. und Völker, R. (1993):
Die Behandlung von Optionen in der betrieblichen Investitionsrechnung, DU, 47. Jg., S. 407-418

Eidenmüller, H. (1995):
Effizienz als Rechtsprinzip: Möglichkeiten und Grenzen der ökonomischen Analyse des Rechts, Tübingen

Elschen, R. (1991):
Shareholder Value und Agency-Theorie – Anreiz- und Kontrollsysteme für Zielsetzungen der Anteilseigner, in: BFuP, 43. Jg., S. 209-220

Emons, W. (1997):
Credence Goods and Fraudulent Experts, in: RAND Journal of Economics, 28. Jg., S. 107-119

Engelmann, A. und Heitzer, B. (1999):
Mobilisierung von Business Angels in Deutschland, in: FB, 1. Jg., S. 457-461

English, G. (1994):
Management Review: An Important Part of Due Diligence, in: The Journal of Commercial Lending, February 1994, S. 19-25

Eversfield, G. (1998):
The Evolution of Vendor Due Diligence, in: Acquisitions Monthly Sonderausgabe Management Buyouts Oktober 1998, S. 94-95

Ewert, R. (1989):
Bilanzielle Publizität im Lichte der Theorie vom gesellschaftlichen Wert öffentlich verfügbarer Information, in: BFuP, 41. Jg., S. 245-263

Fama, E. (1980):
Agency Problems and the Theory of the Firm, in: Journal of Political Economy, 88. Jg., S. 288-307

Fama, E. und French, K. (1992):
The Cross-section of Expected Returns, in: Journal of Finance, 47. Jg., S. 427-465

Fanselow, K.-H. (1987):
Management Buy-Out: Ein Weg in die Selbständigkeit, ZfgK, 40. Jg., S. 696-700

Fanselow, K.-H. und Stedler, H. (1992):
Management-Buy-Out und Mezzanine Money, in: Die Bank, S. 395-398

Feddersen, D. (1997):
Aktienoptionsprogramme für Führungskräfte aus kapitalmarktrechtlicher und steuerlicher Sicht, in: ZHR, 161. Jg., S. 269-299

Feinendegen, S., Hommerl, U. und Wright, M. (2001):
Stand der Beteiligungsfinanzierung in Deutschland, in: FB, 3. Jg. S. 569-578
Feldhoff, P. (2000):
Der neue IDW-Standard zur Unternehmensbewertung: Ein Fortschritt?, in DB, 53.Jg., S. 1237-1240

Fezer, K.H. (1986):
Aspekte einer Rechtskritik an der economic analysis of law und am property rights approach, in: Juristenzeitung, 41. Jg., S. 817-824

Fezer, K.H. (1988):
Nochmals: Kritik an der ökonomischen Analyse des Rechts, in: Juristenzeitung, 43. Jg., Nr. 5/1988, S. 223-288

Filatotchev, I. Buck, T. und Wright, M. (1992):
Privatisation and Buy-Outs in the USSR, Soviet Studies, 44. Jg., S. 265-282

Fischer, K. (1993):
Die Aufstockung von Minderheitsbeteiligungen als Realoption beim Unternehmenskauf, in: Management von Unternehmensakquisitionen, hrsg. von Frank, G. und Stein, I., Stuttgart, S. 109-118

Flume, W. (1983):
Allgemeiner Teil des Bürgerlichen Rechts, Band 2, Das Rechtsgeschäft, 3. Auflage

Forst, M. (1992):
Management Buy-out und Buy-in als Form der Übernahme mittelständischer Unternehmen, Stuttgart

Francioni, R. (1998):
Innovative Börsenentwicklungen – Der Neue Markt, in:
Handbuch Corporate Finance, 9. Ergänzungslieferung, herausgegeben von A. Achleitner und G. Thoma, Frankfurt

Frank, G. (1993):
Probleme und Erfolgsfaktoren bei der Übernahme von Unternehmen in: Management von Unternehmensakquisitionen, herausgegeben von G. Frank und I. Stein, Stuttgart

Franke, G. (1993):
Agency-Theorie, in: Kern, W. u.a. (Hrsg.): Handwörterbuch der Betriebswirtschaft, 5. Aufl., Stuttgart, Sp. 37-49

Franke, G. und Hax, H. (1995):
Finanzwirtschaft des Unternehmens und Kapitalmarkt, Berlin et al.

Freese, C. (1995):
Die Privatisierungstätigkeit der Treuhandanstalt, Frankfurt und New York

Friedrich, W. (1992):
Management-Buy-Out und Management-Buy-In in den neuen Bundesländern, in: Handelsblatt GmbH, BDU e.V., AGP e.V. (Hrsg.) Management-Buy-Out, Dokumentation 6. Management-Buy-Out-Kongreß v. 10./11.3.1993 in Frankfurt, S. 134-152

Ganzert, S. und Kramer, L. (1995):
Due Diligence Review - eine Inhaltsbestimmung, in: Wpg, 48. Jg., S. 576-581

Geddes, R. (1998):
UK Corporate Valuation Survey, Report, Greenwich.

Gellert, O. (1990):
Wirtschaftsprüfung und Akquisitionsrisiken, in: BFuP, 42. Jg., S. 129-139

George, D. und Thompson, M. (1996):
An Opportunity to Enhance Value, in: Acquisitions Monthly, Nr. 12/1996, S. 39-40

Gereth, B. und Schulte, K.-W. (1992):
Mezzanine-Finanzierung, Bergisch-Gladbach

Gillenkirch, R. und Velthuis, L. (1997):
Lineare Anreizverträge für Manager bei systematischen und unsystematischen Risiken, in: zfbf, 49.Jg., S. 121-140

Gilson, S. (1989):
Management, Turnover and Financial Distress, in: Journal of Financial Economics, 25. Jg., S. 241-262

Goetz, C.J. (1984):
Law and Economics: Cases and Materials, St. Paul (Minn)

Goldberg, V. (1976):
Regulation and Adminstered Contracts, in: The Bell Journal of Economics, 7. Jg., S. 426-446

Goldberg, V. (1989):
Readings in the Economics of Contract Law, herausgegeben von V. Goldberg, Cambridge/ Mass. et al.

Gougis, C. (1992):
Can Your Deal's Fairness Opinion Stand the Heat? in: Mergers & Acquisitions, 3-4/1992, S. 33-36

Gräper, M. (1993):
Management Buy-out: Eine empirische Analyse zur deutschen Entwicklung bis 1990, Kiel

Graml, R. (1996):
Unternehmenswertsteigerung durch Desinvestition: Eine Analyse unter besonderer Berücksichtigung des Management Buy-Out, Frankfurt am Main

Graßhoff, U. und Schwalbach, J. (1999):
Agency-Theorie, Informationskosten und Managervergütung, in: zfbf, 51. Jg., S. 437-453

Gros, S. (1998):
Das Management-Buyout-Konzept als Instrument der Unternehmensprivatisierung bei der Transformation einer Planwirtschaft in eine Marktwirtschaft: Eine eigentumstheoretische Analyse unter besonderer Berücksichtigung der neuen Bundesländer, Frankfurt am Main

Grossman, S. (1981):
The Role of Warranties and Privat Disclosure About Product Quality, Journal of Law and Economics, 24. Jg., S. 461-483

Grossman, S. und Hart, O. (1983):
An Analysis of the Principal Agent Problem, in: Econometrica, 51. Jg., S. 7-46

Günther (1997):
in: Münchner Vertragshandbuch, Bd. 2, 4. Aufl., München

Hadding, J. (1982):
in: ZGR, 11. Jg., S. 476-482

Hafner, R. (1988):
Unternehmensbewertung bei mehrfacher Zielsetzung, in: BFuP, 40. Jg., S. 485-504

Hafner, R. (1993):
Unternehmensbewertungen als Instrumente zur Durchsetzung von Verhandlungspositionen, in: BFuP, 45. Jg., S. 79-89

Hall, B. und Liebman, J. (1998):
Are CEOs Really Paid Like Bureaucrats, in: Quarterly Journal of Economics, 113. Jg., S. 653-691

Hall, B. und Murphy, K. (2000):
Optimal Exercise Prices For Executive Stock Options, in: AER, 90. Jg., S. 209-215

Hanney, I. (1986):
The Management Buy-out - an Offer you Can't Refuse, in: Omega Nr. 2/1986, S. 119-124

Harbers, N. (1992):
Zivilrechtliche Probleme beim Management Buy-out, München

Harrer, H. (1993):
Die Bedeutung der Due Diligence bei der Vorbereitung eines Unternehmenskaufs, in: DStR, S. 1673-1675

Hartmann-Wendels, T. (1986):
Dividendenpolitik bei asymmetrischer Informationsverteilung, Wiesbaden

Hartmann-Wendels, T. (1987):
Venture Capital aus finanzierungstheoretischer Sicht, in: zfbf, 39. Jg., S. 16-30

Hartmann-Wendels, T. (1989):
Principal-Agent-Theorie und asymmetrische Informationen, in: ZfB, 59. Jg., S. 714-734

Hartmann-Wendels, T. (1990):
Zur Integration von Moral Hazard und Signalling in finanzierungstheoretischen Ansätzen, in: Kredit und Kapital, 23. Jg., S. 228-250

Harvey, M. und Lusch, R. (1995):
Expanding the Nature and Scope of Due Diligence, in: Journal of Business Venturing, 10. Jg., S. 5-21

Hayek, F. A. v. (1945):
The Use of Knowledge in Society, in: American Economic Review, 35. Jg., S. 519-530

Hayn, M. (2000):
Unternehmensbewertung: Die funktionalen Wertkonzeptionen, in: DB, 53. Jg., S. 1346-1353

Heidemann, K. (1994):
Das Verhältnis zwischen Management und Aktionären beim Management Buy-out in den U.S.A. und Deutschland, Frankfurt et al.

Heitzer, B. und Sohn, C. (1999):
Zur Bedeutung des Neuen Marktes für die Venture-Capital-Finanzierung in Deutschland, in: FB, 1. Jg., S. 397-405

Helbling, C. (1995):
Unternehmensbewertung und Steuern, Düsseldorf

Hemmer, T., Matsungsa, S. und Shevlin, T. (1996):
The Influence of Risk Diversification on the Early Exercise of Employee Stock Options by Executive Officers, in: Journal of Accounting and Economics, S. 45-68

Hiddemann, H. (1982):
Leistungsstörungen beim Unternehmenskauf aus der Sicht der Rechtsprechung, in: ZGR, 11. Jg., S. 435-451.

Hirsch, W.Z. (1988):
Law and Economics: An Introductory Analysis, 2. Auflage, New York

Hockin, D. und Mockford, S. (1996):
Be Green or Pay the Price, in: Acquisitions Monthly, Nr. 12/1996, S. 41-42

Hodkinson, L. (1996):
Corporate Restructuring and Leveraged Buy-outs, in: Investment Banking, Theory and Practice, herausgegeben von E. Gardener und P. Molyneux, London, S. 339-349

Hölters, W. (1996):
Der Unternehmens- und Beteiligungskauf, in Hölters, Wolfgang (Hrsg.): Handbuch des Unternehmens- und Beteiligungskaufs, 4. Auflage, Köln

Hötzel, O (1993):
Steuerorientierte Gestaltung des Unternehmenskaufs, Düsseldorf

Hoffmann, P. und Ramke, R. (1992):
Management Buy-out in der Bundesrepublik Deutschland, 2. überarbeitete und erweiterte Auflage, Berlin

Holderness, C. und Sheehan, D. (1985):
Raiders or Saviors? The Evidence of six Controversial Investors, in: Journal of Financial Economics, 13. Jg., S. 555-579

Holmström, B. (1979):
Moral Hazard and Observability, in: The Bell Journal of Economics, 10. Jg., S. 74-91

Holmström, B. und Milgrom, P. (1987):
Aggregation and Linearity in the Provision of Intertemporal Incentives, in: Econometrica, 55. Jg., S. 303-328

Holzapfel, H.-J-. und Pöllath, R. (1994):
Recht und Praxis des Unternehmenskaufs: rechtliche und steuerliche Aspekte, 7. neubearb. Aufl., Köln

Hommel, M., Braun, I. und Schmotz, T. (2001)
Neue Wege in der Unternehmensbewertung? Kritische Würdigung des neuen IDW-Standards (IDW S1) zur Unternehmensbewertung, in: DB, 54.Jg., S. 341-347

Hommel, U. (1999):
Der Realoptionsansatz: Das neue Standardverfahren der Investitionsrechnung, in: MAR, S. 22-29

Hommel, U. und Müller, J. (1999):
Realoptionsbasierte Unternehmensbewertung, in: FB, 1. Jg., S. 177-188

Hommelhoff, P. (1982):
Zur Abgrenzung von Unternehmenserwerb und Anteilserwerb, in: ZGR, 11. Jg., S. 367-394

Honert, J. (1995):
Der deutsche Management-Buy-out: Bedingungen, Methodik und rechtliche Besonderheiten im Vergleich zu einem herkömmlichen Unternehmenskauf unter besonderer Berücksichtigung des GmbH-Rechts, Diss. Bremen

Hopf, M. (1983):
Informationen für Märkte und Märkte für Informationen, Frankfurt am Main

Huddart, S. (1994):
Employee Stock Options, in: Journal of Accounting and Economics, 18. Jg., S. 207-231

Hull, J. (1993):
Option, Futures and Other Derivative Securities, 2. Aufl., Englewood Cliffs u.a.

Huydts, H. (1992):
Management-Buyout als strategische Option zur Regelung der Nachfolge in mittelgroßen Familienunternehmen, Diss. St. Gallen

Inderbitzin, M. (1993):
Going Private und dem Going Private ähnliche Sachverhalte: Eine rechtliche Analyse unter spezieller Berücksichtigung der Finanzierungsproblematik und des Anlegerschutzes, Zürich

IDW (1983):
Stellungnahme HFA 2/1983: Grundsätze zur Durchführung von Unternehmensbewertungen, in: Wpg., 36. Jg., S. 468-480

IDW (1992):
Wirtschaftsprüfer-Handbuch 1992, Bd. 2, 10. Aufl., Düsseldorf

IDW (2000):
IDW Standard: Grundsätze zur Durchführung von Unternehmensbewertungen (IDW S1), in: Wpg., 53. Jg., S. 825-842

Jauernig, O. (1990):
Bürgerliches Gesetzbuch (Kommentar), herausgegeben von Othmar Jauernig, München

Jensen, L. (1997):
Creating More Value in a Competitive Market, in: Acquisitions Monthly, Nr. 11/1997, S. 59-60

Jensen, M. (1986):
Agency Costs of Free Cash Flow, Corporate Finance and Takeovers, in: AER Papers and Proceedings, 76. Jg., S. 323-329

Jensen, M. (1988):
Take-overs: Their Causes and Consequences, in: Journal of Economic Perspectives, 2. Jg., S. 21-48

Jensen, M. (1989):
Eclipse of the Public Corporation, in: Harvard Business Review, September-Oktober 1989, S. 61-74

Jensen, M. und Meckling, W. (1976):
The Theory of the Firm: Managerial Behaviour, Agency Costs and Ownership Structure, in: Journal of Financial Economics, 4. Jg., S. 305-360

Jensen, M. und Murphy, K. (1990):
CEO Incentives, in: Harvard Business Review, 68. Jg., S. 138-149

Jensen, M. und Ruback, R. (1983):
The Market for Corporate Control: The Scientific Evidence, in: Journal of Financial Economics, 11. Jg., S. 1-10

Jürgenmeyer, M. (1984):
Das Unternehmensinteresse, Diss. Heidelberg

Kaden, J., Wagner, W., Weber, T. und Wenzel, K. (1997):
Kritische Überlegungen zur Discounted Cash-flow-Methode, in: ZfB, 67. Jg., S. 499-508

Kaligin, T. (1995):
Unternehmenskauf: Grundsatzfragen und Strategien für eine optimale Besteuerung, Heidelberg

Kantenwein, T. (1988):
Die Sachmängelgewährleistung beim Unternehmenskauf, München

Kaplan, S. (1989):
Management Buyouts: Evidence on Taxes as a Source of Value, in: Journal of Finance, 44. Jg., S. 611-631

Kaufmann, T. (1990):
Kauf und Verkauf von Unternehmungen, eine Analyse kritischer Erfolgsfaktoren, St. Gallen

Kellett, A. (1998):
Over-funded and over here? The UK Mid-Market, in: Acquisitions Monthly, Sonderausgabe Management Buyouts Oktober 1998, S. 67-68

Kessel, B. (1991):
Management-Buy-out: Grundlagen und Probleme, Frankfurt am Main

Keßler, A. (1996):
On the Value of Information in Trade Relationships, Diss. Bonn

Kester, W. (1984):
Today's Options for Tomorrow's Growth, in : Harvard Business Review, 62. Jg., S. 152-160

Kiem, R. (1995):
M&A-Praxis und neues Insiderrecht, in: MAR, S. 425-429

Kiethe, K. (1994):
Nachverhandlungen mit der Treuhandanstalt, Köln

Kilka, M. (1995):
Optionspreistheoretische Ansätze bei Investitionsentscheidungen unter Unsicherheit, Frankfurt am Main

Kirchner, H. (1998):
Alternative Eigenkapitalquellen, in: Handbuch Corporate Finance, 9. Ergänzungslieferung, herausgegeben von A. Achleitner und G. Thoma, Frankfurt

Kirchner, M. (1991):
Strategisches Akquisitionsmanagement im Konzern, Wiesbaden

Kitching, J. (1989):
Early Returns on LBOs, in: Harvard Business Review, Nr. 6/1989, S. 74-81

Klein, B., Crawford, R. und Alchian, A. (1978):
Vertical Integration, Appropriable Rents, and the Competitive Contracting Process, in: Journal of Law and Economics, 28. Jg., S. 297-326

Klein, K.-G. und Jonas, M. (1998):
Due Diligence und Unternehmensbewertung, in: Due Diligence bei Unternehmens-akquisitionen, herausgegeben von W. Behrens und H. Brauner, Stuttgart

Klein-Blenkers, F. (1998):
Schwerpunkte und aktuelle zivilrechtliche Fragen des Unternehmenskaufs, in: DStR, S. 978-984

Koch, H.; Magnus, U. und Winkler v. Mohrenfels, P. (1996):
IPR und Rechtsvergleichung, 2. Auflage München

Köndgen, J. und Randow, P. v. (1989):
Sanktionen bei Vertragsverletzungen, in: Allokationseffizienz in der Rechtsordnung, herausgegeben von C. Ott und H.B. Schäfer, Berlin und Heidelberg, S. 122-140

Kötz. H. (1989):
Zur Effizienz von Haftungsausschlußklauseln, in: Allokationseffizienz in der Rechtsordnung, herausgegeben von C. Ott und H.B. Schäfer, Berlin und Heidelberg, S. 189-200

Kokalj, L. (1994):
Die wirtschaftliche Entwicklung von MBO-Unternehmen in den neuen Bundesländern, Materialien des Instituts für Mittelstandsforschung Nr. 106, Bonn

Kokalj, L. und Hüfner, P. (1994):
Management Buy-Out, -Buy-In als Übernahmestrategie ostdeutscher Unternehmen, Stuttgart

Kolb, U. und Görtz, B. (1997):
Der Financial Due Diligence Report, in: MAR, S. 311-316

Kolb, U. und Görtz, B. (1999):
Vendor Due Diligence im Rahmen von Unternehmenstransaktionen aus Sicht der Praxis, in: MAR, S. 469-473

Korth, H.-M. (1992):
Unternehmensbewertung im Spannungsfeld zwischen betriebswirtschaftlicher Unternehmenswertermittlung, Marktpreisabgeltung und Rechtsprechung: Eine Bestandsaufnahme für die Praxis, in: BB, 47. Jg., Beilage 19 zu Heft 33, S. 1-14

Krallinger, J. (1997):
Mergers & Acquisitions, New York et al.

Kropp, M. (1992):
Management Buy-outs und die Theorie der Unternehmung, Wiesbaden

Kruschwitz und Schöbel (1984):
Eine Einführung in die Optionspreistheorie, in: WISU, 13. Jg., S. 68-72, 116-121 und 171-176

Künnemnann, M. (1985):
Objektivierte Unternehmensbewertung, Frankfurt a.M. et al.

Kupfer, G. (1992):
Nicht alles Gold was glänzt, in: Das Neue Unternehmen, Nr. 2/1992, S. 10-12

Larenz, K. (1975):
Bemerkungen zur Haftung für "culpa in contrahendo, in: FS Ballerstedt, S. 397-419

Larenz, K. (1982):
Lehrbuch des Schuldrechts, Band I, Allgemeiner Teil, 13. Auflage, München

Laux, H. (1998):
Entscheidungstheorie, 4. Aufl., Berlin et al.

Leach, J. und Gibbons, M. (1998):
A Growing Appetite, in: Acquisitions Monthly Sonderausgabe Management Buyouts, Oktober 1998, S. 109-110

Lehmann, B. (1983):
Bürgerliches Recht und Handelsrecht - eine juristische und ökonomische Analyse, Stuttgart

Lehn, K. und Poulsen, A. (1989):
Free Cash Flow and Stockholder Gains in Going Private Transactions, in: The Journal of Finance, 44. Jg., S. 771-787

Leimbach, A. (1989):
Transactions in Corporate Control: Zur Übertragung von Gesellschaftsanteilen einer Unternehmung, Frankfurt am Main

Leimbach, A. (1991):
Unternehmensübernahmen im Wege des Management-Buy-Outs in der Bundesrepublik: Besonderheiten, Chancen und Risiken, in: zfbf, 43. Jg., S. 450-463

Leland, H. und Pyle, D. (1977):
Information Asymmetries, Financial Structure, and Financial Intermediation, in: Journal of Finance, 32. Jg., S. 371-388

Leslie, K. und Michaels, M. (1997):
The Real Power of Real Options, in: McKinsey Quarterly Nr. 3/1997, S. 4-22

Leuthier, R. (1988):
Zur Berücksichtigung der Besteuerung bei der Unternehmensbewertung, in: BFuP, 40. Jg., S. 505-512

Lincoln, R. und Zindel, S. (1998):
The UK Mid-Market, in: Acquisitions Monthly Sonderausgabe Management Buyouts, Oktober 1998, S. 94-95

Lindley, D. (1974):
Einführung in die Entscheidungstheorie, Frankfurt und New York

Lintner, J. (1965):
The Valuation of Risk Assets and the Selection of Risky Investments in Stock Portfolios and Capital Budgets, in: Review of Economics and Statistics, 47.Jg., S. 687-715

Loges (1997):
Der Einfluß der "Due Diligence" auf die Rechtsstellung des Käufers eines Unternehmens, in: DB, 50. Jg., S. 965-969

Loistl, O. (1994):
Kapitalmarkttheorie, 3. Auflage, München und Wien

Lowenstein, L. (1985):
Management Buyouts, in: Columbia Law Review, 85. Jg., S. 730-784

Luehrman, T. (1998a):
Investment Opportunities as Real Options, in: Harvard Business Review, 76. Jg., July/August 1998, S. 51-67

Luehrman, T. (1998b):
Strategy as a Portfolio of Real Options, in: Harvard Business Review, 76. Jg., September/October 1998, S. 89-99

Luippold, T. (1991):
Management Buy-out: Evaluation ihrer Einsatzmöglichkeiten in Deutschland, Bern/Stuttgart

Lück, J. (1990):
Management Buy-Outs – Eine Perspektive aus Sicht eines institutionellen Eigenkapitalgebers, in: Management Buy-out, herausgegeben von der Continental Bank, Frankfurt

Lüthjen (1992):
Firmenübernahme durch Management und Belegschaft, Frankfurt am Main

Lutter, M. (1983):
Der Letter of Intent: Zur rechtlichen Bedeutung von Absichtserklärungen, 2. Auflage Köln et al.

Lutter, M. (1997):
Due Diligence des Erwerbers beim Kauf einer Beteiligung, in: ZIP, 18. Jg., S. 613-620

Mandl, G. und Rabel, K. (1997):
Unternehmensbewertung, Wien

Marais, L.; Schipper, K. und Smith, A. (1989):
Wealth Effects of Going Private for Senior Securities, in: Journal of Financial Economics, 17. Jg., S. 155-191

Marson-Smith, J. (1998):
Investors or Owners?, in: Acquisitions Monthly Sonderausgabe Management Buyouts, Oktober 1998, S.100-102

Marten, K.-U. und Köhler, A. (1999):
Due Diligence in Deutschland: Eine empirische Untersuchung, in: FB, 1. Jg., S. 337-348

Matschke, M. (1979):
Funktionale Unternehmensbewertung, Band 2: Der Arbitriumwert der Unternehmung, Wiesbaden

Matsusaka, J.G. (1993):
Takeover Motives During the Conglomerate Merger Wave, in:
Rand Journal of Economics, 124. Jg., S. 489-514

Maul, K.-H. (1992):
Offene Probleme der Bewertung von Unternehmen durch Wirtschaftsprüfer, in:
DB, 45. Jg., S. 1253-1259

McCall, J. (1970):
Economics of Information and Job Search, in: Quarterly Journal of Economics,
84. Jg., S. 113-126

McNeill Stancill, J. (1988):
LBOs for Smaller Companies, in: Harvard Business Review, 66. Jg.,
Nr. 1-2/1988, S. 18-26

Medicus, D. (1988):
Schuldrecht I: Allgemeiner Teil, 4. neubearbeitete Auflage, München

Meincke, E. (1998):
Geheimhaltungspflichten im Wirtschaftsrecht, in: WM, 52. Jg., S. 749-757

Menke, U. (1993):
Der Management Buy-out als Konzept der Unternehmensübernahme unter besonderer Berücksichtigung rechtlicher und steuerlicher Gestaltungsmöglichkeiten, Diss. Würzburg

Mensching, H. (1986):
Desinvestition von Unternehmensteilen, Diss. Aachen

Merkt, H. (1995):
Due Diligence und Gewährleistung beim Unternehmenskauf, in: BB, 50. Jg., S. 1041-1048

Mertens, K.-U. und Köhler, A. (1999):
Due Diligence: Eine empirische Untersuchung, in: FB, 1. Jg., S. 337-348

Merton, R. (1973):
Theory of Rational Option Pricing, in: Bell Journal of Economics and Management Science, 4. Jg., S. 141-183

Miller, M. und Rock, K. (1985):
Dividend Policy under Asymmetric Information, in: Journal of Finance, 4. Jg., S. 1031-1051

Miller, M. und Scholes, M. (1978):
Dividends and Taxes, in: Journal of Financial Economics, 6. Jg., S. 333-364

Modigliani, F. und Miller, M. (1958):
The Cost of Capital, Corporate Finance and the Theory of Investment, in. AER, 48. Jg., S. 261-297.

Möller, W.-P. (1983):
Der Erfolg von Unternehmenszusammenschlüssen: Eine empirische Untersuchung, München

Morck, R.; Shleifer, A. und Vishny, R.W. (1988):
Characteristics of Targets of Hostile and Friendly Takeovers, in: Corporate Takeovers: Causes and Consequences, herausgegeben von A. Auerbach, Chicago und London 1988, S. 101-129

Morck, R.; Shleifer, A. und Vishny, R.W. (1990):
Do Managerial Motives Drive Bad Acquisitions, Journal of Finance, 45. Jg., S. 31-48

Moser, U. (1999):
Discounted Cash-flow-Methode auf der Basis von Free Cash-flows: Berücksichtigung der Besteuerung, in: FB, 1. Jg., S. 117-125

Mossin, J. (1966):
Equilibrium in a Capital Asset Market, in: Econometrica, 34. Jg., S. 768-783

Moxter, A. (1983):
Grundsätze ordnungsgemäßer Unternehmensbewertung, 2. Auflage Wiesbaden

MünchKomm (1995):
Münchener Kommentar zum Bürgerlichen Gesetzbuch, München 1995

Murphy, K. (1999):
Execuitve Compensation, in: O. Ashenfelter und D. Card: Handbook of Labour Economics, North Holland

Myers, S. (1977):
Determinants of Corporate Borrowing, in: Journal of Financial Economics, 5. Jg., S. 187-221

Myers, S. (1984):
Finance Theory and Financial Strategy, in: Interfaces, 14.Jg., S. 126-137

Myers, S. und Maljuf, N. (1984):
Corporate Financing and Investment Decisions when Firms have Informations that Investors do not have, in: Journal of Financial Economics, 13. Jg., S. 187-221

Nelson, P. (1970):
Information and Consumer Behaviour, in: Journal of Political Economy, 78. Jg., S. 311- 320

Nelson, P. (1974):
Advertising as Information, in: Journal of Political Economy, 82. Jg., S. 729-754

Nesbitt, S. (1994):
Long-Term Rewards from Shareholder Activism: A Study of the CalPERS Effect, in: Journal of Applied Corporate Finance, 6. Jg., S. 75-80

Neukirchen, P. (1996):
Steuerung von Management-buy-out-Minderheitsbeteiligungen, Wiesbaden

Newton, P. (1996):
Green with Envy, in: Acquisitions Monthly, Nr. 8/1998, S. 77-78

Nick, A. (1999):
Fairness Opinions als Projektstütze, in Handelsblatt Fachbeilage Mergers & Acquisitions, Nr. 82 vom 29.04.1999, S.7

Niehues, K. (1993):
Unternehmensbewertung bei Unternehmenstransaktionen, in: BB, 48. Jg., S. 2241-2250

Niemann, C. (1995):
Informationsasymmetrien beim Unternehmenskauf: Gesellschaftsrechtliche und auktionstheoretische Analyse unter besonderer Berücksichtigung des Management Buy-Outs, Wiesbaden

Nippel, P. (1996):
Die Finanzierung von Realoptionen unter Informationsasymmetrie, in: Kredit und Kapital, 29. Jg., S. 132-152

Oesterle, D. und Norberg, J. (1988):
Management Buy-outs: Creating or Appropriating Shareholder Wealth, Vanderbilt Law Review, 41. Jg., S. 207-260

Ott, C. (1989):
Allokationseffizienz, Rechtsdogmatik und Rechtsprechung: Die immanente ökonomische Rationalität des Zivilrechts,, in: Allokationseffizienz in der Rechtsordnung, herausgegeben von Claus Ott und Hans-Bernd Schäfer, Berlin und Heidelberg

Ott, C. und H.-B. Schäfer (1988):
Die ökonomische Analyse des Rechts: Irrweg oder Chance wissenschaftlicher Rechtserkenntnis?, in: JZ, S. 231-235

Ott, C. und H.-B. Schäfer (1989):
Allokationseffizienz in der Rechtsordnung, herausgegeben von Claus Ott und Hans-Bernd Schäfer, Berlin und Heidelberg

Ott, C. und H.-B. Schäfer (1993):
Ökonomische Analyse des Unternehmensrechts, herausgegeben von Claus Ott und Hans-Bernd Schäfer, Berlin und Heidelberg

o.V. (1997a):
Ohne Titel, in: MAR, S. 5

o.V. (1997b):
Fusionsfieber in den USA, in: HB vom 8. Juli 1997, S. 5

o.V. (1997c):
In Deutschland unterbleibt Prüfung noch zu oft, in: HB vom 18. August 1998, S. 14

o.V. (2002):
Murdochs Imperium, in: Welt Am Sonntag vom 20. Januar 2002, S. 37

o.V. (2002a):
Der Wert von Unternehmensübernahmen sinkt stark, in: FAZ vom 10. Januar, S. 15

Paddock, J., Siegel, D. und Smith, J. (1988):
Option Valuation of Claims on Physical Assets: The Case of Offshore Petroleum Lease, in: Quarterly Journal of Economics, 103. Jg., S. 479-508

Palandt, O. (1998):
Bürgerliches Gesetzbuch, Beck'sche Kurzkommentare, München

Paulusch, B.-A. (1995):
Die Rechtsprechung des Bundesgerichtshofs zum Kaufrecht, in: WM-Sonderbeilage Nr.1/1995, S. 2-56

Peemöller, V., Bömelburg, P. und Denkmann, A. (1994):
Unternehmensbewertung in Deutschland: Eine empirische Erhebung, in: Wpg, 47. Jg., S. 741-749

Peemöller, V. und Hüttche, T. (1993):
Unternehmensbewertung und funktionale Bilanzanalyse, in: DStR, 31. Jg., S. 1307-1311 und 1344-1348

Peemöller, V., Keller, B. und Rödl, M. (1996):
Verfahren strategischer Unternehmensbewertung, in: DStR, 34. Jg., S. 74-79

Peltzer, M. (1987):
Rechtliche Problematik der Finanzierung des Unternehmenskaufs beim MBO, in: DB 40. Jg., S. 973-978

Peltzer, M. (1996):
Steuer- und Rechtsfragen bei der Mitarbeiterbeteiligung und der Einräumung von Aktienoptionen, in: Die Aktiengesellschaft, 41. Jg., S. 307-315

Peter, C. und Schmidt, D. (1998):
Germany's Blossoming Buyout Market, in: Acquisitions Monthly, Sonderausgabe Management Buyouts Oktober 1998, S. 124-126

Picot, A. (1991):
Ökonomische Theorien der Organisation, in: Betriebswirtschaftslehre und ökonomische Theorien, Hrsg. D. Ordelheide, B. Rudolph und E. Büsselmann, Frankfurt a.M., S. 143-170

Picot, G. (1995):
Kauf und Restrukturierung von Unternehmen: Handbuch zum Wirtschaftsrecht, München

Picot, A und Franck, E. (1988):
Die Planung der Unternehmensressource Information (I), in: Das WISU, 17. Jg., S. 544-549

Piltz, D. (1994):
Die Unternehmensbewertung in der Rechtsprechung, 3. Auflage, Düsseldorf

Pollanz, M. (1995):
Due Diligence als künftiges Instrument einer risikoorientierten Abschlußprüfung, in: BB, 50. Jg., S. 1351-1356

Polinsky, A. M. (1989):
An Introduction to Law and Economics, 2. Aufl., Boston und Toronto

Posner, R. (1992):
Economic Analysis of Law, 4. Auflage, Boston et al.

Posner, R. (1993):
Vertragliche Rechtspositionen und Rechtsbehelfe, in: Ökonomische Analyse des Rechts, herausgegeben von Heinz-Dieter Assmann, Christian Kirchner und Erich Schanze, Tübingen, S. 184-220

Posner, R. und Easterbrook, F. (1981):
Antitrust: Cases, Economic Notes and Other Materials, 2. Aufl., St. Paul (USA)

Priest, G. (1981):
A Theory of Consumer Product Warranty, in: The Yale Law Journal, 90. Jg., S. 1297-1305

Prölss, J. (1981):
Die Haftung des Verkäufers von Gesellschaftsanteilen für Unternehmensmängel, in: ZIP Zeitschrift für Wirtschaftsrecht und Insolvenzpraxis, 2. Jg., S. 337-346

Pütter, T. (1998):
Grundlagen, in: Handbuch Corporate Finance, 5. Ergänzungslieferung, herausgegeben von A. Achleitner und G. Thoma, Frankfurt

Pütter, T. (1998a):
Voraussetzungen für ein erfolgreiches MBO, in: Handbuch Corporate Finance, 5. Ergänzungslieferung, herausgegeben von A. Achleitner und G. Thoma, Frankfurt

Quack, K.-H. (1982):
Der Unternehmenskauf und seine Probleme, in: ZGR, 11. Jg., S. 351-365

Quick, R. (1991):
Managment Buy-outs: Motive und Anforderungsprofil, in: WiSt, 20. Jg., S. 311-315

Raiser, L. (1958):
Vertragsfreiheit heute, in: JZ 1958, 13. Jg., S. 1-8

Rammert, S. (1999):
Pooling of interests – die Entdeckung eines Auslaufmodells durch deutsche Konzerne?, in: DBW, 59. Jg., S. 620-630

Rams, A. (1998):
Realoptionen – ein innovativer Ansatz zur Unternehmensbewertung und wertorientierten Unternehmensführung, in: MAR, S. 416-424

Rams, A. (1999):
Realoptionsbasierte Unternehmensbewertung, in: FB, 1. Jg., S. 349-364

Rappaport, A. (1986):
Shareholder Value: Wertsteigerung als Maßstab für die Unternehmensführung, Deutsche Übersetzung von Wolfgang Klien, Stuttgart

Rappaport, A. (1999):
New Thinking on How to Link Executive Pay with Performance, in: Harvard Business Review, Nr. 3-4, S. 91-101

Rasmussen, E. (1994):
Games and Information, Malden,(Mass.) und Oxford

Rausch, R. (1999):
Realoptionen in der strategischen Unternehmensbewertung, Diss. Graz

Rechsteiner, U. (1994):
Desinvestitionen zur Unternehmenswertsteigerung, Diss., St. Gallen

Reed, S. und Lajoux, A. (1995):
The Art of M&A: A Merger Acquisition Buyout Guide, 2. Auflage, Burr Ridge (Illinois)

Reed Lajoux, A. und Elson, C. (2000):
The Art of M&A Due Diligence, New York et al.

Reimann, M. (1997):
Einführung in das US-amerikanische Privatrecht, unter Mitarbeit von H.-P. Ackermann, München 1997

Reißner, S. (1992):
Synergiemanagement und Akquisitionserfolg, Wiesbaden

Rhein, T. (1996):
Der Interessenkonflikt der Manager beim Management Buy-out, Diss. München

Richard, J. (1999):
Going Private: Der Rückzug von der Börse als Chance, in: MAR, S. 373-377

Richter, R. und Furubotn, E. (1996):
Neue Institutionenökonomik, Tübingen

Rieger, M. (1994):
Management- und Belegschafts-Buy-out in Bulgarien und Ungarn

Robbie, K. und Wright, M. (1997):
Recent Developments in German and Swiss Buy-outs, in: MAR, S. 378-382

Rock, H. (1998):
Legal Due Diligence: Der freie Mitarbeiter, in: MAR, S. 371-375

Rock, H. (2001):
Checkliste Earn-out in Gestalt der kombinierten Call/Put Option, in: MAR, S. 51-54

Roschmann, C. (1998):
Haftungsklauseln in Unternehmenskaufverträgen, in: ZIP, 19. Jg., S. 1941-1950

Roll, R. (1977):
A Critique of the Asset Pricing Theory's Tests, in: Journal of Financial Economics, 4. Jg., S. 129-176

Ross, S. (1973):
The Economics of Agency: The Principals Problem, in: AER, Papers and Proceedings, 63. Jg., S. 134-139

Ross, S. (1977):
The Determination of Financial Structure: The Incentive-Signalling Approach, in: Bell Journal of Economics, 8. Jg., S. 23-40

Ross, S.; Westerfield, R. und Jaffe, J. (1993):
Corporate Finance, 3. Auflage, Homewood (Illinnois) und Boston (Massachussets)

Rothschild, M. und Stiglitz, J. (1976):
Equilibrium in Competitive Insurance Markets: An Essay on the Economics of Imperfect Information, in: Quarterly Journal of Economics, 90. Jg., S. 629-649

Rozeff, M. (1992):
How Companies set Their Dividend Pay-out Rations, in: The Revolution in Corporate Finance, herausgegeben von J. Stern und D. Chew, Cambridge/Mass. 1992, S. 455 461

Rubinstein, M. (1976):
The Valuation of Uncertain Income Streams and the Pricing of Options, in: Bell Journal of Economics, 7. Jg., S. 407-425

Ruhnke, M. (1995):
Ansätze zur Unternehmensbewertung und –preisfindung in Theorie und Praxis, in: MAR, S. 6-15

Salop, J. und Salop, S. (1976):
Self-selection and Turnover in the Labor Market, in: Quarterly Journal of Economics, 90. Jg., S. 619-627

Sanfleber-Decher, M. (1992):
Unternehmensbewertung in den USA, in: Wpg., 45. Jg., S. 597-603

Sautter, M. (1989):
Strategische Analyse von Unternehmensakquisitionen, Frankfurt a.M. et al.

Schäfer, H.B. (1989):
Allokationseffizienz als Grundprinzip des Zivilrechts, in: Allokationseffizienz in der Rechtsordnung, herausgegeben von Hans-Bernd Schäfer und Claus Ott, Berlin und Heidelberg

Schäfer, H.-B. und Ott, C. (1990):
Ökonomische Probleme des Zivilrechts, Beiträge zur ökonomischen Analyse des Rechts, herausgegeben von Hans-Bernd Schäfer und Claus Ott, Berlin und Heidelberg

Schäfer, H.-B. und Ott, C. (1995):
Lehrbuch der ökonomischen Analyse des Zivilrechts, 2. überarbeitete und erweiterte Aufl., Berlin et al.

Schäfer, H. und Schässburger, B. (2001):
Bewertungsmängel von CAPM und DCF bei innovativen wachstumsstarken Unternhemen und optionspreistheoretische Alternativen, in: ZfB, 71. Jg., S. 85-107

Schanze, E. (1993):
Ökonomische Analyse des Rechts in den U.S.A.: Verbindungslinien zur realistischen Tradition, in: Ökonomische Analyse des Rechts, herausgegeben von H-.D. Assmann, C. Kirchner und E. Schanze, Tübingen, S. 1-16

Schefczyk, M. (1999):
Erfolgsdeterminanten von Venture Capital Investments in Deutschland: Eine Analyse der Investitionsaktivitäten und des Beteiligungsmanagements von Venture Capital-Gesellschaften, in: zfbf, 51. Jg., S. 1123-1145

Schildbach (1993):
Kölner versus phasenorientierte Funktionenlehre der Unternehmensbewertung, in: BFuP 45. Jg., S. 25-38

Schilling, W. (1997):
Takeover, Treuepflicht und Shareholder Value, in: BB, 52. Jg., S. 1909-1913

Schlytter-Henrichsen, T. (1996):
Kaufchancen bessern sich: Die Zurückhaltung der Konzerne begünstigt MBO-Projekte, in: Unternehmensbeteiligungen, Verlagsbeilage zur FAZ vom 23.04.1998, S. 3

Schmidt, J. (1995):
Die Discounted Cash-flow-Methode: Nur eine kleine Abwandlung der Ertragswertmethode?, in: ZfbF, 47. Jg., S. 1088-1117

Schmidt, Reinhard (1981):
Grundformen der Finanzierung: Eine Anwendung des neo-institutionalistischen Ansatzes der Finanzierungstheorie, in: Kredit und Kapital, 14. Jg., S. 186-221

Schmidt, Reinhard (1982):
Rechnungslegung als Informationsproduktion auf nahezu effizienten Kapitalmärkten, in: ZfbF, 34. Jg., S. 728-748

Schmidt, Reinhard (1993):
Unternehmensfinanzierung und Kapitalmarkt, in: Ökonomische Analyse des Unternehmensrechts, herausgegeben von Claus Ott und Hans-Bernd Schäfer, Hamburg, S. 170-191

Schmidt, Richard (1990):
The Divestiture Option - A Guide for Financial and Corporate Planning Executives, New York

Schmidtchen, D. (1990):
Jenseits von Maximierung, Gleichgewicht und Effizienz: Neuland für die ökonomische Analyse des Rechts?, in: Schäfer, Hans-Bernd und Ott, Claus (Hrsg.), Ökonomische Probleme des Zivilrechts, Beiträge zur ökonomischen Analyse des Rechts, Berlin und Heidelberg

Schneider, D. (1998):
Marktwertorientierte Unternehmensrechnung: Pegasus mit Klumpfuß, in: DB, 51. Jg., S. 1473-1478

Schroeder, U. (1997):
Darf der Vorstand der Aktiengesellschaft dem Aktienkäufer eine Due Diligence gestatten?, in: DB 50. Jg., S. 2161-2166

Schünemann, W. (1987):
Aufklärungspflicht und Haftung: Zum vertraglichen Informationstransfer am Beispiel der Heimtextil-Branche, in: BB 42. Jg., S. 2243-2249

Schwenkedel, S. (1991):
Management Buyout: Ein neues Geschäftsfeld für Banken, Wiesbaden

Schwertfeger, A. und Kreuzer, P. (1998):
Unternehmenskauf und Due Diligence – Anspruch des vorkaufsberechtigten Erwerbers?, in: BB, 53. Jg., S. 1801-1804

Schwetzler, B. (1996):
Zinsänderungsrisko und Unternehmensbewertung: Das Basiszinsfußproblem bei der Ertragswertermittlung, in: ZfB, 66 Jg., S. 1081-1101

Schwetzler, B. (1998):
Die Kapitalkosten von Rückstellungen – zur Anwendung des Shareholder Value-Konzeptes in Deutschland, in: zfbf, 50. Jg., S. 678-702

Schwetzler, B. und Ragotzky, S. (1998):
Preisfindung und Vertragsbedingungen bei MBO-Privatisierungen in Sachsen, HHL-Arbeitspapier Nr. 18, Leipzig

Schwetzler, B. und Darijtschuk, N. (1999):
Unternehmensbewertung mit Hilfe der DCF-Methode - Eine Anmerkung zum Zirkularitätsproblem, in ZfB, 69. Jg., S. 295-318.

Schwien, B. (1995):
Das Management-Buy-out-Konzept in der Bundesrepublik Deutschland: Ein Instrument zur Erhaltung und Schaffung mittelständischer Wirtschaftsstrukturen, insbesondere in den neuen Bundesländern, Frankfurt 1995

Sebastian, K.-H., Niederdrenk, R. und Tesch, A. (1998):
Market Due Diligence: Bewertung von Unternehmen aus Sicht des Marktes, in: MAR. S. 207-211

Seibt, C. und Reiche, F. (2002):
Unternehmens- und Beteiligungskauf nach der Schuldrechtsreform, in: DStR, S. 1135-1141 und 1181- 1187

Semler, F.-J. (1996):
Der Unternehmens- und Beteiligungskaufvertrag, in: Hölters, Wolfgang (Hrsg.): Handbuch des Unternehmens- und Beteiligungskaufs, 4. Auflage, Köln

Seppelfricke, P. (1999):
Moderne Multiplikatorverfahren bei der Aktien- und Unternehmensbewertung, in: FB, 1. Jg., S. 300-307

Servaes, H. (1996):
The Value of Diversification during the Conglomerate Merger Wave, in: Journal of Finance, 51. Jg., S. 1201-1224

Sharpe, W. (1964):
Capital Asset Prices: A Theory of Market Equilibrium under Conditions of Risk, in: Journal of Finance, 19. Jg., S. 425-442

Shleifer, A. und Vishny, R. (1988):
Value Maximization and the Acquisition Process, in: Journal of Economic Perspectives, 2. Jg., S. 7-20

Shleifer, A. und Vishny, R. (1991):
Takeovers in the 60s and 80s: Evidence and Implications, in: Strategic Management Journal, 12. Jg., Sonderausgabe, S. 51-59

Sieben, G, (1983):
Funktionen der Bewertung ganzer Unternehmen und von Unternehmensteilen, in: WISU, 12. Jg., S. 539-542

Sieben, G. (1988):
Der Unternehmenserfolg als Determinante des Unternehmenswerts: Berechnung auf der Basis künftiger Entnahme- oder künftiger Ertragsüberschüsse?, in: Domsch, M. u.a. (Hrsg,), FS für Walther Busse v. Colbe, Wiesbaden 1988, S. 361-375

Sieben, G. (1992):
Zur Wertfindung bei der Privatisierung von Unternehmen in den neuen Bundesländern durch die Treuhandanstalt, in: DB, 45. Jg., S. 2041-2051

Sieben, G. und Schildbach, T. (1979):
Zum Stande der Lehre der Bewertung ganzer Unternehmen, in: DStR, 17. Jg., S. 455-461

Sieben, G. und Schildbach, T. (1994):
Betriebswirtschaftliche Entscheidungstheorie, Düsseldorf (1994)

Siepe, G. (1998):
Kapitalisierungszinssatz und Unternehmensbewertung, in: Wpg., 51. Jg., S. 325-338

Simons, D. (2000):
Optimale Ausübungzeitspunkte für Optionen aus Aktienoptionsprogrammen unter Einbeziehung steuerlicher Liquiditätswirkungen, in: ZfB, 70. Jg., S. 595-609.

Singh, H. (1990):
Management Buyouts: Distinguishing Characteristics and Operating Changes Prior to Public Offering, in: Strategic Management Journal, Sonderausgabe, 11. Jg., S. 111-129

Sinnecker, M. (1997):
Die Gestaltung von Informationsmemoranden für Unternehmensverkäufe, in: MAR, S. 438-445

Smith, A. (1789/1983):
Der Wohlstand der Nationen, 3. Aufl., München, nach der 5. Aufl. im Original, London 1789

Sorger, G. (2000):
Entscheidungstheorie bei Unsicherheit, Stuttgart

Spence, M. (1973):
Job Market Signalling, in: Quarterly Journal of Economics, 87. Jg., S. 355-374

Spence, M. (1974):
Market Signalling: Informational Transfer in Hiring and Related Screening Processes, Cambridge (Mass.)

Spence, M. (1976):
Informational Aspects of Market Structure: An Introduction, in: Quarterly Journal of Economics, 90. Jg., S. 591-597

Spremann, K. (1988)
Reputation, Garantie, Information, in: ZfB, 58. Jg., S. 613-619

Spremann, K. (1990):
Asymmetrische Information, in: ZfB, 60. Jg., S. 561-586

Spremann, K. (1996):
Wirtschaft, Investition und Finanzierung, 5. Aufl., München und Wien

Stahl, M. (1995):
Buyouts zur Privatisierung in den Transformationsländern Mittel- und Osteuropas, Wiesbaden

Staudinger, J. (1995):
Staudingers Kommentar zum Bürgerlichen Gesetzbuch, Berlin

Stein, I. (1993):
Internationale Unternehmensakquisitionen: Trends und Motive, in: Management von Unternehmensakquisitionen, herausgegeben von G. Frank und I. Stein, Stuttgart

Steiner, M. und Wallmeier, M. (1999):
Unternehmensbewertung mit Discounted Cash-flow-Methoden und dem Economic Value Added-Konzept, in FB, 1. Jg., S. 1-10

Stephen, F.H. (1988):
The Economics of Law, Brighton

Stengel, A. und Scholderer, F. (1994):
Aufklärungspflichten beim Beteiligungs- und Unternehmenskauf, in: NJW, 47. Jg., S. 158-164

Stern, L. (1993):
The Crucial Role of Due Diligence, in: Mortgage Banking, December 1993, S. 54-63

Stewart, G.B. (1991):
The Quest for Value, New York

Stigler, G. (1961):
The Economics of Information, in: Journal of Political Economy, 69. Jg., S. 213-225

Stiglitz, J. (1974):
Incentives and Risk Sharing in Sharecropping, Review of Economic Studies, 41. Jg., S. 219-255

Stiglitz, J. (1975):
The Theory of „Screening“, Education, and the Distribution of Income, in: AER, 65. Jg., S. 283-300

Stiglitz, J. und Weiss, A. (1981):
Credit Rationing in Markets with Imperfect Information, in: AER, 71. Jg., S. 393-410

Stoll, H. (1978):
Tatbestände und Funktionen der Haftung für culpa in contrahendo, in: FS v. Caemmerer, S. 435-474

Süchting, J. (1991):
Finanzmanagement: Theorie und Politik der Unternehmensfinanzierung, 5. Auflage, Wiesbaden

Sudarsanam, P.S. (1995):
The Essence of Mergers & Acquisitions, Hertfordshire

Swoboda, P. (1982):
Heterogene Information und Kapitalstruktur der Unternehmung, in: zfbf, 34. Jg., S. 705-727

Taggert, R. und Perry, K. (1992):
The Growing Role of Junk Bonds in Corporate Finance, in: The Revolution in Corporate Finance, herausgegeben von J.M. Stern und D. Chew, 2. Aufl., Cambridge (Mass.)

Thomson, A. (1996):
Environmental Due Diligence, in: Acquisitions Monthly, Nr. 12/1996, S. 34-38

Thomson, A. (1998):
Looking for a Way Out, in: Acquisitions Monthly, Nr. 10/1998, S. 4-6

Tietzel, M. (1989):
Probleme der asymmetrischen Informationsverteilung beim Güter- und Leistungsaustausch, in: Allokationseffizienz in der Rechtsordnung, herausgegeben von C. Ott und H.-B. Schäfer, Berlin und Heidelberg

Tomaszewski, C. (2000):
Bewertung strategischer Flexibilität beim Unternehmenserwerb – Der Wertbeitrag von Realoptionen, Frankfurt

Treuhandanstalt (1994):
Abschlußbericht der Treuhandanstalt, Dokumentation 1990-1994, Band 1-15, Berlin

Triebel, V. (1998):
Anglo-amerikanischer Einfluß auf Unternehmenskaufverträge in Deutschland – eine Gefahr für die Rechtsklarheit?, in: Recht der Internationalen Wirtschaft, 44. Jg., S. 1-7

Trigeorgis, L. (1988):
A Conceptual Options Framework for Capital Budgeting, in: Advances in Futures and Options Research, 3. Jg., S. 145-167

Trigeorgis, L. (1990):
A Real Options Application in Natural-Resource Investments, Advances in: Futures and Options Research, 4. Jg., S. 153-164

Trigeorgis, L. (1999):
Real Options: Managerial Flexibility and Strategy in Resource Allocation, 4. Aufl., Cambridge (Mass.) und London

Twining, J. (1998):
Opportunities and Dangers, in: Acquisitions Monthly, Sonderausgabe Management Buy-outs Oktober 1998, S. 118-119

Uhlir, H. und Steiner, P. (1994):
Wertpapieranalyse, 3. Aufl., Heidelberg 1994

Veljanovski, C.G. (1990):
The Economics of Law: An Introductory Text, London

Vest, P. (1995):
Der Verkauf von Konzernunternehmen durch Management Buy-out, Wiesbaden

Volkart, R. (1990):
Unternehmenswert und Kapitalstruktur, in: ST, 64. Jg., S. 543-552

Wächter, D.; Kaiser, T. und Krause, M. (1992):
Klauseln in Unternehmenskaufverträgen der Treuhandanstalt, in: WM, 46. Jg., S. 293-303 und 337-347

Wagenhofer, A. (1988a):
Die Bestimmung von Argumentationspreisen in der Unternehmensbewertung, in: ZfbF, 40. Jg., S. 340-350

Wagenhofer, A. (1988b):
Der Einfluß von Erwartungen auf den Argumentationspreis in der Unternehmensbewertung, in: BFuP, 40. Jg., S. 532-553

Wagenhofer, A. (1990):
Informationspolitik und Jahresabschluß, Heidelberg 1990

Wagner, K. (1993):
Management Buyout: Führungskräftebeteiligung, Arbeitnehmerbeteiligung; Grundlagen – Modellhinweise – Neue Bundesländer- Rechtspolitik, Neuwied et al.

Ward, A. (1996):
Environmental Due Diligence: Coming Clean about it, in: Acquisitions Monthly, Nr. 12/1997, S. 44-48

Waschkun, W. (2000):
Die symbiotische Integration ist der komplizierteste Fall: Der Erfolg eines Firmenerwerbs hängt von der Balance zwischen Integration und Autonomie an, in : FAZ vom 4.Juli 2000, Beilage Nr. 152, S. U8

Weber, E. (1991):
Berücksichtigung von Synergieeffekten bei der Unternehmensbewertung, in: J. Baetge (Hrsg.): Akquisition und Unternehmensbewertung, Düsseldorf, S. 97-115

Wehrt, K. (1991):
Die Qualitätshaftung des Verkäufers aus ökonomischer Sicht, in: Ökonomische Probleme des Zivilrechts, herausgegeben von Claus Ott und Hans-Bernd Schäfer, Berlin und Heidelberg, S. 235-259

Weimer, T. und Wißkirchen, C. (1999):
Sechs Thesen zur Fusionswelle im Bankenbereich, in: Die Bank, S. 758- 763

Wenger, E. und Terberger, E. (1988):
Die Beziehung zwischen Agent und Prinzipal als Baustein einer ökonomischen Theorie der Organisation, in: WiSt, 17. Jg., S. 506-514

Werder, A. v. (1998):
Shareholder Value-Ansatz als (einzige) Richtschnur des Vorstandshandelns, in ZGR, 27. Jg., S. 69-91

Westermann, H. P. (1982):
Neuere Entwicklungen der Verkäuferhaftung beim Kauf von Unternehmensbeteiligungen, in: ZGR, 11. Jg., S. 45-62

Wild, K.-P. (1993):
Treuhand fördert MBO und MBI, in: Das Neue Unternehmen, Nr. 1/1993, S. 16

Wild, K.-P. und v. Glasenapp, H. (1993):
Management-Buy-Out/Management Buy-in-Privatisierungen – Die Treuhandanstalt tut etwas dafür, in: Management-Buy-out: Vorbereitung und Umsetzung in den neuen Bundesländern, herausgegeben von J. Lennardt und M. Stefanovic, Düsseldorf, S. 105-107

Winter, S. (1998):
Zur Eignung von Aktienoptionsplänen als Motivationsinstrument für Manager, in: zfbf, 50. Jg., S. 1120-1143

Winter, S. (2000):
Optionspläne als Instrument wertorientierter Unternehmensführung, Frankfurt a.M. et al.

Wittmann, W. (1959):
Unternehmung und unvollkommene Information

Wright, M. u.a. (1990):
Management Buy-outs, Trade Unions and Employee Ownership, in:
Industrial Relations Journal, 21. Jg., S. 136 - 147

Wright, M. u.a. (1990a):
Management Buy-outs and Large Small Firm Relationships, in:
Management International Review, 30. Jg., S. 55-72

Zeuner, M. (1993):
Privatisierungsverträge der Treuhandanstalt in der Gesamtvollstreckung ehemaliger Treuhandunternehmen, in: ZIP, 14. Jg., S. 1365-1375.

Ziemons, H. (1999):
Die Weitergabe von Unternehmensinformationen an Dritte durch den Vorstand einer Aktiengesellschaft, in: AG, S. 492-500

Zimmer, D. (1997):
Der Anwendungsbereich des Sachmängel-Gewährleistungsrechts beim Unternehmenskauf - Plädoyer für eine Neubestimmung, in: NJW, 50. Jg., S. 2345-2351

Zimmerer, C. (1988):
Ertragswertgutachten, in DBW, 48. Jg., S. 417-420

Zweigert, K. und Kötz, H. (1996):
Einführung in die Rechtsvergleichung, 3. Aufl., Tübingen

Rechtsprechungsverzeichnis

Deutschland

BGH, BB, 1995, S. 1258ff.

BGH, DB, 1974, S. 231f.
BGH, DB, 1977, S. 1042f.
BGH, DB, 1980, S. 1786ff.
BGH, DB, 1981, S. 1816

BGH, MAR, 1996, S. 211f.

BGH, NJW, 1969, S. 184f.
BGH, NJW 1970, S. 556f.
BGH, NJW, 1970, S. 653ff.
BGH, NJW, 1977, S. 1536ff.
BGH, NJW, 1980, S. 2408ff
BGH, NJW, 1987, S. 909f.
BGH, NJW, 1989, S. 1793ff.
BGH, NJW, 1990, S. 1658f.
BGH, NJW, 1991, S. 1223ff.
BGH, NJW, 1992, S. 2564ff.
BGH, NJW, 1995, S. 1547ff.

BGH, NJW-RR, 1988, S. 10f.
BGH, NJW-RR, 1989, S. 306ff.
BGH, NJW RR, 1989, S. 506ff.
BGH, NJW-RR, 1990, S. 970ff.
BGH, NJW-RR, 1995, S. 799ff.
BGH, NJW RR, 1996, S. 429

BGH, WM, 1970, S. 819ff.
BGH, WM, 1974, S. 51f.
BGH, WM, 1974, S. 312f.
BGH, WM, 1975, S. 230f.
BGH, WM, 1978, S. 59f.
BGH, WM, 1979, S. 102
BGH, WM, 1979, S. 944ff.
BGH, WM, 1980, S. 284ff.
BGH, WM, 1988, S. 1700ff.

BGHZ 65, Nr. 41, S. 246ff.
BGHZ 85, Nr. 45, S. 367ff.
BGHZ 88, Nr. 17, S. 131ff.

LG Ravensburg, NJW, 1964, S. 597ff.

LG Stuttgart, DB, 2000, S. 2110ff.

OLG Düsseldorf, NJW RR, 1993, S. 377ff.

OLG Hamburg, WM, 1994, S. 1378ff.

RGZ 52, Nr. 1, S. 1ff.
RGZ 59, Nr. 70, S. 240ff.
RGZ 73, Nr. 54, S. 210f.
RGZ 86, Nr. 36, S. 146ff.
RGZ 92, Nr. 18, S. 77ff.
RGZ 96, Nr. 62, S. 227ff.
RGZ 98, Nr. 85, S. 283ff.
RGZ 99, Nr. 65, S. 217ff.
RGZ 100, Nr. 60, S. 200ff.
RGZ 120, Nr. 64, S. 287ff.
RGZ 122, Nr. 80, S. 378ff.
RGZ 146, Nr. 19, S. 120ff.

Vereinigte Staaten

Ainger v. Michigan General Corp. 632 F.2d, 1025 (2nd Cir., 1980)
Ali v. Saponaro, 520 N.Y.S.2d, 245 (A.D. 3rd Department 1987)
Alna Capital Associates v. Wagner, 532 F.Supp., 591 (S.D.Fla. 1982)
Charles Woods v. Capital Cities/ABC, 869F.2d, 1155 (8th Cir, 1989)
Clement A. Evans & Co. v. McAlpine, 434 F.2d, 100 (5th Cir. 1970)
Coleco Industries Inc. v. Berman 567 F.2d, 569 (3rd Cir. 1977)
Cottler v. Storer Communication, 849 F.2d, 570 (11th Cir. 1988)
Dexter Corporation v. Whittaker Corporation, 926 F.2d, 617 (7th Cir., 1991)
Dupuy v. Dupuy, 551 F.2d, 1005 (5th Cir.1977)
Ernst & Ernst v. Hochfelder, 425 U.S. 185, 96 S.Ct. 1375
Farley v. Henson, 11 F.3d, 827 (8th Cir. 1993)
Faw v. Greenwood, 613 P.2d, 1338 (Idaho 1980)
Field v. Golden Triangle Broadcasting, 305 A. 2d, 689 (Pa. 1973)
Foster v. Colorado Radio Corporation, 381 F.2d, 222 (10th Cir. 1967)
Gross v. Vogel, 437 N.Y.S.2d (A.D. 2nd Dept. 1981)
Grumman Allied Industries v. Rohr Industries, 748 F.2d, 729 (2nd. Cir, 1984)
Hamilton v. Harrington, 807 F.2d, 102 (7th Cir. 1986)
Harris v. Dunham, 127 S.E.2d, 65 (Virginia, 1962)
John R. Lewis Inc. v. Newman 446 F.2d, 800 (5th Cir. 1971)
Kardon v. National Gypson Co., 69F. Supp, 512 (E.D. Pa. 1946)
Lampf, Pleva, Lipkind, Prupis & Petigrow v. Gilbertson 501 U.S., 350 (1991)
Land v. Roper, 531 F.2d, 445 (10th Cir.1976)
Landreth Timber Co. v. Landreth, 471 U.S. 681, 105 S.Ct. 2297 (1985)
List v. Fashion Park, 340 F.2d, 457 (2nd. Cir. 1965)
Mallis v. Bankers Trust, 615 F.2d, 68 (2nd Cir. 1980)
McLean v. Alexander, 599 F.2d, 1190 (7th Cir. 1979)
Mertens Chevrolet v. Seney, 439 A.2d ,534 (Md. 1982)
Moore v. Midgette, 375 F.2d, 608 (4th Cir. 1967)
Occidental Life Insurance v. Pat Ryan & Associates, 496 F.2d, 1255 (4th Cir. 1974)
Osofsky v. Zipf, 645 F.2d, 107 (2nd Cir. 1981)
Overstreet v. Norden Laboratories, Inc., 669 F.2d, 1286 (6th Cir. 1982)
Royal Business Machines v. Lorraine Corp., 633 F.2d, 34 (7th Cir. 1980)
Shambaugh v. Lindsay, 445 N.E. 2d, 124 (Ind. App. 1983)
Shappiro v. Goldberg, 192 U.S. 232, 241-242, 24 S.Ct. 259,261, 48 L.Ed. 419 (1904)
Smith v. van Gorkum, 488 A.2d, 858 (Del. Supreme Court 1985)
Teamster Local v. Angelos, 762 F.2d, 522 (7th Cir., 1985)
Thompson v. Wendell J. Miller, 457 F. Supp., 996 (S.D.N.Y. 1978)
Weinberger v. UOP Inc., 457 A.2d, 701 (Delaware Supreme Court 1983)
White v. Sanders, 689 F.2d ,1366 (11th Cir. 1982)
Wikoff v. Vanderveld, 897F.2d, 232 (7th Cir., 1990)
Zobrist v. Coal, 708 F2d, 1511 (10th Cir. 1983)

Peter Lang · Europäischer Verlag der Wissenschaften

Jacqueline Laminet

Finanzierung von Unternehmensakquisitionen bei asymmetrischer Information

Frankfurt/M., Berlin, Bern, Bruxelles, New York, Oxford, Wien, 2003.
XXII, 166 S., zahlr. Abb. und Tab.
Europäische Hochschulschriften: Reihe 5, Volks- und Betriebswirtschaft. Bd. 2954
ISBN 3-631-50633-3 · br. € 35.30*

Die Art der Finanzierung einer Unternehmensakquisition stellt eine strategisch wichtige Ent- scheidung dar. Sie kann den Erfolg oder Misserfolg einer Akquisition wesentlich beeinflussen. Die Arbeit untersucht den Einfluss der Finanzierungsform auf den Erfolg von Unternehmensakquisitionen bei verschiedenen Informationsasymmetrien zwischen den Akteuren. Es wird analysiert, welche Finanzierungsart der Unternehmenskäufer bei zunehmend komplexer werdenden Bedingungen wählen sollte, um aus dem Kauf einen möglichst hohen Gewinn zu realisieren.

Aus dem Inhalt: Unternehmensakquisitionen bei asymmetrischer Information · Diskussion von Finanzierungsmodellen für Unternehmensakquisitionen · Stufenmodell zur Finanzierung von Unternehmensakquisitionen · Herleitung und Überprüfung empirischer Implikationen

Frankfurt/M · Berlin · Bern · Bruxelles · New York · Oxford · Wien
Auslieferung: Verlag Peter Lang AG
Moosstr. 1, CH-2542 Pieterlen
Telefax 00 41 (0) 32 / 376 17 27

*inklusive der in Deutschland gültigen Mehrwertsteuer
Preisänderungen vorbehalten

Homepage http://www.peterlang.de